VINDOBONA

VERLAG · SEIT 1946

ELISABETH E.

EINIGSPIARN

Eigenerfahrungen führen mich in eine
herzerfüllende Begegnung – Interaktion
in neugelebter Ausrichtung

Interaktion in neugelebter Ausrichtung

VINDOBONA
VERLAG SEIT 1946

Bibliografische Information
der Deutschen Nationalbibliothek:

Die Deutsche Nationalbibliothek
verzeichnet diese Publikation in
der Deutschen Nationalbibliografie.
Detaillierte bibliografische Daten
sind im Internet über
http://www.d-nb.de abrufbar.

www.vindobonaverlag.com

© 2022 Vindobona Verlag

ISBN 978-3-949263-39-2
Lektorat: Lucas Drebenstedt
Umschlagabbildung: Elisabeth E.
Umschlaggestaltung, Layout & Satz:
Vindobona Verlag

Gedruckt in der Europäischen Union
auf umweltfreundlichem, chlor- und
säurefrei gebleichtem Papier.

Kreise,
bunt sind sie,
bunt das Leben,
bunt die emotionalen Erfahrungen, Gedanken und Worte,
bunt der Ausdruck meiner Hände Arbeit.

Schleier sind es, die mich zu umfangen vermochten.
Schleier der Angst, der Traurigkeit und Wut,
als Schleier der Maja benannt,
mir die Sicht raubend,
war er bereit mir Erkenntnisse
der Verlorenheit zu schenken.

Schleier so bunt wie die Blumenwiese,
gelb wie der Sonnenstrahl,
blau wie das strahlende Leuchten des wolkenfreien Himmels,
rot und grün und schwarz und all die Farben,
sie sind die Zeugen meiner mir eigenen emotionalen Erfahrung.

Die Schleier vereinten sich.
Der Regenbogen ist es, der sich mir zeigt,
erfrischt ist mein Gemüt.
Der Regen der Nacht hat mich gereinigt,
der Sonnenstrahl des neuen Morgens durchdringt die bunten Farben,
erweckt in mir Heiterkeit.

Ja, ich bin.
Ich bin ich geworden,
begegne dir als ich.
Die Schleier der Nacht sind abgefallen,
freudig begegnen sich die Herzen,
still ist mein mitfühlendes Sein.
Ausgewogen bin ich dir begegnend in liebevoller Klarheit
gesegnet.

Du bist
mir wesentlich und wichtig geworden.
Du bist voller Liebe im tiefsten Sein.
Ich kann es wahrnehmen und empfinden,
fühlendes Gewahrsein ist es, was ich erkenne.
Du bist Liebe und Freude,
in der Tiefe deines Herzens erstrahlt der Funke,
der uns allen geschenkt.

Du und ich begegnen uns im Spiegel der emotionalen Erfahrung.
Bunt ist sie und manchmal laut.
Du und ich, wir sind gesegnet durch die Empfindung der Gefühle,
die uns allen zu eigen.
Du und ich wir nähern uns an im Wissen,
dass Alles Was DA Ist, Liebe ist,
die uns trägt.
Elisabeth E.

INHALTSVERZEICHNIS

Eigenerfahrungen in meiner beruflichen Arbeit (als Ergotherapeutin) besonders im Hinblick auf zugrunde liegende Erfahrungen mit Kindern aus dem Autismus-Spektrum, persönliche Hürden in meinem Leben, insbesondere Beziehungsherausforderungen, führten mich in eine Welt, die mir vorerst befremdlich einen Weg aufzeigte, die mich meinen emotionalen Gegebenheiten näherbrachte.

In der Aufarbeitung meiner emotionalen Befindlichkeiten ist es mir gelungen, mich von meinen emotionalen Begrenzungen der Angst, der Traurigkeit in mir, des Ärgers und der Wut zu befreien und mich in neuer Weise als ein Wesen, welches göttlichen Ursprungs hier auf Erden Erfahrungen sammelt, zu erkennen.

Erkenntnisprozesse setzten sich in Gang und erlaubten mir mich mehr und mehr als ein Wesen aus Liebe und Licht, in lichtvolle Gegebenheiten eingebettet, zu erleben. Was mir möglich geworden ist, ist auch anderen Menschen zugänglich. So konnte ich in meiner Arbeitswelt ein System etablieren, welches Eltern in einer veränderten Interaktion mit ihren Kindern gemeinsam zu Schöpfern in einer eigenen ihnen zuträglichen Form der liebe- und freudvollen Beziehung verwandelt.

Mir bewusst der Auswirkungen einer emotionalen Aufarbeitung meiner ureigenen emotionalen Gegebenheiten habe ich im Laufe dieses Prozesses zahlreiche Erkenntnisse gesammelt, welche ich in meinen Ausführungen als solche, inkludierend der Auswirkungen, die ich an Kindern und mir selbst empfinde, beschreibe.

Einlousn, hinschaugn und gspiarn
Walter Hölbling, 20. Juni 2009

Jedes Lebm isch a Wunder, oft sigg mas halt nit glei
da lieg a Toal im Dunkeln, oder es isch a Weah dabei
oft glitzert eppes ganz verruckt, des bring di vielleicht draus
Guat Hinschaugn isch wichtig, lei zuaschaugn roacht nit aus
mach deine Augn nit zua wenns nit rund lafft in dein Lebm
es gibt für alls an Weg, es werd allm an Helfer gebm

Deine Augn solln allm no tiafer verwachsn mit da Erdn
Leit, Bam und Bluamen solln von dir verwandelt werdn
lous hin auf alls was gsag weard, oder a verschwiegn
jedn Bratn sollsch du riachn und wo die Hund begrabm liegn
I wünsch da, dass sich tausend Lebmsgeischter in dir riarn
… und nia vergessn: einilousn, hinschaugn und gspiarn

Gspiar die Sunn auf deiner Haut, grab tiaf eini in die Erdn
greif nach die Stearn, brock die Traubm, wenn sie siaßer wearn
lass den Friedn in dir wachsn, bis er stark isch wia a Bam
lass'n fliagn, gibm weiter, a Lebm in Friedn isch nit lei a Tram
gea aufrecht durch dei Lebm, tua lachn und tua gspiarn
bleib in dir und gea aus dir ausser, lass di ganz tiaf innen riarn

Sei kritisch und bleib wachsam, in insrer Welt lafft viel verkehrt
und viel wearn da dazehln, dass es im Lebm lei ouwärts geat
lass da's von denen nit vermiesn, vertrau liaber no deim Gfühl
dass alls, was in dir schlummert, aus dir außer wachsn will
Drum lass di lei nit ouschneidn, von dem starkn Fluß, deim Lebm
alls andre weard sich findn, alls andre weard sich gebm.

Einlousn, hinschaugn und gspiarn (in den Körper lauschen, hinschauen und *empfinden*) ist die Essenz eines Liedtextes von Walter Hölbling der Tiroler Mundartmusikgruppe Findling.

Ich selbst habe mich dem Empfinden meines Körpers hingegeben und die Essenz in mir selbst erkannt.

Leben ist mehr als das, was ich mein Leben lang glaubte. In einer rigorosen Wahrnehmungserweiterung, die mir, mich als bodenständige Person bezeichnend, in einer Weise begegnet ist, dass ich dies mit anderen Menschen teilen möchte, eine Wahrnehmungsveränderung in eine Richtung, die Liebe und Freude in mein Leben zauberte, führte mich dahin, dass ich meine Umwelt mit Augen der Liebe und Freude in segensvoller Weise wahrzunehmen fähig geworden bin.

Was ich in meinen Augen für mich bewirken konnte, kann jeder und jegliche für sich selbst in Eigenregie im Alltag erreichen.

Ich habe mich einer Gedankenbereinigung hingegeben. Ich habe mich in zahlreichen Stunden meinen emotionalen Befindlichkeiten in liebevoller Weise zugewandt und sie einer Ausgewogenheit im Sinne, Gedanken und emotionale Gegebenheiten reichen sich die Hand, zugeführt. Ich habe meine Wahrnehmung fokussiert, sodass sich mir die Welt in vielfältiger Weise als eine Welt der Ressourcen offenbarte. Ich habe mich meinem energetischen Innenleben und meiner körperlichen Aura zugewandt, so dass ich mehr und mehr befähigt wurde, meine mir persönliche Energie wahrzunehmen und zu lenken. So habe ich sämtliche mir sich offenbarenden Kanäle als Kanäle einer mir in Liebe und Freude zugewandten Schöpfung in meinem Alltag erfahren, als Signatur für die aus unserem Innersten hervorgehoben werden wollende persönliche Manifestation einer individuellen, der Einzigartigkeit zugeordneten, urpersönlichen, menschlichen, wohlgesinnten Beziehungsfähigkeit, die jeden einzelnen, wirklich jeden (der sich dieser Struktur zu öffnen bereit ist) erkennbar zeigt.

Was ich in mir begonnen habe, hat mit mir selbst seinen Ausgangspunkt gefunden.

Was ich begonnen habe, hat zahlreiche Auswirkungen auf meine mir zu Grunde liegende emotionale Befindlichkeit. So durfte ich erkennen, dass sich meine emotionalen Gegebenheiten in Folge der Zuwendung zu meinem körperlichen Ausdruck meiner emotionalen Befindlichkeiten in Liebe und Freude wandelten. Was ich in jahrelangem hartem Kampf in meinem Leben erfahren hatte und nicht einem emotionalen Ausgleich zugeführt hatte, quoll aus mir heraus.

Mein Leben hat sich verändert in einer Weise, die liebe- und freudvolle Begegnungen in meinem Alltag zur Gewohnheit werden ließen.

Mein Leben hat sich gewandelt in einer Weise, als ich mich nun als Schöpfer meiner Lebensumstände in Eigenregie wahrnehmen kann.

Mein Leben hat sich in einer Weise gewandelt, dass ich herausragende Eigenheiten an mir entdecke, die ich mir vormals nie und nimmer zugetraut hätte.

Mein Leben ist eine einzige Schatzkiste an Potential, welches ich in meinem Alltag als kreative Ader, als zugewandte Mitmenschlichkeit, als intensives Mitgefühl, als neugierige Beobachtung einer Schöpfung, die mir ein Empfinden von Liebe und Freude und Reichtum ermöglicht, erkenne.

So bin ich es selbst, die sich als Schöpfer meiner Lebensumstände eine Gangart angeeignet hat, die mir zugewandt mich Liebe und Freude erfahren lässt in einer Zeit des Umbruchs, der Unsicherheiten und rigorosen Herausforderungen.

„Jeder ist seines Glückes Schmied" zeigte sich mir in aller Prägnanz. So bist es auch du, der oder die sein/ihr eigenes, persönlich zugeschnittertes, liebe- und freudvolles, von allen Ängsten befreites Leben in einem Alltag der rigorosen Herausforderungen in sein/ihr Leben manövrieren kann.

Der Liedtext Einilousn, hinschaugn und gspiarn hat mich inspiriert. Einigspiarn (die körperlichen Regungen empfinden) ist es, was uns zu Schöpfern unseres ureigensten uns zugewogenen Lebensalltags werden lässt.

Hast du dich mit deiner Körperlichkeit identifiziert? Hast du für dich erkannt, dass unser Körper mehr ist als eine fleischliche Hülle deiner Seele? Hast du für dich erkannt, dass wir alle in einer Art und Weise verbunden sind, dass jeder jeden einzelnen mit seiner ihm innewohnenden emotionalen Befindlichkeit beeinflusst? Hast du für dich erkannt, dass dieser Mensch, der dir aus deinem eigenen Spiegel entgegenlacht, ein Spiegel für seine Mitmenschen ist?

Was sich an mir geändert hat, ist das Bewusstsein für eine Schöpfung, die mir in zahlreichen Facetten wundervolle Erlebnisse schenkt. In Dankbarkeit kann ich zurückblicken. In Dankbarkeit schreibe ich diese Zeilen, um jeder und jedem den Einblick in eine Möglichkeit zu schenken, die jedem einzelnen von uns Segen in sein Leben bringt.
Das Wundervolle ist tatsächlich die Veränderung meiner Mitmenschen in ein liebevolles Licht, die Veränderung der natürlichen Gegebenheiten in einen zarten Hauch, die mir liebevoll zugeneigt sind, der Wandel meiner Beziehung zur Natur (die ich mit liebevollen Augen betrachten kann), die Veränderung meiner Beziehung zu emotionalen Gegebenheiten, die mich Mitgefühl mit mir selbst und mit meinem Nächsten erfahren lassen.

„Einigspiarn" hat etwas mit mir selbst zu tun. So ist es die Eigenliebe, die diesen Wandel in jedem von uns ermöglicht. Eigenliebe entspringt unserem ureigensten, innerlichen, uns liebevoll zugewandten, allesumfassenden, schöpferischen Kern, der mich selbst in all seiner Tragweite zum Schöpfer werden lässt. Eigenliebe ist es, was mich zur Nächstenliebe befähigt. Eigenliebe schenke ich mir selbst. Der Blick wendet sich mir selbst zu.

Was bringt mein Herz zum Singen? Was bringt mir Ausgewogenheit in meinem Alltag? Was bringt Kinderherzen wahrlich zum Leuchten? All das ist Inhalt dieses Buches, welches ich meinen Mitmenschen schenken möchte. Segen ist es, der mir geschenkt wurde. Diesen Segen möchte ich weiterreichen an dich und an jeden einzelnen von euch. Die alleinige Bereitschaft, sich der liebe- und freudvollen Natur zu öffnen, erweckt in uns sagenhafte Schätze einer Schatzkiste, die in deinem ureigensten Inneren einer Öffnung harrt. „Einilousn, hinschaugn und gspian", der Liedtext von Walter Hölbling, darf in Absprache mit ihm hier abgedruckt auch dir eine Resonanz sein für eine liebe- und freudvolle Seinsweise. Danke Walter, für deine Inspiration!

Danke

Ich danke von Herzen all meinen Mitmenschen, die mich auf diesem Weg begleitet haben, die mir geholfen haben mir selbst näherzukommen, mir meiner selbst bewusst zu werden. So danke ich jedem Leser für seine eigene Offenheit für eine Zukunft, die uns in zugeneigter Art und Weise Liebe und Freude als Potential einer lichtvollen Gangart zeigt. Ich danke jedem einzelnen Kind, welches mir in meinem Leben begegnet ist. Ich danke den Müttern und Vätern, die mir geholfen haben, dieses Konzept in ihren Alltag zu integrieren und die mich an den Herausforderungen und dem Wandel teilhaben ließen. Und ich danke den zahlreichen Autoren für die Nuancen an Menschlichkeit, welche sie mir in ihren Büchern als Starthilfe in eine neue Seinsweise schenkten. Ich danke meinen Eltern und Geschwistern, die mir in liebevoller Weise zugeneigt sind. Ich danke meinen Kindern für all ihre Herzlichkeit. Ich liebe euch. Ich danke meiner Enkelin, die mich an meine eigene Kindheit zurückerinnern lässt und mir Einblick schenkt in eine freudvolle, liebevoll zugewandte Entfaltung. Mein Dank gilt allen Menschen, denn die liebevollen Strukturen einer uns zugeneigten Schöpfung trägt jeder und jede einzelne in sich. Das Licht im anderen zu erkennen ist das Wunder einer Schöpfung, die uns liebevoll trägt.

➢ BESCHREIBUNG MEINES ARBEITSUMFELDS

Ich arbeite in der ambulanten Förderung mit Kindern und Jugendlichen im Altersspektrum von 0 bis 18 Jahren.

Mein Arbeitsumfeld sind Familien in ihrer natürlichen Umgebung und im Freizeitbereich. Ich fördere Kinder und Jugendliche, die dem Autismus-Spektrum zugeordnet sind, Kinder und Jugendliche mit allgemeinen und Sprachentwicklungsverzögerungen, Kinder und Jugendliche mit motorischen, gesundheitlichen, Wahrnehmungs- und Interaktionsthematiken.
Das Stundenkontingent pro Kind bemisst sich auf zwei bis vier Wochenstunden. Das Ausmaß der Förderbegleitung, welches im Vorfeld je nach Thematik über viele Jahre andauern konnte, verringerte sich im Zuge der Installation des mir nun als signifikant erscheinenden Förderinhalts der Interaktion zwischen Kind oder Jugendlichem und Eltern oder der erzieherischen Begleitung maßgeblich.

Ein festgelegter Termin ist Notwendigkeit einer konsequenten Förderung in Richtung Selbstbestimmtheit, Selbständigkeit in höchstmöglichem Ausmaß, selbstvertrauendem Agieren, dem Erleben der Selbstwirksamkeit, Anbahnung der Ressourcenorientiertheit, tolerabler Verhaltensmodi, emotionaler Ausgewogenheit, freudvoller Lernerfahrungen, kreativer Herangehensweisen und akzeptabler Interaktionsformen.

Die Begegnung im Spiel ist der Ressource der Kinder beziehungsweise der Jugendlichen, in explorativer Gangart einer wissenschaftlichen Herangehensweise ähnlich, entsprechend.

Konkrete Elterngespräche sind für je zwei Stunden zweimal im Jahr vorgeschrieben. Ein bedarfsorientierter Austausch mit den

Eltern, nahezu jede Einheit, in der Wahrnehmung ihrer Anliegen ist mir zur Gewohnheit geworden.

Die Eltern werden von mir in ihren individuellen Möglichkeiten, Bedürfnissen und Wünschen begleitet an das Konzept herangeführt. Ein gemeinsames Vorgehen erweist sich als zielführend.

Das Kind freut sich über die Hilfe und findet in zunehmendem Ausmaß zu Autonomie.

Ich helfe den Eltern, den gewohnten Blick auf Fehlleistungen in Richtung Erfüllendes, Erfreuliches, Ressourcen des Kindes und eigene Fähigkeiten zu lenken.

Die Eltern übernehmen den Part der Integration der Wesensmerkmale meiner mir intrinsisch als gangbare Art in Richtung liebe- und freudvoller Interaktion gezeigten Interaktionsform.

➢ MEINE MIR EIGENE, URPERSÖNLICHE DEFINITION FÜR DIE ZUORDNUNG VON KINDERN, JUGENDLICHEN UND ERWACHSENEN ZU EINER AUTISMUS-SPEKTRUM-STÖRUNG

Die Autismus-Spektrum-Störung erfahre ich als soziale Interaktions- und Wahrnehmungsherausforderung für Kinder, Jugendliche und Erwachsene.

Die Eltern, die den Kindern wohlgesinnt sind, scheitern an den herkömmlichen Erziehungsmethoden, welche, veralteter Natur, sich an den Kindern im Autismus-Spektrum und an jeglichem Kind als sozial ausgrenzend, abwertend, demotivierend, entwicklungsverzögernd etablieren.

Das Buch „Der kleine Prinz" schenkt Kindern Gehör: „Die großen Leute verstehen nie etwas von selbst, und für die Kinder ist es zu anstrengend, ihnen immer und immer wieder alles erklären zu müssen."

Kinder, Jugendliche und Erwachsene empfinden das Nichtwahrgenommenwerden als Herausforderung. Ihre Antwort ist drastisch. Sie ist tagtäglich als eine emotionale Reaktion auf ihr Unverstandenwerden in Form von Aggression, Rückzug, Depression, Perseveration, Abkapselung, Heraufbeschwören von Scheinwelten, selbstzerstörerischen Verhaltensweisen, Tics, Manie, Hyperaktivität, überbordendem Autonomiebedürfnis, kolossalem Unverständnis für den Erwachsenen, Verschluss der Sinne, Verleugnung seiner selbst zu finden.

Immer und immer wieder bereit, Kontakt mit den Erwachsenen aufzunehmen, suchen sie sehnsüchtig Liebe, Verständnis, Angenommensein, Gutgenugsein und freudvolle Erfahrungen. Menschen im Autismus-Spektrum sind unsere Lehrmeister, Lehrmeister für Eltern, Angehörige, Pädagogen und uns Therapeuten, für jeden einzelnen von uns. Sie führen uns hin unsere Sichtweisen zu überdenken und uns herzerfüllenden Strukturen zu öffnen.

➤ EINE INDIVIDUELLE KURZBESCHREIBUNG DES KINDES IM AUTISMUS-SPEKTRUM

Kinder im Autismus-Spektrum und jegliches Kind, welches nicht dieser Kategorie zugeordnet wird, sind bedingungslos liebesfähig. Sie strahlen Freude aus. Sie berühren unsere Herzen tiefgreifend. Sie verzeihen verletzendes Verhalten in einer Rigorosität, die uns ein Staunen entlockt.

Jegliches Kind passt sich an seine ihm naheliegende, zur Gewohnheit gewordene Umwelt an. Jegliches Kind trägt in sich soziale, liebe- und freudvolle, dem Gegenüber Achtsamkeit entlockende, höchst intuitive, lebenbejahende Begabungen, Talente und Fähigkeiten, welche wahrgenommen werden wollen.

Hat das Kind diese Chance in seinem Leben, sich seiner innerlichen, intuitiven, einzigartigen, in individueller Natur hervorquellenden Eigenheiten zuzuwenden, entfaltet sich das Kind in besonderer Weise, welche ihm Autonomie zuspricht, höchstmögliche einzigartige Selbständigkeit im Sinne, was ich kann, will ich in selbstbestimmter, selbst bewirkter und explorativer, wissenschaftlicher Weise in Erfahrung bringen. Was dem Kind an Eigenheiten anerkannt seinen Lebensalltag bereichert, erfahre ich in jeglicher Hinsicht als uns intrinsisch entwachsendes, intuitives Potential einer Schöpfung, die uns liebevoll zugeneigt ist.

Kinder der neuen Zeit tragen Begabungen und Fähigkeiten in sich, die in uns Erwachsenen häufig schlummern. Sie haben die Begabung zu intensiver, resonanzabhängiger, anpassungsfähiger Feinfühligkeit. Aggressive Stimmungen werden mit den feinsten Fühlern einer intuitiven Besonderheit als solche erkannt und widergespiegelt. Der Erwachsene, sich selbst seiner emotionalen Gegebenheiten häufig unbewusst, erkennt den Tenor der Situation nicht als solche von ihm kreierte Angelegenheit, welche Hilflosigkeit, verstärkende Erziehungsmethoden, Traurigkeit ob der Abweisung seines eigenen Kindes, Handlungsüberschuss im Sinne, ich muss mir Hilfe zukommen lassen, in Form von Therapien oder verhaltenskorrigierender Art und Weise, hervorhebt.

Kinder suchen überschaubare, liebevolle, erwartungsfreie, tolerante Beziehungen, welche freudvolle Interaktionen schenken.

Die typischen, uns eigenen Erziehungsmuster generieren auf Grund von Erwartungen, Bestrafung, Ablehnung in Form von negativen Äußerungen, zuwiderhandelndem, nicht wahrgenommenem, resonanzabhängigem, persönlichem Wahrgenommenwerdenwollen in einer rigorosen Liebesbedürftigkeit all die emotionalen Gegebenheiten, die dem Kind Resonanzträger für sein Verhalten darstellen.

Was hast du dir gedacht, als du dein Kind freudvoll anlächelnd, kraftvoll emporgehoben hast und es dich ablehnte? Ich weiß, das mag absurd in mancher Gehör widerhallen, doch hast du die Bereitschaft deines Kindes, emporgehoben zu werden, als Potential für die eigene Entfaltungsfähigkeit erkannt?

Ich weiß, dass herkömmliche Erziehungsstrukturen die Hilflosigkeit eines Kindes zu Grunde legen. Doch Kinder haben Fähigkeiten und Potentiale, die nun erkannt werden wollen. Was ich an mir in einem rigorosen Wahrnehmungswandel erkennen durfte, erkenne ich als das Potential, welches Kinder im Autismus-Spektrum und jegliches Kind als Eigenheit zum Vorschein bringen möchten.

Weitere Herausforderungen, welche gesundheitlicher Art den meisten Kindern im Autismus-Spektrum zu eigen sind, erfordern intensives Feingefühl der Erwachsenen. Sie sind es, die sich in einem herausfordernden Alltag, in Bereitschaft ihrem Kind entsprechend gerecht zu werden, einem Ausnahmezustand gleich, zusätzlich den Erwartungen, Abwertungen, gut gemeinten Ratschlägen, der Betroffenheit einer Gesellschaft, die normgerecht Tendenzen wahrnimmt, die Normen als solche in jeglicher Hinsicht überborden, zu stellen herausgefordert sind.

Was ist es, das uns unsere eigenen Bedürfnisse missachtend einem System unterwerfen lässt, welches uns der Qualität der inneren Freude, der Liebesfähigkeit, des Gefühls des Erfülltseins in einer Beziehung, die uns zugeneigt ist und uns liebevoll inspiriert, entsagt?

Hast du dir Gedanken darüber gemacht, dass auch du einzigartig in einer Welt bist, in der jede und jeder der Einzigartigkeit zugeordnet werden kann?

Das Kind im Autismus-Spektrum ist einzigartig, einzigartig wie du und ich.

➢ STIGMATISIERENDE EIGENHEITEN DES KINDES IM AUTISMUS-SPEKTRUM ODER FINDE ICH PARALLELEN ZU MEINER EIGENEN KINDHEIT?

Herausragende Eigenheiten von Kindern im Autismus-Spektrum bedürfen einer näheren Beleuchtung hinsichtlich der emotionalen, uns eigenen, innewohnenden, ausbalancierten, dem Gegenüber als liebevolles Gefühl erkennbaren Kräfte, welche sich im Zuge einer Bereinigung der ureigenen, emotionalen, uns in unserem Körper sich äußernden Signale stellen, dahingehend, dass wir unsere emotionalen Befindlichkeiten empfinden.

Jede körperliche Äußerung ist Ausdruck unserer uns innewohnenden emotionalen Gegebenheiten, welche ich in einer Wahrnehmungserweiterung als solche erkennen kann.

Hilfe waren mir die Kinder im Autismus-Spektrum, da sie meine emotionale Befindlichkeit in einer Weise widerspiegeln, als dies im Hier und Jetzt meiner eigenen, urpersönlichen, emotionalen Gegebenheit entspricht.

Zahlreiche Herausforderungen der Kinder im Autismus-Spektrum, welche Therapien zugeführt werden, um geeignetes Verhalten und Erkennen der Emotionalität im Gegenüber zu erlernen, hat mit uns selbst seinen Ausgangspunkt genommen.

Wir selbst sind es, die den Kindern im Autismus-Spektrum nicht zureichend gerecht werden. Wir selbst sind es, die asoziales Verhalten als eine Gangart leben, die uns an die Grenzen unserer Belastbarkeit zu bringen vermag.

Was ich in einer Wahrnehmungserweiterung als Gangart für eine Zukunft in Liebe und Freude für mich erkennen durfte, ist Thema der Kinder im Autismus-Spektrum.

Sie sind es, die uns in eine nun aufkeimende, neuartige Form der Interaktion zu führen vermögen. Sie sind es, die uns lehren, liebe- und freudvolle Strukturen in unser Leben zu ziehen. Jeglicher und jeder kann sich in der Betrachtungsweise der Kinder im Autismus-Spektrum wiederfinden.

♥ *Das Kind habe eine Emotionsregulationsstörung*

Das Kind im Autismus-Spektrum befindet sich in einer ausbalancierten Gefühlswelt, vorausgesetzt es wird von den Mitmenschen wahrgenommen, in seinen Eigenheiten angenommen und entsprechend beachtet. Die Wechselwirkungen in den erfahrenen Begegnungen verhalten sich entsprechend der kosmischen Gesetzmäßigkeiten, wie innen so außen.

Emotionen und Gefühle sind Anteile unseres Daseins, unserer Ausdrucksfähigkeit. Kinder im Autismus-Spektrum verleihen ihren Emotionen und Gefühlen Ausdruck entsprechend der Gefühls- und emotionalen Welt ihres Gegenübers.

In den Fördereinheiten nehme ich wahr, dass sich im Zuge des achtsamen Agierens die emotionale Befindlichkeit des Kindes im Autismus-Spektrum in Abhängigkeit zu meiner eigenen psychischen Verfassung und meiner Klarheit ob meiner sozialen Bedürfnisse regulierend entfaltet.

Im Zuge des achtsamen Agierens erlebe ich Kinder im Autismus-Spektrum, die genial liebevoll sind. Diese Liebe empfinde ich dann auch in mir. Wir beide sind liebevoll.

Spüre ich Aggressivität in mir, so zeigt mir das Kind ein verändertes Verhalten in Richtung aggressiver Tendenzen.

Bin ich traurig, so habe ich in einer liebevoll ausbalancierten Interaktion das Mitempfinden des Kindes im Autismus-Spektrum als natürliche Gegebenheit zu erwarten.

Dies erscheint mir eine natürliche Eigenheit der Kinder im Autismus-Spektrum zu sein. Wo ist da die Emotionsregulationsstörung zu finden?

Vielmehr stellen sich mir im Zusammensein mit den Kindern Fragen nach meiner eigenen, mir persönlichen emotionalen Ausrichtung.

Bin ich zentriert? Bin ich präsent? Bin ich achtsam mir selbst gegenüber? Nehme ich liebevoll meine Begrenzungen an?

Mein Gegenüber schenkt mir die Klarheit ob meiner Befindlichkeit und meiner Wahrnehmung die sozialen Gegebenheiten betreffend.

Ich darf mich lernend in eine Richtung entfalten, in der mir das Kind im Autismus-Spektrum als naturgegebene Seinsweise meine ureigenen emotionalen Befindlichkeiten näherbringt.
Ich darf annehmen und meine ureigenen emotionalen Befindlichkeiten einem emotionalen Abgleich zuführen, der mich mir selbst näherbringt.

Emotionalität spiegelt sich mir in meinem Gegenüber, im Kind wie im Erwachsenen.

♥ Das Kind hätte Ernährungsschwierigkeiten

Das Kind hat intuitive Fähigkeiten, so wie ich und jegliches menschliche Wesen.

Meine intuitiven Fähigkeiten erforschend habe ich erfahren, dass jegliches Wissen unseren innersten, uns Gewahrsein schenkenden Impulsen entspringt.

Meines Erachtens stehen die Ernährungsgewohnheiten mit ihren aufoktroyierten Ängsten ob der ausgewogenen Ernährungstendenzen dem Prinzip der individuellen Eigenheiten eines jeden im Widerspruch mit dem Bedarf an intuitiver Ausgewogenheit.

Wer schenkt dem Kind Beachtung ob seiner wahren ihm eigenen Ernährungsbedürfnisse?

Wünscht sich das Kind rohköstliche Ernährung? Hat das Kind das Bedürfnis, Obst zu essen? Vertraue ich den Impulsen des Kindes, sich seiner selbst gerecht werden zu können?

Eigene Ernährungsentscheidungen helfen dem Kind, sich seiner selbst Gewahr zu werden.

Sie verhelfen dem Kind, seine eigenen, der Ernährung zu Grunde liegenden, inneren emotionalen Gegebenheiten zu erkennen und diese in einem ausgleichenden Gespür für das im Augenblick Benötigte zu erfühlen.

Ernährungsgewohnheiten der besonderen Art entspringen auf-oktroyierten klassischen Ernährungsmodalitäten.

♥ Das Kind sei gefühlskalt

Das Kind weint.

Ich belehre es auf gut gemeinte Art und Weise. „Ist schon gut!" „Jetzt ist es aber genug!" „Es ist vorbei!" „Hör endlich auf!" „Es reicht!" „Jetzt reicht es aber!" „Ist nichts passiert!" „Ist nicht so schlimm!" „Benimm dich jetzt!" „Heulsuse!" „Ein Indianer kennt keinen Schmerz!"

Wer kennt das nicht.

Es gut meinende Eltern ziehen das Kind aus seinem emotionalen Ausdruck in eine ihm nicht gerecht werdende Eigenheit der Abkapselung seiner emotionalen Befindlichkeit in sein Körperinneres.

Ungefühlte emotionale Befindlichkeit ist herausragend in unserer der Emotionalität abneigend gegenübergestellten Gesellschaft. Unseren eigenen Schmerz, unsere eigene Trauer verbarrikadiert haltend, erfahren wir in der Situation des Weinens ein Aufkeimen unserer eigenen Traurigkeit in unserem Körperinneren.

Was ich aus Scham nicht geweint habe, finde ich in mir in gespeicherter Form wieder.

Was ich aus meinem Schmerz heraus in mir vorfinde, sind emotionale Gegebenheiten, die zumeist den Erfahrungen meiner Kindheit entspringen.
Habe ich sie ausreichend empfunden, kann ich sie in dankbarer Weise loslassen.

Eine emotionale Gegebenheit ausreichend empfunden, schenkt mir Einblicke in meine ureigene emotionale Welt.
Das Kind ist mir leitende Stimme in seinem emotionalen Ausdruck.

Das Kind schenkt mir Einblicke in eine Welt, die die Gesellschaft als unser nicht würdig ausgrenzt, in einer Art und Weise, dass kognitive Würdigung die emotionale Empfindung ersetzt.

Kindern im Autismus-Spektrum wird Gefühlskälte tituliert. Sie werden Therapien zugeordnet, die Emotionalität auf kognitive Weise anerkennen. Das empfindende Wahrnehmen der emotionalen Gegebenheit auf Körperebene wird vielfach nicht erkannt.

Meines Erachtens haben kognitive Herangehensweisen im Sinne der Aufarbeitung meiner mir ureigenen emotionalen Gegebenheiten kaum Signifikanz, da sie in der emotionalen Aufarbeitung im Autismus Spektrum auf Unverständnis im Rahmen der sprachlichen Barrieren zahlreicher Kinder, auf Missachtung ihrer inneren Impulse und damit auf Ablehnung ihrer Eigenheiten stoßen.

Das Kind weint. Das Kind ist traurig. Es empfindet gerade einen Schmerz!

Ich begleite das Kind in der Phase der Traurigkeit. Mein Mitgefühl lenkt mein Gewahrsein in mein Körperinneres. Ich empfinde meine eigene Traurigkeit in der Situation des Gewahrseins. Ich bin anwesend. Ich bin da. Ich registriere die Befindlichkeit, die mir zu eigen ist. Ich lenke meinen Fokus, sodass das Kind seine Traurigkeit würdigend annehmen kann. Ich bin Indikator für die Annahme der emotionalen Herausforderungen, die dem Kind Wegweiser in eine Welt sind, die emotionale und liebe- und freudvolle Gefühle wieder zum Vorschein bringt. Habe ich ausreichend wahrgenommen, eröffnet sich mir eine Welt, die ein liebevolles Gewahrsein der eigenen Bedürfnisse zum Alltag werden lässt.

♥ Das Kind sei respektlos

Das Kind begegnete in seinem Alltag Abwertung, Begrenzung, Ausgrenzung. Die emotionalen Bedürfnisse des Kindes nicht ausreichend beachtend, zeigt uns das Kind ein gespiegeltes Verhalten auf. Sobald ich das Kind achtsam wahrnahm, seine Fähigkeiten, Talente, das Gelingende hervorhob und einfühlende Worte mitteilte, wandelte sich das Verhalten des Kindes augenblicklich und augenscheinlich.

Liebevolle Blicke, würdigende Gesten, Verständnis, ob meiner Herausforderung, ihm gegenüber gerecht zu werden, erhalten eine Prägnanz, die in liebevoller Weise seinen Ausdruck findet. Klarheit ist es, welche die Kinder von mir einfordern. Klarheit ist es, die mir den Raum für freud- und liebevolles Miteinander in der gegenseitigen Befürwortung der uns innewohnenden liebevollen Eigenschaften schenkt.

Das Kind führt mich an meine eigene Begrenztheit heran.

Das Kind ist mir sozialer Indikator, ob meiner mir ureigenen sozialen Bewusstheit mir selbst und meiner Umwelt gegenüber.

♥ Das Kind sei unselbstständig

Im Lehrgang der Kleinkindpädagogik nach Emmi Pickler erhielt ich Einblick in die Welt der Neugeborenen und Säuglinge in einer Art und Weise, die mir bis dahin nicht bewusst den Säugling als genialer Kompetenzen fähig näherbrachte.

Der Säugling ist befähigt sich seiner Entwicklung entsprechend interaktiv an alltäglichen Routinevorgängen zu beteiligen.

Ich staunte, als ich wahrnahm, dass Säuglinge aktive Beteiligung im Prozess des Kleidungswechsels im Sinne der Mithilfe, indem er das Beinchen nach liebevoller Aufforderung nach erfolgtem Blickkontakt selbstbestimmt in sein Höschen steckte, aufzeigten.

Eine Vielzahl an Nuancen einfacher Handlungsschritte war der Säugling bereit selbsttätig und selbstbestimmt durchzuführen.

Die Übertragung dieser äußerst achtungsvollen Methodik in meinen sowohl beruflichen als auch privaten Alltag brachte Veränderungen in einem Ausmaß, welches in rückschauender Hinsicht den Beginn einer veränderten Interaktion in liebevoller Art und Weise darstellte.

Was ich mir erträumt hatte, interaktive Prozesse in liebevoller Art und Weise zu installieren, erfuhr eine Prägnanz, die mir achtungsvolles Miteinander von in gegenseitiger Dankbarkeit mündender Mithilfe meines Gegenübers und meiner selbst, im Rahmen der selbstbestimmten Entscheidungsfindung und autonomen Durchführung im befähigten Rahmen, ermöglichte.

Was ich mir erträumt hatte, schenkte mir Freude, Beteiligung, Herzlichkeit und einen rigorosen Fokuswechsel.

Selbständigkeit war der Schlüssel für eine Welt, der sich die Kinder im Autismus-Spektrum und jegliches weitere Kind in einer Art und Weise öffneten, dass sie selbsttätig sich in einer Art und Weise entfalteten, dass sie in rigoroser Weise sich selbst als Schöpfer ihrer Wirklichkeit erfuhren.

Freude, Selbstverständnis, überbordende liebevolle Zuneigung, inbrünstiges, natürliches, zuvorkommendes, soziales Miteinander in einer Art und Weise, die mir die Tiefe dieser Erfahrung ermöglichte, schien aus dem innersten Kern unserer selbst sich zu entfalten.

Selbständigkeit scheint in jedem von uns den Ressourcen entsprechend enthalten zu sein und will einem Samen gleich zur Entfaltung gebracht werden.

Unser System der aufoktroyierten Ressourcen, welche in fremdbestimmter Weise uns aufgezwungen werden, verhindern die Entfaltung der impulsgeleiteten, inneren, aus sich selbst hervorkeimenden Kreativität.
Meines Erachtens trägt jeder und jeglicher die Fähigkeit zur inneren Entfaltung aus Eigenregie in sich.

Wesentlich erscheint es mir, den Ressourcenreichtum innerhalb der Familie zu erwecken, indem ich das individuelle, uns ureigene innere Potential mittels geeigneter Materialien und Gegebenheiten zur Entfaltung kommen lasse.

Was mir zu eigen ist, kann jeder für sich selbst in seinem innersten Kern entfachen und zur Entfaltung bringen.
Was mir zu eigen ist, hat mit mir und jedem einzelnen ganz persönlich seinen Ursprung in seinem innersten Kern. Was Kindern zu eigen ist, ist auch uns Erwachsenen zu eigen. Nichts geht verloren. Alle Erinnerungen an unsere Kindheit tragen wir in uns selbst.

Mit dieser Vorgehensweise erkenne ich das Potential in mir selbst und in meinem Kind. Ich erkenne, dass mein Kind zu selbständigem, selbstbestimmtem, ressourcenabhängigem Handeln befähigt ist.

Ich selbst habe diese Gabe an mir entdeckt.

Jeder trägt diese Gabe als seine ureigene, individuelle, in individualisierter Weise hervortretende Quelle der Schöpferkraft in sich.

♥ *Vielen Kindern wird nachgesagt, sie seien hyperaktiv*

Hyperaktivität als Modeerscheinung unserer Zeit ist vielen Kindern im Autismus-Spektrum zu eigen. Ich selbst habe Kinder erlebt, die in ihrer innerlichen Unruhe kaum einen Augenblick dazu fähig waren, ihre Gliedmaßen einer entspannten Position näherzubringen.

Was ich vormals unter Einwirkung von Ritalin, einem Medikament, welches Kinder mit Hyperaktivität verabreicht wird, sah, erlebe ich jetzt im Zuge der achtsamen, liebevollen, behutsamen Wahrnehmung der kindlichen Bedürfnisse, welche in Eigenregie hervorgebracht das Kind in eine Position manövriert, die Ausweichverhalten solcher Art ins Abseits drängt.

Das in seiner Einzigartigkeit angenommene und achtsam begleitete Kind im Autismus-Spektrum und jegliches weitere Kind, welches sich seiner individuellen, einzigartigen Ader in seinem Körperinneren anzuschließen bereit ist, führt es in eine Welt, die absolut liebenswert das gänzliche Angenommensein reflektiert.

♥ *Vielen Kindern wird nachgesagt,*
sie seien aufmerksamkeitsschwach

Meiner Erfahrung entsprechend fokussieren sich Kinder im Autismus-Spektrum und sämtliche Kinder in einer Art und Weise, die uns Erwachsenen in leidvoller Erfahrung, dem gerecht zu werden, was uns die Eltern vorgaben, abhandengekommen ist.

Eine gänzlich auf das Hier und Jetzt fokussierte, intrinsisch hervorgebrachte Eigensteuerung in Harmonie mit den äußerlichen Gegebenheiten ist der sehnsüchtige Wunsch aus unserem innersten Kern.

Uns wieder mit diesem zu verbinden, gelingt tatsächlich vielen Menschen. In der Yogaerfahrung, in der Freizeitbeschäftigung, dem kreativen Gestalten ist es uns möglich, uns gänzlich auf die Materie einlassend für Augenblicke der Zentriertheit in eine Welt abzutauchen, in der Art der Kinder im Autismus-Spektrum und zahlreicher Kinder, die nicht dem Spektrum zugehörig sind.

Was mir in der Eigenerfahrung gelungen ist, ist jedem Kind möglich. Was mir in der Eigenerfahrung gelungen ist, kann sich jeder Erwachsene in seiner ureigenen, ihm zurechtgeschneiderten, äußerlichen Bedingungen angepassten, achtsamen, sich selbst liebevoll zugewandten Manie als Manifestation seiner ureigenen, ihm entspringenden Impulse, als Weg in eine der Liebe und Freude zugeordneten Zukunft kreieren.

Sicherheit, Selbstbewusstsein, Klarheit, Stimmigkeit, Übereinstimmung der inneren und äußeren Bedürfnisse sind Ergebnis der Selbstzuwendung.

Das Kind selbst fokussiert sich in explorierender Weise. Eine Erweiterung der kindlichen Ressourcen bringt die Kinder im Autismus-Spektrum und jegliches weitere Kind, welches selbstbestimmt tätig ist, in eine Position, die sie Sicherheit erfahren lassen.

Aus der sicheren Position heraus gelingt es ihnen, eine Flexibilität an den Tag zu legen, die schließlich ausufernd Handlungsbereiche einschließt, die vorab mit Widerwillen ausgeführt wurden. Selbstwirksamkeit belebt das Kind in einer Art und Weise, dass Freude am Tun zur Alltagserfahrung wird. Enthusiastisches, von Ausdauer Gekennzeichnetes, der Konzentration Zugeordnetes erfahren eine sukzessive Erweiterung.

♥ Das Kind sei nicht sozial

Der Erwachsene lebt vor. Der Erwachsene gibt. Der Erwachsene nimmt. Der Erwachsene trägt vor. Der Erwachsene befiehlt. Der Erwachsene reißt aus der Hand. Der Erwachsene denkt: „Ist ja selbstverständlich." Der Erwachsene manipuliert. Der Erwachsene hantiert mit dem Kind, als sei es ein Gegenstand. So nehme ich die Welt der Erwachsenen in häufig erlebter Form wahr. Ich sagte: „Bitte". Doch das Kind sagte kein „Bitte". Ich sagte: „Danke." Das Kind bedankte sich nicht.

Warum war das so? Ich verstand die Welt nicht. Warum reagierte das Kind auf mein „bitte" mit abweichender Gestik? Warum bedankte sich das Kind nicht, wo ich doch alles und jedes und jegliches und noch mehr für mein Kind unternahm, um es glücklich zu sehen. Das Gegenteil war der Fall. Das Kind war nicht glücklich in einer Weise, die ich vom Glück heraufbeschworen mir selbst in meinem Leben als Daseinsform erwünschte. Hatte ich es nicht rechtzeitig abgeholt, so erfolgte kein oder ein griesgrämiger Willkommensgruß. Ich hatte im Vorfeld meine Arbeit liegengelassen, um die Zeit, die ich mir selbst abzweigte, meinem Kind erübrigen zu können. Was war es, dass Kinder äußerst asozial reagieren? Was macht ihre innerliche Unzufriedenheit aus? Wohin führt mich der Weg, wenn ich meinem Kind all das zukommen lasse, was sich ein Kind von mir erwünscht?
Im Eigenversuch stellte ich fest, dass mir selbst, ganz persönlich mir selbst, zuvorkommendes Handeln einen Beweggrund

für Ausweichverhalten jeglicher Art darstellt. Ich mag es nicht, bevormundet zu werden. Ich kann es nicht leiden, wenn Tätigkeiten, die ich in irgendwelcher Weise selbsttätig durchführen kann, von anderen Personen, außer ich äußere konkrete derart gestaltete Wünsche, in übereifriger, mütterlich gut gemeinter Manie übernommen werden.

Ich zog Schlüsse daraus. Was ist, wenn unsere Kinder selbstbestimmtes Handeln als ihnen zu Grunde liegendes schöpferisches Muster einer globalen, alles umfassenden, unsichtbaren Schöpferkraft, ihr Leben in selbstbestimmter, selbstbewirkter Weise als Signalgeber für eine der innewohnenden, menschlichen Signatur entsprungenen eigenen, intuitiven, schöpferischen Handlungstätigkeit, als Indikator für gelingendes Sein erfahren?

Manipulation, vorgetäuschte Notwendigkeit in Form von Belohnung, Bestrafung, konsequenter Abgrenzung, psychischer wie physischer Gewalt stehen einer Welt der impulsgebenden, intuitiven Erfahrungserlebnisse entgegen.

Was ist es, das uns Empathiefähigkeit zumünzt? Was ist es, das uns sozial handlungsfähig werden lässt?

Meinen Erfahrungen entsprechend entquillt gelingendes, sozial in höchster Form ausgestaltetes, interaktives, schlüssiges, permanentes, ausgesprochen liebevoll geartetes, freud- und friedvolles Miteinander im Kontext einer liebe- und freudvollen, zugeneigten, der Achtsamkeit zugeordneten Erfahrungswelt, die ich dem Kind in einer Art und Weise spiegle, dass ich selbst als Initiator einer liebe- und freudvoll zugeneigten Begegnung mir meiner selbst bewusst werde.

Kinder ahmen nach …

Kinder zeigen uns, wie Leben gelingen kann. Wie handle ich? Wie gestalte ich die Beziehung zu meinem Kind? Würde ich mir diese Behandlung zumuten? Achte und beachte ich die Bedürfnisse des Kindes? Welchen Raum des selbstbestimmten Handelns benötigt mein Kind? Nehme ich die Ressourcen des Kindes wahr und ernst? Bin *ich* empathisch? Ermögliche ich dem Kind selbstzufrieden, glücklich, erfüllt zu sein? Hat das Kind seinen Ressourcen entsprechend ausreichend Material, welches das Kind in explorativer Weise erforschen kann? Ist es dem Kind möglich, an mir selbst sozial gelingendes Verhalten zu ermitteln, welches das Kind in Eigenregie als Ausdruck eines innerlichen Beweggrunds zur Entfaltung bringen kann?

Bin ich selbst glücklich, erfüllt, zufrieden? Ist es mir möglich, zentriert zu sein, meine eigenen Gaben und Ressourcen zu erkennen und in meinem Leben zu entfalten? Fühle ich Stimmigkeit in mir? Erkennt das Kind Kraft, Liebe, Freude, Geduld, Vertrauen, Heiterkeit, Ausgewogenheit, Ehrlichkeit, Echtheit an mir? Lebe und liebe ich aus meiner mir ureigenen, naturgegebenen, emotionalen Empfindung heraus? Schenke ich dem Kind den Raum, seine ureigenen, innerlichen, emotionalen Gegebenheiten in ausgewogener Weise zu empfinden?

Kinder leben, wenn ihnen dies ermöglicht ist, in sozialer Erfülltheit. Sie bewirken im Handeln Zentriertheit. Sie spiegeln über leuchtende Augen liebevolles Gewahrsein. Sie erfreuen sich über die Wahrnehmung ihrer selbst über die abgleichenden Blicke des Erwachsenen.

Kinder geben uns neue Perspektiven vor.

♥ *Das Kind müsse an die Lerninhalte, die ich für das Kind als geeignet erachte, herangeführt werden*

Das Kind ist Träger sämtlicher Ressourcen. Das Kind schöpft aus sich selbst heraus. Das Kind trägt sämtliche Elemente des Lebens in sich. Soziales Gelingen entspringt dem ureigensten Kern des Kindes.

Was wir uns als Gesellschaft als Wissen erarbeitet haben, ergießt sich aus unserem innerlichen Wissen heraus. Jeder, der mit seiner inneren Quelle des Wissens verbunden ist, kann in mannigfaltiger Weise aus dieser inneren Quelle, die der Liebe und Freude zugeordnet ist, schöpfen.

Wahre Liebe und wahre Freude sind der Wesenskern eines jeden Menschen. Das Kind bedarf der liebevollen Begleitung durch uns Erwachsene. Was ich mir erträumt habe, ist wesentliches Element einer Schöpfung, die sich, in Liebe und Freude zugeneigt, dem Gegenüber in ihrer Prägnanz als segensvolle Anerkennung des Kindes in seiner Entfaltung erweist.

Die Begleitung beinhaltet den geeigneten Rahmen für das Kind in seiner Eigenheit zu gewährleisten.

Hat das Kind die geeigneten Materialien, welche es begeistern? Gelingt es mir zu erkennen, welche Lernschritte das Kind als nächstes tätigen möchte? Bin ich anwesend, wenn das Kind wahrgenommen werden möchte? Erkenne ich im explorierenden Hantieren den aktiven Ausdruck des Kindes? Hilft es mir, mich selbst als einen schöpferischen Menschen mit all meinen Ressourcen anzuerkennen? Erkenne ich den Segen der Selbstwirksamkeit an mir selbst? Ermögliche ich dem Kind ausgewogene Reflexion im Rahmen von geeigneten Fragestellungen im Sinne des emotionalen Gleichgewichts? Gelingt es mir selbst, durch reflektierte Eigenwahrnehmung Perspektivenwechsel zu befürworten und Wege in Richtung liebe- und freudvoller Erfahrungen zu generieren?

Lernen als müheloses Instrument, um sich selbst einer freudvollen Seinsweise hinzugeben, ist Kindern im Autismus-Spektrum eine natürliche Gegebenheit, so sagt es mir meine innere Führung.

Ich selbst staune über die kreativen, spontanen, ressourcenorientierten, naturgegebenen, von sich aus dem innersten Wesen eines jeden Kindes entspringenden Facetten herausragender Eigenschaften, welche sich in wissenschaftlicher Art und Weise entfalten.

Ich durfte mich vom mütterlichen Versorger zum empathischen Beobachter wandeln. Ich darf liebevolles Angenommensein schenken, Impulse geben und das Kind über geeignete Fragestellungen zu selbstständigem Denken hinführen.

Die Herausforderung ist der Perspektivenwechsel. Die Herausforderung sind meine ureigenen Ängste, die mich an flexibler Vorgehensweise hindern. Die Herausforderung ist die eigene, urpersönliche Abarbeitung meiner mir innewohnenden emotionalen Gegebenheiten in einer Art und Weise, dass ich mich auf eine Erkenntnisreise begebe.

Wir Erwachsene sind herausragend in unserer Rolle, liebevolle Begleiter zu sein.

Kinder freuen sich über Perspektivenwechsel, die ihnen ihre Ressourcen hervorzuzaubern, die ihnen ihre Begabungen in eine Richtung zu lenken vermögen, die ihnen höchstmögliche Eigenständigkeit, im Sinne, was ich selbst bewirken kann, lässt mich innerliches Erfülltsein empfinden, zuerkennt.

Einfühlungsvermögen ist Kindern zu eigen. Feingefühl schenken uns die Kinder im Spiegel unseres Feingefühls. Mut in der Befürwortung meiner selbst ist den Kindern zu eigen.

In meiner Arbeit erkenne ich die mannigfaltigen, liebevollen, kraftvollen, spontanen Beweggründe der Eltern. In liebevoller Bereitschaft sind es die Eltern, die unglaubliche Ressourcen mobilisieren, um in liebe- und freudvoller Weise ihrem Kind die freudvolle Ausrichtung einer kraftvollen, impulsgebenden, inneren Entfaltung zu schenken.

♥ Das Kind bestimme unser Leben

Eltern sind in einer bemutternden Gesellschaft impulsgebend für ihr Kind, welches in Eigenregie Handlungsvermögen zum Ausdruck zu bringen befähigt ist.

Ich glaube zu wissen, wann mein Kind zur Toilette muss, was das Kind zu essen und anzuziehen bereit ist. Ich glaube zu wissen, was das Kind zu welchem Zeitpunkt zu lernen geneigt ist. Ich glaube zu wissen, welche Erfahrungen mein Kind in freudvolles Erleben seines ihm Erfüllung schenkenden Alltags lenken.

Habe ich mir in meinem Leben mancherlei Dinge mühevoll erwirkt, so möchte ich mein Kind vor eben diesen Erlebnissen bewahren.

Innerliche, eingemeißelte, schmerzvolle Gegebenheiten sind es, die mich leiten, mein Kind vor Hürden dieser Art bewahren zu wollen. So war mein Wesen auf Sanftmut ausgerichtet, jegliche Hürde einebnend, damit es meine Kinder gut haben, so glaubte ich.

Jetzt, hier und jetzt erkenne ich, dass ich selbst als Spiegel fungierte. Ich brachte meine innerlichen Ängste zum Vorschein, indem mich das Verhalten meiner Kinder aufrüttelte.

So war ich es, die schließlich in reflektierender Art meine Beweggründe erkannte und im emotionalen Abgleich meiner emotionalen Befindlichkeiten eine Verhaltensänderung meiner selbst und meiner Außenwelt ermöglichte.

Ich bestimme den Werdegang meines Lebens. Ich selbst war es, die bestimmte.

♥ Das Kind sei nicht flexibel

Flexibilität entspringt der Eigenheit des Kindes, sich im sicheren Hafen einer selbstbestimmten, freud- und liebevollen Entfaltung in selbstbewirkter Weise hinzugeben.

Jeden Augenblick versucht das Kind, aus seinem innerlichen Ressourcenreichtum zu schöpfen.

Ich bin es, die das Kind leitet und lenkt.

Lenke ich es dahingehend, dass es sich aus seiner intrinsisch geneigten Liebe zu sich selbst, innerlichen Impulsen hingebend, seinen Fähigkeiten und Talenten öffnet oder bestimme ich den Takt in Richtung belohnender, braver, angepasster, aus angstvollen Gegebenheiten erwachsender, zielorientierter, unselbständig machender, bedingter Liebe zugeordneter Manifestationen?

♥ Das Kind halte sich nicht an Vereinbarungen

Verhaltensveränderungen in einer Art und Weise, die dem Kind Sicherheit als alltäglichen Ausdruck der gewohnten, liebe- und freudvollen Interaktion zwischen Erwachsenem und Kind gewährleisten, vermögen Wunder zu bewirken. Vereinbarungen werden eingehalten. Vertrauensvolle Gegebenheiten werden alltäglich neu inszeniert. Zahlreiche Vereinbarungen werden als der Vergangenheit zuordenbar hinfällige Gewissheit, dass Leben sich in neue Bahnen lenken lässt.

Ich halte mich an liebe- und freudvolle Strukturen, die immense Spielräume öffnen. Ich gewähre dem Kind die Möglichkeit, sich an meiner Vorgehensweise zu orientieren und sich in liebe- und freudvoller Weise den Gegebenheiten anzupassen, die seinen inneren Impulsen gerecht werden können.

♥ *Die Kinder hätten Lernschwierigkeiten*

Lerninhalte, denen die Kinder zugeneigt sind, können in müheloser Leichtigkeit erworben, intrinsich komplettiert, feinfühlig, ausgewogen, resourcenangepasst verfeinert ungeahnte Begabungen an das zum Vorschein gebrachte Ausmaß einer schöpferischen Nuancenfeinheit angliedern.

Ein Beispiel aus meiner Praxis zeigt die Erfolglosigkeit fremdgesteuerter, vom Kind selbst abgelehnter, in vielfältiger Hinsicht mobilisierter Aufgabenbereitstellung.

Das Kind hatte viele Jahre am Mathematikunterricht teilgenommen. Das Kind hatte über eine externe Therapieeinrichtung mathematische Förderung in detaillierter Ausführung erhalten. Ich habe die in der Therapieeinrichtung erarbeiteten Schritte übernommen, um sie im Familienalltag zu etablieren, einem Versuch dargereicht. Vier Jahre waren vergangen. Das Kind operierte im Zahlenbereich der Zahlen 1 bis 5. Zahlen im Zahlenraum 100 konnten teilweise gelesen werden. Das operationale Denken entfaltete sich in einer Weise, dass es zufälligen Ergebnissen unterlag. Im selbstbestimmten Üben eignete sich dasselbe Kind in kürzester Zeit mathematisches Wissen in praktischer Hinsicht zuordenbar an.

Selbstbestimmtes, eigenverantwortliches, in Eigenregie hervorgeholtes Interesse an Lerninhalten vermag scheinbar unzureichende Lernfähigkeit in den Hintergrund zu rücken.

Was ich mir in all den Jahren näherbrachte, entsprang meiner inneren Ressource, auf liebe- und freudvolle, wenn nicht gar enthusiastische Weise, mir Wissen anzueignen. Unvergleichliche Vielfalt entsprang meinem innersten Wesen. Was ich mir nie zu erträumen erhofft hatte, war Wirklichkeit in meinem Leben geworden.

Wahres Lernen entspringt unserer inneren, intuitiven, in liebe- und freudvoller Weise uns selbst zugewandten, aus unserem inneren Kern selbst hervorquellenden Lernintuition.

♥ *Ich müsse für das Kind in vorausschauender Weise denken!*

Lerninhalte in denkender Weise zu erfassen, ist die herausragende Eigenschaft Erwachsener. Kinder geben sich in explorierender Weise ihrer ureigenen Erfahrungswelt hin, welche ihnen Erfülltsein schenkt.

Der Erwachsene denkt. 80% aller Gedanken kehren immerwährend wieder, dies lernte ich in einem Seminar über die Gedankenwelt der Menschheit. Wir Erwachsene sind es, die den Gedanken die Präferenz für die Wahrheit unserer Realität schenken, einer Realität, die alles andere als freudvoll in vielen Bereichen des Lebens erscheint.

Denkfähigkeit ist gekoppelt an eine explorierende Seinsweise, welche sich im Kindesalter als die dem Wesen des Kindes zu Grunde liegende Wahrnehmungsentfaltung entpuppt. Kinder agieren im Hier und Jetzt in einer Weise, die Wahrnehmungsentfaltung in einer Weise ermöglicht, die Entfaltung in sämtlichen dem Kind zu eigen scheinenden Bereichen bewirkt. Das vorausschauende Denken ist eine Gabe, die sich im Rahmen des explorierenden Handelns in einer Weise entfaltet, die selbst mir Erstaunen in vielfältiger Hinsicht entlockte.

Explorierendes Handeln scheint der Wesenskern einer weitreichenden, überdimensionalen, mannigfaltigen, zufriedenstellenden, in weiser Hinsicht alles umfassenden Schöpfung einer liebe- und freudvollen Daseinsform, in geneigter Weise uns liebevoll zugewandt, zu sein.
Die Beziehungssuche der Kinder selbst ist es, die uns daran erinnert, in liebe- und freudvoller Weise angenommen zu sein.

Ich selbst bin es, die die Wahrnehmung erweiterte und jetzt die Angebote der Kinder, mit mir zu interagieren, wahrzunehmen bereit ist. Ich selbst konnte in keinster Weise das Ausmaß meiner Nichtbeachtung erahnen.

Vorausschauendes Denken als das Wesen der Erwachsenen holt das Kind aus seiner ursprünglichen, dem Hier und Jetzt zugeordneten Seinsweise hervor. Lernfähigkeit entspringt dem Hier und Jetzt.

Ich selbst bin es, die das Kind in seiner Denkfähigkeit behindert. Ich selbst bin es, die für das Kind in vorausschauender meinen Ängsten zu Grunde liegenden Entsprechung sich bemüßigt, das Kind in wiederholender Weise an Themen zu erinnern, die es in selbstverständlicher Weise dem Erwachsenen überlässt. „Schließ bitte die Tür!" „Wasch dir bitte die Hände!" Zwei typische Beispiele demonstrieren das Denken des Erwachsenen, welcher in selbstverständlicher Weise in wiederholender Art das Kind an seine Merkfähigkeit, die nicht gut genug zu sein scheint, erinnert.

Ich habe im Eigenversuch mich an Situationen zurückerinnert, die in wiederholender Weise an mich herangetragen wurden. Meine emotionale Regung äußerte sich erregt, ob der klaren Grenzüberschreitung des Erwachsenen, meine persönliche Denkfähigkeit anzuzweifeln.

Ich selbst zweifelte an mir. Ich selbst erkannte an mir meine Fehlerhaftigkeit. Ich selbst war ein Versager, so glaubte ich von mir.

Kinder wollen für sich selbst Entscheidungen treffen. Kinder sind im Zuge der Entscheidungsfreiheit, welche an eine Wertungsfreiheit gekoppelt ist, bereit mit dem Erwachsenen zu kooperieren.

Ich treffe Entscheidungen, die der liebe- und freudvollen Beziehung zugeordnet sind. Ich treffe die Entscheidung, dem Kind in klaren Worten seine Entscheidungsfreiheit darzulegen. „Für was entscheidest du dich …?", hilft dem Kind sich seiner selbst bewusst in eine ihm trefflich erscheinende Richtung zu bewegen. Seine Entscheidung, die es aus Gutdünken seine eigenen Bedürfnisse betreffend trifft, hat mit der emotionalen Welt des Kindes eine Verbindung.

Ich selbst bin es, die dem Kind Klarheit für seine in jedwede Richtung geeignete Version schenkt, indem ich dem Kind mit der Frage nach seiner emotionalen Befindlichkeit „Wie empfindest du in deinem Körper?" den Abgleich von kognitiver Denkstruktur und emotionaler Darreichung ermögliche.

Selbsterkenntnis ist das Geschenk empfundener emotionaler Ausdrucksformen. Im Rahmen der Selbsterkenntnis ist es dem Kind ein Anliegen, sich in liebevoller Weise in Kooperation mit dem Erwachsenen auf die Hilfsangebote des Erwachsenen einzulassen.

Weitere Möglichkeiten sind es, die bereits im Vorfeld zu erwartenden emotionalen Gegebenheiten in einer Entscheidungsfindung abzufangen. „Was hast du vor? Wirst du mich schlagen oder schenkst du dir den Raum für eine andere Entscheidung?" „Entscheidest du dich dein ‚Gagga' in die Hose zu machen oder gehst du lieber auf die Toilette?" „Wirst du im Gasthaus abbeißen, kauen und schlucken oder wirst du das Essen in dich hineinstopfen?"
All diese vorgefertigten Möglichkeiten geben dem Kind die Option, sich seiner eigenen Denkfähigkeit zu besinnen. Das Kind lernt Entscheidungen für sich selbst zu treffen.

Die Fokussierung auf „ich kann", „Ich-bin-fähig-Strukturen" äußert sich in liebevoller Weise als ein Angenommensein. Die Denkfähigkeit des Kindes erfährt ressourcengelingendes, mobilisiertes, nährendes Potential in Richtung, was ich dem Kind zutraue, wird in den Fähigkeiten des Kindes sich entsprechend den inneren Impulsen des Kindes, welche sich, im Einklang mit ihrem inneren Taktgeber in mannigfaltiger Weise, als höchstes dem Kind zugrunde liegendes Potential äußern.

Denkfähigkeit liegt allen Kindern zu Grunde und scheinen sie noch so hilfsbedürftig dem Erwachsenen überantwortet zu sein. Entscheidungen zu treffen, die ich im Rahmen der Kleinkindpädagogikausbildung kennenlernte, die dem Säugling selbstbestimmtes Handeln zugesteht, erfahre ich im Zuge meiner Arbeit als Darreichungsform für jegliches Kind in jeglicher Altersgruppe. Sprachzugewandtheit in Kombination mit begleitetem Blickkontakt hilft den Kindern, sich an sprachlichen Rhythmen zu orientieren und gegebenenfalls helfend sich zu beteiligen.

Die unermessliche Freude der Kinder ist segensvoller Ausdruck einer gelingenden Interaktion, die dem Kind sein höchstes Potential zugesteht.

♥ Kinder seien nicht empathiefähig

Empathiefähigkeit in meinen Augen entpuppt sich als eine mir innewohnende, aus meinem Innersten hervortretende, mir zu Grunde liegende Struktur, welche sich im Rahmen des Abgleichs meiner emotionalen Befindlichkeit als die Fähigkeit, mich in mein Gegenüber einzufühlen, entpuppt.

Empathiefähigkeit schenke ich dem Kind, dem ich den Ausgleich seiner ihm zu Grunde liegenden emotionalen Gegebenheiten im Auftreten jener, als die mögliche Variante einer mir innewohnenden emotionalen Ausgewogenheit zurückgebe.
Was sich als Segen einer emotionalen Befindlichkeit äußert, ist der liebe- und freudvollen Gangart einer Schöpfung, die uns Menschen in Liebe und Freude zugeneigt zu sein scheint, entsprungen.

♥ Das Kind sei in seiner Wahrnehmung begrenzt

Die Begrenzung meiner Wahrnehmungsfähigkeit wurde mir erstmals bewusst, als ich mich der fokussierten Beobachtung der Natur hingab. Im Zuge einer Wanderung betrachtete ich die Natur in einer Art und Weise, die „alles was da ist, ist Liebe", „alles was da ist, ist Freude" als segensreiches Erlebnis mir näherbrachte. Was ich damals empfand, ist Wesen einer Schöpfung, die liebe- und freudvolle Grundstrukturen als Ausdruck einer mir zugeneigten, liebevollen, segensreichen, empfindbaren Welt aufweist.

Auf Grund von zwei folgenschweren Unfällen, welche mich meinen Gedanken näherbrachten, indem ich sie einer Gedankenbereinigung im Sinne der Aufarbeitung meiner Gedankenspirale zuführte, erkannte ich meine Gedanken als Potential für die Eigenmanifestation einer Welt, die ich auf Grund meiner mir innewohnenden gedanklichen Impulse in Eigenregie kreierte. Meine Gedanken spiegelten in rigoroser Hinsicht meine emotionale Welt wider. Das Herzgefühl zeigte mir ein Licht in meinem Inneren. Dem Licht zugewogen verstand ich die Welt meiner Gedanken als Ausdruck einer mir ablehnend gegenüberstehenden Realität. Die Gedanken der Kinder, Jugendlichen und Erwachsenen spiegeln ihre ureigene Welt individueller Art wider. Was ich einer daraus resultierenden Wahrnehmungserweiterung, im Sinne, die Schöpfung ist von Potential gesegnet, entnahm, erfahre ich in vielerlei Hinsicht als das Potential zahlreicher Kinder und Jugendlicher im Autismus-Spektrum und zahlreicher Kinder, die nicht dem Autismus-Spektrum zugeordnet sind.

Kinder im Autismus-Spektrum haben in vielerlei Hinsicht eine Wahrnehmung, die meiner in der Wahrnehmungserweiterung zugänglich gewordenen Weltsicht ähnelt. So ist es an uns, unsere Gedanken zu reflektieren, Perspektivenwechsel zu erlauben, fokussierte Alltagserfahrungen in einer Bandbreite der alles umfassenden, zugänglichen, mir Freude schenkenden, globalen, bewusstseinserweiterten Manie mir zukommen zu lassen.

Wahrnehmungserweiterung hilft mir, mein Kind aus dem Blickwinkel einer mir in Liebe und Freude zugewandten alltäglichen Erfahrung kennenzulernen. Nicht das Kind ist in seiner Wahrnehmung begrenzt. Aus dem Blickwinkel der Wahrnehmungserweiterung erkenne ich die Begrenztheit einer der Gesellschaft zugeordneten funktionalen Alltagsbewältigung, die sich an bewährten, rigoros einengenden Strukturen, an Sicherheit und dem Gefühl der Überschaubarkeit eines Alltags, der wenig freudvoll erscheint, orientiert.

♥ Das Kind würde mir nicht in die Augen sehen

Bereits Säuglinge, Neugeborene nehmen über die Augen wahr. Nehme ich das Kind über die Augen wahr? Sehe ich ihm beim Sprechen in die Augen? Nehme ich häufig Kontakt über die Augen auf? Erfreuen wir uns an „Augenblicken"? Erkenne ich die Tiefe in den Augen? Fühle ich die Berührung? Welche Gefühle lösen diese Blicke in mir aus? Erkenne ich die Aussagekraft dieser Momente? Tauche ich ein in die Welt des Kindes? Was möchte es mir mitteilen? Gelingt es mir, im Augenblick zu verharren? In den Augen zu sehen? In den Augen zu hören? Mich einzufühlen? Zu empfinden? Die Schönheit dieses Moments zu erkennen? Wie berührt ist mein Kind? Wie berührt bin ich? Traue ich mich „danke" zu sagen, „danke für diesen Augenblick"?
Nichts liegt zwischen mir und meinem Kind. Ich bin da, ganz da. Im Hier und Jetzt.
Das Kind ist da. Als Kind. Es sieht mich. Es nimmt mich wahr, mich als Mensch. Es fühlt sich geliebt, angenommen, geborgen. Es vertraut mir, in diesem Augenblick. Ich erfahre das Gefühl des Vertrauens und des Vertrautseins.

Menschen in die Augen zu sehen, hängt mit meiner momentanen emotionalen Verfassung in meinem Körperinneren zusammen. Mein Blick schweifte ab, driftete Richtung Boden, ins Leere, ins Nichts, an den Augen des anderen vorbei. Eine Kollegin sah mir bewusst erwartend lange in die Augen. Der Nachhall verursacht nach wie vor ein emotionales Bild in mir, welches ich keinem, nicht einem einzigen aufoktroyieren möchte.

Unangenehme, schmerzvolle, blockierende, schambehaftete Nuancen einer angstvollen Befindlichkeit keimen in mir auf. Was hatte sie sich dabei gedacht, mir derart nahe sein zu wollen. Ein Teil von ihr scheint in mir verwoben zu sein. Wie ein Fremdkörper liegt diese Empfindung mir anhaftend in meinen Handrücken als Schmerz erfahrbar, in meinem Hinterkopf als Druck wahrnehmbar, in meinem Hals als Blockade, an meinen Armen als Schauer erkennbar, an meinen Wangen als schamhafte Röte meine Unbehaglichkeit signalisierend, in meinen Füßen und Beinen. Schmerzvolle Befindlichkeit ist in meinem Körper zugegen, schmerzvolle Befindlichkeit als Reaktion auf diesen mir aufoktroyierten, gut gemeinten mich bewertenden Augenblick.
Was ich an mir selbst empfinde, hat mit mir selbst zu tun. Konnte ich den Menschen vertrauen? Ich konnte es nicht. Ich empfand mich als ausgegrenzt, nicht wahrgenommen in meinen mir wesentlichen Bedürfnissen nach Anerkennung meiner selbst, meiner Gaben und Fähigkeiten, meiner Bedürftigkeit nach liebevoller Annahme, nach Herzlichkeit und Ausgewogenheit, nach intrinsisch geleiteter Zugehörigkeit zu einem System, welches mir in liebe- und freudvoller Manie Autonomie zuerkennt.

Augenblicke der Anerkennung schenken uns das Gewahrsein eines Gegenübers, welches uns von Herzen akzeptiert. Augenblicke des Gewahrseins haben mir zugewogen Freude in Zeiten der absoluten Disbalance geschenkt. Augenblicke des Gewahrseins schenken mir eine Verbindung auf Herzebene.

Die Anerkennung meiner emotionalen Gegebenheiten lässt mich die Freude am Kontakt über unseren Blick in all ihrer Tiefe und Schönheit nun erfassen.

Stigmatisierung in zahlreichen Nuancen erfahrbar, lässt mich selbst in meine Kindheit abtauchen. Ich selbst hatte zahlreiche Muster der Kinder im Autismus-Spektrum an mir als solche, mich schmerzvoll belastende Eigenheiten erkannt. Was die Kinder schmerzvoll berührt, konnte ich als solches an mir selbst erkennen. Der Blick ist es, der uns die Abwesenheit der Liebe im Leben des Kindes aufzeigt. Die Blicksuche aus Eigeninitiative des Kindes lässt uns erkennen, dass wir dem Kind in einer Art und Weise begegnen, die dem Kind zugewogen Raum für seine persönliche Entfaltung schenkt. Das Wesen einer aufoktroyierten Liebe erkennend, ist es uns möglich, uns selbst in eine Richtung zu bewegen, die den liebe- und freudvollen Strukturen zugeordnet ist.

➢ SELBSTERKENNTNIS ALS PROZESS LEBENSLANGEN LERNENS

1. Wissenserwerb

Wie lernen Kinder?

Vorerst lernen Kinder Einzelheiten einer inspirierenden Materie kennen. Möglicherweise erhält das anvisierte Projekt wenige Augenblicke die Aufmerksamkeit des Kindes. Folgend findet ein vertiefendes Erfahren statt. Die Exploration am Objekt weitet sich aus. Im wiederholenden Tun, wieder und wieder schenkt das Kind dem Projekt oder Objekt seine Beachtung, werden erfahrene Einzelerkenntnisse zu einem größeren Ganzen zusammengeführt, wobei die Integration in Nuancen laufend stattfindet. Als bewertende Beobachter empfinden wir manchmal, dass das Kind in diesem Prozess verharrt. Kinder, die ihrer Gaben nicht verlustig werden und denen adäquates Material zur Verfügung steht, weiten ihre Erfahrungen und Objektbetrachtungen aus und wachsen an den geübten Prozessen.

Ein kurzer Blickaustausch mit dem Erwachsenen erfreut das Kind und ist notwendig. Er schenkt dem Kind Sicherheit, in seiner Beziehung zu uns, in seinem Umfeld und im Sammeln von Erfahrungen. Exploration findet laufend statt. Die Zuwendung zur Materie über intrinsische Impulse, das Beenden der Aktivität, die Neuzuwendung geschieht in Freiwilligkeit, aus dem inneren Bedürfnis heraus, zu wachsen, kreativ zu sein, sich freudvoll zu entfalten. Verwoben im Augenblick erleben sie Genugtuung in der Tätigkeit, die ihnen einen Ausgleich in ihrem Energiesystem ermöglicht.

Eine Fokussierung folgt einer Beruhigung, die abermals eine Fokussierung anregt. Auf Grund ihres ureigenen Wahrnehmungs-

und Lernsystems ist es uns nicht immer offenbar, wie ein Kind Wissen in sich vermehrt. Dürfen sie ihren Impulsen Beachtung schenken, so lernen sie begeistert. Mannigfaltige Interessen, denen sie sich spontan, flexibel und intrinsisch geleitet zuwenden, kristallisieren sich heraus. Sind die Kinder älter, kann ich sie durch einfache Fragen meinerseits zu selbständigem Denken anregen. Vom Kind aus gestellte Fragen, führen das Kind in eine Vertiefung der Eigenerfahrung.

In meiner Arbeit ist es nötig, die Kinder abermals an das selbstbestimmte Handeln heranzuführen. Durch meine Präsenz, den intensiven Blickkontakt, die Fragestellungen meinerseits und mein Agieren, durch den Raum, den ich ihnen bereite, in dem ich beobachtend und mich zurückhaltend präsent bin, erfahren die Kinder abermals Vertrauen in sich und ihre Gaben und weiten ihre Vorhaben durch anfängliche Zuwendung zu zahlreichen Lernerfahrungen meist rasch aus. Sprachliche Zuwendung in minimalistischer Form, Diskussionen vermeidend, ist notwendig, um eine Fokussierung auf die Exploration zu erreichen.

Die sprachlichen Fähigkeiten vermehren sich in der Zuwendung zu den intrinsisch motivierten Betätigungen. Diese Erfahrung gestattet es mir, den Kindern den Raum zu reinem Handeln intrinsisch motiviert zu schenken. Entbunden der Notwendigkeit, Sprache zu korrigieren, ist es mir erlaubt, mich auf ihre Entwicklungsprozesse einzuspielen, ihnen geeignetes Material zuzuführen, spontane Inputs in minimalistischen Nuancen für ihre Entfaltung zukommen zu lassen. Ich führe sie zurück in die Erinnerung ihrer hohen sozialen Fähigkeiten, die allen Kindern zu eigen sind.

Ein Junge liebt „Tiptoi-Bücher". Hat er ein neues Buch erhalten, orientiert er sich im Buch, indem er mit dem Stift wahllos Bilder antippt, ohne sich den Inhalt gänzlich anzuhören. Alsdann verweilt er an Bildern oder Aussagen, die ihn faszinieren, die er dutzende Male wiederholt. Schließlich hört er sich Aussagen oder Textstellen an. Da und dort beginnt er Texte mitzulesen. Er wiederholt die Inhalte akkurat, bis er die Wissenstexte auswendig kann. Mit mir zusammen erweitert er sein erworbenes Wissen zu Erfahrungen im aktiven Erleben von inspirierenden Inhalten in Rollenspielen und konkreten praktischen Handlungen.

Eine Gruppe afrikanischer Trommler fand die Beachtung des Jungen. Er studierte die Gesichter der jungen Trommler, die lachend und ernst abgebildet sind. Sein Fokus traf die ernsten Gesichter. Inspiriert von seinen Aussagen ergänzte ich meine Betrachtungsweise in geringer Wortwahl. Dieser Trommler lauscht. Aufbauend auf das Wort „lauscht", welches im Jungen Begeisterung auslöste, kreierte der Junge ein Rollenspiel, das es ihm ermöglichte, das Zuhören einzustudieren.

Welche Erfahrungen machen Kinder?

Der Erwachsene erkennt meine Bedürfnisse. Er nimmt meine Freude in meinem Handeln wahr. Er sieht das Staunen in meinem Gesichtsausdruck. Er begegnet mir beherzt im Blickkontakt. Er schenkt mir Geborgenheit und hat Vertrauen in meinen Ausdruck. Er schenkt meinen ureigenen Wünschen Beachtung und erlaubt mir so zu sein, wie ich mich gebe.

Meinem emotionalen Ausdruck begegnet er gelassen, weiß er doch um die bedeutungsvollen Erfahrungen, die mein Leben durch das Empfinden meiner Emotionen und das Fühlen meiner Gefühle bereichern. Er hat Vertrauen in mich und meinen individuellen Lernrhythmus. Er schenkt mir die Augenblicke sinnlichen Seins, in denen ich im scheinbaren Nichtstun verharre. Er hat ein Gefühl für mein inneres Erleben. Von Herz zu Herz ist unser Wahrnehmungsaustausch möglich.

Gelebtes Sein verleiht mir Flügel, die mir wahre Selbstentfaltung ermöglichen. Inspiriert voneinander, verbinden wir uns tiefer und tiefer und kommunizierend auf nonverbale Weise wissen wir, dass gelebte Liebe den Funken weiterträgt.

Wer darf diese Erfahrungen machen?

Ich.

Ja, ich darf diese tiefen Erfahrungen mit den Kindern, die mir ihre Liebe schenken, teilen. Vertrauensvoll getragen, wachsen wir tiefer und tiefer zusammen, beschenken uns gegenseitig mit Erfahrungen, welche uns inspirieren und unsere jeweils ureigenen Wachstumsprozesse vorantreiben.

Wo sind diese Erfahrungen notwendig?

Um aus alt eingebürgerten Strukturen auszusteigen, braucht es die Erfahrung der emotionalen und gefühlsmäßigen Bereicherung. Emotionen zu empfinden ist ein gangbarer Weg in Richtung wertschätzender, achtungsvoller Beziehung. Es ist jener Weg, der mir hilft, meine Wahrnehmung mir selbst und meiner Umwelt gegenüber zu verändern.

Liebevolle Zuwendung mir selbst gegenüber ermöglicht das Keimen innerer, wahrer Freude, schenkt Vertrauen in die Veränderungen, die stattfinden werden. Mein Kind hilft mir, indem es mir den Spiegel vorhält. Ist es mir gegenüber abweisend, so heißt dies, dass in mir selbst diese Abweisung zu suchen ist. Gibt es in mir die Angst, abgewiesen zu werden? Welche Emotion löst diese Erkenntnis in mir selbst aus?
Gibt es in mir die Angst vor Aggression, die Angst vor Einsamkeit, die Angst, verlassen zu werden, die Angst, ungeliebt zu sein, die Angst, es nicht recht zu machen? Gibt es in mir die Angst, im Leben zu scheitern, Schmerzen zu empfinden, nicht Empathie fähigen Menschen zu begegnen?

Sämtlichen Ängsten, die dir dein Kind aufzeigt, kannst du im Empfinden deiner körperlichen Signale begegnen. Ich sage nicht, dass dies immer mein Frohlocken hervorrief, nein ganz und gar nicht. Als meine Neugier geweckt war, fiel es mir leichter, die Emotionen zu empfinden. Die Körpersignale waren sanft und manchmal auch zaghaft. Je tiefer ich eintauchte, umso stärker wurden die Reaktionen des Körpers. Es machte mir Angst; mich so zu sehen, hemmungslos weinend, der Angst ausgeliefert, mich vor den Folgen fürchtend, der explosiven Kraft der Wut, des Hasses ausgesetzt, verärgert, ob meines Wegs, den ich mir so sehnlichst wünschte.

Nicht ahnend, wo mein Weg mich hinführen würde, konnte ich mehr und mehr Vertrauen mir selbst entgegenbringen. Jetzt weiß ich, dass dies der Weg ist zu kraftvoller, glücklicher, ausgewogener Mitmenschlichkeit.

Diese Erfahrung kann nur jeder selbst für sich persönlich in sein Leben holen.

Vieles war mir hilfreich, doch der Weg führte mich direkt in die in mir aufgestauten Emotionen hinein, um dieser wahrlich gewahr zu werden und sie in Gefühle der Liebe und Freude zu wandeln.

Wahrhafter Wandel führt in die emotionale Welt. Von Gedanken beherrscht wurde das innere Gleichgewicht zerstört. Die Wiederherstellung führt ausschließlich über mich selbst. Ich freue mich, dass mir diese Erfahrung geschenkt wurde. Und ich freue mich mit jedem, der sich diesem Weg öffnet. Je mehr Menschen diesen Weg beschreiten, umso einfacher wird es sein, zu sich zu stehen und seine Emotionen zuzulassen. Ein Menschsein des Mitgefühls wird gerade etabliert.

Willst du deinem Kind gerecht werden, brauchst du den Mut, dich deiner emotionalen Innenwelt gegenüberzustellen. Freude für jedes Kind ist meine Vision. Ich selbst kann es in meiner Welt einrichten.

2. Wissenserwerb speziell: Sprache

Sprachliche Zuwendung scheint eine Notwendigkeit in unserer Gesellschaft. Sprachliche Zuwendung gelingt auch in prägnant reduzierter Art und Weise erfüllend.

Interessanterweise ist, meiner Beobachtung nach, die Förderung der Sprache nicht unbedingt an die Notwendigkeit der sprachlichen Herangehensweise gekoppelt. Auditive Impulse, die motivierende auditive Beachtung erhalten, als Instrumentalmusik, als Hörspiel, in Form von inspirierenden Liedern, ermöglichen eine intensive Zuwendung zu sprachlichen Rhythmen. Das Erkennen von Sprache erfolgt unter anderem im Abgleich erkennbarer Rhythmen. Welche Rhythmen das Kind bevorzugt, ob sprachlich unterlegt, als Einzeltöne vernommen oder als Gesamtwerk präsentiert, erkennt das Kind anhand der gebotenen kreativen Impulse. Sprache anhand von Rhythmen zu erlernen, setzt eine frequente Wiederholung der bevorzugten Anforderungen voraus.

Beliebt scheint der Abgleich mit belustigenden Abbildungen und sprachlicher Darstellung des gesprochenen Inhalts zu sein. Paralleles Lesen des Textes erfordert eine intensive auditive und visuelle Aufmerksamkeit. Der sprachliche Ausdruck verhilft dem Kind zu einem selbstbestimmten Abgleich von gehörten und artikulierten Impulsen. Eigenständige Korrektur entbehrt der geführten an emotionale Bedürfnisse gekoppelten Zuwendung. Die Zuwendung geschieht in gefühlsstarker Ausprägung.

Der Lernerfolg ist eine positive Rückkoppelung zur Lernquelle, die in prägnanter Art und Weise wie eine Schleife sukzessive erweiterte Impulse in den Fokus zieht. Sprache anhand von Rhythmen zu lernen, setzt die frequente Bereitstellung von geeignetem hoch motivierendem Material voraus. Der abgleichende freudvolle Blick bestärkt das Kind. Sprache wird zu einem Highlight. Das Sprachverständnis schaffte in meinen Fördereinheiten trotz mangelnder Eröffnung des Sprachinhalts Erweiterungen.

Phrasen, Redewendungen, wiederholende Wortgruppen, Einzelworte, grammatikalische Richtigstellungen, der Ich-Bezug, Aussprache in verbesserter Artikulation erfuhren die Integration in den alltäglichen Gebrauch.

In der Eigenerfahrung hatte sich gezeigt, dass sich nach einem dreiwöchigen Aufenthalt in England meine Sprachfertigkeit um ein Vielfaches verbessert hatte. Grammatikalische Inhalte, die zwar kognitiv abrufbar waren, aber welche rhythmisch nicht die Integration erfahren hatten, waren nun ganzheitlich verfügbar geworden. Gesprochen hatte ich in England als damals 16-jährige wenig und sprachliche Zuwendung erhielt ich von den dort betreuten Kleinstkindern in geringem Ausmaß. Umso mehr erstaunte mich diese Erfahrung über die Jahre hinweg. Welche Kinder diese Lernmethodik für die Integration wiederholter sprachlicher Informationen, den Aus- und Aufbau des Sprachverständnisses, zur Verbesserung der Artikulation und grammatikalischer Strukturen nebst dem visuellen Abgleich, den auch ich benötigte, anwenden, zeigte sich an ihren präferierten Zuwendungen in motivierter Hingabe.

Ein Junge aus dem Autismus-Spektrum, dem über Jahre intensive sprachliche Förderung zu Teil wurde, begegnete einem Hörspiel. Auf Grund eines mangelhaften Sprachverständnisses untersagte ich mehrmals aus mir sinnlos erscheinender Manie das Anhören des ihn hoch motivierenden Hörspiels. Doch in Folge seiner Zähigkeit gab ich schließlich auf. Verwundert stellte ich fest, dass der Junge, trotz seiner äußerst lückenhaften Sprachproduktion und trotz seiner mangelnden Fähigkeiten, auf Sprachzuwendung seiner Mitmenschen adäquat zu reagieren, einige Inhalte des ausführlichen Hörspiels signifikant verstand. Aus mühevollem Spracherwerb wurde freudvolle Sprachzuwendung.

Menschen im Autismus-Spektrum lernen Sprache häufig in mühevoller Kleinstarbeit. Technische Geräte ermöglichen praktikable Hilfestellungen im Sprachausdruck als auch im Spracherwerb.

„Tiptoi-Spiele" befähigen zu einem selbstbestimmten Spracherwerb. Der konkrete bebilderte Abgleich zeigt spannende Inhalte. Über das Ausmaß des Eigenerwerbs ist sich selbst der Junge bewusst, der in mannigfaltiger Weise seinen Wortschatz und sein Grundwissen beträchtlich erweitern konnte. Erfahrungen dieser Art zeigen mir die hohen Fähigkeiten von Kindern auf. Gedemütigt im aufgezwungenen Lehrsystem ist es ihnen selbstbestimmt möglich, hohe Eigenleistungen, tragfähige Spracherweiterungen und emotionale Stabilität zu erlangen.

Weitere Qualitäten in hohem Ausmaß gehören mit zu den sozialen Fertigkeiten, die sie zur Interaktion und Kommunikation im sozialen Miteinander einsetzen. Gelebte Liebe schenkt den Kindern die Zuwendung, die sie in ihren alltäglichen Herausforderungen benötigen. Freudvolle Beziehungen erwarten Freude im Alltag. Freudvolle Beziehungen und gelebte Liebe ermöglichen das Geschenk der Offenheit für Individualität. Gelebte Liebe schenkt Hoffnung für die Kinder dieser Erde. Gelebte Liebe schenkt uns das Vertrauen zueinander, miteinander zu wachsen und voneinander zu lernen. Gelebte Liebe gibt uns Klarheit, dass wir gegenwärtig auf dem richtigen Weg sind. Gelebte Liebe schenkt uns die Freude am Partner, der uns bewegt und uns lehrt liebevolle Wege zu beschreiten. Gelebte Liebe schenkt uns die Einheit für ein gelingendes Miteinander.

Wir sind es selbst, die diesen Weg der gelebten Liebe beschreiten, indem wir den Kindern Möglichkeiten einräumen, selbstbestimmt zu lernen, sich zu entfalten und konsequent dazuzugehören in ihrer Art und Weise.

Was schenkt uns die Sicherheit für gelingendes Handeln? Die Freude und Liebe, die die Kinder uns entgegenbringen, ist der Grad unserer gelingenden Interaktion. Wechselseitige Beziehungen geben uns die Gewissheit für einzigartige Interaktion.

3. Dosierung

Schulische Aufgaben werden den Schülern möglichst in vereinheitlichter Ausführung gestellt. Wenn ich mich an verschiedentliche Kurse erinnere, so weiß ich von zahlreichen Inhalten, die ich persönlich als „Füllstoffe" benannte. Als Füllstoffe bezeichne ich Inhalte, die für mich in meiner Realität keinerlei Aussagekraft besitzen. Mein individuell erkanntes Lernsystem erfordert von mir, auf intuitive Art Erkenntnisse zu empfinden. Das Empfinden von Erkenntnissen unterliegt anderen Zeitstrukturen und geänderten Voraussetzungen der Integration.

Erfolgversprechendes Lernen kann ausschließlich mit den jeweilig einzigartigen Gaben und Anforderungen der individuellen Person geschehen. Vereinheitlichte Aufgabenstellungen werden den individuellen Bedürfnissen „nicht genügend" gerecht. Ressourcen sind individuell verfügbar. Dosierungen sind entsprechend der Ressourcen wesentlich, um die hervortretenden Anzeichen von Frustration, Langeweile, Müdigkeit, Genervtsein, Überlastung, Mattigkeit abfedern und in geänderte Aufgabenstellungen wechseln zu können.
Der Fokuswechsel verringert die negativen Auswirkungen der oftmals individuell unangepassten Anforderungen. „Weniger ist mehr", sagt ein bekanntes Sprichwort. Ich kann dem nur zustimmen. Meine persönlichen Erfahrungen in sämtlichen Lebensbereichen lassen mich meine individuellen Bedürfnisse auf individuelle Art erkennen. Ich benötige weniger Salz als andere. Allgemein üblich dosierte Mineralstoffe führen bei mir in ein Desaster. Individuell angepasste Dosen sind in vielfach geringerer Dosis anzusiedeln.

Um den essentiellen Inhalt eines Buches zu erfassen, lese ich es etappenweise, dosiert und visualisierend. Wesentliche Botschaften hervorstechend angepinnt, verhelfen mir zu einem freien Kopf für weitere mich berührende Inhalte. Die Inhalte berühren mich. Sie haben eine sehr hohe inspirierende Aussagekraft und sind für mich in kleinen Dosen erfüllend. Auch die Nahrungsaufnahme erfolgt in geringerer Dosis. Die Notwendigkeit von erfüllenden Begegnungen in klassischem Ausmaß ist ebenfalls in geringerem Ausmaß gegeben. Die innere Zuwendung erfüllt in einer Weise, dass sich Notwendigkeiten in geringerer Dosis offenbaren. Sogar das Schlafbedürfnis hat sich generell vermindert.

Welchen Notwendigkeiten Kinder im Autismus-Spektrum unterlegen sind, kann ich nur erahnen. Veränderte Bedürfnisse machen mir die äußerst individualistischen Notwendigkeiten bewusst. Übermäßige Dosen haben mir selbst geschadet, mich gehemmt und blockiert. Maßgeschneiderte Aufgabenstellungen erfüllen im Mindesten die Notwendigkeit individualisierter Lernkonzepte. Hilfreich sind die Kinder im Autismus-Spektrum selbst. Sie könnten uns einen Einblick in für sie nötige Anpassungen geben, vorausgesetzt sie konnten sich all der anzupassenden Methoden entledigen.

Selbstentfaltung ist möglich. Selbstentfaltung erfahre ich als erfüllend in jeglicher Hinsicht.

4. Gaben

Meine Gaben sind das Hervortreten meiner Ressourcen im eigenen Tempo erarbeiteter, in explorierender Weise erfahrener Erkenntnisse. Welche Gaben zu Tage treten, erkenne ich in Folge meiner empfundenen Emotionen und Gefühle. Die Entwicklung ist individuell einzigartig. Das Erkennen meiner Gaben, Talente, Fähigkeiten und Wünsche ermöglichte es mir, mehr und mehr die Gaben, Fähigkeiten und Talente der Kinder zu erkennen. Eine unglaubliche Fülle an Potential steckt in uns, die brachliegt, nicht gesehen wird, unerkannt in unseren Tiefen erforscht werden möchte.
Was machen Forscher? Sie forschen, experimentieren, explorieren, kreieren, verwerfen, beginnen wiederholt, erkennen Zusam-

menhänge, tauchen aus reiner Neugier in ein spannendes inspirierendes Geschehen ein, einem inneren Drang folgend, präsent von intuitiven Kräften inspiriert, versuchen sie etwas bis dahin Unentdecktes hervorzubringen.

Wer hat unsere Kinder beobachtet? Da liegt Forschergeist, inspirierender Forschergeist im Raum der kreativen Exploration. Inspiriert folgen sie wie ein Wissenschaftler in wiederholender Weise entdeckend, explorierend, kreierend schöpferischen Gaben der selbstbestimmten Entfaltungspotentiale. Wünschenswertes wird ins Leben gezogen, erfolgreiches Handeln in Sicherheit und im Vertrauen der empfundenen Autonomie erfährt im Augenblick der intrinsischen Verwirklichung seine Bestimmung.

Ich bin … ich bin nicht maßgeschneidert nach Gewicht und Größe, Geburtsdatum und Familienzugehörigkeit, ich bin einfach ich im Sein. Was ich kreiere? Es liegt im Verborgenen und will von mir entdeckt werden.

Ich habe zahlreiche Kurse gemacht. Zuordnungen haben mich immer irritiert. Das ist Hr. Wohlgeboren, das ist Fr. Dr. Soundso, … Zuordnungen engen ein, begrenzen, geben Grenzen vor. Im „Kleinen Prinzen" von St. Exupèry ist zu lesen: „Die großen Leute haben eine Vorliebe für Zahlen. Wenn ihr ihnen von einem neuen Freund erzählt, befragen sie euch nie über das Wesentliche. Sie fragen euch nie: Wie ist der Klang ihrer Stimme? Welche Spiele liebt er am meisten? Sammelt er Schmetterlinge? Sie fragen euch: Wie alt ist er? Wie viele Brüder hat er? Wie viel wiegt er? … Dann erst glauben sie, ihn zu kennen."

Fühle ich die Essenz dessen, was ich wahrhaft bin? Ich erschaffe eine Welt in mir, ich erschaffe die Welt außerhalb von mir … will ich zugeordnet werden? Nein. Ich habe besondere Eigenheiten und Ressourcen. All das in mir, in dir, in den Kindern wird erst entdeckt, „ent-deckt", es erscheint mir wie eine Decke, die nach und nach das in mir Verborgene enthüllt.

Gaben, Talente und Fähigkeiten sprudeln hervor. In welche Richtung es mich führt? Ich lege gewisse grobe Züge fest. Ich empfinde meine Emotionen und fühle die Gefühle der wahren Liebe und wahren Freude. Vieles fließt in mein Leben ein. Einiges strömt bewusst zu mir. Anderes erstaunt mich. Der Widerstand wird geringer. Ich ziehe ins Leben, was mich berührt, bereichert, beschenkt, beglückt.

Die Gaben sind individuell, kreativ und mannigfaltig. Die Gaben kann nur jeder aus sich selbst hervorzaubern. In der intrinsischen Exploration in individualistischer Art und Weise gelingt es, die Schätze in meinem Inneren ans Tageslicht zu bringen, hervorgezaubert durch all die Kinder, die jetzt in einem System eingeengt, zugeordnet, kategorisiert Begrenzung erfahren. Zauberhafte Vielfalt in mannigfaltiger Art und Weise im Säugling, im Kleinkind, im Vorschulkind, im Schulkind, im Jugendlichen, Erwachsenen und im betagten Menschen.

Wir können aneinander lernen, erfahren, entdecken. Wir können uns des immensen Reichtums bewusst werden, der in uns, um uns herum, im Nächsten, in der Natur, in jeglicher Faser unseres Seins entdeckt werden will. Du und ich, wir haben einen inneren Schatz. Das ist das Gemeinsame. Ich weiß um die erschaffene Essenz.

Wie sich der Schatz materialisiert?
Da bin ich mittlerweile überzeugt, dass er in liebevoller Manie, meinen Begrenzungen angepasst, perfekt mein alltägliches Leben berührend, entsprechend meiner Lebensgewohnheiten sich als eine Bereicherung erweist.

5. Reihenfolgen

Impulsgesteuertes Handeln impliziert ein Tun, welches sich aus der intuitiven Anordnung meiner mir innewohnenden, intuitiven, mich selbst erfüllenden, kreativen Ader entspringt. Was sich in mir als Ausdruck einer individualistischen Seinsart entfaltet, hängt großteils von meinen mir in meinem Leben als prägnant erachteten, kostbar erscheinenden, visualisierten Zielvorgaben in Richtung der liebe- und freudvollen, schöpferischen Daseinsform ab.

Gleichzeitiges Tun und Empfangen vielfältiger Impulse beziehungsweise Wahrnehmen vielfältiger Impulse wird in diesem Modus ermöglicht. Gewohnte Reihenfolgen abändernd, manifestieren wir neue Systeme. Täglich erkenne ich die Abänderungen in einer Art und Weise, als sie mich an meine mir innewohnenden emotionalen Beweggründe heranführen. Ich selbst bin Taktgeber. Ich selbst bin Motor für ein Leben, welches sich in liebevoller Manie all den Ängsten zu stellen vermag, die mich in meinem Leben in einengender Weise an Altbewährtes koppeln. Ich bin selbst kreativer, einfühlsamer, intuitiver Katalysator für ein System, welches sich in rigoroser Weise Neuerungen zuwendet.

Die Reihenfolge selbst ist eins mit meinem inneren Katalysator, der sich als mir zugewandt, mich mir selbst nahe empfindend, in liebevoller Manie mich meiner selbst näherbringt. Die innere, impulsgesteuerte Reihenfolge erscheint mir an manchen Tagen regelrecht in chaotischer Weise hervorquellend. Eine Aufgabe zeigt sich mir als prägnant erfüllbar, in diesem Augenblick entsprechend meiner inneren Klarheit und Wunschvorstellung, doch bald schon erschließt sich eine markante Änderung in Richtung Beendigung dieser, um mich in neuerlicher Fokussierung auf eine geänderte Aufgabenherausforderung einzustellen.
Was mir diese Herangehensweise sagen will? Meinen mir innewohnenden Ängsten mich stellend, quellen tatsächlich rigorose,

gewohnheitsmäßige, starre, strukturangekoppelte, mir selbst unbewusste Themen zu Tage, welche ich im emotionalen Abgleich einer Bereinigung zuführe. Tatsächlich ist diese Herangehensweise eine Modalität, die mir zahlreiche, festgefahrene, an mich angekoppelte Erfahrungshindernisse aufzeigte. Was ich mir in dieser Art der Herangehensweise für mich erarbeitete, erfuhr ich als Bereicherung in Richtung einer flexiblen Alltagsgestaltung. Mich aus meiner angsterfüllenden, mich einzwängenden, rigoros reduzierenden, angsteinflößenden, zwanghaften Seinsweise herauszupullen, hat mit mir selbst, einer liebevollen Entdeckungsreise gleich, seinen Ausgangspunkt genommen.

Reihenfolgen in kategorischer Weise zu erfahren, grenzt mich in kategorisierender Weise ein. Was unser Wertesystem uns als sicher, klar, strukturiert, entwicklungsfördernd vorgibt, entspricht eher einer Zwangsjacke, welche uns hindert, uns unserer ureigenen inneren Gewohnheiten, in Richtung, ich bin mir meiner selbst fremd, zu entledigen. Klar strukturierte Alltagsgewohnheiten haben mir Fähigkeiten vorgegaukelt, welche ich nicht besaß. Selbst aus einer außergewöhnlich stark strukturierten Familie entstammend, war es mir möglich, mich als verankert und sicher zu empfinden. Als verheiratete junge Frau war ich gänzlich alleingelassen ob der Rigorosität einer Tatsache, welche mich tagtäglich an ein Scheitern heranführte.

Weißt du, wie es ist, als junge Mutter nicht fähig zu sein, seine alltäglichen Bedürfnisse in geordneter Reihenfolge, mühelos, systematisch erledigen zu können? Mühevoll versuchte ich Tag für Tag, meiner Alltagsroutine in gewohnter, erlernter Weise gerecht zu werden. Weißt du, wie es sich anfühlt, dass Menschen dich ob deines Scheiterns bei anderen denunzieren? Weißt du, wie es ist, sich vollkommen im Klaren zu sein, dass man an Grenzen anstößt, die man nicht zu verändern fähig ist? Weißt du, wie es ist, dass sich in grandioser Weise alles löst, regelgerecht meisterbar, in Leichtigkeit bewältigbar wird? Weißt du, wie es sich anfühlt, nahezu angstfrei zu sein? Weißt du, wie es sich anfühlt, gekoppelt an neue Gesetzmäßigkeiten, Meister seiner naheliegenden, schöpferischen, erfüllten, globalen, rigoros austarierten, flexiblen Daseinsgestaltung sein zu können?

Reihenfolgen ergeben sich aus einer schöpferischen Daseinsgestaltung in Richtung liebe- und freudvoller Seinsweise von selbst. Reihenfolgen sind unserem System in liebevoller Weise zugewandt immer im Konsens mit unseren inneren Bedürfnissen erfahrbar. Reihenfolgen sind die rigoros tolerante, erfahrbare, köstliche Ausgestaltung in eine Richtung, die uns Vertrauen in unsere innere, impulsgebende, nahebringende, vollkommen klar entgegenkommende Daseinsvariante in Richtung liebe- und freudvoller Seinsweise erfahren lässt. Reihenfolgen sind es, die mich täglich staunen lassen, dass ich trotz der chaotischen Herangehensweise strukturiert mein Ziel erreiche. Reihenfolgen sind es, die mir zeigen, dass ich trotz der chaotischen Herausforderung in Mühelosigkeit und innerlicher Ausgewogenheit meine Tätigkeit in liebevoll geführter Weise ausführen kann. Angebunden an mein inneres, geführtes Seinspotential erfahre ich die rigorosen Herausforderungen der emotionalen Aufarbeitung meiner mir innewohnenden emotionalen Befindlichkeiten als bewältigbar.

Reihenfolgen schenken mir Einblick in meine ureigenen, inneren, maßgeschneiderten, meiner Individualität entwachsenden Rhythmen einer Alltagsgestaltung, die in individuellster Art und Weise jeden in seine Richtung der Vervollkommnung der individuellen Seinsstruktur zieht. Reihenfolgen sind es, die uns an unsere ureigenen uns innewohnenden Ängste andocken, sodass mir mein Gegenüber in seiner Daseinsform den Spiegel für ein gnadenloses Desaster, in Richtung, empfundene Ängste lösen das Desaster, vorhält. Ich bin es selbst, die geänderte Reihenfolgen als seinsbereichernd, erfüllend, mich kreativen Prozessen öffnend zulasse. Ich selbst bin es, die sich auf variable Strukturen, im Sinne, ich kann mir selbst in kreativer Weise begegnen, einstimmt. Ich selbst bin es, die in bereichernder Art und Weise flexible, gangbare Daseinsbewältigung manifestiert.

6. Impulsivität

Die impulsgesteuerte Realität der Kinder im Autismus-Spektrum erlebt sich für die Außenwelt, für Eltern, Angehörige und anderweitige Kontaktpersonen als chaotisch.

Im Selbstversuch habe ich mich fast gänzlich auf die inneren Impulse eingestimmt. Abhängig von Angstempfindungen nahm ich Zerrissenheit im Erledigen von Aufgaben im Rahmen von Entscheidungsunsicherheiten wahr.

Kinder im Autismus-Spektrum, die häufig ihrer inneren Sicherheit entzogen werden, erkennen ihre präferierte Wahl als ungenügend, wenden sich ab und erleben Unzufriedenheit.
Im Selbstversuch empfundene Ängste verdeutlichen mir die Möglichkeit einer Umkehr in Richtung Erfüllung.

7. Analysieren

Das *Zerlegen in Einzelschritte* ist eine Technik, der sich unsere Kinder in grandioser Art und Weise zuwenden. Es bedarf einer besonders *prägnanten und klaren Beobachtungsgabe*, dass ich mich auf diese Technik der Kleinstkinder und Säuglinge in einer Art und Weise bedienend einzulassen vermag, dass sie den Kindern gerecht wird. Nur in der Wahrnehmung der Einzelschritte ist es mir möglich, dass ich gegebenenfalls wieder auf die vorherige Stufe, die das Kind beherrscht und in der es sich sicher und geborgen fühlt, zurückgreifen kann.

Ich selbst habe diese Praxis bei meiner Arbeit angewandt und bin zu dem Schluss gekommen, dass mir Kinder ihre Offenheit darlegen, wenn ich auf die Stufe, die sie beherrschen, einsteige. Jetzt habe ich die Möglichkeit, mich gänzlich auf die Ebene der Kinder zu begeben.

Was hat es mir ermöglicht, diesen Weg zu beschreiten? Es ist der Weg der Wahrnehmungserweiterung und der Weg des Empfindens meiner emotionalen Gegebenheiten, die ich mir angeeignet habe, mit dem Ziel, eine Gedankenfreiheit in dem Sinne zu erlangen, dass ich von meinen Gedankenformen nicht mehr in dem Maße bedrängt werde, dass sie bestimmend auf meinen Lebensalltag einwirken.

So habe ich begonnen, mich meiner Gedankenwelt zuzuwenden. Gedanken kamen, waren präsent, zeigten mir ein Thema, ich sah hin, nahm wahr, ja, da ist mein Thema, ich ließ es los, ließ es weiterziehen in dem Bewusstsein, dass ich es nicht bewerten wollte. Ein neuerlicher Gedanke zog in mein Bewusstseinsfeld, regte mich auf, ich gab mich der körperlichen Regung hin, nahm sie wahr, versuchte neutral zu bleiben und wartete, dass sich die körperliche Regung verwandelte. So nahm ich Emotion für Emotion in mir wahr, verabschiedete sie und dankte für die Erfahrung.

Was mir das Ganze gebracht hat? Ich kann nun zurückblicken und sagen, dass ich dadurch nahezu angstfrei durch mein Leben wandeln kann. Ich habe durch diese Praxis nahezu sämtliche Ängste und emotionalen Gegebenheiten jeglicher Art und Weise beleuchtet und sie einem Wandel unterzogen.

Wandel in liebe- und lichtvolle Strukturen ist möglich.

Heute weiß ich, dass ich diese Praxis nicht mehr missen möchte, da sie mir Befreiung auf allen Ebenen meines Seins geschenkt hat. Heute weiß ich, dass ich es bin, die neue Strukturen ins Leben ziehen kann. Licht- und liebe- und freudvolle Strukturen sind in mein Leben eingezogen. So habe ich jetzt und hier die Möglichkeit, mich gänzlich Neuem zuzuwenden, was mir Freude bereitet zu tun, jeglichen Augenblick meines Alltags.

Wie das möglich geworden ist? Eben durch diese Praxis des Empfindens meiner emotionalen Gegebenheiten und durch das

Loslassen durch die Praxis des Verzeihens, durch die Wahrnehmungserweiterung und durch die Hinwendung zu meiner persönlichen Wichtigkeit und Richtigkeit, zu meinen Begabungen und Talenten und Fähigkeiten, zu meiner inneren Welt, die mir Freude und Liebe in höchstem Ausmaß jederzeit zur Verfügung stellt, durch die Zuwendung zur Gegenwart im Hier und Jetzt, durch die Anerkennung der liebe- und freudvollen und segensreichen Strukturen, die uns die Kleinstkinder vorgeben, durch das Hervorheben des Gelingenden in jedem und allem, durch den achtungsvollen Umgang mit mir selbst und dadurch, allen Begegnungen und allem und jedem, das sich mir in der Schöpfung zeigt, achtungsvoll zu begegnen, in dem Wissen, dass alles was da ist, Liebe ist.

Weitere Gegebenheiten sind das *Annehmen all meiner vergangenen und zukünftigen Erlebnisse*, die mir Erfahrung schenken, welche mich zu Weisheit und Wissen führen. Heute, jetzt und hier habe ich die Möglichkeit, mich all dem zuzuwenden, das mir Bereicherung schenkt. So habe ich mich entschlossen, *all das zu segnen, das mir selbst Segen in meinem Leben ist*. Ich segne auch all das, was anderen bedrohlich scheint, denn ich weiß, dass es uns Erfahrung schenkt, worin der Segen der Weisheit und des Wissens liegt. Ich weiß, dass alles was da ist, Liebe ist, denn alles und jedes schenkt uns den Segen der Erfahrung, die uns wachsen und uns vervollkommnen lässt.

Heute, jetzt und hier weiß ich, dass ich diese Erfahrung machen durfte, um eine Vorreiterrolle in einer Zeit des globalen Wandels einzunehmen.

Segen ist mit uns, Segen ist in uns, Segen ist außerhalb von uns.

Warum schreibe ich dies? Das ist es, das du durch die Wahrnehmungserweiterung und die Praxis des Empfindens deiner emotionalen Befindlichkeiten erkennen kannst. Jetzt und hier habe ich diese Erfahrung gemacht. Je weniger ich beim anderen eingreifen muss, damit ich damit zurechtkomme, umso weiter haben mich die Praxis des Empfindens meiner emotionalen Gegebenheiten und die Wahrnehmungserweiterung gebracht.

Heute, jetzt und hier weiß ich, dass ich es bin, die ich diese Strukturen in mein Leben gezogen habe.
Ich kann mich *verbessert* mit anderen Menschen *unterhalten*, da ich gelernt habe, *bedingungslos zuzuhören*.

Wie ist das möglich?

Veränderungspotential in uns selbst erkennen

Wieder und wieder hat mich die Praxis des Empfindens meiner emotionalen Gegebenheiten und Wesentliches im menschlichen Miteinander, *was ich mir schenken möchte, möchte ich auch einem anderen geben und nicht umgekehrt*, in einer Art und Weise berührt, dass ich es weiterschenken möchte. Ich möchte diese Technik all jenen ans Herz legen, die bereit sind, so wie ich, mich berühren zu lassen von meinen Gedanken, meinen Worten, die entsprechend meiner neu geformten Gedanken mir Segen bringen, und meinem Handeln in Liebe und Freude, zum Segen für uns alle in gleichem Maße.

Jetzt und hier habe ich begonnen, mir etwas anzueignen, das mich mehr und mehr mit den forschenden Strukturen der Kleinstkinder vertraut macht. Ich habe für mich erkannt, dass ich in einer Weise Ergebnisse erziele, die einem forschenden Handeln entspringen. Ich habe mir die Gewohnheit des Explorierens näher angeschaut und bin zu dem Resultat gekommen, dass ich durch die Wahrnehmungserweiterung mehr und mehr mir meiner wissenschaftlichen Vorgehensweise bewusst geworden bin.

Wie ist das möglich?

Ich habe mich der Technik des Empfindens meiner emotionalen Gegebenheiten bedient. Ich habe Versuche an mir selbst vorgenommen. Wie ist es, Dinge in anderer Reihenfolge als üblich zu erledigen? Wie waren die aufkeimenden emotionalen Gegebenheiten?

Im Abgleich dieser zwei Begegnungen habe ich erfahren, durch das Empfinden meiner emotionalen Gegebenheiten bin ich mir bewusst geworden, dass ich Widerstände in mir trage, die mir nicht bewusst waren. So habe ich begonnen, wieder und wieder Gegebenheiten ins alltägliche Leben zu ziehen, sodass sich die Blockaden zu Gunsten von Flexibilität und Kreativität auflösten.

Heute weiß ich, dass ich durch diese Technik viele neue kreative Ideen in mein Leben gezogen habe.

Ich habe meine Ernährungsgewohnheiten auf diese Art und Weise beleuchtet. Ich habe begonnen meinen Lebensalltag zu strukturieren. Ich habe mein Haus entrümpelt. Ich habe meine Wohnsituation in rigoroser Weise verändert. Ich habe mich gänzlich dem Forschen und Bekennen zu einer neuen liebe- und licht- und freudvolleren Praxis zu Gunsten hergebrachter Systeme verschrieben. Ich habe mich gänzlich aus dem angstvollen, manipulierenden Geschehen der Massenmedien ausgeklinkt, damit ich neue licht- und liebevolle Strukturen in mein Leben integrieren kann. Ich habe begonnen mich in Systeme einzuklinken, die mir Liebe und Licht in Zeiten des Wandels schenken.

So habe ich begonnen mich auf mich selbst zu fokussieren, mit dem Ziel, mir selbst gerecht zu werden. Ich habe begonnen mir selbst Gutes zu tun, indem ich mich meinen emotionalen Gegebenheiten hingab. Jetzt und hier habe ich mich entschieden für mich Sorge zu tragen, in dem Sinne, dass ich jetzt für mich einzustehen vermag.

Diese Praxis hat mich zum Explorierenden gemacht. Sie hat mich zurück in den momentanen, zu erlebenden Augenblick getragen. Jetzt habe ich begonnen, diese Praxis in meiner Arbeit anzuwenden.

Ich erlebe Kinder, die dankbar sind.

Ich erlebe Eltern, die sich dieser Praxis hingeben und sie für ihre Kinder im Alltag integrieren.

Ich erlebe Eltern und Kinder, die in neuer Manie auf ungeahnt liebevolle Weise miteinander spielen.

Es ist eine Freude zu erleben, wie sehr Kinder dieser Zeit gänzlich in den jetzigen Moment hineintauchen und sich dem explorierenden Handeln verschreiben. Heute, jetzt und hier wende ich die Praxis des Empfindens der emotionalen Gegebenheiten bei Eltern und Kindern und mir selbst, oft im Nachhinein in der reflektierenden Phase der Fördereinheit an.

Ich habe mir bewusst gemacht, dass sämtliche Inhalte, die in mir nachklingen, mit meinen ureigenen emotionalen Begebenheiten zu tun haben. So ist es mir gelungen, mehr und mehr meiner emotionalen Begebenheiten in mein Bewusstsein zu rücken.

Ich habe begonnen sämtliche emotionalen Begebenheiten für mich zu analysieren in einer Weise, dass ich mir jetzt bewusst bin, dass viele meiner emotionalen Widrigkeiten aus meiner Kindheit in einer Art und Weise entstammen, dass sie Widerständen einer damals üblichen Erziehungspraxis entspringen.

Ich habe mich entschieden, mich diesem Prozess der Aufarbeitung meiner emotionalen Gegebenheiten weiterhin hinzugeben, denn sie bringen mir Erleichterung in meinem Alltag, in meinen Beziehungen, in meinen persönlichen Vorlieben, die ich erst jetzt nach und nach wirklich als tatsächliche Vorlieben und Wünsche für mich selbst erkennen kann.

Im Vorfeld waren sie durch die emotionalen Gegebenheiten beinahe gänzlich verschüttet, so dass ich mir ihrer erst nach und nach bewusst wurde. Heute, jetzt und hier weiß ich, dass ich diese Art der Aufarbeitung all jenen weitergeben möchte, die bereit sind, Kinder und einen jeden von uns aus einem neuen Blickwinkel heraus zu betrachten.

Ich bin mir der Tatsache bewusst, dass ich es bin, die Veränderung in mein Leben ziehen kann.

Im Vorfeld habe ich versucht meine Gedanken und Vorschläge an die Familien weiterzuleiten. Dies hat nicht ausreichend funktioniert. Ich war frustriert. Die Eltern gleichfalls. So habe ich begonnen nach Möglichkeiten zu suchen, die mir, den Kindern und Eltern Erfüllung bringen.

Ich habe herausgefunden, dass ich Veränderungspotential in mir trage. So ist es mir möglich geworden, Veränderungen nach und nach zu forcieren und mir meiner selbst bewusst zu werden.

In meiner Praxis mit den Kindern erweist sich das Empfinden der emotionalen Gegebenheiten als Herausforderung für mich und den Erwachsenen und das Kind. Wir sind es nicht gewohnt, unsere Emotionen anzuerkennen, zu durchleben und loszulassen, um neuen Systemen Raum zu schenken.

Ich habe mich mit den Eltern vernetzt in einer Weise, dass die Eltern selbst es sind, die die emotionalen Gegebenheiten bei ihren Kindern in anerkennender Weise mittragen.

So haben wir ein System geschaffen, *das die Eltern autark werden lässt.* Sie sind es, die täglich mit den emotionalen Gegebenheiten ihrer Kinder konfrontiert sind. Sie sind es, die täglich mit den Herausforderungen der neuen Zeit in einer Art und Weise belangt sind, dass sie an die Grenzen ihrer Fähigkeiten gebracht werden. Heute, jetzt und hier habe ich begonnen all das für mich zu einer Praxis werden zu lassen, so dass ich nun sagen kann, wir alle tragen emotionale Gegebenheiten in uns, die uns täglich berühren, die uns täglich eine Bürde darstellen. So ist dieses Konzept für uns alle in einer Weise geeignet, dass wir selbstbestimmt unseren Lebensalltag bereichern können. *Selbstbestimmt* können wir uns Themen hingeben, die uns in unserem Lebensalltag zutiefst berühren. Ich habe erlebt, wie sehr Eltern an ihren Grenzen angekommen sind, wie Kinder hilflos in sich abgekapselt, hyperaktiv agierend oder in oppositioneller Art und Weise bis hin zu aggressiven Ausbrüchen von zahlreichen Hilfsangeboten übersättigt, nicht zu sich selbst kommen konnten.

Ich habe wahrgenommen, wie schnell sich manche Situationen lösen, wenn Kinder nicht über lange Zeit an fremdbestimmtes Agieren angekoppelt wurden. Kinder, die langzeitigem, fremdbestimmtem Tun sich angepasst haben, fällt es unglaublich schwer, sich auf sich selbst zu besinnen und sich in forschender Weise den ureigenen, inneren, intuitiven Kräften anzuvertrauen.

Sie erhalten *Sicherheit und Selbstvertrauen* und sind schließlich fähig, sich von zahlreichen sozial unerwünschten Verhaltensformen zu verabschieden.

Sie erlangen dadurch Selbstsicherheit und die Fähigkeit, *sich ihrer ureigensten inneren Gaben und Begabungen hinzugeben* und sich ihrer selbst bewusst den Interessen zuzuwenden, die wirklich zu ihnen passen.

Herausragende Strategien der Lebensbewältigung

Heute, jetzt und hier weiß ich, dass es neue *Strategien der Lebensbewältigung* gibt, die uns in einer herausfordernden Zeit die Möglichkeit schenken, uns selbstbestimmt Veränderungen hinzugeben, sodass wir fähig werden uns unserer ureigenen Gaben bewusst zu werden. Ich habe mich dieser Praxis zugewandt und so kann ich sagen, dass ich Veränderungen, einem weiten Spektrum unterzogen, gefolgt bin.

Ich habe Dinge in mein Leben gezogen, von denen ich nicht geglaubt habe, dass ich jemals fähig dazu bin. So kann ich jetzt selbstbestimmt meinen Alltag gestalten, unabhängig von gesellschaftlichen Strömungen. Heute, jetzt und hier bin ich mir bewusst, dass vielen Menschen mit dieser Technik geholfen werden kann. Ich weiß nicht, bist du es, der oder die diese Technik als hilfreiches Instrument in sein/ihr Leben integrieren möchte? In weiterer Folge habe ich weitere Möglichkeiten in mein Leben integriert. Ich habe *meine Wahrnehmung erweitert, indem ich mich gänzlich auf mich fokussierte.* Ich habe mich selbst zur Richtschnur in meinem Leben werden lassen. Was ich nicht zuträglich finde, kann auch mein Partner als nicht zuträglich empfinden. Deshalb habe ich für mich beschlossen, dass ich dem anderen nichts zumute, was ich als anmaßend empfinde.

Zahlreiche Praktiken unserer Erziehungswissenschaften sind für mich persönlich als übergriffig und beängstigend einzuordnen. So habe ich für mich beschlossen, all jene Praktiken fallenzulassen, die ich nicht mehr benötige. Ich habe für mich erfahren, dass ich es bin, die sich im Leben die Richtschnur entsprechend meiner Bedürfnisse geben kann. Und so habe ich begonnen all meine Praktiken näher zu beleuchten, um in licht- und liebevoller Weise mit Freude mein Leben zu gestalten.

Jetzt weiß ich, dass auch du und jeder einzelne von uns von diesen Techniken profitieren kann, indem wir unsere emotionalen Befindlichkeiten mit jedweder Situation in Einklang bringen. Unsere emotionalen Gegebenheiten sind es, die uns in Bedrängnis bringen. Unsere emotionalen Gegebenheiten entsprechend empfunden, bringen sie uns Segen in einer frustrierten Welt voller Herausforderungen. Ich darf mich wieder licht- und liebevoller Strukturen in meinem Alltag erfreuen. Ich darf mich wieder an wundersamen Begegnungen erfreuen. Ich darf mich wieder den Familien und ihren Kindern in einer Weise zuwenden, dass sie an unserer gemeinsamen Begegnung in einer Art und Weise wachsen, dass sie in freud- und liebevoller Weise wieder zueinander finden.

Die Familien öffnen sich den Systemen der emotionalen Aufarbeitung in einer Art und Weise, die es mir ermöglicht, sie sanft *Perspektivenwechseln* entgegentreten zu lassen. Die Familien selbst sind schließlich befähigt sich neuen Strukturen zu öffnen. Dies lässt sich darin erkennen, dass sie häufig neue Wege beschreiten, die offensichtlich in Zusammenhang mit der Förderung zu beobachten sind.

Heute, jetzt und hier habe ich beschlossen weitere Systeme zu ergründen. *Systeme des Rhythmus* sind wesentlich für ein gelingendes Lernverhalten. Ich habe mich selbst in Selbstversuchen im Abgleich mit emotionalen Gegebenheiten unterschiedlichen Rhythmen hingegeben. So habe ich erfahren, dass ich je nach Zuwendung in nicht intuitiv gefolgter Reihenfolge in starke Bedrängnis gerate.

Ich habe jetzt und hier mich dazu entschlossen, mich dem intuitiven Rhythmus in meinem Inneren anzupassen. So ist es mir gelungen, mich dem inneren Rhythmus folgend gänzlich hinzugeben, so wie es den Kindern in unserer Zeit zu tun ermöglicht ist. Sie sind gänzlich im gegenwärtigen Augenblick, verwoben mit ihrer *intuitiven Stimme* in ihrem Inneren. Sie haben so die Möglichkeit, sich gänzlich auf die Botschaften, die sie erhalten, einzulassen.

Durch unsere Praxis, sie an unser Wertesystem anzupassen, nehmen wir ihnen die Möglichkeit, sich an ihren intuitiven Impulsen zu orientieren. So habe ich gesehen, wenn Kinder sich wieder gänzlich auf ihre intuitiven Impulse verlassen können, dass sie plötzlich ein gänzlich verändertes Verhalten an den Tag legen, Verhaltensweisen, die viel höheren Richtlinien folgen, als wir es ihnen je zugetraut hätten.

Ich habe mich der Praxis der intuitiven Hingabe zugewandt, um so in Erfahrung zu bringen, welche Auswirkungen sie auf mich hat. Da habe ich mich gänzlich in meine emotionalen Gegebenheiten fallenlassen, damit ich ein reines, pures Gefühl für diesen Zustand erzielen konnte. Ich habe in Erfahrung gebracht, dass sämtliche emotionalen Gegebenheiten mich daran hindern, *im jetzigen Augenblick* zu *verweilen*. Ich habe festgestellt, dass mich sämtliche emotionalen Gegebenheiten heute, hier und jetzt nicht *in meiner inneren Mitte ruhen* lassen. So habe ich begonnen in intensiver Herangehensweise meine emotionalen Befindlichkeiten zu eruieren.

Meine eigenen, ureigenen emotionalen Befindlichkeiten beinhalten ein Potential, welches ich mir selbst hervorzaubern kann, indem ich die emotionalen Gegebenheiten auf die mir zugängliche, allgemein gangbare (vom Säugling bis zum betagten Menschen) Art und Weise in hinreichendem Maße zu eigen mache und empfinde. So ist es mir gelungen, eigene körperliche Unpässlichkeiten, körperliche Erkrankungen, Schmerzen und eben Emotionalitäten in mir *selbst einer Heilung zuzuführen*.

Ich kann nur sagen, dass diese Technik jeder an sich selbst anwenden kann, der an *neuen Heilungswegen* interessiert, sich verbessert auf die Gegebenheiten in Zusammenhang mit dem kindlichen Sein einlassen möchte. Ich habe herausgefunden, dass sämtliche Unzulänglichkeiten in genauer Betrachtung, nicht entsprechend wahrgenommenen, Ausdrücken einer fehlverstandenen Erziehung entspringen. Ich habe herausfinden dürfen, dass wir allerdings fähig sein können in korrigierender Art einzugreifen, um neuen Strukturen Raum zu geben. Ich selbst habe mich dieser Praxis in ausreichendem Maße hingegeben, um sagen zu können, dass ich selbst der Motor für Veränderung bin.

Neueren Betrachtungen entgegen, habe ich mich veranlasst gefühlt, mich offenen Behauptungen, man müsse Menschen einer Veränderung zuführen, entgegenzustellen. Ich habe im Selbstversuch herausgefunden, und meiner Lebenserfahrung entsprechend ausreichend Erfahrung gesammelt, dass eine liebe- und freudvolle Zuwendung in dem Maße, dass sämtliche Gegebenheiten ihre klare Struktur und Ordnung haben, dass ich *mir selbst genug sein muss, um anderen genügen zu können*. Ich habe herausgefunden, dass ich *sämtliche emotionalen Gegebenheiten bei mir selbst bereinigen* muss, um in eine neue Art der Betrachtung des Lebens zu kommen. So habe ich hier und jetzt für mich erkannt, dass ich mich neuen *Techniken einer neuen Zeit* bedienen kann, die mir erst durch das Empfinden meiner emotionalen Gegebenheiten ermöglicht wurden.

Kommunikation neu erlebt

Heute, hier und jetzt darf ich mich in liebevoller und intensiver Art den Kindern öffnen, wie es mir im Vorfeld niemals auch nicht in nur annähernder Weise möglich gewesen war. Meine Art zu kommunizieren hat sich gänzlich in einer Art und Weise gewandelt, dass ich jetzt mehr die Beobachterrolle einnehme und Sprache sukzessive, in mir passend erscheinender Art und Weise, mit wenigen Worten die Situation beschreibend, auf die emotionalen Gegebenheiten hinweisend oder bestätigend einsetze. Die Modifikation meiner Sprache hat mich natürlich den Gedanken gegenübergestellt, wie kann Sprachförderung in dieser Art und Weise in ausreichendem Maß den Bedingungen einer soliden Förderung gerecht werden.

So habe ich begonnen, die Hintergründe einer soliden Sprachförderung näher zu beleuchten und eigene, mir persönlich widerfahrene Gegebenheiten und Erfahrungen in mein Gedankenkonzept miteinzubeziehen. Daraus ersichtlich geworden ist die Tatsache, dass Sprachförderung nicht unbedingt an sprachliche Zuwendung gekoppelt sein muss. Sprachförderung kann in rhythmischer Darbietung von Sprache, in Exploration, in gekoppelter visueller Auslegung der Sprache durch die „Tiptoi-Spiele", in natürlicher Sprachentfaltung durch das Hervorheben intensiven Blickkontaktes, in einer Sprachberuhigung meinerseits, in gekoppelter Verbildlichung von Sprache – das Kind redet, ich zeichne –, in einer Technik, die an die auditiven Fähigkeiten des Kindes gekoppelt ist, genannt wird sie Channeling, die ich selbst ausüben kann, nachdem ich mich intensiv meinen empfundenen emotionalen Gegebenheiten gewidmet habe, durchgeführt werden.

Weitere Techniken sind das Ablesen von den Lippen, das vielen autistischen Kindern zu eigen sein scheint, die nonverbale Sprachanbahnung gekoppelt an eine von Herz zu Herz basierende Beziehungsbasis, die all jenen ermöglicht ist, die sich intensiv mit ihren ureigenen Emotionen in Verbindung setzen und sie in ihrem Körper als körperliche Gegebenheiten von Druck, Schwäche, Enge, Unwohlsein, Stau, Ziehen, Schmerzen, Trockenheit, Kribbeln, Jucken, Niesen, sanfte Abwehr gegen mich selbst und dem Gegenüber, als Ausdruck von Hass, Neid, Eifersucht, Gräuel, die Haare stehen zu Berge, mir liegt ein Stein im Magen und all den verbalen Ausdrücken auf kognitiver verbaler Ebene wahrnehmen und empfinden.

Heute weiß ich, dass Sprachanbahnung auch über das Empfinden der emotionalen Befindlichkeiten, indem ich das Kind auf seine emotionalen Gegebenheiten hinweise, in der Art, dass ich ausspreche „Wie fühlst du dich? Was empfindest du? Wie ist es jetzt in deinem Körper? Was ist es, das dich berührt?", möglich zu sein scheint. An Erwachsene gerichtet, erkennen die Erwachsenen die Wirkung der empfundenen Emotion und verhelfen so ihrem Kind zu weiterer Entfaltung.

Heute weiß ich, dass ich jetzt und hier mir meiner selbst bewusst werden kann, meiner ureigenen Fähigkeiten, Talente und Begabungen. Diese Tatsache ist mir bewusst geworden durch das Empfinden meiner emotionalen Gegebenheiten, die ich mir zu eigen machte. Du wirst dir denken, warum ich dies wieder schreibe. Wiederholung ist für die Kinder im Autismus-Spektrum etwas Ureigenes, das sie sich selbst zugestehen. In der intensiven Wiederholung kommt es zu einer Verinnerlichung ihrer ihnen vorerst nichtssagenden Botschaft. Mehrmaliges Wiederholen ermöglicht ihnen die Koppelung der sprachlichen Inputs mit dem sprachlichen Verständnis.

Ich selbst habe mich dieser Praxis bedient, um meiner Sprache Bedeutung zufließen lassen zu können. Ausgerechnet ich habe auch meinen englischen Spracherwerb dadurch einer deutlichen Verbesserung zuführen können, indem ich mich einem 3-wöchigem Englandaufenthalt mit folgender verbesserter Artikulation hingegeben habe. Meine englische schriftliche Ausdrucksweise hatte sich nach diesen 3 Wochen derart verbessert, dass ich um

3 Notengrade verbessert beurteilt wurde. Aus „nicht genügend" wurde die Beurteilung „gut".

Wie war das möglich? Heute weiß ich, nachdem ich mich intensiv mit meinen emotionalen Gegebenheiten befasst habe, dass ich selbst ein Mensch bin, der Sprache über rhythmische Folgen in Form von Musik, Reimen, sprachlicher Wiederholung, Liedern, explorierendem Tun, in Form von Eintauchen in die gefühls- und emotional empfundenen Welten erlernen kann. Ich selbst habe die Gabe der intuitiven Sprachanbahnung in der Praxis erprobt, indem ich mich mit den Kindern in einer intuitiven Art und Weise, in nonverbaler Art und Weise zu verbinden versuchte.

Auch die artikulatorischen Gegebenheiten hatten sich auf diese Art und Weise verbessert. Meiner Ansicht nach ist die Artikulation in engem Zusammenhang mit der Eigenwahrnehmung als Ankoppelung an die intuitiven, innersten, wahrnehmbaren, ureigenen Kräfte und nicht an die reine Übung der Motorik gebunden.

Hat das Kind die Chance, sich an die ureigenen inneren Kräfte, als Ausdruck seiner ureigenen inneren Fähigkeiten anzugliedern, so ermöglicht es dem Kind, sich gänzlich auf seine intuitiven Potentiale einzulassen, in dem Sinne, dass es mir als Förderer klare Hinweise gibt, in welcher Richtung seine Förderung geschehen kann, damit das Kind den größtmöglichen Nutzen daraus ziehen kann.

Ich selbst habe mich den ureigenen innersten Systemen in der Weise angeschlossen, dass ein Leben im Hier und Jetzt unumgänglich geworden ist. Zahlreiche Ängste rund um die Tatsache der terminlichen Vereinbarungen, der sprachlichen Begrenzung von Zeit und Raum haben mich verunsichert. Doch ich habe wahrgenommen, dass unsere inneren Impulse uns Taktgeber sind. Wir sind angekoppelt an ein System höherer Ordnung, welches die breite Masse aus Gründen der Abschiebung der emotionalen Gegebenheiten in die reine Körperlichkeit, als nicht bemerkenswert abgetaner Weise, im Körper als körperlichen Ausdruck von Unpässlichkeiten und Krankheit und zahlreichen anderen Formen verstaut.

Heute weiß ich, dass ich es bin, die ich mein Körpersystem auf diese Art und Weise klar und durchschaubar werdend, beeinflussen kann. So habe ich mich auch der eigenen Unterrichtung hingegeben und habe im Abgleich mit meinen emotionalen Befindlichkeiten die Unterrichtsform, die sich an klassischen Normen orientiert, beleuchtet.

Ich konnte feststellen, dass sämtliche aufgezwängte, gegen meine inneren intuitiven Kräfte verlaufenden Programme nicht segenbringend genügen. Ich konnte feststellen, dass meine Körperlichkeit in genau diesem Maße trainiert werden kann, die mir mein Körper in ureigener Manie vorgibt. So habe ich feststellen können, dass ich mich über Jahre einer Übung hingegeben habe, die mir präsentiert wurde, jedoch nicht von Erfolg gekrönt war.

Nachdem ich nun auf eine intuitive Art ein System in mein Leben gezogen hatte, welches mir stimmig schien und mir Freude bereitete, konnte ich innerhalb kürzester Zeit meinen Level um ein Vielfaches heben. Meine Körperlichkeit zeigte mir klare Impulse, sodass ich geerdet war und ich mich gänzlich auf die neuen mir nun Sicherheit gebenden, impulsgebenden Strukturen einlassen konnte. Nie hätte ich gedacht, dass meine Lernfähigkeit in dieser Art an innere, individuelle, ureigene Impulse gekoppelt ist. Ich dachte wie jeder andere und hatte mir viel Mühe gegeben, viel Zeit aufgewendet und viele Gedanken darum gemacht, wie ich den Kindern auf eine freudvolle Art und Weise gerecht werden könnte.

Heute, jetzt und hier weiß ich, dass der innere Taktgeber wesentlich ist für die eigene Lernentwicklung. Ich möchte diese Erfahrungen all jenen weitergeben, die, an einer eigenen Wahrnehmungserweiterung interessiert, sich verbessert auf die Gegebenheiten der Kinder einlassen möchten. So habe ich beschlossen, diesen Text in Eigenregie zu verfassen, um ihn der Öffentlichkeit zu präsentieren.

Heute, jetzt und hier bedeutet sie gänzliche Gegenwart in mein Leben einfließen zu lassen. *Gegenwärtig zu sein bedeutet für mich, die Impulse des gegenwärtigen Moments in ihrer Vielfalt wahrzunehmen.*

Ich kann mich erinnern, dass es eine Zeit für mich gab, da ich mich gänzlich meiner Gedankenwelt zugewandt hatte. Jeder Augenblick war meiner Gedankenwelt gewidmet. Weitere Wahrnehmungen konnte ich ausschließlich als kurz wahrgenommene Impulse in einer mir nicht bedeutungsvollen Art wahrnehmen. Ich nahm Nuancen von Gegebenheiten wahr, die an mir hängenblieben, immer wieder in mein Blickfeld rückten und mir intuitive Impulse waren, wendete mich diesen zu.

Das kann ich jetzt sagen, denn die Impulse kommen jetzt und hier und heute wieder nach und nach in mein Leben, als Hinweise, dass diese Impulse immer schon gegeben waren, ich sie jedoch nicht ausreichend beachtet hatte.

So waren spezielle überordenbare Impulse immer in meinem Leben. Lebensweisheiten, Pflanzen, Tiere, die Natur, Heilungsmethoden, Menschen in ihrer Vielfalt und vor allem das Thema Kinder hat mich immer begleitet. Auch Musik war etwas Besonderes, was mich zeitlebens in irgendeiner Art und Weise tangierte, Reime und auditive Impulse in eigentümlicher Art und Weise.

So kann ich mich erinnern, dass ich immer eine Antwort des Nichtverstandenhabens gab, bevor der auditive Impuls überhaupt mein Verständnis erreichte. „Wie bitte" war zu einer Standardfloskel geworden. Augenblicke später war der Inhalt der fremd gesprochenen Worte präsent.

Was sagt mir dies heute? Es ist möglich, dass manche Kinder eine verzögerte Reizaufnahme haben, sodass sie gesprochenen Input erst nach geraumer Zeit für sich greifbar abrufen können. Ich konnte auf diese Art und Weise mich schwer auf den Inhalt des

Gesprochenen fokussieren, da ich meine Wahrnehmung auf das Verständnis der Worte gerichtet hatte.

So habe ich mein Sprachverständnis mir selbst angeeignet, indem ich Bücher las, die mich faszinierten, indem ich mich sprachlichen Spielen wie reimendes Einüben von Sprache oder Rhythmen und Liedern hingab, die mir selbst einfielen. So habe ich nach und nach meinen Wortschatz vergrößert, um schließlich Sprache als etwas Spielerisches, Emotionsbehaftetes und Gefühlsbetontes zu erkennen.

Sprachschatz ist also eine Gegebenheit, die ich mir selbständig erarbeiten kann, wonach die Wortbedeutung zahlreichen Wiederholungen unterlegen ist. So habe ich jetzt und hier in einer neuen Art und Weise mich dem sprachlichen Lernen hingegeben, indem ich meine sprachlichen Inhalte mit meiner emotionalen Welt abgeglichen habe.

Heute, jetzt und hier habe ich diese Zeilen verfasst, um darauf hinzuweisen, dass nicht die Kinder das Thema des Unverständnisses in sich tragen. Wir Erwachsene haben uns in einem Prozess der gänzlichen Zuwendung an die Bedingungen der Erwachsenenwelt aus unserer ureigenen Mitte gezogen. Somit haben wir nicht die Möglichkeit des intuitiven Abgleichs, sodass wir auf kognitive Aufarbeitung unseres Alltags angewiesen sind.

Innerliches Geführtsein

Ich kann sagen, dass mich die intuitive Herangehensweise auf unglaubliche Art und Weise bereichert hat, sodass ich sie nicht mehr missen möchte.

Heute, jetzt und hier habe ich zudem die Art und Weise der Merkfähigkeit in der intuitiven Seinsweise beleuchtet. Ich habe jetzt und hier mich gänzlich auf meine inneren impulsgebenden Taktungen eingelassen. Somit ist es mir möglich, diesen Text in einer Art Channeling zu verfassen. Das heißt, ich bin *gänzlich auf meine Innenwelt fokussiert und schreibe* diesen Text als würde er mir angesagt werden.

Wie kann das sein, bin ich doch nie esoterisch ausgerichtet gewesen? Ich kann mich auf Sitzmeditation nicht einlassen und langes Sitzen, ohne den Fokus auf irgendetwas zu lenken, bereitet mir keine Freude. So habe ich mich jetzt und hier gänzlich den inneren Gegebenheiten angeschlossen, in dem Wissen, dass ich innerlich geführt bin. Ich kann diese Führung über meine intuitiven Kräfte als etwas wahrnehmen, das mich in irgendeiner Art und Weise regelmäßig *in liebevoller Art und Weise begleitet.*

Wie kannst du dir dies vorstellen? Ich habe früher gedacht, dass ich nicht normal sei, da ich andere Lernsysteme bevorzuge, als die Erwachsenen es taten. Ich habe mich ausgegrenzt und ausgeschlossen gefühlt. Einsamkeit, Abgesondertsein, Nichtdazugehören sind emotional unterlegt. Ich habe mich diesen emotionalen Gegebenheiten gestellt und habe festgestellt, dass ich all diese emotionalen Gegebenheiten mit meinen schulischen Gegebenheiten in Verbindung bringen kann, sowie den Lernimpulsen, welche mir Erwachsene in gutgewillter Art und Weise gegeben haben. So habe ich begonnen meine persönliche Lehrstrategie zu verändern, da ich keinem das zumuten möchte, was mir in meiner Kindheit widerfahren war. So habe ich meinen Lehrstil in einer Art und Weise abgewandelt, dass *ich es bin, die mich an die Impulse des Kindes anpasst.*

Erstaunliches konnte ich hierbei erfahren. In der intensiven Auseinandersetzung, der vom Kind gewählten Materie, war es mir möglich geworden, Lernstrategien der Kinder als etwas Wissenschaftliches, als eine wissenschaftliche Vorgehensweise zu erkennen. Interessant war für mich zu erfahren, dass Kinder beileibe nicht verharrend sind. Nuance für Nuance bauen sie auf die vorherige Lernerfahrung auf. Ich konnte mich nach und nach vermehrt auf die Impulse einlassen und komme jetzt und hier und heute zu dem Schluss, dass ich es bin, die begrenzte Sichtweisen vorweist.

Ich selbst konnte diese rein, in purster Form zu Tage tretende wissenschaftliche Herangehensweise nicht als solche erkennen. So habe ich wieder und wieder versucht, auf diese Art und Weise Wissen zu entfalten, einzulassen. Jetzt weiß ich, dass Kinder sich tatsächlich in wissenschaftlicher Art und Weise als etwas entwickeln, das in faszinierender Hinsicht an junge wissenschaftlich Tätige erinnert. Sie haben Begabungen und Talente und Fähigkeiten, die, unserem Auge verborgen, zum Vorschein gebracht werden wollen.
So habe ich heute, jetzt und hier mich veranlasst gefühlt, mich auf meine eigenen Begabungen, Fähigkeiten und Talente zu fokussieren. Ich habe festgestellt, dass ich mir meiner Fähigkeiten nicht wirklich bewusst war. So habe ich begonnen wieder und wieder den emotionalen Abgleich mit meinen Fähigkeiten, Talenten und Begabungen zu tätigen.

Meine Gedankenwelt

Ich habe festgestellt, dass es Themen gab, die ich verändert habe, die jetzt und hier und heute nicht mehr die Priorität besitzen, die sie früher hatten. Früher hatte ich meine Gedankenwelt im Vordergrund. Ich habe begonnen meine Gedanken als solche zu beleuchten und habe festgestellt, dass ich viele Gedankenmodelle in mir trage, die in regelmäßig wiederholender Art und Weise meinen Alltag erschweren. Jetzt und hier und heute weiß ich, dass ich auch über meine Gedankenwelt herrschen kann. Ich bin nicht mehr abhängig von den ständig wiederkehrenden, mich immens einengenden Strukturen, die mir Frustration, Intoleranz, Abgleich mit anderen, Nichtgenügendsein in meiner emotionalen Befindlichkeit und vieles Weitere bescherten. Heute, jetzt und hier weiß ich, dass ich es bin, die sich mit ihrem Gedankenkonzept befassen kann, sodass ich nun befähigt bin, dies hier weiterzuleiten. *Gedanken wiederholen sich fortlaufend, bis ihnen ausreichend Beachtung geschenkt wurde.*

Wie ist das möglich, bei unserer Vielfalt an Gedankeneindrücken, die in fortlaufender Folge unseren Geist beschäftigen? Ich kann meine Gedanken beobachten und ihnen in nicht wertender Art und Weise entgegentreten. Ich kann mich erneut auf die Impulse in meinem Inneren fokussieren und Gedanken einem emotionalen Abgleich unterziehen und ich kann bewusst neue Gedanken in mein Leben ziehen. Der emotionale Abgleich verhilft mir zu einer neuerlichen Verabschiedung meiner althergebrachten Strukturen, sodass ich schließlich befähigt bin, wieder und wieder neue Gedankenmodelle in aufbauender Weise (ähnlich der wissenschaftlichen Vorgehensweise der Kinder im explorierenden Tun) in mein Leben zu holen.

Häufige *Wiederholung* der neu ins Leben gezogenen Strukturen und *eine möglichst positive Emotionalität* verhelfen der Struktur, sich zu verankern und ermöglichen neuerlich den emotionalen Abgleich, der in verabschiedender Weise fungierend Altbewährtes, jedoch nicht mehr Gebrauchtes aus seinem Alltag entlässt.

So ist Bewegung in ein Geschehen gekommen, das mich über die Jahre vor mannigfache Hürden gestellt hat. Unfähig Bewegung in ein verfahrenes System zu bringen, habe ich mich nicht wissend auf einen Weg gemacht, der mir Einsichten in eine überaus spannende, inspirierende Welt bietet.

Die Welt des Kindes beherbergt nach wie vor zahllose Ungereimtheiten. Ich selbst durfte Einblicke erhaschen und würde mich freuen, wenn es Menschen gibt, die in Folge ihres eigenen emotionalen Abgleichs Einsichten erlangen, die dieses Bild erweitern. So habe ich beschlossen, meine Erkenntnisse der Allgemeinheit zur Verfügung zu stellen, in dem Wissen, dass unsere Kinder die Leidtragenden in einer Zeit des globalen Wandels und der Unsicherheiten in unwahrscheinlicher Vielfalt sind.

Heute, jetzt und hier habe ich mich dazu entschlossen, mich auf eine weitere Suche nach Ungereimtheiten im kindlichen Alltag zu begeben, denn ich habe festgestellt, dass sämtliche kindliche Lernstrukturen einer neuerlichen Beleuchtung bedürfen.

Anpassung und soziale Fähigkeiten

Hast du dich schon einmal gefragt, was Kinder bemüßigt, sich gänzlich an die Struktur der Erwachsenenwelt anzupassen? Ist es das, was Kinder wirklich von ihrem innersten Herzen heraus ansteuern, wenn sie sich in mühsamer Kleinstarbeit die Welt der Erwachsenen verinnerlichen? Ich habe noch kaum Erwachsene gesehen, die wirklich glücklich über einen längeren Zeitraum hinweg sich dem Leben in inspirierender Weise hingaben, dass sie Erfüllung in ihrem Alltag als etwas, das der Normalität entspringt, erlebten. Heute, jetzt und hier weiß ich, dass mein ureigenster Wille nicht die Anpassung als solches war. Nein, ganz und gar nicht wollte ich mir die Welt der Erwachsenen zu eigen machen. Ich wollte geliebt werden, angenommen sein, so wie ich bin, einfach ich, nicht mehr und nicht weniger, mit all meinen Fähigkeiten, Talenten und Begabungen. Ich wollte dazugehören, als etwas, das ich von innen heraus in mir vorfinde. Ein geliebtes Kind wollte ich sein. Ich wollte mich in meiner Haut wohlfühlen und mich in meinem Rhythmus entwickeln. Ich wollte etwas Besonderes machen, das mir selbst als etwas Besonderes in den Sinn kam.

So habe ich mich jedoch der Welt der Erwachsenen angeschlossen und ich habe gespürt, dass dies nicht meine Welt ist. Ich habe gemerkt, dass etwas nicht stimmig ist. Ich habe diese Unstimmigkeit auf mich und meine Fähigkeiten gemünzt und habe gedacht, ich müsste mich verändern, damit es mir besser ging. So habe ich all meine Fähigkeiten, Talente, Begabungen und Interessen, all meine Wünsche nur am Rande gestreift, ausgelebt, denn ich wollte es allen recht und für mich richtig machen.

Wie geht es unseren Kindern? Auch sie wollen sich anpassen. Ich habe jüngst ein Buch von einem jugendlichen Bub, der sich dem Autismus-Spektrum zugeordnet sieht, gelesen. Schmerzlich habe ich all die Ängste wahrgenommen, die zwischen den Zeilen zu lesen sind. Dieser Junge wollte um alles in der Welt dazugehören zu einer Welt, die nicht der seinigen entsprach.

Ich habe mich dem Schmerz und dem Leid im emotionalen Abgleich hingegeben. Ich wusste nicht, wohin es mich führen würde. Jetzt und hier und heute kann ich sagen, dass das Ausgegrenztsein ein wesentlicher Motor dafür ist, dass sich Kinder lieber verleugnen in ihren Gaben, als dass sie Zeit ihres Lebens diesen Schmerz des Ausgegrenztseins vorfinden. Allerdings hat dies zahlreiche weitreichende Folgen, die ihnen die Möglichkeit nehmen, selbstbestimmt und freudvoll, zielstrebig und vergnügt, fokussiert und interessiert, bedarfsorientiert und beglückt, emotional abgleichend und selbstregenerierend, vertraut und bestimmt, solide und zielführend ein Leben zu bestreiten, das ihren ureigensten inneren Werten entspricht.

Ich habe für mich festgestellt, dass Kinder, die erneut in sich hineinhören können, von sich aus zahlreiche ihnen aberkannte soziale und emotionale Fähigkeiten hervorholen, die mich immer wieder staunen lassen. So habe ich erkannt, dass soziale Fertigkeiten nicht daran gekoppelt sind, wie sehr der Erwachsene das Kind in eine soziale Richtung gehievt hat.

Soziale und emotionale Fähigkeiten entspringen unserem ureigenen innersten Kern. Ich habe nicht geglaubt, dass ich Zeuge von sozialem Wandel in solchem Ausmaß werden kann. Unsere Kinder im Autismus-Spektrum sind unwahrscheinlich feinfühlig. Sie haben die Fähigkeit, sich entsprechend der begegnenden Person anzupassen. Ich habe mich selbst gefragt, wie dies möglich ist, wo gerade Kindern im Autismus-Spektrum nachgesagt wird, sie würden keine Emotionalität besitzen.

Ich habe in meiner ureigenen Selbsterfahrung mich auf den emotionalen Abgleich eingelassen und herausgefunden, dass ich sämtliche mir angeeignete Emotionen in meinen Mitmenschen wiederfinde. Mein Mitmensch ist mir Spiegel in meiner mir im Augenblick der Begegnung anwesenden Befindlichkeit. So habe ich erlebt, dass sich meine Unpässlichkeit in einer Art und Weise bei meinem Gegenüber zeigt, dass ich mich darin wiedererkennen kann, wenn ich mir meiner emotionalen Gegebenheiten in meinem Innersten bewusst bin. So habe ich beschlossen, auch diese Gegebenheiten einer genaueren Beleuchtung zu unterziehen. Ich habe erkannt, dass ich es bin, die Trigger, Auslösende in meiner Emotionalität des Augenblicks für das Kind im Autismus-Spektrum ist. Das Kind, der Jugendliche oder auch Erwachsene zeigt mir genau jene emotionale Befindlichkeit, die auch in mir gerade im Augenblick des Zusammenseins zum Vorschein gehoben ist.

Wie ist das zu deuten? *Aggressive Handlungen, so schlimm sie auch sein mögen, haben immer und ausschließlich mit mir selbst und meiner Innenwelt zu tun.*

Wie kann ich das behaupten? Ich selbst habe mich dem emotionalen Abgleich während der Spielsituation in ausgleichender Art und Weise unterzogen. Das Kind im Autismus-Spektrum erkennt diese Veränderung und kann sich entsprechend den Gegebenheiten eines anderen Verhaltens annehmen.

Jetzt weiß ich, heute, jetzt und hier, dass ich jederzeit jegliche Situation durch meinen persönlichen emotionalen Abgleich bereinigen kann. Ich habe erfahren, dass ich jegliche Situation in den Griff bekomme, wenn ich in meinem Innersten aufräume und ausmiste. Was nicht mehr in mein System passt, kann ich in einer Art und Weise loslassen, die mich befähigt *nicht mehr Reagierende, sondern Agierende* zu sein. Ich habe für mich ein neuartiges System in meinem Leben integriert, das ich als den emotionalen Abgleich bezeichnen möchte. Unstimmigkeit, Ungereimtheiten, Sinnlosigkeiten, Interesselosigkeit entspringen unserem ureigenen

Inneren in der Weise, dass es empfunden werden möchte. Ich habe mich selbst in dem Satz „Gefühle wollen gefühlt werden" verankert. So war es mir möglich, jegliche Systeme, die nicht mehr zu mir passend waren, loslassen zu können.

Ich habe darauf vertraut, dass mich diese Praxis in eine neue Welt trägt, in eine Welt, in der Beziehungen geklärt werden, in eine Welt, in der ich neue Systeme für mich verankern kann, eine Welt, in der ich freudvollen Kindern begegnen kann. Der Weg hat mich herausgefordert, da ich ihn im Einzelgang beschritten habe. Im gegenseitigen Verständnis für unsere persönliche, besondere, einzigartige Entwicklung habe ich jetzt und hier etwas Neues für mich entdeckt, das ich jedoch gerne mit anderen teilen möchte.

8. Körperwahrnehmung

Wie lerne ich meinen Körper in ausreichendem Maß wahrzunehmen?
Meine erste Erfahrung mit dem bewussten Empfinden meiner Körperenergie machte ich im Rahmen eines Seminars. Wir Teilnehmenden traten uns als Paare gegenüber. Handfläche über Handfläche in einem Abstand von etwa 8 cm, Kreise ziehend, spürte ich, wie sich Energie in meiner Handfläche zentrierte. Fasziniert von dieser Erfahrung nahm ich Botschaften über Körperenergie bevorzugt wahr.

Die bewusste Innenwahrnehmung erlebte ich im Ausüben von Qigong. Hier wurde ich mir auch meiner ambivalenten Emotionalität bewusst.
Halte ich die Augen geschlossen im Versuch, eine meiner Hände zu orten, so kann ich manchmal erst nach mehrmaligen Versuchen ein Gefühl erkennen, welches mir einen Richtwinkel über die augenblickliche Stellung der Hand ermöglicht. Bei wiederholter Fokussierung vermehrt sich diese Empfindung. Gleichzei-

tiges Anvisieren beider Hände zeigt mir die Wahrnehmung von Energie in mehr als einem Körperteil. Gleichzeitiges Beobachten der Körperenergie in beiden Händen führt zur Verschmelzung der einzelnen Bereiche.

Die Ausdehnung über den Körper hinaus führt mich in die bewusste Wahrnehmung meines Energiemantels, die Aura. In der empfundenen Begegnung von zwei Menschen zeigt uns die Aura die Möglichkeit einer nonverbalen Berührung. Herz-zu-Herz-Kommunikationen sind auf diese Weise machbar.

Körperbewusstsein ist die Essenz meiner mir zu Grunde liegenden körperlichen Empfindungen. Ich selbst habe mich ausführlichen körperlichen Bewusstseinsmodalitäten hingegeben, sodass ich schließlich befähigt war, meine mir innewohnenden, emotionalen, körperlichen Signale als Signale, welche der Emotionalität zugeordnet sind, als solche wahrzunehmen. Heute ist mir bewusst, dass jegliches körperliches Signal direkt mit meiner emotionalen Befindlichkeit in Verbindung steht.
Im emotionalen Bereinigungsprozess ist es mir gelungen, mehr und mehr mich meiner körperlichen innerlichen Struktur anzunähern, sodass ich jetzt weiß, dass ich selbst fähig bin, meine körperlichen Unwohlheiten einer Bereinigung im Sinne des emotionalen Abgleichs und damit einer körperlichen Heilung zuzuführen.

Körperbewusstsein beinhaltet die Wahrnehmung meines Körpers in seiner Gesamtstruktur. Innerliches Energiefeld und äußerlicher Energiemantel sind eine Einheit. Das Naturgesetz, innen wie außen, sagt mir, dass die innerliche energetische Struktur, all die energetischen Unreinheiten im Sinne der angstvollen Zustände, die mein Leben bestimmen, sich in meiner Aura als dunkle Energiewolken, welche mein Leben verdunkeln, ausbreiten. Begrenzung im Sinne von Unglücklichsein, eingeengt in einem alltäglichen Desaster, gehemmt, abgesondert von den Mitmenschen, ungeliebt, freudlos sind Resultate meiner innerlichen wie äußerlichen Energiestrukturen, die der Angst zugeordnet sind. Angst als Maß meiner mir innewohnenden Gefühlslosigkeit hat Macht über mich und mein Leben. Gedankenstrukturen, welche an die Angst gekoppelt sind, haben meine Gedankenspirale ins Uferlose ausgeweitet. In winzigen Schritten ist es mir gelungen, mich von dieser Spirale zu lösen und mich meinem schöpferischen Sein anzunähern.

Was mich bewogen hat, mich meiner körperlichen Innenwelt zuzuwenden, war meine Aura, die mir ein Spiegel meiner fehlenden Körperenergie geworden war. Gänzlich am Rande einer Existenz angekommen, die ausnahmslos Energielosigkeit demonstrierte, hieß es, mich meiner selbst zuzuwenden, um mein Leben in andere Bahnen zu lenken. Absolut desaströs in meiner Umwelt spiegelte sich mein Leben in dieser Umgebung als etwas, das mich meiner Energie in einer Art und Weise beraubte, dass ich mir meiner Randexistenz bewusst, bereit war, meinen Energielevel auf alle mir zugänglich und vertrauenswürdig erscheinenden Arten zu heben.

Jin Shin Jyutsu, Qigong, meditatives Wandern energetischer Art, indem ich mir meiner Körperenergie und meiner Aura bewusst wanderte, Shiatsu, energetisierende körperliche Übungen im Sinne von Faszienyoga, körperliche Bereinigung im Sinne von Nahrungsmittelzufuhr, die energetisiert dem Körper vermehrt Energie zuzuführen ermöglichte, Bewegung in freier Natur im Sinne von Sportarten, die eine meditative Bewegung in freier Natur als energetisierende, austarierende Signatur im Sinne der heilenden, energetisierenden Kräfte der Natur beinhalteten, eingebettet in ein System, welches mir ausreichend Zeit für körperliche Ruhephasen zugestand, zog ich bewusst in mein Leben.

Die Wahrnehmung meines Körpers erscheint mir gekoppelt an die mehr oder weniger bewusste Wahrnehmung meiner Umwelt zu sein. Je intensiver ich mir meiner mich umgebenden Wirklichkeit bewusst geworden war, umso intensiver und detaillierter konnte ich mich meiner körperlichen Innenwelt nähern. Innen wie außen erfährt in der Wahrnehmung meines Körpers und meiner Umwelt seine Prägnanz. So ist tatsächlich die Außenwahrnehmung an die Wahrnehmung meiner innerlichen Welt gekoppelt.

Körperliche Wahrnehmung im Detail beinhaltet die Wahrnehmung meines Gegenübers als ein Abbild meiner selbst. Strukturen meines inneren Energiefelds spiegeln sich mir in meiner Außenwelt im Sinne emotionaler Gegebenheiten, die mir zu eigen sind. Sie senden ihre resonante Signatur an mein Gegenüber, welches sich seiner Emotionalität bewusst mir zu- beziehungsweise abgeneigt, unberührt oder überbordend emotional mich berührend verhält.

Wahrnehmungserweiterung spiegelt eine Welt wider, die mir gänzlich zugeneigt, Erlebnisse in meiner Innenwelt ermöglicht, die ich in meiner Außenwelt als prägnante Signatur einer mir wohlgesinnten, erfüllenden Seinserfahrung realisiere.

Wahrnehmungserweiterung ermöglicht eine Welt kennenzulernen, die von der Wissenschaft abgelehnt mir Einblicke in das Wesen einer Schöpfung schenkt, in der ich selbst zum Schöpfer meiner Lebensumstände geworden bin.

Körperwahrnehmung im feinsten Sinne bringt uns unserer Göttlichkeit in unserem Körperinneren als Signatur der Liebe zu allem, was ist, näher. Göttlichkeit als Ausdruck einer allgegenwärtigen Seinserfahrung, im Sinne, das Göttliche ist mit mir und mit jedem einzelnen von uns verwoben, jeder ist mit jedem über unsere ureigene göttliche Natur verwoben, ist die Essenz unseres Seins. Alles was da ist, ist Liebe, sagt uns, dass Gott allgegenwärtig in jeglicher Struktur unseres Seins seinen Widerhall findet.

Körperwahrnehmung im feinsten Sinne sagt uns, dass wir göttlicher Natur, Wesen aus Licht und Liebe, uns Licht und Liebe als Signatur in allem, was ist, allgegenwärtig gewahr werden können.

In einer uns zugeneigten, schöpferischen, der Liebe zugeordneten Seinsweise sind wir es, die die Signatur der Liebe unseren Lebensalltag zu überschreiben zugeneigt sein dürfen.

Was mich heute, hier und jetzt bereichert, sind das liebevolle Getragensein, das Gefühl der Geborgenheit in meinem Inneren, der Ausdruck einer mir Sicherheit schenkenden Seinswelt, die mir in liebevollen Augenblicken zugeneigten Mitmenschen, eine Schöpfung, die sich in grandioser Weise als liebevoller Ausdruck einer mannigfaltigen Seinserfahrung öffnet.

Wahrnehmungserweiterung als Sprungbrett in eine Welt der vereinten Gegensätze, erlaubt es uns, das Paradiesische in einer Welt zu erkennen, die jedem und jeder in seinem/ihrem innersten Kern entspringt. Sie ist es, die uns, der etablierten Systeme entkoppelt, in eine Welt eintauchen lässt, in der sich jede und jeder als Schöpfer/in der urpersönlichen, einzigartigen Lebenswelt wiederzufinden vermag. Sie ist es, die uns unsere Einzigartigkeit erkennen lässt. Sie ist es, die mir mein Gegenüber in liebevoller Weise näherbringt. Sie ist es, die mir Einblicke in eine Interaktionsform schenkt, die von Liebe und Freude getragen, mein Gegenüber in achtsamem Gewahrsein als mir ebenbürtig wahrnehmen lässt. Sie ist es, die mich mir selbst näherbrachte, im Sinne, ich liebe das Göttliche in mir.

9. Innere Bilder

Explorierendes Tun hilft uns eine Vorstellung von Gegenständlichem zu entwickeln. Innere Bilder erschaffen unsere innere Welt. Das Gefühl, wie ein Bild sich anfühlt, erweitert unser inneres Erleben, klärt kognitive Vorstellungen und beeinflusst unseren Alltag.

Bewusstes Kreieren einer erwünschten Realität wird durch die bewusste, gewünschte Verknüpfung des inneren Bildes mit dem Gefühl der Liebe und Freude verbessert möglich.

Die sukzessive verstärkte Wahrnehmung der Gefühle ist ein wesentlicher Baustein in eine liebe- und freudvolle Zukunft. Wie fühlt es sich an, danke zu sagen? Empfinde ich im Aussprechen Freude oder ist es mehr Gleichgültigkeit? Wie trockne ich das Geschirr ab? Fühle ich die Verbindung zum Trinkglas, verspüre ich Stress oder ist es ein zugewandter Moment an den Augenblick des Geschehens in einem Gefühl der Freude und der Empfindung meiner Emotion. Wie wandere ich? Kreisen in meinem Kopf die Gedanken in ewiger Schleife oder wende ich meinen Fokus an die Inspiration des Augenblicks, mir meiner Gefühle und Emotionen bewusst, möglicherweise als pelziges Gefühl auf meiner Gesichtshaut, die Energie um meinen Körper wahrnehmend?

Multidimensionalität ist möglich. Führt sie mich in einen Zustand der Überforderung und angstvoller Emotionen oder erfahre ich das Erlebnis eines Gefühls der liebevollen Vernetzung mit allem, was ist? Wie fühlt sich die Oberfläche an? Fühlen sich meine Hände in die Oberflächenstrukturen neugierig ein? Bin ich mir der Neugier gewahr? Fühle ich den lächelnden Mund und die strahlenden Augen? Erfahre ich Genugtuung im Reinigen der Oberflächen auf diese Art und Weise? Verharre ich einen Moment, um die Genugtuung auszukosten? Wie berühre ich mein Baby? Halte ich einen Augenblick inne, verbinde ich mich mit ihm, indem ich ihm in die Augen sehe, es anlächle, ihm verbal andeute, dass ich es jetzt berühre, aus dem Wagen hebe oder füttere? Wie behutsam greife ich es an? Ist es ein fester Druck, weil das Kind dies mag, oder berühre ich es sanft und vorsichtig? Halte ich den Blickkontakt im Augenblick des Berührens? Bin ich in einem Gefühl der liebevollen Zuwendung oder ist es mehr eine gelassene Routinehandlung? Wie erfahre ich Berührung an mir selbst? Welche Empfindung schenkt mir ein kräftiger Händedruck, ein lockeres Händeschütteln oder eine zaghafte Berührung?

10. Gedächtnis in neugelebter Ausrichtung, Erinnerungsvermögen im Hier und Jetzt

Mein Gedächtnis hat seine Ressourcen entsprechend meiner Begabungen, Fähigkeiten, Talente und Interessen und ist abhängig von einer mir eigenen Art und Weise, Dinge zu erfassen.

Ich habe gemerkt, dass ich manchmal Zugriff auf meine Gedächtnisinhalte habe und andere Male bin ich gänzlich leer im Kopf. Ich weiß noch nicht, ob diese Leere inneren Ängsten entspringt oder ob sie naturgegeben ist. Den emotionalen Abgleich zu diesem Thema habe ich in noch nicht ausreichendem Maß vorgenommen. So ist mir die Klarheit darüber im jetzigen Augenblick nicht gegeben.

Ressourcenabhängig jedoch kann ich sagen, dass ich entsprechend der Aufarbeitung meiner emotionalen Gegebenheiten mehr und mehr Einsichten in die Thematiken meiner Ressourcen erhalte. Auf diese Inhalte kann ich auch entsprechend zugreifen, es sei denn, ich empfinde den Druck des Gelingenmüssens, die Angst zu versagen, die Emotionalität des Verspottetwerdens in mir. Meiner Zuversicht nach lassen sich diese Gegebenheiten im emotionalen Abgleich bereinigen, sodass ich in naher Zukunft womöglich Klarheit über diese Thematik erlangen werde.

So viel sei gesagt, dass mein Gedächtnis an das Verständnis eines Inhalts gebunden ist. Erst durch explorierendes Schaffen erhält mein Thema den für mich zu verankernden, bezugsorientierten, sinnvollen, abrufbaren Inhalt in der Weise, dass ich darüber sprechen kann in einer Weise, dass ich mir meiner selbst bewusst bin. Bewusstsein entspringt einer Quelle aus meinem Innersten. So habe ich erlebt, dass ich mich über Wissensinhalte in Leichtigkeit in mir überschaulichen und sicheren Umgebungen unterhalten kann, kommt jedoch irgendeine Form innerlicher Stress zu Tage, so ist es mir nicht möglich frei und offen, konsequent eine Ordnung einhaltend, systematisch, realitätskonform über Gegebenheiten zu sprechen, die mich ansonsten bereichern und die mir Enthusiastisches entlocken.

Das Behalten der Lerninhalte gelingt mühelos. Das Lernen hängt mit meinen augenblicklichen Interessen in Abhängigkeit meiner entsprechenden Betätigung ab und muss nicht zusätzlichen Strategien der bewussten Abspeicherung unterworfen werden. Kinder, die Inhalte abspeichern wollen, erfragen diese Inhalte in wiederholter Weise, so als ob sie immer das Gleiche erfragen würden. Impulsgesteuertes Handeln verlangt die Zuwendung zu den Impulsen. Interessante Impulse erregen die Aufmerksamkeit und Fokussierung meiner selbst. Gelingt es mir nicht, mich aus meiner Arbeit zu lösen, da ich nach einstudierten Dogmen meine Arbeit beenden möchte, so ärgert mich diese Tatsache, wenn der Impuls Augenblicke später einem neuerlichen Impuls den Platz einräumt. Das bringt mich in Bedrängnis. Ich kann mich nicht gleichzeitig zwei voneinander sich unterscheidenden Impulsen widmen.

Das Gedächtnis ist direkt mit dem Empfinden der Impulse verschmolzen. Reagiere ich nicht entsprechend und in der gegebenen Zeit auf den zu erfüllenden inneren Drang, so kann es sein, dass innere Zerrissenheit, Stress, Dauerkonflikt, wie ich folge zwei Welten und innerliches Leersein die Folge sind. Bin ich mir meiner Impulse bewusst und kann ich ihnen gebührend mich all dem zuwenden, dessen Botschaft sie enthalten, so bin ich verwoben mit der Materie und erhalte erfüllende Gegebenheiten, die sich in meinen Gedächtnisleistungen widerspiegeln.
Erfüllte Beziehungen entspringen dem impulsgesteuerten liebevollen zugewandten inneren Dasein, welches sich nicht in eine Kategorie pressen lässt. Jeder ist individuell. Jeder hat seinen einzigartigen Lebenszyklus, seine besondere Lebensaufgabe, sein individuelles Ziel in diesem einen Leben, das er jetzt hier auf Erden mit Begeisterung leben kann, wenn er sich seinen inneren Impulsen wieder gewahr wird.

Leben ist nicht Entweder-oder. *Leben ist Sowohl-als-auch.* Leben ist Jetzt-und-hier. Leben ist, sich gänzlich dem Leben hinzugeben. Das haben wir vergessen, in dem wir unsere Gefühls- und Emotionswelt beiseitegeschoben haben und sie mehr aus kognitiver Sicht ein Schattendasein führen haben lassen. Kognition ist die beschreibende Wirklichkeit. Emotion ist die Wirklichkeit, die uns unser Körper auf rein körperlicher Ebene aufzeigt.

Die Beziehung zu meinem Körper ist wesentlich für die Erweiterung meines Bewusstseins. Ich habe begonnen meinen Körper als etwas wahrzunehmen, das zu mir in liebevoller Beziehung steht. Diese liebevolle Beziehung macht es, dass ich mich in meinem Körper wohl fühle. Ich kann mein inneres Energiefeld wahrnehmen. Ich kann meinen äußeren Energiemantel erkennen. Beide sind verwoben. Beide sind ein Teil von mir. Beide sind mir wesentlich für meine Erfüllung. Und erfüllendes Sein schenkt mir Gedächtnis und Erinnerung, die ich gekoppelt an liebe- und freudvolle Gegebenheiten als etwas erfahre, das mir im Augenblick des Gebrauchs geschenkt wird.

Ich weiß, wenn ich im Geschäft bin, was ich benötige. Ich weiß bezüglich der Beziehungen zueinander. Ich weiß über neuerliches Wissen, wenn ich die emotionalen Gegebenheiten in meinem Körper in ihrer Begrenztheit einer liebevollen Weite zuführe, die ich in erahnender Weise immer mehr um mich herum wahrnehme.

Seitdem ich mich den inneren Impulsen wieder zuwenden kann, kann ich mich mehr und mehr auf meine intuitiven Gaben und in Beziehung dazu meine Gedächtnisleistungen vertrauen. Gedächtnisleistungen entspringen meiner mir innewohnenden Intuition. Ich selbst habe mich auf den Weg gemacht, dies für mich zu erforschen. Beinahe hilflos ohne meine intuitiven Fähigkeiten, war ich darauf angewiesen, sämtliche Inhalte, die ich vortragen wollte, es sei denn, ich war enthusiastisch damit verstrickt, aufzuschreiben. In der Schule hilflos diesen Gegebenheiten und der Angst zu versagen ausgeliefert, versuchte ich Inhalte, ohne deren Bedeutung verinhaltlicht zu haben, auswendig zu lernen. Der Mehraufwand war enorm.

Einzig in Mathematik war ich begnadet, denn ich konnte logische Folgen für mich nachvollziehen. Logisches Folgen und verbesserte Gedächtnisleistungen sind Ergebnisse der kindlichen Exploration, die wiederum an innere Impulse gekoppelt uns an jene Themen heranführt, die uns in unserem Leben von Nutzen sein werden. Ich kann mir das so vorstellen bzw. erahne ich einen energetischen, liebevollen Strom, der mich umgibt und mich durchfließt in einer Art und Weise, dass ich jederzeit Zugriff auf innerliches Wissen und die innerliche Weisheit habe.

Jedem, der sich dem inneren Wissen öffnet, werden Perspektiven zuteil, die sein Leben bereichern.

Heute, jetzt und hier kannst du selbst diese Weisheit erfahren, indem du dich deines Körpers als liebevolles Gefäß für deine Seele erinnerst, ihn entsprechend würdigst, indem du ihn innerlich wie äußerlich beachtest, ihn liebevoll berührst und ihm die Nahrung zuführst, die, entsprechend deiner intuitiven Kräfte, dir geeignet erscheint. Du kannst dies erspüren, indem du, ein einzelnes Lebensmittel in der Hand haltend, auf die Reaktionen in deinem Körper achtest. Mit etwas Übung wirst du bemerken, dass du in einzelnen Körperbereichen oder ganzkörperlich Enge oder Weite (was zu dir nicht passend beziehungsweise genau richtig bedeutet) wahrnehmen kannst. Warum ich dies hier beschreibe? Unser Körper ist eng mit unserer Fähigkeit zu ausreichend Gedächtnisleistungen verbunden. Heute, jetzt und hier bedeutet gänzlich in der Gegenwart zu verweilen. Heute, jetzt und hier bedeutet, dass ich mir die Möglichkeit schenke, meinen intuitiven Kräften Raum zu geben und mich an das Netz der globalen Informationen aus dem Energiefeld, welches uns fließend umgibt, anzubinden. Heute, jetzt und hier weiß ich dies, da ich selbst mich an dieses *globale Feld* anzuschließen vermag, wenn ich, entsprechend meiner Fähigkeiten, Zugriff auf entsprechende Informationen benötige.

Dieses Feld ist jedem zugänglich, der sich wieder entsprechend seinen Fähigkeiten mit seiner inneren intuitiven Welt verbindet.

Die Weisheit der innerlichen Führung, die ich erfahre, hat mich zu meiner emotionalen Ausgeglichenheit geführt, die wiederum Einfluss auf meine Gedächtnisleistungen nimmt. Gedächtnisleistungen sind stark an unser Wohlbefinden geknüpft. Fehlt mein Wohlbefinden, erziele ich schwächere Gedächtnisleistungen, ist wohl jedem, der sich ein wenig mit sich selbst befasst, bekannt.

Weitere Faktoren für ausreichend Gedächtnisleistungen sind der Wasserhaushalt unseres Körpers, die emotionale Bilanz, das körperliche Wohlbefinden, welches sich nach sportlicher Betätigung äußert, die emotionale Resonanz auf mein Gegenüber, die geistige Wachheit bezüglich der Wahrnehmungen, die mich täglich umgeben, in jeglicher Wahrnehmungsqualität, das hormonelle Gleichgewicht, welches sich bei ausgewogener Ernährung und emotionaler Balance einstellt.

Heute, jetzt und hier weiß ich, dass ich selbst Meister meines Gedächtnisses sein kann und dass nicht äußerliches Üben zu einer Verbesserung meiner Gedächtnisleistungen führt. Heute, jetzt und hier kann ich jederzeit meine persönlichen Qualitäten erhöhen, indem ich, mich auf meine intuitiven Fähigkeiten verlassend, mich gänzlich dem Jetzt und Hier hingebe, meine Wahrnehmungen beachtend den Körper segne und mir meiner Qualitäten bewusst mich des täglichen Daseins in einer Art und Weise erfreue, die mir in meinem Innersten als stimmig erscheint.
Sich an andere Systeme anzupassen, bedeutet den Verlust der Qualität meiner Gedächtnisleistungen, auf die ich zugreifen kann, wenn ich mich an das intuitive Feld angeschlossen habe. Meine Gedächtnisleistungen haben sich multipliziert und entsprechen jedoch meiner mir eigenen, einzigartigen Lebensaufgabe, die sich zeigt, sobald ich mich an mein intuitives Feld in meinem Inneren angepasst habe.

Heute, jetzt und hier weiß ich, dass ich es bin, die jetzt und hier all dies bewirken kann. Ich weiß, dass ich schöpferisch tätig sein kann. In diesem Wissen ist es mir möglich, meine intuitiven Begabungen in einer Art und Weise zu vervollkommnen, die mir Freude, Sicherheit, vollkommene innere Klarheit und Weisheit in einer Art und Weise schenken, die mit meinen höheren Werten wie Liebe und Freude, Achtung und Wertschätzung, Freiheit von inneren Begrenzungen und Spiritualität im Sinne von, was ich mir schenke, schenke ich auch dem anderen, übereinstimmt.

Innere Freiheit ist ein Produkt aus innerer Sicherheit, innerer Klarheit, innerer Glückseligkeit.

Eine weitere positive Herangehensweise ist die Wahrnehmungserweiterung in dem Sinne, dass ich den Fokus im Hier und Jetzt bewusst auf die *Innen- und Außenwahrnehmung in gleichzeitiger Manie* sowohl innen als auch außen betrachtend wahrnehmen kann.

Der Schlüssel für diese Wahrnehmungserweiterung liegt in einer nie dagewesenen systematischen emotionalen Aufarbeitung der emotionalen Befindlichkeiten.
Heute jetzt und hier bin ich es, die diese Praxis verfolgt hat. Ich habe meine Schlüsse daraus gezogen und habe erkannt, dass diese Technik, sowohl in mir als auch in den Kindern, zu einer allgemeinen Wissenserweiterung führt.

Ich selbst habe mich den Themen gestellt, so dass ich sagen kann, wer diese Technik praktiziert, wird sich an das *allgegenwärtige Wissensfeld* anschließen können.

Dieses Wissensfeld nehme ich als allgegenwärtig, liebevoll, allwissend, allumfassend, verbindend, verankernd in uns selbst, in Verbindung mit allem und jedem, als unglaubliche Freude, als ein nie dagewesenes Gefühl der Verbundenheit mit allem, was ist, als Daseinssinn, als humorvoll, als weise im Sinne überschauend mir liebevoll zugeneigt, wie auch dem anderen, als segensvoll für mich und andere, als zugeneigt, als offen, im Sinne einer Bereicherung in Richtung Wahrhaftigkeit, Liebe und Freude wahr.

Ich selbst habe mich dieser Praxis der Emotionsaufarbeitung hingegeben und merke, dass sich mein Leben gänzlich in Richtung liebe- und freudvoller Öffnung in einer herausfordernden Zeit entfaltet. All die Ängste, die uns blockieren, die uns Dinge tun lassen, die wir schließlich bereuen, die uns Begrenzung und Abgrenzung, Abgeschirmtheit und Ausgeschlossensein präsentieren, lösen sich im Licht der Hinwendung an die emotionale Innenwelt auf.

Meines Erachtens hat die Gedächtnisfunktion sehr großen Einfluss auf die allgemeine Wissensbildung.
So hat sich im Sinne, was ich nicht sehe, ist nicht vorhanden, eine Kultur herausgebildet, die im Außen sieht, im Innen speichert. Im Außen sehen heißt in unserer Gesellschaft, Missstände erkennen, Vergleiche ziehen, Rigoroses ablehnen, Besonderheiten hervorheben. Vertrauensbildende Maßnahmen sind hingegen nicht im Außen wahrzunehmen, es sei denn, *ich richte meinen Blick auf das, was mein Herz erfüllt.*

Innenschau ermöglichte mir die Erweiterung meines Fokus. Innenschau ermöglichte mir die Rundumsicht und Weitsicht und Klarsicht.

Ich habe beschlossen selbst diesen Weg zu beschreiten. Er machte mich unabhängig von äußeren Strukturen und Gegebenheiten und hilft mir mich in meinem Inneren zu verankern und zu stabilisieren.

Warum schreibe ich dies? Dies half mir und hilft den Kindern sich in einer intuitiven Art und Weise dem Leben hinzugeben, die *Freuden und das Segensreiche wahrzunehmen* und ihm zu folgen. Es hilft mir mich weiterhin dem hinzugeben, was mir persönlich Freude und Bereicherung in meinem Leben schenkt.

Hast du dir überlegt, was dies mit den Gedächtnisleistungen zu tun hat? Ich bin Meister meiner Wirklichkeit und kann mich an einer Erweiterung meiner Gedächtnisleistungen erfreuen. Themen, die mir spannend erscheinen, kommen praktisch von allein, intuitiv getragen in mein Leben. Die Suche im Außen hat sich erübrigt.

Das, was mir zugänglich ist, erweckt in mir Neugier. Neugier lässt mich forschen und erfahren und mich in erfüllender Weise meinem Leben hingeben. All dies lässt mich an meinem Weg festhalten und mich in neuerlicher Art und Weise dem hingeben, was zu mir gehörig erscheint.

Menschen treten in mein Leben, die auf einer Linie mit meinem Innenleben sich entsprechend bereit erklären, den Weg mit mir zu beschreiten. So sind wir gemeinsam in einem Prozess, in dem wir versuchen, neue Netzwerke zu etablieren und neue Perspektiven zu veranschaulichen, indem wir selbst diesen Weg beschreiten, Erfahrungen sammeln und unsere Erfahrungen mit anderen Menschen teilen.

Die emotionale Innenschau ermöglicht es uns, aus einer Perspektive des *gegenseitigen Respekts* zu uns selbst und dem anderen, weitere Schritte in Richtung liebe- und freudvoller Seinsperspektiven zu gehen. Wir sind aufgefordert *uns selbst in Bewegung zu setzen*, entgegen den jetzt üblichen Tendenzen zur Überbrückung von unangenehmen Zuständen und Begebenheiten *in Richtung Autonomie*, Annahme dessen, was ist, emotionalem Abgleich der Eindrücke, die uns die Situation hinterlässt, sowie der sorgsamen Abwägung für neue Projekte, die wir in jeder Lebenslage bereit sind auszuführen.

Dies sind *höhere Werte in unserem Inneren*, die unabhängig von äußeren Systemen jederzeit griffbereit mir einen Alltag gewähren, der lichtvoll erfüllt, in einer unablässigen, wandelbaren Zukunft mir Hoffnung und Kraft und Mut gibt, diesen Weg zu begehen. Meiner Ansicht nach haben Gedächtnisfunktionen mit dem Wiedererkennen von Gegebenheiten zu tun, die mir mein Innerstes veranschaulicht in einer Weise, die *mit all meinen Lebensaufgaben und Lebenszielen im Einklang* steht.

So kann ich mein Erinnerungsvermögen an dieser Praxis erproben und erkennen, dass ich der Motor für neue Gedächtnisinhalte in dem Sinne bin, dass ich mich althergebrachter Strukturen entziehe, mich neuen in meinem Inneren *aufflammenden Ideen* hingebe und mich schließlich *reformorientierten Ideen* widme.

Meine Aufgabe sehe ich nicht darin, Dinge zu bekämpfen, denn *alles hat seinen Sinn* und *jeder macht in seiner Art und Weise Erfahrungen* in dem Metier, das er für sich ausgesucht hat.

Meine Gedächtnisleistungen sind nicht darauf ausgerichtet, mich in dem Metier des anderen in der Art zu etablieren, dass ich mich damit unwohl fühle. Dies führt in meinem eigenen Metier zu einer Verminderung meiner Leistungsfähigkeit, sodass ich nicht wirklich fähig bin, mein Leben in erfüllter Weise zu gestalten. Heute, jetzt und hier habe ich mich auf die Suche gemacht, Faktoren für mich selbst auszuprobieren, die zu einer Erhöhung meiner Gedächtnisleistungen transzendieren. Meine Erfahrung hat mir gezeigt, dass *ich selbst als Motor für meine wahre Seinsweise* Gedächtnisleistungen in mein Leben befördern kann, die nicht in etablierter Weise der Allgemeinheit zugänglich sind. Dies sind Gedächtnisleistungen, die ich in meiner Innenschau mir in einer Art und Weise der *geistigen Gesetze* für mich zurechtgelegt habe.

So wie im Innen, so ist es im Außen, heißt, dass ich im Außen erkenne, welche Strukturen ich in meiner Innenwelt etabliert habe, was bedeutet, dass ich *immer einen Spiegel vor mir* habe, der mir sagt, ob ich mich mit dem Außen arrangieren möchte oder nicht. Die *Begradigung* verläuft über die *emotionale Ausgeglichenheit in meinem Inneren*, die jederzeit zu praktizieren mir die Möglichkeit gibt, *mich neu auszurichten*.

Heute, jetzt und hier habe ich mich dieser Praktik hingegeben und habe für mich festgestellt, dass mir alles und jedes aus meiner Kindheit in Erinnerung geblieben ist. Durch den emotionalen Abgleich ist in mir meine Kindheit zu neuem Leben erwacht.

Im Vorfeld, in einer negativen Grauzone ohne liebe- und freudvoller Erinnerung, ist es mir jetzt erneut möglich, positive Aspekte meiner Kindheit zu erkennen und mich entsprechend meiner emotionalen Gegebenheiten an eine glückliche, mir zugeneigte Kindheit zu erinnern.

Heute, jetzt und hier bin ich mir zugeneigt und dies bin ich auch in meiner Kindheit gewesen. Ich war mir zugeneigt. Ich war von mir überzeugt. Ich war in meinem Element der *Erforschung meiner Umwelt auf meine mir ureigene Art und Weise*.

So habe ich durch die Methode des emotionalen Abgleichs mir meine Erinnerung aus meiner Kindheit wieder erweckt, die ich in mir verborgen gehalten hatte.

Heute, jetzt und hier schenkt mir dieses Wissen Sicherheit in meiner neu ausgerichteten, mir zugeneigten und mir *gewogenen Art der Vergangenheitsbewältigung* in dem Sinne, dass alles, was ich erlebt und erfahren hatte, meinem Leben eine *Zielrichtung* und eine *sinnerfüllende Neuorientiertheit* gewährt.
So ist es für mich Tatsache geworden, dass die Emotionalität, die mein Leben bereichert, in mir *sämtliches Wissen und sämtliche Erfahrungen auf Gefühlsebene gespeichert* hat.

Ich habe mich diesem Prozess geöffnet und habe erfahren dürfen, dass ich es selbst bin, die sich im emotionalen Abgleich den Gegebenheiten hingibt, die, in der Vergangenheit in mir abgelagert, hervorgeholt werden durch Situationen im Außen, die in der Art eines Triggers die Emotionalität des erlebten Moments erneut aufflammen lassen, sodass ich mich erneut im emotionalen Abgleich dieser emotionalen Gegebenheit öffne und sie *in liebevoller Weise transzendieren* kann.

Heute, jetzt und hier habe ich die Möglichkeit, in einer selbstbestimmten Art und Weise meiner Vergangenheit gegenüberzutreten und sie in liebevoller Weise zu transformieren.

Meine Absicht war nicht in diese Richtung ausgelegt. Das Ergebnis kann ich im Nachhinein betrachten und ich danke für all die Erfahrungen, die ich machen durfte, in einer Art und Weise, die von Herzen kommt.

Habe ich mich in meinem Leben geplagt, so kann ich jetzt und hier mit all jenen, die sich ihrer Grenzen und Begrenzungen klar geworden sind, *mitfühlend* entgegentreten.

Was hat dies wieder mit Gedächtnisfunktionen zu tun? Gedächtnisfunktionen entspringen einer inneren Weisheit, die ich nun im erfolgten emotionalen Abgleich als Erkenntnis aus meiner emotionalen Gegebenheit entnehmen kann. Sie erinnert mich an *ein Leben, das jetzt und hier dazu ausgerichtet ist, in beglückender Art und Weise gelebt zu werden.*

Heute, jetzt und hier habe ich die Möglichkeit, mich selbst wieder und wieder meiner emotionalen Gegebenheiten zu stellen und *selbstbestimmt, dem mir ureigenen inneren Rhythmus* entsprechend, meiner individuell einzigartigen Gegebenheiten meiner Innenwelt hinzugeben, so dass ich *Weitblick* erfahre, *Öffnung in lichtvoller Weise*, im Sinne lebenserfüllend und beglückend.

Heute, jetzt und hier erfahre ich *das Leben als eine Reise hin zu mir selbst.*

Gedächtnisfunktionen haben sich verbessert und ausgeweitet. Gedächtnisfunktionen haben mir die Möglichkeit der *Neubelichtung meines Lebensalltags* bewirkt. Gedächtnisfunktionen haben eine Spur in meinem Leben hinterlassen, die in lichtvoller Weise Segen für uns alle sein kann.
Wohin ich mich bewege, hängt von der Erinnerung an mein *ureigenes inneres Lebensziel* ab. Dies hervorzuholen hat mir die *emotionale Ausgewogenheit in meiner inneren Welt* ermöglicht. Heute, jetzt und hier habe ich mich in einer mir bis dahin ungewohnten Art und Weise auf das Leben eingelassen, die mir in meiner Innenwelt

ersichtlich wurde. Heute, jetzt und hier weiß ich, dass ich es bin, die dies mit einer *intuitiven Seinsweise* in Verbindung mit der *verankerten Lebensweise im Hier und Jetzt* möglich machen kann.

Jeder, der sich dieser Technik nicht stellt, ist in dem ausweichenden, folgsamen, braven, sittsamen, traditionsgerechten Problemdenken in weiterer Folge, der nachfolgenden Besänftigung und Verbarrikadierung hinter seinen eigenen vier Wänden als Opfer der Lebensumstände gefangen. Auch scheinbar positiven Entfaltungswegen liegt häufig dieses System zu Grunde.

Ob dies sich so verhält, kann jeder einzelne für sich selbst im emotionalen Abgleich erkennen. Wie fühle ich mich auf der Reise? Möchte ich lieber da sein oder dort? Gefällt mir die Umgebung oder unterliegt sie meiner Zensur? Was gefällt mir nicht und hinterlässt einen bitteren Nachgeschmack in meinem Inneren? *Jede Nuance, jegliche Regung in meinem Innersten hat mit mir selbst zu tun*, dies hat mir meine Gedächtnisrehabilitierung ermöglicht zu erkennen.

Gedächtnisrehabilitierung ermöglichte es zudem, sämtliche Disbalancen in meinem inneren Kern zu erfahren und sie einer emotionalen Bereinigung zuzuführen. Gedächtnisfunktionen sind mir gegeben in einer Welt der intuitiven Besonderheiten. Gedächtnisfunktionen erfreuen sich neuer Frische in mir erfahrener Fülle, in nie bewusst erlebter Weise. Gedächtnisfunktionen verhelfen mir zu einer Lebensart, die mir zu eigen, einer ureigenen Seinsweise entsprechend, in einem Leben Erfüllung schenkt, die für viele, sehr viele in Zeiten eines globalen Wandels eine wahre Herausforderung darstellt. Ich bin agierend in dem Sinne, ich rufe hervor, was mich erfreut und mir in meinem Innersten Erfüllung schenkt.

Der Weg des emotionalen Abgleichs ruft Misstöne hervor. Ich bin in der Herausforderung des Empfindens meiner körperlichen Regungen geneigt mich abzuwenden. Gerade diese Abwendung verhindert die emotionale Ausgewogenheit. Ich weiß, dass ich dieser körperlichen Signatur folgen muss. Die körperliche Regung wahrzunehmen, heißt, sie nicht zu blockieren. Sich den Gegebenheiten zu stellen, heißt, mich auf etwas einzulassen, das mir im ersten Augenblick unangenehm erscheint.

In meiner ersten Erfahrungszeit hatte ich es genossen, meinen körperlichen Regungen entsprechend ihres Auftretens zu folgen. Langanhaltende körperliche Zustände fordern mich jedoch heraus und bringen mich an meine Grenzen. Ihnen entspringen besonders tiefgreifende Ereignisse, die ich mit Prägnanz und Autonomie in Verbindung bringe.

Meiner ureigenen, inneren, intuitiven Kräfte entmannt und entwöhnt, habe ich in innerer Zerrissenheit gelebt.

Weißt du, wie es in deinem inneren Zuhause sich anfühlt? Was empfindest du, wenn du dich an deine Kindheit erinnerst? Was empfindest du, wenn du dich deines Erwachsenenleben besinnst in einer Art und Weise, die dir Genugtuung schenkt? Ich habe mich der Tatsache gestellt, dass ich innerlich zerrissen war. Ich habe mich der Tatsache gestellt, dass meine Gedächtnisfunktionen mich an Vergesslichkeit und Verebben meiner Merkfähigkeit erinnerten.
Meine Merkfähigkeit ist zu neuem Leben erwacht. Meine Gedächtnisleistungen erfreuen sich einer bis dahin mir unbewussten, ungewohnten Möglichkeit der Gegebenheitsrealisierung. So kann ich von Gedächtnisleistungen sprechen, die sich mir als *naturgegeben* entgegenbringen in dem Sinne, dass ich es bin, die darauf zugreifen kann entsprechend *meiner innerlichen bewussten Zuwendung zu meinen emotionalen Gegebenheiten*, die manchmal erfreulicher Natur, andere Male trauriger, trotziger, ablehnender, zynischer, aggressiver, angstvoller, schmerzhafter Natur sind. *Ich bin geführt* durch ein *emotionales und gefühlsbetontes Dasein,* das mir *Freude im erfolgten emotionalen Abgleich* schenkt, Freude, die so übermächtig sein kann, dass ich schmerzhafte Umstände nicht

als solche wahrnehme. Gedächtnisleistungen sind mir gegeben, mich an etwas zu erinnern, das in mir schlummert.

11. Fülle als Ergebnis meiner emotionalen Zuwendung

In zahlreichen Büchern konnte ich als Ergotherapeutin über eine Fülle von Techniken zur Wahrnehmungsförderung lesen. Einzelne Übungen inspirierten, doch die Mehrzahl überforderte mich. Hatte ich sie gelesen, hatte ich sie bereits vergessen. Bücher verstaubten im Kasten. Vergessen, frustriert.

Ich fühle mich in die zahlreichen Kinder ein, denen mangelhafte Gedächtnisstrukturen attestiert worden sind. In mannigfaltigen Stunden der schulischen Anforderung gegenübergestellt, werden sie sich ihrer Frustration bewusst.

Bei einem Intelligenztest, dem ich mich vor Jahren unterzog, sollte ich mir Wörter merken, um sie anschließend in Kategorien einzuordnen. Ich durchschaute das System. Mir selbst war es in der begrenzten Zeit und einem Empfinden von Aufregung nicht möglich, auch nur eines der Wörter zu speichern und entsprechend zuzuordnen. Meine Strategie jedoch führte dazu, dass ich bewusst Fehler einbaute, damit dieser Testabschnitt nicht außerhalb der Norm lag.

Welche Strategien haben unsere Kinder? An mir selbst beobachte ich, dass Informationen, die ich benötige, zur rechten Zeit am rechten Ort erscheinen. Ein Buch lag schon mehrere Wochen brach. Nahm ich es schließlich zur Hand und las darin, so enthielt es die Botschaft, die augenblicklich perfekt inspirierend Themenkreise berührte, die mich wachsen ließen.
Woher kommt meine Merkfähigkeit? Hat sie mit den mir eigenen Lernmethoden zu tun? Ich eigene mir Wissen an, indem ich eine Verknüpfung von Botschaft und Empfindung, die in der Botschaft liegt, herstelle. Es findet eine Art innerliche Berührung

statt. Ich lasse das Gelesene auf mich einwirken, bis sich mir die Bedeutung hinter den Buchstaben enthüllt.

Die Empfindung trägt die Weisheit der Botschaft in sich. Ein hoch inspirierendes Buch kann ich zeilenweise oder maximal absatzweise lesen, denn die Entfaltung der mich inspirierenden Aussage erfahre ich peu à peu.

Diese Erfahrung erfüllt mich, inspiriert mich neuerlich, sättigt meinen Wissensdurst, begeistert mich, entzückt mein Herz. Ich fühle mich wohl, bereit Neues zu erfahren, getragen von dem Wissen, da ist etwas, das mich unwahrscheinlich bereichert, dem ich mich baldmöglichst wieder zuwenden möchte.

Genugtuung, Sättigung und Begeisterung lassen mich Berge versetzen. Mehrere Bücher in Etappen zu gegebener, impulsgesteuerter Gelegenheit zu lesen, ist Resultat der Zuwendung zu einem intuitiv gelebten Alltag und einer auf Intuition gelenkten Buchauswahl. Die Inhalte erfahren sich als zueinander übereinstimmend empfundene Botschaften.

Wie ist dies möglich? 30 Bücher in dieser Art zu lesen (Bereits ein Buch auf konventionelle Strategie gelesen, forderte mich. Der Inhalt war zu abstrakt und nicht griffig.) erfreut mein Herz, fordert mich heraus und schenkt mir Erfüllung.

Wie jonglieren Kinder im Autismus-Spektrum mit der Fülle an Inputs? Was schenkt ihnen Bereicherung?

Eine weitere Erfahrung trägt mich in den Bereich der Exploration. Als Kind spielte ich gern mit Wasser, Sand und Matsch. Ich kletterte auf Bäume, spielte mit meiner Puppe, indem ich den Erwachsenen nachahmte, und befolgte Regeln der Natur. Ich wanderte über Stock und Stein. Ich lief barfuß in den Schnee, um mich anschließend schleunigst in der Küche zu wärmen.

In der Schule wunderte ich mich, als meine Physiklehrerin über physikalische Naturgegebenheiten unterrichtete. Das war für mich damals sonnenklar, dass Materialien auf gewisse Art und Weise miteinander korrelieren. Mir war nicht klar, warum sie lehrte, was man doch wusste.

Den Wissensinhalt auf traditionelle Art zu speichern, stresste mich jedoch. Der Wissensinhalt war integriert, die kognitive, sprachliche Speicherung wehrte sich und verursachte Unbehagen. Die Reproduktion auf sprachlicher Ebene forderte mich über Jahre heraus.

Jetzt weiß ich, Exploration auf intuitive Weise zu erfahren, führt nicht nur zum Verständnis der Naturgesetze. Exploration in intuitiver Weise zu erfahren, erweiterte mein Wissen und interessanterweise meine Sprachfertigkeiten auf natürliche Art und Weise. Sprachinhalte wurden verständlich. Der Wortschatz vermehrte sich. Der Sprachausdruck erfreute sich einer Sicherheit, die ich nie gekannt hatte.

In der Durchführung eines sprachlichen Tests erstaunte mich, dass ich Wörter gemäß ihrer Bedeutung klar zuordnen konnte. Jetzt weiß ich, dass ich Wörter intuitiv einordnen kann. Ich erfühle das Wesen eines Wortes. Für mich war es immer von Bedeutung, den Inhalt einer Aussage gänzlich zu erfassen. So konnte ich verbessert abspeichern.

Ich erfuhr von einer Methode, die sprachliche Ausdrücke mit visuellem Erleben verknüpft, indem die Gegebenheiten plastisch dargestellt wurden. Das Wort Weite ist abstrakt. Durch die plastisch geformte Darstellung von Weite erhalte ich einen zusätzlichen Parameter, welcher mir den Zugriff auf die gespeicherte Information erleichtert. Da ich mich im Rahmen eines Legasthenietrainings mit dieser Methode reichlich befasste, erfuhr ich an mir selbst, wie herausfordernd es sein kann, einem Wort ein klares dreidimensionales Bild zu geben.

Kinder der heutigen Zeit sind herausgefordert, sprachliches Wissen mit kaum erfahrener selbstbestimmter Exploration in großen

Mengen zu speichern. Sie überlagern profundes Wissen, wahres Wissen, welches dem Kind Zugriff auf seine Potentiale gewährt, es inspiriert und den Wunsch nach Wissenserweiterung aufkeimen lässt.

Wie erlebe ich Musik? Kann ich Rhythmen und Melodien wiedergeben oder ist mein Zugang, das Wesen eines Klangs zu erfassen? Erfahre ich Töne als etwas von mir Getrenntes oder ist es mir möglich, eine emotionale Verbindung zur Melodie herzustellen? Spiele ich rein mechanisch vorgegebene Tonfolgen oder bin ich inspiriert emotionale Wirkungen zu erfassen? Erledige ich Hausübungen zügig in der Fokussierung meiner auditiven Kanäle auf Musik oder Hörspiel?

Welche Absicht verbinde ich mit diesem Tun? Hausübungen sind fremdbestimmte Materie. Ich habe an Kindern gesehen, dass in wahrgenommener Weise Kinder zu Multidimensionalität fähig sind. Ich war erstaunt, dies ausgerechnet bei einem Buben zu erfahren, dem starre, rigide Ausdrucksformen zu eigen sind. Das Anhören eines präferierten Hörspiels befähigte ihn zu zahlreichen weiteren Ausdrucksformen. Nachbauen nach Anleitung, wechselnder Blickkontakt in großer Freude, Lesen im Buch, Bauen eines mehrere hundert Teile umfassenden Puzzles, kurzzeitige Hinwendung zu einem zugleich angebotenen Memoryspiel.
Im Vorfeld auf Grund von aufgedrängten Erfahrungen negativ besetzte Inhalte konnten auf diese Weise in reduzierter Form angenommen und in freudvoller Atmosphäre gefühlsmäßig verändert erfahren werden.

Wer sagt mir, welche Lernform die geeignete ist? Wer sagt mir, was richtig und was falsch ist? Ist es das Ausleben von Fülle oder die minimalistische Vorgehensart? Ist es das Vorgeben und Vorleben von etwas, das als korrekt bezeichnet wird, oder ist es der kreative Reichtum atypischer, inspirierter, schöpferischer Wesensmerkmale in ungeahnter Materie?

Im Eigenversuch habe ich erfahren, wie herausfordernd es sein kann, sich von eingeübten, starren, konsequenten Neigungen zu verabschieden. Gewürze in jeweilig veränderter Reihenfolge zu dosieren und geometrische Muster der Entnahme (ich verwende sehr viele Gewürze und Kräuter in meiner alltäglichen Essenszubereitung) zu erfinden, hat mich veranlasst, meine emotionale Befindlichkeit während dieses Handelns zu erforschen.

Von anfänglicher Unsicherheit über starre Reihenfolgen des Anfangs und Beendens zu flexibler, freudvoll, erfrischender Tätigkeit, die mir die unzähligen Möglichkeiten einer flexiblen Herangehensweise näherbrachte, zeigte sich mir mein Weg in emotionaler Hinsicht. Beklemmende Emotionen waren einem neugierig staunenden Ausdruck gewichen.
Einseitigkeit und Routine nehmen Raum ein in starren, kognitiv verankerten Wertvorstellungen.

Emotional unterlegte Herangehensweisen ermöglichen unbewertete, sachliche Diagnosen eines jeden selbst. Als Individuen geboren entwickeln wir uns in individualistischer, kausaler, prägnanter Eigenart.

Ich bin ich, ich war ich und ich werde ich sein. Keiner kann mir meine innere Essenz, die mich prägt, durch Aufgenötigtes in vielfältiger Hinsicht abspenstig machen. Ängste werden mich lähmen, mich zur Verzweiflung bringen, mir Sand im Getriebe sein, meine Emotionen schüren, doch in meinem Herzen flackert ein zartes Licht.
Strahlende Menschen sind willkommen. Leuchtende Gesichter inspirieren. Glänzende Augen lassen mich das Licht im Herzen erahnen. Ein heller Teint verrät da und dort die innere emotionale Belastbarkeit eines Kindes. Ein plötzlicher abrupter Farbwechsel verrät, dass das Kind an seiner emotionalen Grenze angestoßen ist. Was ich nicht leiden kann, ist in die Ecke gedrängt zu werden.

Reaktionen aus einer inneren Not heraus lassen mich Notwehr-, Flucht- oder Todstellsituationen an den Tag legen, die aus instinkthafter Gegenwehr mein Überleben sichern.

Wie empfindest du Beengung, Beklemmung, Bedürfnis, Behutsamkeit, Belastbarkeit? Was schenkt dir die Resonanz der Freude und Liebe? WER darf diesen Weg gehen? Wer darf sich in seinem Leben sagen, ich bin erfüllt von der Liebe und Freude, die mir mein Gegenüber schenkt? Wer beschenkt sich selbst, indem er in der Resonanz von Liebe und Freude seinem Nächsten begegnet, seinen Alltag kreiert, seine Mitmenschen begeistert? Fülle. Fülle erlebt in Form und Farbe, als Rhythmus oder Schwingung, in Nuancen oder Universalem, kleinräumig oder in der unendlichen Weite. Fülle erfahren als Konsistenz der Ernährung, als Inbegriff des Schönen, Lieben und Guten oder als Ausdruck einer emotionalen Erregung in einzigartiger Ausprägung. Fülle gelebt in wunderbarer, zauberhafter, erfüllender Hingabe an die Schöpfung der Liebe und Freude.

Fülle ist in dir und in mir, in jedem und allem. Wahrnehmungserweiterung gibt uns einen Einblick in das universale Gesetz wie innen so außen, wie oben so unten, wie du, so ich. Innere Schönheit spiegelt sich im Außen und umgekehrt. Ängste sind es, die meinen Blick verschleiern und mir ein graues Bild meines Nächsten abbilden.

Fülle erfahre ich in der Einfachheit. Ich gehe einen Wiesenweg entlang, nehme die Essenz der Blumen wahr, erkenne ihre Besonderheiten in ihrer Oberflächenstruktur, in der Geometrie, in ihrer Ausstrahlung, ihrer Farbnuance. Die Blätter entfalten sich in wunderbaren Formen, eckig und rund, wohlgeformt und austariert, erhaben oder gedrungen, gebogen und geschwungen, lichtsuchend oder im Schattenbereich der Nachbarspflanze, härchenbehaftet oder wollig, grobstrukturiert oder fein gemasert. Halme arrangieren sich in wohlüberlegter Form. Düfte durchdringen die Luft. Ich kann das Paradies in der winzigen Welt am

Wegsaum erahnen. Käfer, Ameisen, Schmetterlinge und Bienen lassen mich staunen ob ihres Rhythmus, ihrer Grazilität, ihrer Fähigkeiten, große Lasten zu bewegen, ausdauernd zu fliegen und weite Wegstrecken zu bewältigen. Wie Beine sich in einzigartiger Weise fortbewegen, wie Flügel in leicht sirrender Weise das Insekt tragen, ist erstaunlich. Wie beschaulich sind doch ihre Körper gestaltet. Licht- und Schattenspielen folgend kann ich Stunden verharren.

Fülle in der Einseitigkeit des Spiels entdecken zu können, hat sich in der Hingabe zu den intrinsischen Vorlieben der Kinder enthüllt. Baustein auf Baustein. Wie ist die Anordnung? Ist der Stein rund oder kantig? In welche Richtung zeigt er? Wie bewegt sich das Kind? Sind seine Fingerfertigkeiten auf das Grobe ausgerichtet, oder kann ich feine, abtastende, fühlende Berührungen entdecken? Wie ist sein Blick? Abschweifend? Leuchtend? Klar? Wie ist die Maserung des Holzes? Ist sie feinstrukturiert? Hast du die Maserung beleuchtet? Wie grazil sind die Strukturen? Arrangiert das Kind in wohlüberlegter Weise? Kennzeichnet seine Welt eine Vielzahl an Bewegungsmustern? Wie ist sein Rhythmus? Ist es ausdauernd fasziniert oder schenkt es dem Spiel kurze Beachtung? Was ist die Einzigartigkeit dieses herausragenden Augenblicks? Erkenne ich die emotionale Befindlichkeit in mir selbst? Was sagt dieser Moment über mich selbst aus? Bin ich müde und möchte ich nach Hause? Leuchtet mein Gesicht in der gemeinsam gelebten Freude? Erkenne ich die Notwendigkeit des Blickkontakts? Begegne ich in einer Nuance verharrend, um das gegenseitige Verständnis herzustellen? Was ist sein Weg? Welche Richtung schlägt das Kind ein? Erfährt es Formen, Farben und Größen? Ist es daran interessiert? Sind es seine Bewegungsfolgen, die es zahllose Male wiederholt, um sich ein sicheres, geklärtes Bewegungsmuster anzueignen? Sind es das Bücken und Wiederaufstehen, die dem Kind Erfahrungspotential geben? Sind es flatternde Bewegungen, die die Freude des Kindes betonen? Erkenntnisse dieser Art helfen, das geeignete Material ausfindig zu machen. Intuitive Fähigkeiten sind hilfreich, um die korrekte Wahl zu treffen.

Fülle in der Ernährung

Fülle im Oralen zu entdecken, ist in einer Zeit der Gleichförmigkeit herausfordernd. Wie kann ein Kind wissen, wie sich süß, sauer, salzig und bitter anfühlen und schmecken? Gibt es emotionale Empfindungen hinter diesen Qualitäten?

Hinter der scheinbaren Fülle in unseren Supermärkten versteckt sich Gleichförmiges. Die Süßigkeiten sind sehr süß. Das salzige Abgepackte enthält eine Menge Salz, um die Gaumen der Menschen zu erfreuen. Das Saure ist abgedämpft. Zucker dominiert die Speisen. Geschmacksverstärker versuchen die Einheitlichkeit zu vertuschen. Obst schmeckt oft fad. Gemüse wird gedünstet oder gekocht und weich gegart serviert. Vom ursprünglichen Geschmack ist kaum ein Restfunken haften geblieben. Fleisch aus nicht artgerechter und artgerechter Haltung beschert uns das Seelenleben des Tieres auf dem Teller. Wie hat es gelebt? War der Bauer tierlieb? Hat er den Tieren seine Zuneigung gezeigt? War ihm bewusst, was seine Tiere emotional ausdrückten? Liebte er seine Tiere? Was ist es, das ihn bewegte, seine Tiere zum Schlachthof zu führen? Hat er ihnen ausreichend Futter gegeben?

Warum schreibe ich das? Sämtliche von mir geförderten Kinder, sowohl im Autismus-Spektrum als auch aus anderweitiger Notwendigkeit dem Fördersetting unterzogen, haben besondere orale Eigenheiten.

Ich kann mich erinnern, wie sich ein Stein im Mundraum anfühlt. Ich weiß, wie Erde schmeckt. Gras, Zapfen, Materialien unterschiedlicher Beschaffenheit haben eine orale Note hinterlassen. Ich kann Formen visualisieren, die ich in meinem Mundraum mit Zunge und Gaumen ertastet habe, dessen Größen mir geläufig sind, waren sie doch alle in meinem Mundraum den Begrenzungen unterlegen. Meine Mutter? Sie war mit weiteren Kindern und dem großen Haushalt beschäftigt. Sie hat mir aus dem Mund geholt, was sie bemerkte.

Sabbern, ungenügendes Kauen, schwacher Fazialtonus, einge-schränkte Zungenmotorik, Trägheit in der Mundmuskulatur zeigen die veränderte Herausforderung in der Nahrungsaufnah-me an. Die abgeänderten Möglichkeiten der Nahrungsaufnah-me, die hohe Sensibilität der Kinder im Allgemeinen, die Nah-rungsmittelallergien, die Einseitigkeiten in ihrer Bevorzugung von Nahrungsmitteln, Einschränkungen in der Aufnahme von gemischten Konsistenzen und das kontinuierliche Verbot, orale Erfahrungen zu meistern, bieten erschwerte Voraussetzungen in ihrer Wahrnehmungsentwicklung.

Sämtliche Kinder im Autismus-Spektrum, denen ich begegne-te, waren äußerst tierlieb, der Natur in einem außerordentlichen Maß zugeneigt. Sie sind hochsensibel. Was bedeutete für sie der Fleischkonsum in der anfänglichen Verzehrphase emotional? Hat jemand darauf geachtet? Verzehrte das Kind das Fleisch liebend gern oder hatte es abgelehnt und ich habe es nicht bemerkt? In einer Wurst sind Geschmacksverstärker enthalten. Kann das Kind sich diesen entziehen? Hat es die Möglichkeit, seine Eigenheiten zum Ausdruck zu bringen, sich auf beliebte einseitige Nahrungs-mittel zu fokussieren, die nicht vermengt, gemixt, gekocht, pü-riert, mit Geschmacksverstärkern und Lebensmittelzusatzstoffen versehen, pulverisiert und mit Weichmachern bereitet, übermäßig gesalzen oder gesüßt, der Säure entraubt oder vorgefertigt sind?

Inwiefern tragen Nahrungsmittel zu einer veränderten Wahrneh-mung bei? Kann stressbehaftete Nahrung, die das Kind aufnimmt, weil es Tradition des Hauses ist oder die Eltern mit Ängsten ein-seitiger Nahrungsaufnahme behaftet sind, seine Leistungsfähigkeit senken? Könnte das Kind selbst erkennen, welche Nahrungsqua-lität, in welcher Menge, in der adäquaten Konsistenz und Be-schaffenheit ihm für seine ausgewogene Ernährung dienlich ist?

Ich kann meine Bedürfnisse intuitiv erfassen. So muss dies an-deren Menschen auch zu eigen sein. Natürliche, unbehandelte, rohe Lebensmittel haben eine Konsistenz, die Widerstand im Mundraum erfährt. Die Zähne müssen ausreichend eingesetzt werden, um aus einer Karotte eine schluckbare Masse zu fabrizieren. Rohe Nahrungsmittel, selbst ausgesucht, verhelfen dem Kind zu verbesserten oralen Voraussetzungen.

Wann und wie oft hat das Kind die Möglichkeit, aus einer breit gefächerten Palette an natürlichen Lebensmitteln, Kohlrabi, Radieschen, Kresse, Karotten, Rohnen, Tomaten, Pfefferoni, Paprika, Rotkraut, Weißkraut, Pelati, Äpfel, Birnen, Pflaumen, Zwetschgen, Marillen, Pfirsichen, Orangen, Mandarinen, Datteln, Feigen, Nüssen und Rosinen, Weintrauben und Salatblättern in ihrer unterschiedlichen Art auszuwählen? Wie oft ist die Voraussetzung gegeben, dass das Kind selbst für sich passende Gewürze kostet, Nuancen festlegt, bereit seine Geschmacksvorlieben entsprechend der sättigenden, bewährten Nahrungsmittel kennenzulernen? Wie oft hatte es die Möglichkeit, aus unterschiedlichen Konsistenzen zu probieren, welche ihm in diesem einen Moment die zugeschliffene Variante zu erfahren präsentierte.

Inwieweit sind nahrungsmäßig selbstbefriedigende Herausforderungen, Bulimie, Magersucht, Sucht nach Süßem oder Salzigem, Fettleibigkeit, der dauerhafte Gedanke an das Essen und damit verwobene Ängste zumindest anteilsmäßig auf aufoktroyierte oder entsagte Nahrungsaufnahme, unpassende Konsistenzen und Lebensmittel in Auswahl und Menge zurückzuführen?

Selbstaufgabe, Unsicherheit, Verlust der Selbstwirksamkeit, geringes Selbstvertrauen und all die Auswirkungen der nicht empfundenen Emotionen, abgespalten von der Erfahrung der inneren Sicherheit, Freiheit und des Erfülltseins, verlangen nach Ausgleich.

Fülle in der emotionalen Empfindung

Was machen Eltern, wenn das Kind verlustig seiner intrinsischen Autonomie, unfähig geworden ist, einen emotionalen Ausgleich zu bewegen?

Ist es das Fernsehen, das den Ausgleich hervorlocken soll, die Schokolade oder das Zuckerl, das Handy oder das PC-Spiel? Sind wir uns dessen bewusst, in welcher Spirale wir uns gerade etablieren? Niemand ist ausgeliefert! Die emotionale Verbindung gibt uns Aufschluss. Jederzeit habe ich eigenverantwortlich die Gelegenheit, mich den zugehörigen Emotionen bittend um Erkenntnis zu öffnen.

Je mehr Menschen den Anlass einer aufflammenden emotionalen Begegnung nutzen, umso einfacher wird es, die emotionalen Erfahrungspotentiale aus sich hervorzulocken, Engstirnigkeit in Überschaubarkeit zu wandeln, Nahrung in physischer und geistiger Hinsicht als wertvoll in wertschätzender Atmosphäre, angepasst den wahren Eigenheiten, dankend der Wunder der Schöpfung zu erhalten.
Liebe zu mir selbst, Liebe zum anderen. „Liebe zum anderen, Liebe zu mir selbst" impliziert, jeder trägt Liebe in sich. Mein gesättigter Blick lässt das Schöne, Gute, Wertvolle, Wertschätzende, das nichtgesagte Wohlwollen meinerseits im anderen aufflammen. Du und ich wir begegnen uns. Du und ich, wir haben uns etwas zu sagen. Es wird uns sättigen und erfrischen. Wir weinen zusammen. Wir begegnen uns im Leid und in der Freude. Wir begegnen uns in Liebe und Dankbarkeit für die wertvollen Erfahrungen, die wir uns gegenseitig präsentieren. Du und ich begegnen uns, getragen von der Liebe zu uns selbst, getragen von der Liebe, der es in allem, was ist, zu begegnen möglich wird. Du und ich verzaubern die Welt. Die geliebte Schöpfung von unermesslicher Tragweite zieht ihre Kreise. Du und ich wir tragen unsere Verantwortung für uns selbst, für unsere Kinder, unsere Eltern, unsere Begegnungen, unsere Natur, für jeden von uns durch das Empfinden der Emotionen, die uns mit dem anderen verbinden.

Losgelöst von äußeren Gegebenheiten war es mir vor Jahren in einer überaus schmerzhaften physischen Belastbarkeitsherausforderung möglich geworden, Fülle zu erkennen, zu segnen, Freude und Liebe zu fühlen. Es war mir ermöglicht, schier unerträgliche Schmerzen in einem Gefühl der unermesslichen Freude mit freudigem Gesichtsausdruck zu tragen und zu segnen. Diese Erfahrung beleuchtete den Weg des emotionalen Empfindens. Sie gab mir die Ausdauer und Zähigkeit, die Kraft und das Wissen, dass wir von Schleiern eingehüllt, jeder auf seine individuelle Weise, in einer Welt leben, die offensichtlich Schätze unermesslichen Ausmaßes im Verborgenen hält.

Dieses Terrain kann ich ausschließlich für mich selbst bereisen. Strahlende Gesichter, Sonnige Gemüter, die Bereitschaft, die Emotionen zu empfinden, die Zuwendung zum Hier und Jetzt, Gedanken wahrzunehmen und unbewertet vorbeiziehen zu lassen, Freude an den Besonderheiten der Natur, Fokussierung in der Landschaft im Wandern über ca. 4 Stunden luden mich ein, das zu erkennen, was die Essenz für meine Freude bereitstellte. Das Empfinden der Freude präsentierte mir auch die Sprachlosigkeit ob der Besonderheit dieser Erfahrung. Schweigen, das Wahrnehmen von unendlicher erfüllter Stille, betrachtend, staunend, inspiriert waren das einzige, das ich mir in dieser bedeutungsvollen Zeit in meinen Begegnungen wünschte.
Die Sprachlosigkeit schlug sich tatsächlich auf meinen Kehlkopf und meine Stimmbänder nieder. Ich war nicht zu sprechen bereit und konnte und wollte mich nicht äußern. Die unsäglichen Schmerzen meines Rippenbruchs während der Niesattacken konnten mir nichts anhaben. Nach Wochen brachten mich Existenzängste zurück in meine angstgesteuerte Realität.

Was nehmen unsere Kinder wahr? Sie leuchten über das ganze Gesicht. Sie strahlen Herzenswärme und Güte aus. Ihre Augen ziehen mich in eine unermessliche Tiefe. Welche Schätze liegen in unseren Kindern verborgen? Was dürfen wir von ihnen erfahren? Was ist die Lernaufgabe für uns, die uns unsere Kinder wieder und wieder präsentieren?

12. Körperlicher Ausdruck der Emotion

Weinen ist ein möglicher Ausdruck der Traurigkeit, von Wut und Schmerzen. Tränen erfahren im Allgemeinen noch Anerkennung. Mit geballten Fäusten drücke ich Wut aus. Der sogenannte Frosch im Hals zeigt mir meine Beklemmung, Angst und Erregung. Druck in der Magengegend, Schwere, Last auf den Schultern, sie geben den Hinweis auf Emotionen, die mich auf irgendwelche Art und Weise belasten. Nervöses Zucken erregt mich und gibt mir Aufschluss über meine emotionale Disbalance. Das Gefühl der Scham kann sich als aufsteigende Röte im Gesicht zeigen. Ein steifer Nacken führt mich in Richtung Starre, Ängstlichkeit. Der Ohrwurm drückt Wiederholendes aus. Auch hier liegt eine Emotion zu Grunde. Rührt mich das Lied, zeigt es mir meine verborgene Traurigkeit an. Zahlreiche weitere im Sprachgebrauch befindliche Hinweise geben uns Aufschluss über die aktuelle emotionale Befindlichkeit.

Das Thema, das sich offensichtlich in meinem Körper rührt, entspricht der Emotion, die augenblicklich empfunden werden will. Unterdrückte emotionale Zustände äußern sich in Schmerzen, Krankheiten, als Unbeweglichkeit, Krampf, Taubheit, Kälte oder Hitze, in allergischen Erscheinungen, als Ziehen, Jucken, trübe Augen, Nackensteife, Watte in den Ohren, Heiserkeit, Bandscheibenvorfall, Abnützungserscheinungen, als Fieber, Bauchschmerzen, Asthma und Unwohlsein.
Emotionen und Gefühle sind die Ausdrucksform des Körpers. Gefühle äußern sich in Leichtigkeit, Weite, dem Gefühl des Freiseins, der Freude und Liebe: Glänzende, fröhliche, leuchtende Augen, ein Lachen umspielt die Mundwinkel, Lachfalten zieren mein Gesicht, das Gesicht strahlt Freundlichkeit, Wärme, Güte, Liebe aus.
Mein Gesicht zeigt Humor oder Beklemmung. Mein Gesicht verzerrt sich zu einer Fratze. Meine Stirn weist Sorgenfalten auf. Mein Körper ruht in sich. Da fällt mir die Kinnlade hinunter. Der trockene Mund, die gekrümmte Wirbelsäule, abgenutzte

Zähne, graue Haare, starre Wirbelsäule, angeschwollene Beine, das Ohrgeräusch, Trübsinn blasen, genervt sein, Hektik, an den Nerven ziehen, die Zähne klappern, Schüttelfrost, Kälteschauer, Erregung, Aufbrausen, Zucken, wohlige Wärme, ... jede Menge an Hinweisen verdeutlichen die Zusammengehörigkeit von körperlicher Ausdrucksform und Emotion.

Verdauungsthemen geben mir Aufschluss darüber, ob ich die Herausforderungen entsprechend annehme oder ob ich mich dagegenstelle. Obstipation ist derzeit häufig bei Kindern zu beobachten.

Empfundene Emotionen wiesen mich in die Thematik ein. Es hat sich bei mir die Möglichkeit eröffnet, die hintergründigen Themen zu verfolgen. Gezieltes Abarbeiten scheint möglich. Ein langer Atem wird benötigt. Ausdauer, Reflexion, Perspektivenwechsel, die Zuwendung zu all dem Wunderbaren in meinem Leben, Exploration, Zuwendung zum Hier und Jetzt, Verankerung im Herzen, allgemein eine gute Erdung und ausreichend Selbstliebe erschaffen Voraussetzungen, die eine dauerhafte Zuwendung an die emotional empfindende Realität behutsam erlauben.

13. Emotion versus Kognition

Sprachliche Facetten eines Alltags, der mir in Liebe und Freude zugeneigt ist, geben Einblick in die Abwegigkeit einer lieblosen Kommunikationsform. Emotionale Gegebenheiten empfindend überraschte mich der Reichtum an kognitiver Übergriffigkeit im Sinne der bewertenden Nuancen einer Sprache, die sich Doppeldeutigkeiten, Spitzfindigkeiten, rasanter, unterschwelliger, aggressiver Ausdrucksformen, gegabelter, zügelloser, schmerzvoller, der Belanglosigkeit zugeordneter Wortfindungen bedient.

Emotionale Befindlichkeiten empfindend, finde ich mich in einer Welt wieder, die zügellose Worterscheinungen als solche aus dem

Sprachgebrauch eliminiert. Sprache als Schöpfungsform, mein Sein kreierend, scheint vielen unbewusst zu sein.

Kognitive Fertigkeiten haben ihre Prägnanz in einer liebevollen Ausdrucksform als solche einer liebevollen Schöpfung zugewandt Bedeutung, als dass sie (im Sinne der Wasserbereinigung nach Emoto Masaru) jeden und jegliches mit einer energetischen Signatur belegen.

Emotionale Gegebenheiten empfindend bereinige ich meine Innenwelt. Die Sprache als Signatur der schöpferischen Nuance der Lebenswelten eines jeden einzelnen, urpersönlich in seiner Ausstattung, hat Prägnanz, ob der Beharrlichkeit einer Ausdrucksweise. „Danke" schenkt mir liebevolles Gewahrsein in einer Schöpfung, die mir freudvoll zugeneigt Achtsamkeit entlockt. „Bitte" lenkt mich auf die Ebene, die mir jederzeit in liebevoller Weise helfend zur Seite steht. Segen schenkt mir die Schöpfung in mannigfaltiger Weise. Segen schenke ich an all die Strukturen der Schöpfung der Liebe. Zugewandtsein heißt, dass ich die Schöpfung in einer Art und Weise beachte, dass sie mir in einem liebe- und freudvollen Ausdruck Resonanz meiner Zugewandtheit ist. Glück ist das Produkt der Zuwendung an eine mir zugeneigte Schöpfung, die mir meinen Lebensalltag in einer Art und Weise bereichert, als dass ich als Schöpfer meiner mir innewohnenden Welt Glück als Signatur meines mir eigenen emotionalen Ausdrucks kreiere.

Emotion versus Kognition: Beide Strukturen haben ihre Prägnanz in einer ausgewogenen, liebevoll zugewandten Seinsweise. Ausgewogenheit der beiden Systeme verschafft mir Leichtigkeit in meinem Lebensalltag.

14. Kindliche Werte als Orientierung in eine neue Seinsweise

Die kindlichen Werte orientieren sich an den höheren Werten, die, getragen von der Liebe, sich in Ausgewogenheit, Freundlichkeit, Frohsinn, Heiterkeit, Gelassenheit, Neugier, Staunen ausdrücken. *Impulsgesteuerte Interaktion* ist Eigenheit der Kinder allgemein. Unser Lernsystem basiert auf einer fremdgesteuerten Impulsgabe. Zerrissenheit ist im Wesentlichen die Folge von der Zuwendung zu einem fremdgesteuerten Lernmodell. Je *einfühlsamer* ein Therapeut, Lehrer, Erzieher sich auf die Impulse des Kindes einlässt, umso mehr wird es *seine inneren Gaben entfalten und entwickeln*. *Offene Erziehungssysteme* ermöglichen dem Kind, sich auf seine intuitiven Kräfte einzuspielen.

Liebevolle, präsente Betreuer erkennen die *einzigartigen Bedürfnisse* und stellen diese *zeitgerecht* zur Verfügung. Hat das Kind die Vorliebe zu *kreativen Ausdrucksformen*, so ist dies ein Zeichen, dass es Zugriff auf seine intuitive Schatzkiste hat und sich seiner selbst zuwendet. Die Wahrnehmung des Kindes in seiner Bedürftigkeit nach *Kontakt über den Blick* ist elementar. Welches *Lernsystem* das Kind bevorzugt, wird augenscheinlich entsprechend seiner Zuwendung. Vielfach sind mehrere Wahrnehmungsmodalitäten wesentlich für die *ausgeglichene Spielfreude*.

15. Innere Wahrheit

Wer sich mit seiner eigenen inneren Welt befasst, der ist sich des Segens des *inneren Reichtums* bewusst. Kinder im Autismus-Spektrum erkennen ihren *inneren Wissensdurst*. Sie sind auf der Suche nach der *inneren Befriedigung ihrer Ausgewogenheit*.

Innere Ordnung spiegelt sich in einer *individuellen, einzigartigen, äußeren Ordnung* wider. Kinder im Autismus-Spektrum spiegeln Ordnungen, die ihrer Welt des Erlebens ihrer Realität entspringen. Häufige Reglements verändern ihre innere Befindlichkeit. Die emotionale Ebene, die die Befindlichkeit der Kinder im Hier und Jetzt widerspiegelt, gibt Aufschluss über ihre Bedürfnisse, Wünsche und Anliegen, die an liebe- und freudvollen Strukturen Orientierung finden.

16. Zielfreiheit

Im Spiel erleben die Kinder das gänzliche Eintauchen in eine Welt, die in ihrer ureigenen liebevollen Ausrichtung sie an ihre innere Welt anbindet. Die Kinder haben die Möglichkeit, sich in dieser Weise in Liebe und Freude und in mannigfaltiger Weise auf ihre *ureigene Art intrinsischer Anbindung* zurückgreifend zu entfalten. Heute, jetzt und hier weiß ich, dass ich mich in ebensolcher Art und Weise in meinem Innersten verankert dem Spiel hinzugeben vermag. Das Ziel des Spiels ist das Spiel selbst. Das Ziel des Spiels ist der explorative Zugang in wissenschaftlicher Art und Weise, der es den Kindern ermöglicht, sich Nuance für Nuance zu erweitern. Aus der Welt der Erwachsenen, die sich für zielgerichtetes Handeln entschieden haben, sieht diese Art des Spiels als ein Hängenbleiben in gleichbleibenden Mustern aus, welches sie beeinflussen müssten. Tatsächlich ist es jedoch bei näherer Betrachtung *eine tiefe, tiefschürfende, immens geniale Art und Weise, Wissen zu erlangen.*
Die Kinder betrachten die Gegenstände des Handelns, sie begreifen sie, berühren sie, was emotionale Beweggründe erfahren lässt, sie riechen und schmecken daran, sie hören ihren Klang, erfassen ihre Größe und das Gewicht, sie entdecken Muster und Gravuren, Farben und Formen, sie passen sie ineinander und aufeinander, schichten sie um, erfahren etwas über Verhältnisse und Gleichgewichtserfahrungen machen sie, indem sie sie entsprechend stapeln, und sie setzen sie in Bezug zu ihrer Körperlichkeit. Oben und unten, hinten und vorne, neben, dazwischen sind alles Begriffe, die die Kinder in ihrer Arbeit mit Gegenständen erfassen. Ich weiß, heute, jetzt und hier, dass der gegenwärtige Augenblick das Medium des Kindes ist. In diesem Augenblick können sie verbunden mit ihrer innersten, ureigenen Kraft auf ihre Res-

sourcen zugreifen, die ihre ureigene, selbstbestimmte, anvertraute Art zum Vorschein kommen lässt. Ich habe im Selbstversuch die emotionalen Befindlichkeiten zu diesem Thema beleuchtet und habe erkannt wie sehr ich innerlich zerrissen mich auf den gegenwärtigen Augenblick zurückbesinnen möchte und wie sehr ich von den in mir verankerten Gegebenheiten in mir selbst eingenommen bin, sodass ich in einem Widerstand gegen mich selbst mein Leben als Herausforderung erlebe.

So habe ich begonnen meine innersten Befindlichkeiten einer emotionalen Bereinigung zu unterziehen. Das Ergebnis lässt sich sehen. Ich kann nun wieder erneut mich mit meinen innersten, ureigenen Kräften verbinden, sodass es mir möglich ist, meine Ressourcen hervorzulocken. Mein neuerlicher Zugang hat mir geholfen, mich gänzlich auf Themen einzulassen, die mir in meinem Leben Bereicherung schenken. Ich habe mich auf das Jetzt und Hier fokussiert, wie die Kinder es tun. So ist es mir gelungen, im körperlichen, emotionalen Abgleich mich in gleicher Weise wie die Kinder zu verankern. Die Herangehensweise als Erwachsener bleibt gleich. Ich fokussiere mich auf den gegenwärtigen Augenblick, ich verharre in meinem Handeln, ich gebe mich gänzlich hin, sodass mir meine Aufgabe keine Mühe bereitet, in dem ich mich gänzlich in die Aufgabe hineinfallen lasse, mich verbinde mit all meinen Sinnen. Je nachdem, welcher Sinn vordergründig auftritt, versuche ich diesen wahrzunehmen und mich zu verankern.

Heute, jetzt und hier weiß ich, dass ich es bin, die diese Methodik nicht mehr missen möchte. Zutiefst ist die Erkenntnis, dass sie mir *Erfüllung* auf einer Ebene schenkt, die ich nicht gänzlich beschreiben kann. Jeder ist befähigt sich dieser einzigartigen Methodik anzuvertrauen, indem er seine innersten, ureigenen, emotionalen Gegebenheiten als etwas erfährt, das ihn als Wegweiser in eine neu erlebbare Form von *innerlicher Zufriedenheit* und *Ressourcenbetontheit* führt. Ziele sind sehr wohl vorhanden. Sie zielen jedoch nicht darauf ab, jetzt abgearbeitet zu werden. Nein, jeden Augenblick meines Tuns und Seins habe ich meinen Fokus auf die Ausrichtung meines Lebens in Richtung Liebe und Freude anvisiert. Ziel des Lebens scheint nicht zu sein, sich in Mühe und Plage zu vergreifen. Ziel des Lebens ist in unseren Kindern vorgegeben, die in Leichtigkeit, freud- und friedvoller Art und Weise ihr Leben als etwas *Begeisterndes*, ressourcenorientiertes Handeln als etwas *Müheloses* erahnen.

Ich habe diese Art des Explorierens in Mühelosigkeit als einen ewigen Wandel *in Richtung Vervollkommnung meiner Fähigkeiten* in nuancenhaften Schritten erlebt. Heute, jetzt und hier weiß ich, dass der Weg das Ziel ist und nicht umgekehrt.

Die Welt der Erwachsenen orientiert sich an kognitiver Ausrichtung, die es ihr nicht erlaubt sich gänzlich auf intuitive Prozesse einzulassen. Ich habe mich auf diesen Weg gemacht und habe herausgefunden, dass alles und jedes sich im gegenwärtigen Augenblick regeln lässt. Unsere Ängste diesbezüglich sind unserer Erziehung und gutgemeinten Lehrvorgaben entwachsen, die in emotionaler Abgleichung aufgearbeitet werden können, sodass eine neuerliche Verankerung mit den innersten ureigenen Systemen Möglichkeit wird.

Heute, jetzt und hier weiß ich, dass jeder Mann und jede Frau zu dieser *neuerlichen Verankerung* fähig ist, es sei denn, dass die emotionale Aufarbeitung der emotionalen Gegebenheiten in unserem Körper mir eine neuerliche Ausrichtung auf den gegenwärtigen Augenblick gangbar macht.

17. Vorgehensweisen im kindlichen Spiel

Was ist es, das mich an meine eigene Vorgehensweise in meiner Kindheit erinnerte, die ich in explorierender Weise am Bach verbrachte?

Ich hatte Puppengeschirr, welches ich einem Abwasch unterziehen wollte. Die Strömung des Baches riss einen Teil meines Puppengeschirrs fort. Ich rannte den Bach entlang, um am Auffanggitter nach meinem Puppengeschirr zu sehen. Es war nicht zu finden.

Schmerzhafte Erinnerungen steigen auf. Meine Sehnen an meinen Handrücken ziehen in einer Art und Weise, die mir Schmerz vermittelt. Habe ich damals mein Puppengeschirr verloren, was hat dies mit meiner Vorgehensweise zu tun? Ich selbst habe mein Puppengeschirr am Bach verloren und ich selbst habe mich der Zensur unterworfen, ihm nicht gerecht geworden zu sein.

Die emotionale Befindlichkeit in mir hat mit mir selbst zu tun. *Gegenwärtige körperliche Befindlichkeiten haben mit der Kindheit zu tun.*

Rigorose Erfahrungsprozesse haben mich durch emotionale Befindlichkeitsthemen geführt. Ich habe mein Leben entsprechend dieser Befindlichkeitsthemen ausgerichtet. Bereits in frühester Kindheit habe ich begonnen mich an den emotionalen Begebenheiten in meinem Inneren und an äußerlichen Gegebenheiten zu orientieren. *Die emotionale Befindlichkeit war es, die mir meinen Weg aufgezeigt hat.*

War ich enthusiastisch oder zu Tode betrübt? Entsprechend dieser Erfahrungen habe ich Entscheidungen getroffen, die mich mein Leben gestalten ließen.

Jeglicher Gedanke, jegliches Wort, jegliches Handeln ist emotional berührt und trägt zur Gestaltung des Lebensalltags bei. Ich habe mich in meinem Leben meiner rigorosen emotionalen Befindlichkeit entsprechend in mich abgekapselt auf Grund dessen, dass Emotionalität in unserer Gesellschaft ein Tabuthema ist. Mädchen sind Heulsusen, Männer spüren keinen Schmerz, Kinder unterliegen dem Trotzalter. Vorsicht vor Aggressiven, sie haben ihre Emotionen nicht im Griff. Angst hat man, um auf Gefahren hingewiesen zu werden. Weinerlichkeit ist der Ausdruck für eine zimperliche Person. Neid und Eifersucht gehören sich nicht. Wohingegen Trauer einen Stellenwert erlangt hat, der tolerabel angenommen bei Sterbefällen anwesend sein darf.

Ich selbst habe meine emotionalen Gegebenheiten abgeschoben, sodass ich mehr und mehr in eine mich lähmende Starre hineingetaucht bin. Meine Emotionalität hat mich gebremst, gelähmt, geschmerzt, gezwungen mein Leben entsprechend auszurichten. Heute, jetzt und hier weiß ich, dass ich es bin, die meine Emotionen zulassen und gebührend wahrnehmen und annehmen oder in meinem Körper verbarrikadieren kann.

Ich habe begonnen, meine emotionalen Gegebenheiten gebührlich wahrzunehmen und siehe da, sie fangen an sich zu bewegen. Siehe da, ich kann sie in lichtvoller Weise annehmen, mich bedanken für die Erfahrungen, die ich aus dem Zustand meiner Emotionalität heraus getätigt habe. Ich kann mich über die Erkenntnisse, die diesen Erfahrungen entwachsen sind, erfreuen. Sie zeigen mir einen Weg, der mich in ein neues, lichtvolles, sinnvolles Ganzes hineinführt. Ein Weg ist es, der mir lichtvoll erscheint, dem ich meine Zuwendung und Aufmerksamkeit schenken möchte, dem ich meine Zeit widmen möchte, in Freude und Gelassenheit, in Enthusiasmus und Kreativität, in Exploration und Wertungsfreiheit, in Entdeckerfreude und neuen Konzepten zugewandt.

„Auf lichtvolle Weise" heißt, *ich nehme alles und jedes und sämtliches, was mir auf meinem Weg begegnet, an. Ich bin gänzlich ich.* Mit Haut und Haar. Mit all meiner Emotionalität. Mit all meinem körperlichen Ausdruck. Mit all meinen Prioritäten. Mit all meiner intuitiven Gabe im Hier und Jetzt zu verweilen. Juchzend und schluchzend, himmelhoch jauchzend und zu Tode betrübt, bin ich ich. *Ich bin ein Wesen mit Gefühlen und Emotionen in mir.*

Und so habe ich beschlossen, meinen Weg diesmal in einer *offenen Annahme* meiner emotionalen Befindlichkeiten zu beschreiten, zu gehen, zu tanzen, zu hinken, zu krabbeln, zu klettern, zu wandern, zu sitzen oder gar zu laufen. Ich bin es, die sich meiner Emotionalität annehmen kann. Ich bin es, die meine Emotionalität in ihrer neu erwachten Weise feiern kann. Ganz und gänzlich und mit Haut und Haar ich zu sein, authentisch, rigoros meine Emotionalität und Gefühlswelt anerkennend mit Lachen und Weinen, mit zornigen Ausbrüchen in mir und Wutanfällen, die da sein dürfen, mit Angst im Nacken und mit der Laus auf der Leber, mit Verzagtsein und dem Gefühl der Geborgenheit. Alles schlummert in mir. Einfach alles darf ich wahrnehmen, empfinden, ausdrücken in einer liebevollen Art und Weise.

Emotionen in empfundener Weise wahrgenommen, wollen niemandem Schaden zufügen. Emotionen, in liebevoller Weise angenommen, drücken sich in körperlichen Befindlichkeiten aus. Diese wahr- und anzunehmen, um sie schließlich segnend loszulassen schenkt mir Erfahrungen.

Heute, jetzt und hier weiß ich, dass ich neue Systeme jederzeit in mein Leben rufen kann. Heute weiß ich, dass ich all jenen helfen kann, die in ihrer emotionalen Welt gefangen sind auf Grund des Abschiebens ihrer *emotionalen Gegebenheiten, die in der Zeit ihrer Entstehung nicht ausreichend anerkannt und empfunden wurden.* Heute, jetzt und hier weiß ich, dass die augenblickliche Erfahrung uns Hinweise gibt, um mit unserem Nächsten in liebevoller Art und Weise *ein mitfühlendes, respektvolles Miteinander* zu *entfalten.*

Einzutauchen in meine ureigene emotionale Befindlichkeit mit all ihren intensiven Facetten des Seinsausdrucks einer wertvollen Schöpfung, die mir in meiner Kindheit meinen Weg in die Abgeschiedenheit meiner Innenwelt führte, hat mich inspiriert. Sie hat mich dahin geführt, wo ich genau heute stehe.

Ich bin es, die dies erkennen kann, indem ich mich meinen emotionalen Befindlichkeiten auf eine neue Art und Weise nähere.

Was nimmst du jetzt und in diesem Augenblick in deinem Körper wahr? Was ist es, das dich in deinem Körper gerade jetzt und in diesem einen Moment anrührt? Was ist es, das du für dich in deinem Inneren in diesem einen und einzigartigen Augenblick gerade empfindest? All das gibt Hinweise auf eine spannende Reise in die innere Welt der Emotionalität, in die innere Welt der Gefühle wie Liebe und Freude.

Liebe und Freude sind es, die sich vermehrt zeigen, je mehr ich emotionale Befindlichkeiten in mir aufarbeite. Liebe und Freude sind es, die vermehrt nach dem Motto „wie innen so außen" sich in der Außenwelt präsentieren.

Es ist der liebevolle Blick des Nächsten. Es ist die freudvolle Selbstannahme, die jetzt und hier gangbar wurde. Es ist die Selbstbestimmtheit, die Eigeninitiative, die Befürwortung meiner emotionalen, durchschaubaren, global erfahrbaren, in jedem Menschen erkennbaren, willentlich erfassbaren, unsichtbar und doch sichtbaren, verweiger- oder annehmbaren emotionalen Befindlichkeit, die mir meinen Weg weist, einen Weg, der mich mit jedem einzelnen Menschen verbindet.

Die Verbindung geschieht auf drastische Art und Weise. Der Nächste, du und ich, wir sind uns Spiegel. Wir spiegeln uns gegenseitig emotionale Befindlichkeiten, die in unserer Innenwelt gespeichert sind. Wir spiegeln Zorn und Aggression. Wir spiegeln Wut und Leid. Wir spiegeln Nervosität und Zimperlichkeit. Wir spiegeln Hass und Enthusiasmus. Wir spiegeln uns selbst. Und wir erkennen uns selbst im anderen. Wir spiegeln unsere Gefühlswelt. Wir spiegeln Liebe und Freude. Wir spiegeln Humor und Entdeckergeist. Wir spiegeln Nachhaltigkeit und Kreativität. Auch das ist mit Gefühlen belegt. Je nachdem, welche Erfahrungen wir im Laufe unseres Lebens gemacht haben. Wir spiegeln Trotz und Chaos. Wir spiegeln Zerstörung, denn alles, rein alles hat mit mir selbst zu tun.

Ich bin es, die in meiner Innenwelt all die Ängste aus meiner Kindheit, in Zusammenhang mit zerstörerischen Tendenzen, Ablehnung, kreativer Schaffensfreude in mir verbarrikadiert halte. Ich bin es, die diese Ängste in einer liebevollen, ja sogar letztlich in humorvoller Art und Weise begegnend, segnend, dankend, wahrnehmend, rückblickend annehmend, Erweiterung zulassend, Enthusiasmus steigernd, gebührend feiernd, wahrlich erkennend in mein Leben integrieren kann, als etwas, was mir Segen schenkt, als etwas, was mir Begegnung auf liebevolle Art und Weise ermöglicht, als etwas, was mir Zart-, Fein- und Mitgefühl gibt, als etwas, was mich liebevoll bereichert, als Segen für mich und meinen Nächsten, als Segen und Freude für uns alle, denn *empfundene Emotionen kann ich im Wandel der Außenwelt wiedererkennen.*

Ich nehme meinen Nächsten mit neuen Augen, einem erweiterten Blick, aus einer gedanklich erweiterten Perspektive, aus kreativen Lösungsansätzen folgender Sichtweise, aus zukünftigen Visionen erahnend wahr. Ich nehme meinen Nächsten mit liebevollem Blick wahr und habe *ein mitfühlendes Herz und ein offenes wertungsfreies Ohr* für ihn. Seine innere Befindlichkeit hat in meiner Welt nun eine neue Perspektive hervorgerufen.

Ich nehme nicht weiterhin emotionale Gegebenheiten, die in seiner Wirklichkeit noch unverarbeitet in ihm schlummern, als meine eigenen wahr. Ich habe die Herz-zu-Herz-Verbindung in meinem Leben verankert, die mir ein ruhiges Auftreten in auch noch so turbulenten Befindlichkeitsdilemmata in einem Ausmaß ermöglichten, wie ich selbst mich den Themen und Herausforderungen meiner inneren Gefühls- und emotionalen Welt empfindend gegenüberstellte.

Heute, jetzt und hier nehme ich meine emotionalen Befindlichkeiten in einer Art und Weise an, dass ich jeden Augenblick versuche, mich an meinen inneren Gegebenheiten orientierend, mich an meine emotionalen Befindlichkeiten erneut zu erinnern. Diese Praxis verhilft mir zur Aufarbeitung meiner gespeicherten emotionalen Befindlichkeiten.

So habe ich jetzt die Möglichkeit, mich erneut einem kindlichen Zustand von Selbstannahme, freudvoller Kreativität, unvoreingenommener Zuwendung, kreativer Belanglosigkeit, segensreicher Freude, impulsgesteuertem Hier- und Jetzt-Bewusstsein, anerkennender Selbstliebe und besonderer Ausgewogenheitserfahrung hinzugeben, mich zu entfalten und kreativen Prozessen Beachtung schenkend freudvollen Tätigkeiten zu widmen.

Meine Lebenserfahrung erweist sich als segensreich. Kann ich nun meiner freudvollen Beschäftigung in ausreichendem Maße gerecht werden, beeinflusse ich damit meine Umwelt in dem Sinne, dass alle von meiner emotionalen Aufarbeitung in dem Maße profitieren, wie ich mich selbst zu öffnen vermag.
Kreative Ausdrucksformen verhüllen die Emotionalität nicht. Im Selbstversuch mich dem intuitiven Flötenspiel hingebend kommen die Töne der emotionalen Befindlichkeit entsprechend zum Ausdruck. Jede kreative Ausdrucksform ermöglicht in kreativer, intuitiver, faszinierender, emotionskonformer und beglückender Art und Weise sich seinen emotionalen Begebenheiten anzuvertrauen, dass dies einer Erweiterung versus Einschränkung gleichkommt.

Heute, jetzt und hier habe ich die Tatsache angenommen, dass ich meinen Lebensalltag einer neuerlichen Prüfung unterziehen kann. Habe ich ausreichend Resilienz, um all den Widrigkeiten in meinem Leben gegenüberzutreten. Ja. Ich habe Ressourcen in mir, die mir meinen Weg in Richtung licht- und liebevoller Begegnung zeigen.

Ich weiß, dass ich ausreichend Potential in mir trage. Ich weiß, dass ich dieses Potential zum Vorschein kommen lassen kann, wenn ich meine emotionalen Beweggründe in ihrer Anwesenheit ausreichend empfinde. Ich weiß, dass ich es bin, die jetzt und heute und hier in diesem einen Augenblick sich für das licht- und liebevolle Sein entscheiden kann. Heute, jetzt und hier bin ich im Augenblick des Schreibens der Emotion der Zerrissenheit in meinem Körper gewahr. Ich fühle mich zerrissen, da vieles auf seine Zuwendung harrt, ich mich jedoch nicht zu teilen vermag.

Ich wollte es immer allen recht machen. Doch habe ich erkannt, dass dies ein Weg ist, der mir innerliche Zerrissenheit beschert.

Ich habe jetzt und hier mich dazu entschlossen, diesem Missstand in meinem Körper in einem bewussten Empfinden meiner zugrundeliegenden Emotion des Nichtgenügens nachzugehen. Heute, jetzt und hier habe ich auch die Tatsache anerkannt, dass ich nicht die Außenwelt für meine empfundenen Emotionen verantwortlich machen kann.

Ich selbst trage die Emotionen des Versagens, des Nichtgutgenugseins, des Nichtgenügens, der Machtlosigkeit, der Hilflosigkeit, des Rückzugs in meine Innenwelt und damit der Ausgrenzung in mir.

Ich selbst habe mir durch meine emotionalen Befindlichkeiten hindurch geholfen und somit ein neues Leben in Freiheit und Gelassenheit, in Schönheit und Zufriedenheit, in Fülle und Geborgenheit, in Freude und liebevoller Genugtuung, in Zartheit und kreativer Manie, in Bereicherung und Ausgewogenheit in meiner Vorstellung erschaffen.

Ich selbst habe mich der Tatsache gestellt, dass all meine emotionalen Befindlichkeiten mich in eine Position gebracht haben, die mir Frustration, Hilflosigkeit, Engstirnigkeit, Eingeengtsein, Lieblosigkeit, Machtlosigkeit, Verrat und Ausgeliefertsein beschert hat.

Dieser Tatsache gegenübergestellt habe ich heute, jetzt und hier eine neue Sichtweise eingenommen.

Heute, jetzt und hier weiß ich um den Umstand der emotionalen Aufarbeitung meiner emotionalen Gegebenheiten Bescheid. Heute, jetzt und hier weiß ich, dass auch du all deine emotionalen Beweggründe in dir trägst. Heute, jetzt und hier weiß ich nicht, wie du mit deinen emotionalen Begebenheiten zurechtkommst.

Geht es dir wie mir? Hast auch du das Empfinden deiner emotionalen Gegebenheiten als Anlass genommen, um deiner innerlichen Befindlichkeit Herr zu werden? Ich habe beschlossen,
dies mit all jenen zu teilen, die sich ein Leben in eine liebevolle
Richtung vorstellen können, die ein Leben in eine liebe- und
freudvolle Richtung für sich als eine Option in Richtung, ich
kann diesen Augenblick jetzt und hier für mich selbst einstehen
und zielgerichtet meinen Fokus auf eine neue Art so lenken, dass
all mein Potential in mir hervortreten kann, sehen.

Ich habe Optionen in mein Leben gezogen, die mir meinen Blick
erweitert haben.

So kann ich erkennen, dass jeder von uns ein Potential in sich
trägt, das sich in seiner Einzigartigkeit, in licht- und liebevoller
Weise entfalten kann, so dass wir alle in eine Position gehoben
werden, die uns stärkt in einer Weise, dass ich sagen kann, wir
sind global gesehen miteinander verwoben in einer Weise, die
uns licht- und liebevolle Materie erschaffen lässt.

Jeder und jede trägt ein Potential in sich, welches hervorgehoben
einen Beitrag in Richtung licht- und liebevoller Strukturen der
Gesamtheit der Menschheit zu schenken vermag.

Genau genommen bin ich es (jeder einzelne trägt dieses *ich* in
sich), die/der dieses Potential hervorlocken kann. Ich, einzig
und allein ich.

Vorgehensweisen im kindlichen Spiel zeigen mir die Eigenart des
Kindes auf, mit seiner emotionalen Befindlichkeit umzugehen.
Ich kann dem Kind Hilfe zukommen lassen, indem ich seinen
Fokus auf seine Ressourcen, Begabungen, Talente, Fähigkeiten,
Interessen und das von ihm Erwünschte lenke.

Ich kann dem Kind behilflich sein, indem ich ihm helfe seine
eigenen emotionalen Gegebenheiten in einem Augenblick des

Auftretens zu empfinden, indem ich ihm die Frage nach seiner körperlichen Befindlichkeit stelle: „Wie empfindest du jetzt?" „Was fühlst du jetzt in deinem Körper?"

„Wie geht es dir?" ist eine Frage, die uns an die kognitiven Strukturen in uns heranführt.
Es ist eine rein kognitive Beziehung, die wir uns in unseren Begegnungen schenken. Hiermit grenzen wir die Emotionalität als nicht erwünscht aus. Hast du dich gefragt, was es mit dieser Frage auf sich hat? Möglicherweise zielt die Frage „Wie geht es dir?" auf das „Was bewegt dich jetzt in diesem Augenblick?" ab.

Innerliche Beweggründe gibt es ausreichend. All das, was mich berührt, sind innerliche Beweggründe. Das kindliche Spiel hat ausdrucksstarke Formen, die uns an unsere inneren Beweggründe für unser Handeln heranführen kann.

Wir sind gewohnt uns an unserem Nächsten zu orientieren. Unsere Kinder orientieren sich an sich selbst und der Blickkontakt stellt die Beziehung zum Nächsten her.

Unsere Kinder leben aus einer inneren Gelassenheit heraus. Sie sind sich selbst genug. Sie antworten mit einer Klarheit, Reinheit und Weisheit. Sie haben eine unglaubliche Toleranz anderen gegenüber. Unser Wertesystem ist ihnen zu eigen, solange wir es entsprechend vorleben.

Ich selbst habe die Kinder in ihrer Ausdrucksweise beobachtet und habe wahrgenommen, dass ihnen eine wesentlich höhere soziale Moral zu eigen ist, als wir ihnen spiegeln. Der Moral enteignet, versuchen wir in einem höheren Lebensalter ihnen die Moral wieder aufzuoktroyieren, was schließlich zu Widerständen führt. Ich selbst habe beobachtet, dass Kinder eine unglaublich wertschätzende Art und Weise zu Tage legen, die weitaus höher als die Wertschätzung der Erwachsenen zueinander ist.

Wie können Kinder von uns lernen, wenn wir uns auf eine Stufe begeben, die der Stufe der Kinder nicht entsprechend konform ist? Weitaus höhere Wertesysteme entspringen einer inneren Sehnsucht nach Vervollkommnung. Jedes Kind trägt Wertesysteme in sich, die einer Vervollkommnung zustreben in Richtung liebe- und freudvoller Strukturen, in Richtung Heilung unserer seelischen und körperlichen Wunden, in Richtung Seinsweisen, die dem Menschen Glück und Freude, Liebe und Frieden, Sehnsucht nach Freiheit und Freisein von den emotionalen Gegebenheiten, in dem Sinne einer Aufarbeitung meiner emotionalen Befindlichkeiten, im Sinne, was in mir ist, will gewürdigt sein, im Sinne, ich bin mir am nächsten und will von mir selbst beachtet werden, im Sinne, jetzt ist der Augenblick des Gewahrseins für mich selbst gegeben, im Sinne, hast du selbst einen Blick für dich in Richtung Liebe und Freude entdeckt, im Sinne, grau ist grau und regenbogenfarben kann meine Welt auch sein, im Sinne, jeder ist seines Glückes eigener Schmied, im Sinne, was mir zu eigen ist, kann ich in mir entdecken, im Sinne der Ausgewogenheit meiner emotionalen Gegebenheiten zugunsten meiner inneren Befindlichkeit.

Heute, jetzt und hier kann ich mich all diesen Strukturen, die dem kindlichen Sein entspringen, öffnend entgegenstellen.

Hast du dir überlegt, was kindliche Werte für uns Erwachsene bedeuten? Wir haben uns von all dem Kinderkram abgegrenzt. Wir wollen nicht mit Kindern gleichgestellt werden. Wir wollen nichts mit Kindisch-sein, Kindlich-sein zu tun haben. Wir haben genug von Erziehung, wie sie unsere Kinder erfahren. Wir wollen nicht bevormundet werden. Wir wollen nicht geärgert werden, in dem Sinn, dass wir nicht das tun können, was wir für uns als richtig erachten. Wir wollen nicht uns entsprechend der Wünsche der Erwachsenen bereit erklären zu tun, was getan werden soll. Wir wollen nicht noch einmal den Frust in uns erfahren, den wir erlebten, als wir nicht entsprechend der Vorstellung des anderen uns verhielten. Wir wollen nicht und nicht wieder in den Schuhen der Kinder stecken. Zu tief sind all die emotionalen Gegebenheiten in uns vergraben. Zu tief ist der Schmerz in uns, den all die Unstimmigkeiten und Widrigkeiten in uns hervorgerufen haben.

Uns des Schmerzes nicht bewusst zu sein, veranlasst uns, unsere Kinder nach demselben Erziehungssystem aufwachsen zu lassen, als wir es von unseren Eltern und uns begegnenden Personen erfahren haben.

Ich selbst habe mich nicht besonders wohl in meiner Haut gefühlt, als mir meine Mutter liebevollst meine langen Haare kämmte. Sie hat es mit einer Hingabe getan, die mir heute einen Stich in mein Herz versetzt. Ich selbst habe ein schlechtes Gewissen.

Ich wollte nicht dort am Stuhl sitzen und innehaltend mich der Frisurarbeit hingeben. Ich wollte etwas anderes. Ich wollte meiner inneren Stimme genügen. Ich wollte …

Meine Mutter wollte mir in liebevoller Weise, und das hat sie getan, meine Haare kämmen. Wo ist die Wertschätzung meinerseits? Ich kann sie nicht geben, in diesem Augenblick des Kindseins habe ich andere Präferenzen. Ich bin zerrissen. Wem soll ich genügen? Die inneren Impulse sind da. Sie sind viel stärker, kräftiger, lauter, erhabener, enthusiastischer, geneigter angenommen und gesehen zu werden.

Ich habe mich in der Erziehung meiner eigenen Kinder darin orientiert, wie es meine Mutter mit mir gemacht hat. Erst jetzt in der Aufarbeitung meiner innerlichen, emotionalen Gegebenheiten ist mir bewusst geworden, wie sehr mich diese Unzulänglichkeiten geprägt haben, in einer Art und Weise, die mein ganzes Leben mit Unstimmigkeiten durchwoben hat.
Ich habe Unstimmigkeiten in meinem Handeln und Kreieren verspürt. Ich habe Unstimmigkeiten in meinen Beziehungen verspürt. Ich habe Unstimmigkeiten in meinen eigenen Wunschvorstellungen gefühlt. Ich habe alles und jedes aus einer inneren

Zerrissenheit heraus versucht konform meiner inneren Zuversicht zu begradigen und zu meistern in einer Art und Weise, die mir immens viel Potential und Energie abverlangt hat. Erst als meine Energie gänzlich erschöpft war, ist es mir gelungen, in meinem Alltag neue Systeme zu etablieren, die mir nun Freiheit von meinen emotionalen Gegebenheiten als eine weitaus verträglichere Seinsweise in beglückender, mich inspirierender, hoffnungsvoller, zukünftig global etablierter Sichtweise schenken.

Mein innerer Kompass ist ausgewogen. Ausgewogen ist mein Alltag. Ausgewogen hat sich mein Beziehungsleben etabliert. Ich muss mich nicht mehr verstecken, um nicht gesehen zu werden, so groß war meine Scham, jemand könnte all meine schändlichen Innenstrukturen des Nichtgenugseins, der Selbstablehnung, der Intoleranz mir selbst gegenüber, des Selbsthasses, der Selbstaufgabe im Sinne, ich genüge mir nicht selbst, wahrnehmen.

Hast du dir überlegt, was es bedeutet, sich innerlich zerrissen zu fühlen? Hast du dir überlegt, was es bedeutet, sich als nicht gut genug zu empfinden? Hast du dir überlegt, was es sein könnte, dass die Menschen so häufig krank sind und die Abhängigkeit von einem Arzt suchen?

Ich selbst habe mich aus diesen Systemen ausgeklinkt. Ich selbst habe für mich erkannt, dass ich einen innerlichen Heiler besitze. Innerliches Wohlbefinden beschert uns Krankheiten im Sinne der Aufarbeitung emotionaler Gegebenheiten.

Ich habe im Selbstversuch meine mineralischen Nahrungsergänzungsmittel in Form von Vitaminen natürlicher Art und Mineralien natürlicher Herkunft in ihrer Dosierung erhöht, wie es mir die Packungsbeilage vorgab. Ich selbst wende entsprechend meiner intuitiven Gaben, Dauer, Menge, Art der Ergänzungsmittel einbeziehend und entsprechend meines mir eigenen individuellen Bedarfs Ergänzungsmittel meiner Wahl an.

In diesem Selbstversuch habe ich wahrgenommen, wie sehr meine Befindlichkeit sich im Gegenzug auf die Erhöhung in ein Unwohlsein inkludierend ein Anschwellen meiner Füße und Unterschenkel auf die doppelte Breite, einem Wasserstau in meinem Gewebe ganzkörperlich wahrgenommen und einer innerlichen Unruhe wandelte.

Nach wenigen Tagen nach Verringerung der Dosierung auf die mir eigene, intuitive Art und Weise hatte sich meine körperliche Befindlichkeit wieder meiner mir zufriedenstellenden, wohlfühlenden, mir inzwischen eigen gewordenen Art angenommen.

Angekommen in einer Welt des Wohlgefühls, des Behagens, des sich Selbstgenügens habe ich mir gerade überlegt, dass sich Kinder ihrer selbst genug zu sein scheinen.

Ich kann mich an ein Wohlbefinden in meinem Körper entsinnen. Ich kann mich daran erinnern, dass ich selbst Ideen hatte, die mich inspirierten, die ich umsetzen und wofür ich mich einsetzen wollte. Ich kann Enthusiasmus in mir verspüren und Weitblick. Ich kann neuerlich erkennen, dass ich Visionen von einer Welt in Liebe und Frieden hatte. Ich hatte Visionen von einer Erde, die einem Paradies gleicht. Ich hatte meinen Fokus auf die Visionen gerichtet und war zuversichtlich, dass sich diese Strukturen in meinem Leben zeigen werden. Ich hatte Visionen, wie ich die Schmerzen von den Mitmenschen nehme, damit diese nicht mehr zu leiden haben. Ich hatte Gebete als Kind, die mir halfen an meine Visionen zu glauben.

Nach und nach ist der Glaube gebröckelt. Zerbrochen der Traum von einer neuen schönen Welt.
Ich selbst habe mir Schaden zugefügt.

Ich selbst habe meine kindlichen Träume in mir in einer Art vergraben, dass sie überlagert von meinen emotionalen Befindlichkeiten nun wieder hervortreten. Ich selbst war als Kind von mir gänzlich überzeugt. Ich glaubte an die Tragkraft meiner Visionen.

Ich glaubte an die Zukunft in Liebe und Freude. Ich glaubte an meine Zuversicht der Entfaltung. Ich glaubte daran, dass ich es bin, die der Welt helfen kann.

Ich glaubte an mich und meine Mitmenschen waren mir wichtig. Ich war mir wichtig und ich war mir zugeneigt. Ich war mir selbst genug.

Doch ich wollte, dass mir mein Gegenüber seinen Blick schenkte.

Ein Verweilen bei meinen Mitmenschen, ein körperliches Gefühl von meinen Mitmenschen, das ich fühlte, waren mir genug.

Ich bin in einer zehnköpfigen Familie aufgewachsen. Jeder hatte mit sich selbst genug zu tun. Wenn wir das Bedürfnis hatten, arrangierten wir uns und dennoch ging jeder seinen eigenen Weg in einer Art, dass jeder sich dem zuwandte, was ihm persönlich am nächsten stand.

Ich war es im Spiel nicht gewohnt, dass jemand die Selbstverantwortung von mir nahm in dem Sinne, mach dies und mach das. Es frustriert mich zu sehen, wie Kinder eingezwängt in den Vorstellungen der Erwachsenen sich versuchen zu befreien, um sich entsprechend ihrer inneren Beweggründe entwickeln zu können.

Meine innere Stimme hat sich erneut gemeldet. Meine innere Stimme schenkt mir erneut Visionen.

Diesmal möchte ich sie wahr- und ernstnehmen und mich meinen Lebenspräferenzen in einer Art und Weise stellen, die mir Offenheit, Weitsicht, Klarheit, Weltsicht in einer liebevollen Weise ermöglichen.

Meine Zukunftsvisionen entsprechen meinen Kindheitsvisionen. Mein Sein ist nun glanzvoller geworden. Es ist tatsächlich möglich, meine Innenwelt zu gestalten und sie entsprechend meiner Innensicht in der Außenwelt zu erkennen.

Mein Sein hat mir gegenüber einen Stellenwert eingenommen, der mir selbst wieder zugewandt ist.

Als Kind war dies ein natürlicher, mir gegebener Zustand, den ich in aller Selbstverständlichkeit an mir wahrnahm. Jetzt habe ich mir diesen Zustand zurückerobert. Ich habe durch das Empfinden meiner emotionalen Gegebenheiten einen Zustand erreicht, der mich an das Selbstgefühl des Kindes, welches ich war, erinnert. Ich habe mich auf diese Reise begeben und habe festgestellt, dass ich, so sorgsam ich auch gewesen bin, mich meiner eigenen Kindheit wegen geschämt habe.

Ich hatte vergessen, was es für mich bedeutete, mich selbst zu lieben, mir selbst wichtig zu sein, mir selbst zu genügen, mir selbst ein Freund zu sein, mir in einer zufriedenen Art Ausgewogenheit zu schenken. Ich habe vergessen, dass ich Visionen hatte, die mir wichtig und richtig vorkamen, die mir mein Herz aufzeigte. Ich habe vergessen, dass ich ein Mensch mit Gefühlen bin, die ich ausleben darf, in mir wahrnehmen kann, die mir Lebendigsein ermöglichen.

Ich habe mich stumpf und leer gefühlt, ausgezehrt und explosiv, eingeengt und Schmerzen ausgesetzt, kraft- und machtlos. Ich war dauerhaft müde, am Ende meiner Kräfte, ausgezehrt genug, um mich einer Routineuntersuchung nach der anderen zu stellen, um meiner Krankheiten und Unpässlichkeiten Frau werden zu können. Medikamente nahmen mir noch mehr Lebenskraft, beeinflussten meine Organfunktionen.

Im Nachhinein gesehen machten sie mich krank auf eine Weise, die ich erst nach Absetzen der Medikation mir gewahr wurde. Bereits über einen längeren Zeitraum medikamentenfrei und auf intuitive Vorgaben eingestellt, hatte ich ein allergisches Ekzem, welches ich auf klassische Art und Weise, auf Grund der Notwendigkeit der Arbeitswiederaufnahme nach erfolgtem Krankenstand, zu behandeln genötigt war, mit einer äußerlichen Hautcreme auf Cortisonbasis angetupft. Es war keine großräumige Behandlung, nein, kleinräumig und vorsichtig war ich vorgegangen. Zu meiner eigenen Überraschung reagierte mein Körper in einer mir damals unerklärlichen, massivsten Art und Weise.

Sämtliche Körperfunktionen stellten auf Alarm. Ein Fremdkörper dringt ein. Dieses befremdliche Empfinden veränderte sich Tage später wieder. Tage hat es gebraucht, dass ich meine ursprüngliche natürlich empfundene Körperspannung, mein Wohlgefühl, in meiner Haut zu sein, wiedererlangte.

Aus diesem Erlebnis schließe ich, dass chemisch veränderte Produkte nicht entsprechend der Natürlichkeit unseres Körpersystems Einklang mit unserem inneren Arzt erzielen. Ich selbst hatte mir nicht zugetraut, dass ich diese Sensibilität für die Abwehr gegen Produkte in mir trage, die mir von Natur aus nicht zuträglich sind. Erst durch die Sensibilisierung meines Körpersystems weiß ich, dass ich selbst Einfluss auf meine körperliche Befindlichkeit nehmen kann.

Indem ich die emotionalen Gegebenheiten in gebührender Art und Weise empfunden habe, ist in mir die Gewissheit entstanden, dass ich selbst nicht die Einzige bin, die diesen inneren Heiler in sich trägt.

Ich selbst konnte mich von einer massiven körperlichen Unstimmigkeit, von der Nichtverdauung zur Wiederverdauung, von allergischen und Unverträglichkeitsreaktionen, die fast sämtliche meiner von mir verwendeten Lebensmittel umfassten, zur Genussfähigkeit, von der Abwehr von Nahrung in Form von Übelkeitssymptomen hin zur freudvollen Ernährung wandeln.

Ich selbst kam in einer vormals erlebten Magenverstimmung zu einer bulimischen Ernährungsstörung, die mir ein Entleeren des Magens nach Nahrungsunpässlichkeiten bescherte, die ich kraft meines inneren Heilers wieder ins Lot bringen konnte. Ich selbst habe mich sämtlichen meinem Körper anhaftenden Unpässlichkeiten und Krankheiten gegenübergestellt in dem Wissen, dass ich selbst helfen kann.

Vormals nicht bewusst, weiß ich jetzt, dass die Hinwendung an unser emotionales System es uns erlaubt, uns vermehrt wieder unseres inneren, liebevollen Heilers zu besinnen. Ich selbst bezeichne ihn liebevoll, denn in liebevoller Weise führt er mich an meine Herausforderungen heran. Er erhört meine Bitten um Hilfe. Er ist immer anwesend. Er ist mir zugeneigt. Ich selbst kann diese Zuneigung als ein pelziges Gefühl auf meiner Haut erkennen. Ich selbst darf mich wieder und wieder bittend an meinen inneren Heiler wenden. Ich selbst habe ihn gebeten mir zu helfen, all meine körperlichen Unpässlichkeiten und Krankheiten zu heilen.

Heilung geschieht nicht unbedingt jetzt und augenblicklich. Heilung geschieht sukzessive. Emotionale Gegebenheiten werden mir in einer Art und Weise präsentiert, die ich in gebührlicher Art und Weise mir zutraue zu empfinden. Es ist immer so ausgelegt, dass ausreichend Zeit zur Regeneration nach erfolgter Empfindung meiner emotionalen Befindlichkeit mir geschenkt wird. Ich bin individuell. Jeder, und dessen bin ich mir heute sicher, erhält Hilfe in einer jedem einzelnen gerecht werdenden Art und Weise.

Weißt du, wie du deinen inneren Heiler kennenlernen kannst, dir seiner Existenz bewusst werden kannst? Ich habe mich dem Empfinden der emotionalen Gegebenheiten hingegeben. Ich habe meine intuitiven Fähigkeiten neu entfacht. Ich habe Denkanstöße erhalten, indem ich meinen Fokus auf mir Wesentliches und Wichtiges gelenkt habe. Ich habe mich der Wahrnehmung des jetzigen Augenblicks zugewandt. Ich habe mich weg von der klassischen Mütterlichkeit hin zu einem selbstbestimmenden Sein bewegt. Ich habe meine Unzulänglichkeiten zu Gunsten einer mir innewohnenden, inneren Haltung für mich und meine Fähigkeiten verabschiedet und versuche nun in Gelassenheit, meinen mir zugeneigten, liebevoll und freudvoll erscheinenden Alltag zu bewältigen.

Es ist ein Alltag, der mir in jeder Faser seiner Existenz Prägnanz und Wichtigkeit in erfüllender Weise gibt. Es ist mir wichtig, jeden Augenblick als solches zu verspüren. Es ist mir wesentlich geworden, meinen Alltag so zu gestalten, dass ich mir selbst Freund bin.

Es hat sich herausgestellt, dass ich meinen Alltag entsprechend meiner intuitiven Gaben und Fähigkeiten, Talenten und Interessen, wie das der Eigenart der Kinder entsprechend beobachtet werden kann, auszurichten vermag.
Gewisse Themen meiner emotionalen Gegebenheiten harren noch der notwendigen Aufarbeitung. Auch dies ist in meinem Alltag ersichtliche Realität.
Die bewusst empfundene Emotion hat mich zu der bewussten Wahrnehmung meines inneren Heilers geführt. Bewusst empfundene emotionale Gegebenheiten führten mich zurück in meine Kindheit in ihrem Facettenreichtum. Bewusst empfundene emotionale Gegebenheiten erfahren bei mir einen Fokus der liebevollen Annahme, da sie mir Segen und Heilung all meiner emotionalen Befindlichkeiten, meiner körperlichen Unpässlichkeiten und Krankheiten gewähren.

Heute, jetzt und hier habe ich mich entschlossen, meiner Kindheit einen Fokus zu schenken, der mich wieder an meine kindlichen Fähigkeiten erinnern lässt.

All meine kindlichen Fähigkeiten sind in mir als Erwachsener gespeichert. Sie sind in mir in einer neuerlichen Entfaltung, in einem neuerlichen gebührlichen Annehmen meiner eigenen Begabungen und Talente. Ich habe mich bewusst entschieden meine mir eigenen kindlichen Fähigkeiten einer neuerlichen Entfaltung zuzuführen, indem ich mich bewusst, der Stärken der kindlichen Fähigkeiten gewahr, ihnen zuwende.

Ich habe angefangen, meine intuitiven Kräfte zu mobilisieren. Ich halte mich bewusst in der Gegenwart des momentanen Augenblicks auf. Ich demonstriere bewusst Zeitlosigkeit in einem Maß, dass ich mir meiner Termine bewusst bin, jedoch versuche ich meinem inneren Taktgeber gerecht zu werden und Arbeiten entsprechend der intuitiven Impulse auszuführen. Ich habe mich entschlossen meine Begabungen, Fähigkeiten und Talente zu entfalten, indem ich das bevorzuge, was mir zu eigen ist.

Mein Alltag hat sich gänzlich dieser Welt geöffnet. Dissonanzen gibt es noch, denn emotionale Gegebenheiten, die meine Zerrissenheit demonstrieren, führe ich gerade einem emotionalen Abgleich zu.
Ich habe ausreichend Gelegenheit, all meine kindlichen Gaben im Alltag, der mir genügend Ressourcen zur Verfügung stellt, zu erkennen, anzuvisieren, zu trainieren, meine Wahrnehmung zu verfeinern, indem ich mich meiner äußeren, sicht- und hörbaren, fühl- und tastbaren, geruchs- und geschmacksorientierten Ressourcen und meiner Innenwelt bewusst zuwende.

Heute, jetzt und hier habe ich meine kindlichen Qualitäten in einer Art trainiert, dass ich mir gewahr werde, welchen Segen sie in sich tragen.
Meine Eigenart, Dinge zu erfassen, entspringt der kindlichen Qualität zur explorierenden Vorgehensweise. Wissenschaftliche Herangehensweisen haben für mich bisher nicht den Stellenwert erhalten, der ihnen gebührt. Ich habe mich auf Grund meiner Erfahrungen mit Ärzten, den empfohlenen Ernährungsempfehlungen, erwartungsgemäßer Einhaltung von Dosierungen und schmerzlicher Erfahrungen mit Impfungen, die die Auswirkungen an meinen Kindern mir vor Augen führten, von wissenschaftlichen Systemen distanziert gehalten.

Jetzt entdecke ich an mir ähnliche Vorgehensweisen. Rhythmische Wiederholungen, Balance im Energiesystem, Freude an der Entfaltung, sinnorientiertes Handeln, ausgleichendes emotionales System, Neugier, Versuch und Irrtumshaltung, eingewobene Verbundenheit in einem System, das mir liebevoll zugeneigt ist, sich selbst genügend, humorvoll, offen und authentisch im Wesen, erinnern mich an meine Art zu lernen. Zielgerichtetheit, in dem Sinne, dass Kinder offen für Neues sich keinen Gedanken über Vor- und Nachteile hingebend zielstrebig einer Interessensquelle nähern, erfahre ich in zunehmender Weise.

Gedanken über finanzielle Hürden, Sinnhaftigkeiten eines Erwerbs, Ängste, ob einer Konsumierung eines mir bis dahin nicht ausreichend zuträglichen Nahrungsmittels, Zeitressourcen hindern mich da und dort meinen Impulsen gerecht zu werden.

Ausgewogenheit ist kindliche Seinsweise. Ausgewogenheit in meinem System zu erfahren, schenkt mir Genugtuung und Bereicherung. Ausgewogenheit in meinem Alltag schenkt mir Raum für eine Vielzahl von Interessen, deren Wichtigkeit und Prägnanz meiner Vorliebe zur Vielfältigkeit entspringen.

Gelebte Vielfältigkeit in einem System, welches uns zahlreiche Vorschreibungen und Vorgaben hinterlegt, ist meines Erachtens im System der Aufarbeitung meiner emotionalen Befindlichkeiten keine weitere Hürde. Im Gegenteil kann ich all die Eingrenzungen und Beengungen in mein System der emotionalen Aufarbeitung integrieren.

Heute, jetzt und hier habe ich mich im Wald meiner emotionalen Befindlichkeitsdysbalance hingegeben. Weinend bin ich durch den Wald spaziert, habe meine körperlichen Symptome, die sich in körperlichen Regungen in meinem Körper als ein Verzerren meiner Mimik, als eine Anspannung in den Rippenbögen, als ein Wahrnehmen eines Wärmegefühls, als ein Schmerz die Wirbelsäule entlang, als ein plötzlich auftauchender Frosch im Hals, als ein Gewicht im Nacken, als ein Druck im Kehlkopf, als ein Ziehen in der Wade, als ein Kälteschauer über meinen Händen und Armen, als Kältegefühl in den Händen, als ein momentan vorhandenes Ohrgeräusch zeigen, wahrgenommen. Diese Wahrnehmung enthüllt, wie vielfältig ein Körpersystem reagieren kann.

Meines Erachtens hat sich meine körperliche Befindlichkeit entsprechend der Aufarbeitung meiner emotionalen Gegebenheiten verbessert. Ich benötige keinen Arzt, fühle mich wohl in meiner Haut, gebe mich all meinen Interessen und Begabungen hin, erfreue mich liebevoller wertvoller Begegnungen, habe rundum Freude mit meinen mir anliegenden Themen.

Die Herausforderung des Empfindens hat sich als eine Tatsache eingebürgert, der ich gerecht werden kann. Die Tatsache des emotionalen Abgleichs ist dennoch äußerst herausfordernd, denn ich weiß nicht, wohin mich die Gegebenheiten tragen, und ich weiß nicht, wann die emotionalen Befindlichkeiten hervortreten, um empfunden zu werden. Doch ich bin es, die sich zuwenden kann, wann immer es mir beliebt.

Meinen Alltag entsprechend zu gestalten, setzt voraus, dass ich bereit bin, meine Prioritäten entsprechend meiner Gewohnheiten zu verlagern. Beziehungen zu Menschen zu halten im gleichzeitigen emotionalen Abgleich ist mir möglich, wenn ich auch die alleinige Präsenz meiner selbst bevorzuge. Schweigend war ich immer, so ist es keine Besonderheit, dass ich während einer Wanderung oder im Beisein anderer Personen nicht viel spreche.

Ausgrenzungen gab es dennoch. Schmerzhafte Ausgrenzungen zeigen mir, dass ich in meiner emotionalen Welt Herausforderungen beherberge, die empfunden wahrgenommen werden wollen. Schmerzhaften Ausgrenzungen gebührend entgegenzutreten ist für mich äußerst herausfordernd.
Die Tatsache, dass sich Menschen auf Grund meines Wunsches nach gerecht werdender, selbstbestimmter, schöpferischer, genugtuender, enthusiastischer, liebevoller Selbstentfaltung als ausgeschlossen und bevormundet, in dem Sinne, dass ich die Verantwortung für die Person nicht in dem Sinne trage, dass ich sie

bemuttere, fühlen, hat mich an Erlebnisse in meiner Kindheit erinnert, die mir ebenso schmerzhaft erschienen.

Ausgegrenztsein in einer Weise, dass ich dem anderen in meiner Selbstentfaltung nicht genug bin, hinderte mich nicht meinen Weg, der mich erfüllt und bereichert, der mir Sicherheit und Autonomie schenkt, der mir Gewahrwerden meiner selbst und meines Nächsten ermöglicht, der mir die Chance auf ein Leben im Freisein von meinen emotionalen Befindlichkeitsstörungen bietet, der mir Freiheit in nie dagewesener Weise gewährt, fortzusetzen.

Fortlaufend werden mir die Themen bewusst, die mit diesen Herausforderungen konform sind.

Anpassungsprozesse waren es, die mir die Erfahrung des Nichtgutgenugseins zuteilwerden ließen. Ich hatte mich zu wenig auf die Wünsche meiner Kontaktpersonen eingelassen. Einer inneren Sicherheit meiner Selbst gewahr, schreckte mich die rigorose Art der Abwendung mir enorm wichtiger Kontaktpersonen auf eine Art und Weise, dass ich selbst in Autoaggression mich verbarrikadierte und lebensverweigernde Maßnahmen setzte.

Meine Intuition zeigte mir einen Weg aus dem Dilemma des Augenblicks. Die innerliche Zuneigung einer mir nahestehenden Person hielt mich all die Jahre, in einer dem Leben zugeneigten Weise, innerlich wie tot.

Innerlich wie tot bin ich durch mein Leben gegangen. Ein Schatten meiner Selbst. Ausgezehrt letztlich. Wieder Ausgrenzung erfahrend. Jedoch diesmal geneigt mir selbst genug zu sein.

Dieses Mal hat sich durch die Praxis der Aufarbeitung meiner emotionalen Gegebenheiten mein innerer Impuls, mich mir selbst zuzuwenden, durchgesetzt. Ich selbst habe mich nun dieser überaus gewaltigen Herausforderung gestellt und bin jetzt bereit auf den Grund meiner emotionalen Befindlichkeiten zu stoßen. Nichtsdestotrotz hat sich meine innere Zufriedenheit vervielfacht. Nichtsdestotrotz hat sich meine Zuneigung zu diesen Personen vervielfacht. Nichtsdestotrotz hat sich meine Selbstliebe vermehrt. Nichtsdestotrotz hat sich meine Umgebung gewandelt.

Ich bin ich selbst geblieben.
Diesmal habe ich mich nicht mehr den Systemen angepasst. Diesmal habe ich mich nicht innerlich aufgegeben. Diesmal habe ich nicht versucht dem anderen gerecht zu werden.
Ich habe mich selbst angenommen, in meinen innerlichen Bedürfnissen wahrgenommen. Ich bin mir selbst Freund geblieben. Und ich habe gelernt mich von Herz zu Herz zu verbinden, was mir Frieden in mir selbst und Freude schenkt.

Ich selbst bin mir gut genug. Und das erinnert mich wieder an meine Kindheit, in der ich mir vorerst gut genug war. Mir zugewandt. Mir meiner gewahr. Mir sicher.

Kinder in meinem Leben haben mir diese Tatsachen wieder und wieder vorgelebt. Was Kinder in sich tragen, tragen wir in unseren Erwachsenenleben in uns: sicher und frei, friedvoll und freudig, meiner selbst mir gewahr, angenommen und in einem Gefühl der Geborgenheit, allumfassend behütet in einem Empfinden, ich kann etwas bewirken, aus einer Freude heraus, die aus dem Inneren aufsteigt, als ein Gefühl, ich bin geliebt, ich liebe mich selbst.

Kinder leben es uns vor. Kinder bereichern uns. Kinder weisen uns den Weg. Kinder sind uns Lehrer. Kinder schenken Freude und Liebe. Kinder schenken klare Augen und ein Lachen. Kinder schenken uns ein Schmunzeln und Humor. Kinder schenken uns …

Kinder schenken uns die emotionale Freiheit.
Das Empfinden der emotionalen Befindlichkeit in unserem Leben ist eine Eigenheit, derer sich Kinder bedienen.

Sind sie verärgert, so empfinden sie die emotionale Gegebenheit im Augenblick des Erscheinens. Sie sind es, die uns den Weg weisen. Sie tragen das Potential in sich, lebensbejahende Strukturen auf verständliche Art und Weise weiterzuvermitteln.

Junge Menschen sind sich der Tatsachen bewusst, die emotionale Befindlichkeiten mit sich bringen.

Ausgrenzungen, die junge Menschen erleben, weil sie sich selbst nicht aufgeben wollen, stehen an der Tagesordnung. Ausgrenzungen von Familiensystemen werden von karitativen Einrichtungen teilweise unterstützt. Ausgrenzungen aus Schulsystemen sind befürwortet. Ausgrenzungen aus Gruppen sind gang und gäbe.

Ich selbst habe die Erfahrung der Ausgrenzung in einem in Freundschaft beginnenden Dialog erlebt. Ich teilte unverdrossen, mir meiner Überzeugung selbst gewahr eine meinem Gegenüber befremdliche Sichtweise mit. Einem inneren Schaltmechanismus gleich erfuhr ich gänzliche Ablehnung meiner Persönlichkeit. Ich hörte hin und verharrte, mir des Ausmaßes der ausgrenzenden, ablehnenden, schlimmer noch zerstörerischen Tendenz gewahr, in unbewertetem Sein. Wenige Augenblicke später wurde mein Gesprächspartner, der mir bis dahin ein wertvoller Freund war und blieb, sich seines Rollenwandels gewahr. Das Gespräch veränderte sich aus dessen Bewusstsein heraus wieder, zugunsten der Freundschaft.

Nuancen der Unachtsamkeit lassen uns unsere Beziehungen zu Feindbildern werden. Nuancen der Unachtsamkeit genügen, um unsere Kinder ihrer inneren Selbstsicherheit zu berauben.

Die emotionale Aufarbeitung führt uns an all die Prozesse und unverarbeiteten Themen unserer Kindheit. Wir sind es selbst, die noch einmal genauer hinsehen dürfen. Wir sind eingeladen uns unserer inneren Sicherheit selbst wieder bewusst zu werden. Ich habe mich den Tatsachen gestellt. Mein Leben hat sich gewandelt. Eine graue Zeit wird regenbogenfarben, vielfältig, facettenreich, wundervoll, neuartig, besonders.

Das Interesse an meiner Vergangenheit war nicht besonders herausragend. Negativ erlebte Einzelheiten blinkten hervor. Ansonsten hatte ich kaum Erinnerungen zu verzeichnen. Ich sah Nebel, grau, emotional negativ behaftete Varianten von Situationen, in denen ich von Menschen in Momenten der Offenheit abgelehnt, bewertet, verletzt, rücksichtslos behandelt, mir meiner selbst und anderen gegenüber nicht gerecht werdend, mich ausgegrenzt und ungeliebt wahrnahm.
Kindliche Offenheit ist ein Thema, welches abwertenden Tendenzen angeschlossen uns an Unzulänglichkeit, Behinderung, Hilflosigkeit, an Dümmlichkeit, Ausgrenzung und Gemaßregeltwerden, im Sinne, Offenheit gehört sich nicht, an Naivität, Bestrafung und Demütigung, an aggressive Begegnung, an schmerzvolle Erfahrungen, Belächeltwerden, Rückzug und Absonderung, an Unzumutbarkeit, Tyrannei und Zynismus, an Unwohlgefühl, brachiale Vorgehensweise und markante Denunzierung, an schmerzvolle Unerfahrenheit und raubbaumäßige Kaskaden unachtsamer Vorwürfe erinnert.

Offenheit hat mir mein Inneres gewährt. Offen kann ich mir selbst gegenübertreten. Ich darf nun, nach Aufarbeitung meiner emotionalen Befindlichkeiten, offen mir selbst gegenüber sein und offen für all jene, die sich mit meiner Offenheit, die mir selbst liebevoll zugeneigt ist, arrangieren.

Meine Offenheit ist mir liebevoll zugeneigt. Die Offenheit der Kinder entspringt einer liebevollen Ader. Frei von Wertungen vermögen sie sich dem Gegenüber zu öffnen in einer Art der Belanglosigkeit, der unbewerteten Menschenliebe, unverdrossen zuversichtlich, zugewandt aus einem inneren Angenommensein heraus.

Ich bin mir meiner selbst bewusst. Ich bin mir dessen bewusst, dass Offenheit mir selbst und anderen gegenüber meinem eigenen, inneren Angenommensein entsprungen ist.

Offenheit hat mit Selbstliebe zu tun. Offenheit kreiert sich aus mir selbst in der Phase der Aufarbeitung der emotionalen Befindlichkeiten meiner selbst. Offenheit tragen die Kinder in sich. Offenheit sich selbst und den Mitmenschen gegenüber tragen die Erwachsenen in sich, die ihrer emotionalen Befindlichkeiten gewahr, diese einer Aufarbeitung empfindend zuführen.

Heute, jetzt und hier habe ich dich mit meiner Offenheit berührt.

Offenheit ist unglaublich befreiend, sie tut unwahrscheinlich gut. Sie trägt Potential in sich. Sie hebt mein Leben in den siebten Himmel. Sie bereichert mich. Sie führt mich ein in eine Unverdrossenheit gigantischen Ausmaßes. Sie hat mich beschenkt, unglaublich beschenkt. Mein Leben hat sich in Richtung Öffnung der kindlichen, ursprünglichen, lebensbejahenden, freudigen, explorierenden, phantasiereichen, gestalterischen, emotional ausgewogenen, segensreichen, spontanen, rigoros einzigartigen, individualistischen Daseinsgestaltung gewendet. Ich bin Schöpfer meines Alltags geworden. Ich bin Kreator einer Wirklichkeit, die, kindlichen Werten zugeordnet, Leben als etwas Bereicherndes, Beglückendes, Liebevolles, dem Freudigen Zugeneigtes erfahren lässt.

Rigorose Selbstliebe ist es, was die Kinder und Jugendlichen und Erwachsenen in sich tragen. Rigorose Selbstliebe ist es, was uns an die göttliche Quelle in uns erinnert. Rigorose Selbstliebe ist es, die mich an das Kindsein erinnert. Ich bin es, die diese Liebe zu mir selbst als Kind zum Ausdruck brachte. Ich bin es, die diese Liebe vorbehaltlos lebte. Ich bin es, die diese Liebe mit meinen Eltern und Geschwistern und den mir vertrauten Personen teilte. Ich bin es, die diese Liebe in mir selbst wieder entdeckte, nachdem ich mich der emotionalen Aufarbeitung in einer Weise hingab, als dass ich mich meinen emotionalen Befindlichkeiten in segensreicher Weise näherte. Ich bin mir meiner selbst wieder bewusst geworden. Alles, was da ist, ist liebevoller Natur. So zeigt sich mir die Welt nun aus der Perspektive der kindlichen Welt. Ich bin es, die diese Welt abermals in mein Leben integrierte. Ich bin es, die sich abermals in rigoroser Weise in jeglicher Hinsicht den kindlichen Werten und der kindlichen Lebensart auf eine Weise näherte, die es mir ermöglicht, meinen Erwachsenenalltag als etwas mich zutiefst Bereicherndes, Erfüllendes, mir zugewandt, in freudiger Weise zu gestalten.

Hast du für dich eine Seinsart entdeckt, die dich zutiefst erfüllt? Hast du für dich eine Seinsart entdeckt, die dich in mannigfaltiger Weise beglückt? Hast du für dich eine Seinsart entdeckt, die dir Leichtigkeit und Freude, Fröhlichkeit und Unbeschwertheit schenkt? Hast du für dich eine neue Art der Herangehensweise an deine alltäglichen Verpflichtungen gefunden, in der Art, als dass vormals Beschwerliches sich in rigoroser Art als dich bereichernd entpuppt? Weißt du, wie es ist, sich wieder einer freudigen Natur seiner selbst zurückzuerinnern? Weißt du, wie es ist, sich wieder an seine innere, liebevolle, dem Freudigen zugewandte Natur zurückzubesinnen? Weißt du, wie es ist, Achtsamkeit und Wertschätzung in einem Ausmaß in seinem Leben zu entfalten, dass das Leben sich als freudiges Ereignis entfaltet? Hast du dir Gedanken darüber gemacht, wie lichtvoll Leben in seiner wahren Ausprägung sein kann? Weißt du, wer du in deinem innersten Kern bist? Hast du dich mit der Essenz deines Seins befasst? Ich weiß, all dies sind Fragen, die mir vormals befremdlich waren.

Weißt du, wie es ist, dir selbst dein bester Freund zu sein? Weißt du, wie es ist, wenn alles, wirklich alles als Bereicherung dein Leben tangiert? Weißt du, wie es ist, aus einer inneren Freude und einem liebevollen Zugewandtsein heraus seinem Nächsten zu begegnen, sein Leben zu kreieren?

Was ist es, das uns daran hindert, all dies in unserer Welt zur Wirklichkeit werden zu lassen?

Ich habe etwas in mir entdeckt, das sich nicht durch antrainierte Strukturen ersetzen lässt. Soziales Verhalten, liebevolles Zugewandtsein, herzliche Begegnung, positive Anteilnahme, mitfühlendes Sein, erwartungsfreies Zuhören entstammen einem System, welches mit jeder Faser meines Seins, meines Ausdrucks, meiner Gaben und Begabungen, meiner Begrenzungen, meiner Wertesysteme, meiner Unzulänglichkeiten, meiner inneren Befindlichkeiten, meiner emotionalen Gegebenheiten *Selbstannahme* von mir einfordert.

Ich habe erfahren, dass nur ich und ausschließlich ich selbst mir meiner inneren Befindlichkeit gerecht werden kann, indem ich meine emotionalen Befindlichkeiten in einem Procedere der Aufarbeitung in liebe- und freudvolle Strukturen transformiere. Liebe ist nicht nur ein Wort. Liebe ist ein Gefühl, das ich empfinden kann. Angst empfinde ich und Trauer, Wut empfinde ich und Ärger, genauso empfinde ich Liebe und Freude, die aus meinem Innersten hervorquellen, sobald ich mich der Aufarbeitung meiner emotionalen Gegebenheiten in ausreichendem Maß hingegeben habe.

Absolutes, rigoroses, selbstannehmendes Dasein ist die Quelle für die Liebe, die den Kindern zu eigen ist.

Selbstliebe entspringt unserem Innersten.

Selbstannahme heißt mich mit jeder Facette meines Seins akzeptierend anzunehmen. Ich muss die Strukturen in mir vorerst nicht gutheißen. Ich nehme sie wahr als zu mir gehörend in möglichst unbewerteter Natur.

Emotionale Gegebenheiten gehören zu mir, ob es mir nun mal passt oder nicht. Emotionale Gegebenheiten haben mich erschreckt. Emotionale Gegebenheiten haben mich in ihrem Facettenreichtum gefordert.

Ich habe mich für meine emotionalen Gegebenheiten entschieden. Ich habe mich für die Aufarbeitung meiner mir eigenen emotionalen Hürden stark gemacht. Ich habe jetzt und hier das Bedürfnis, meine emotionale Welt in mir als ein Feld lebendigen Reichtums kennenzulernen und auszuleben.

Ich erkenne die Begabungen in den Mitmenschen. Ich erkenne die Begabungen in mir selbst. Meine Welt erfährt sich als etwas in sich Zusammenhängendes, nicht Abgetrenntes, als etwas, das wie Mosaiksteinchen ineinanderpasst.

Die Welt der Kinder ist facettenreich. Die Welt der Kinder ist in ihrer Schönheit erhaben. Die Welt der Kinder schenkt uns immense Freude. Kinder schenken uns Liebe.

Die Vorgehensweisen im kindlichen Spiel sind es, die mir nun Bereicherung im meinem Lebensalltags sind. Das kindliche Spiel in neuer Art beleuchtet, hat mich in einer Weise inspiriert, als dass ich es nun bin, die sich an kindlichen Werten orientierend ihren Lebensalltag in ähnlicher Weise erneuert.

18. Verzeihen

Verzeihen als ein Potential, welches mir Selbsterkenntnis bringt, hat sich in meinem Leben nun in einer Art und Weise etabliert, als dass ich im emotionalen Ausgleichsverfahren fähig geworden bin mir selbst verzeihend entgegenzutreten. Ich habe mir selbst all das verziehen, was ich mir in meinem Leben als nicht geglückt, als mich abwertend vorgeworfen habe. Eine neue, nie dagewesene Form der Leichtigkeit ist in mein Leben eingekehrt. Ich selbst bin es, die mir verzeihen kann. Ich selbst bin es, die jeden einzelnen auf meine ureigene Art um Verzeihung bitten kann. Ich selbst bin es, die jeden in verzeihender Art zu segnen vermag.

Kindliche Werte betrachtend erkenne ich die verzeihende Art der Kinder als segensreich in meinem Leben. Kindliche Werte orientieren sich an einer Weise der Interaktion, die emotionalen Gegebenheiten im Augenblick des Auftretens den Raum zur Bereinigung bereithält. Kindlichen Werten folgend kann ich mich jederzeit im emotionalen Abgleich einer Bereinigung meiner emotionalen mir inneliegenden Strukturen widmen.

Verzeihen hat meinem Leben einen Raum geschenkt, der mich an die Entrümpelung meines Hauses erinnern lässt. Verzeihen hat mich all den Ballast abwerfen lassen, der mir Schwere auf den Schultern und im Nacken, der mir Druck im Kopf und in meinen Beinen, der mir Schmerzen in meinen Gliedern und einen überladenen Kopf bescherte, der mir Schmerzen und Druck und Starre und wieder Schmerzen und wieder Druck und nochmals Starre und Magenbeschwerden und Ohrensausen und schmerzvolle Glieder und Ohrgeräusche und die Blockade im Hals präsentierte. All dies habe ich im Rahmen des Verzeihens, gekoppelt an die Emotionalität, einer rigorosen Bereinigung zugeführt.

19. Mütterlichkeit in neu erlebter Weise

Was macht es, dass sich die Beziehung des Kindes zu seinen Eltern im Laufe der Jahre wandelt? Die anfängliche Freude mit dem Kind flaut ab. Eigene Bedürfnisse treten hervor. Das Kind ist es gewohnt, bemuttert zu werden. Das Kind ist es gewohnt, betreut zu sein in einer Weise, die Unselbständigkeit hervorgerufen hat.

Das Kind ist es gewohnt, einen Animator für sich zu beanspruchen. So wurde es erzogen.

Welches Kind wird seinen Regungen und inneren Beweggründen, seiner wahren Bedürfnisse entsprechend wahrgenommen? Ich habe mich dem Selbstversuch unterzogen und habe meine emotionalen Bedürfnisse der Kindheit unter die Lupe genommen. Ich habe für mich erkannt, dass ich Bemutterung als einengend, bestrafend, entmündigend, unterwerfend, demütigend, respektlos mir gegenüber, kaltherzig, aufgesetzt, machtraubend, kräftezehrend, bemühend, invasiv, domestizierend, machtvoll, belehrend, verachtend wahrnehme.

Demgegenüber steht die Person, die es gut mit mir meint, die mir Chancen in meinem Leben einräumen will, die sich aufopfert für mich, die ihre Zeit mir schenkt, die mich zu lieben versucht, die mit mir lacht, die mich verarztet, die für mich kocht und putzt und wäscht und die mit mir spielt und mit mir Ausflüge unternimmt.

Ich wollte nicht undankbar sein. Keineswegs. Ich wollte dazu gehören. Ich wollte mir selbst gerecht werden.

Was ist es, das Eltern zu den Eltern macht, die sie sind? Als meine Tochter geboren wurde, wollte ich meine Freude wahrnehmen. Ich war geschlaucht durch die Geburt, so dachte ich, wird sich das Gefühl der Freude später einstellen. Ich wartete. Ich nahm mein Baby in den Arm. Es war mir so wichtig. Aber die Freude stellte sich vorerst nicht in der Art ein, wie ich es mir vorgestellt hatte.

Mein Baby war ernst. Kognitiv legte ich mir zurecht, dass ich mich freue und dass sich mein Baby freudvoll gibt.

Die Freude hat sich tatsächlich eingestellt. In der Beobachtung meines Kindes im selbstinitiierten Spiel, da konnte ich mich freuen.

In meiner Mutterrolle nahm ich mich zeitlebens als reserviert und kühl wahr. Ich habe es nicht verstanden. Warum konnte ich nicht die Rolle, die meine Mutter mir vorlebte, freudig übernehmen? Was hinderte mich daran, mich in diese Rolle einzufinden, Erfüllung zu erfahren?

Jetzt weiß ich, dass meine emotionalen Befindlichkeiten in mir selbst mich diese Reserviertheit erfahren ließen.
Habe nur ich, ausschließlich ich diese Erfahrung gemacht? In der Aufarbeitung meiner emotionalen Beweggründe habe ich Mütterlichkeit als etwas empfunden, das mich an den Rand meiner Existenz bugsierte. Ich habe mich selbst abgelehnt. Ich habe mich selbst an den Rand der Verzweiflung getrieben. Ich habe mich selbst innerlich verbarrikadiert. Ich habe mich selbst bestraft.
Wie ist das möglich? Wie konnte das geschehen? Ich habe wahrgenommen, dass sämtliche emotionalen Gegebenheiten meiner

Kindheit in mir gespeichert sich vorfinden. Ich habe erfasst, dass ich kaum emotionale Beweggründe einer ausreichenden Verarbeitung zugeführt hatte. Ich habe all meine emotionalen Befindlichkeiten in mir gehortet.

Ich war der Auffassung, dass ich meine emotionalen Beweggründe nicht ausleben darf. Emotionales erschreckte mich als Kind derart, dass das Ausleben emotionaler Befindlichkeiten für mich unerträglich war. Ich wollte keinen Zorn zeigen. Schmerzlich erinnere ich mich an Zornesausbrüche meiner Nächsten. Ich wollte keine Heulsuse und keine Zimperliese sein. Ich wollte kein Kind sein, dem der Schneider den Daumen abschneidet, da ich ihn gelutscht hatte. Ich sollte brav sein. Ich wollte gerecht werden. Ich wollte behilflich sein.

Da waren Hürden, die mir meine Wahrnehmung vorgab. Die Kochtöpfe erschienen mir in Übergröße. Sie waren so mächtig, aus meiner ureigenen Wahrnehmung heraus. Ich sollte abtrocknen. Ich sollte abspülen. Mithilfe war bei uns zu Hause von Kindesbeinen an angesagt. Ich habe es getan. All meine Geschwister haben es auch getan. Die Töpfe überforderten mich. Jeden Tag begegnete ich dieser Hürde.

Bauchgrimmen, Druck im Hinterkopf, eine Last auf dem Rücken, Schwere im Nacken, Ohrensausen, Blockade im Gehirn, Verkrampfung, Schmerzen in der Lendenwirbelsäule, wieder Druck im Hinterkopf, so rotiert die emotionale Gegebenheit durch meinen Körper. Mir bewusst dieser Tatsache, versuche ich die emotionalen Herausforderungen einer Bereinigung zuzuführen.

Meines Erachtens hat die Größe der Kochtöpfe mit meiner emotionalen Befindlichkeit zu tun. Ich war als Kind mit den konfrontierten Erwartungen gänzlich überfordert. All die mütterlichen, gut gemeinten Ratschläge, Vorgaben, Rhythmen und Regeln haben mich in meinem Autonomiebedürfnis beschränkt. Und dies dürfte entsprechend groß gewesen sein. Dieses unbeschreibliche Bedürfnis nehme ich bei den von mir geförderten Kindern als essentielle Notwendigkeit für ihr Wohlgefühl wahr.

Heute, jetzt und hier nehme ich an, dass jeder dieses Bedürfnis als Bestandteil seines *Autonomiebewusstseins* in sich birgt. Heute, jetzt und hier habe ich mich auf den Weg gemacht, meine eigenen Ressourcen zurückblickend zu erkennen. Ich habe meine Ressourcen bereits in meiner Kindheit wahrgenommen. Ich habe meine Ressourcen in mir vergraben und so konnte ich im Laufe der Jahre nur bedingt darauf zugreifen.

Meines Erachtens hat mich diese Erfahrung wachsen lassen. Ich habe für mich erkannt, dass alles seinen Sinn im Leben hat. Meine gut gemeinten Ratschläge sind regelmäßig abgeprallt und ich habe mir keine Freunde und keine Freude damit gemacht. Heute, jetzt und hier heißt das für mich, ich habe meine Energie in die Richtung investiert, die mir keine Freude gebracht hat.

Nach den Gesetzen des Lebens ziehe ich das an, worauf ich den Fokus lege. Schmeckt das Leben schal, so habe ich meinen Fokus auf Unstimmiges gelegt. Schmeckt das Leben angstvoll, so habe ich den Fokus auf mein Versagen, mein Ungeliebtsein, meine Verurteilung, meine Ausgegrenztheit gerichtet. Ist das Leben mit Freude und Liebe beseelt, so lenke ich meinen Fokus entsprechend meiner liebevollen Visionen in Richtung Liebe und Freude.

Meines Erachtens habe ich mir damit meinen neuen Lebensalltag erschaffen. Ich habe heute, jetzt und hier mehr Freude. Ich habe Ideen, Visionen, Inspirationen, Gedankenkonstrukte, die liebevoller Natur sind. Ich habe mich heute, jetzt und hier neuen Systemen verschrieben, die mir Liebe und Freude schenken.

Die Kinder unserer Zeit haben ein hohes Potential, Liebe und Freude in ihrem Leben anzuvisieren. Sie glauben an sich und ihre Fähigkeiten, mögen sie auch noch so befremdlich uns erscheinen.

Die Kinder unserer Zeit erfahren sehr viel Abweisung und dennoch scheint ihre Liebe zu den Menschen unbeschreiblicher Natur zu sein.

Heute, jetzt und hier weiß ich, dass uns die neue Zeit Veränderung in Richtung Liebe und Freude und Geborgenheit in einem System schenkt, das uns wohlwollend umfängt und uns segnet, in all unseren Bedürfnissen uns behilflich ist.
Wir haben jetzt und hier und heute die Möglichkeit, uns selbst auf den Weg zu machen und neue Strukturen neuer Ordnung in unser Leben zu integrieren. Vergleichsweise gebührliche Verhaltensweisen haben überschaubare Modi, die uns eine Sichtweise schenken, die wir in einem übersichtlichen, freigeistigen, außergewöhnlichen, neuartigen, besonders feinfühligen Gegenüber in uns erahnen können.

Die Kinder unserer Zeit gewähren uns Einblicke in ein neuartiges Miteinander, welches geprägt ist von liebe- und freudvollen Begegnungen, von explorierendem Handeln in lichtvoller Weise, von einer Begegnung auf Augenhöhe, von wertungsfreien, selbstinitiierten, liebevollen, aussagekräftigen, vereinenden Gedankenkonstrukten, die wir uns selbst aneignen in einer Art und Weise, die dem Leben wertschätzend und achtungsvoll gegenübersteht.

Wir sind es, die uns handlungsspezifische Neuerungen in unserem Leben als Zeichen der Liebe und Freude zu unseren Mitmenschen, zu uns selbst und zur Natur erarbeiten.

Meines Erachtens hat jeder, wirklich jeder die Chance, sich in ein System einzuklinken, das er für sich als das Nonplusultra seines Seins erachtet.
Ich habe begonnen mir mein Leben entsprechend meiner Vorstellungen in eine liebe- und freudvolle Richtung zu gestalten.

Jetzt und hier kann ich sagen, dass ich fortwährend neue Impulse erhalte, die mich in Richtung meiner eigenen, mir erträumten Visionen führen. Heute, jetzt und hier weiß ich, dass ich mich nicht von meiner mir urpersönlichen Eigenart, Dinge auf bestimmte Art und Weise zu erkennen, wahrzunehmen, zu überdenken, anzuvisieren, zu überschauen, zu beobachten, zu realisieren, zu beachten, Schlüsse zu ziehen, zu wertschätzen, zu lieben, mich darüber zu freuen in irgendeiner Art und Weise irritiert zurückziehen muss.

Ich habe besondere Fähigkeiten, Begabungen, Talente. Ich habe besonderes, mir eigenes Wissen über mich selbst, das mir ureigen ist.

Heute, jetzt und hier habe ich mich entschlossen meine Gaben und Talente und Fähigkeiten hervorzuheben, in dem Wissen, dass sie der Allgemeinheit ein wertvoller Impuls für eine neu entfachte Art der Lebensbewältigung sind.

Jeder hat ein besonderes Talent, eine besondere Begabung, die hervorgebracht uns allen ein wertvoller Impuls in eine neue, sich liebevoll entfaltende Zeit in Liebe und Freude sein kann.

Meines Erachtens hat die Mütterlichkeit der neuen Zeit mit Selbstbestimmtheit, Selbstvertrauen in Richtung Eigenständigkeit, Eigenverantwortlichkeit, Eigenwahrnehmung, Eigeninteressen, Eigenimpulsen zu tun. Eigenverantwortliches Handeln erfährt im Sinne des globalen Miteinanders für liebe- und freudvolle Schöpfungen, die wir mit unserem Nächsten in eine neuartige Beziehung des gemeinsamen Erschaffens bringen, Brisanz im Sinne, was jeder einzelne selbst tun kann, ist erwünscht.
Liebe- und freudvolle Schöpfungen haben in unserer Zeit eine Präferenz in Richtung liebe- und freudvoller Beziehungsaufnahme. Die Art der Schöpfungen orientiert sich meines Erachtens an den Wertvorstellungen der Menschen, die in Liebe und Freude ihren Alltag selbst als eine Bereicherung im Sinne von liebe- und freudvollen, impulsgesteuerten Schöpfungen gestalten.

Meines Erachtens hat die zukünftige menschliche Signatur eine liebe- und freudvolle Ader des Miteinandertuns, im Sinne, jeder ist sich seiner Aufgabe in einem gigantischen System, in Selbstgewissheit und Selbstzufriedenheit, als Ausdruck der eigenen impulsgesteuerten Fähigkeiten seiner Essenz bewusst.

Nun ist die Zeit des Übergangs, der uns die Richtung weist.

Wir sind es, die bereit sein können eine neue Ära der Selbstbestimmtheit, Schaffensfreude, Erlebnisorientiertheit, Fokussierungsbereitschaft in Richtung Liebe und Freude, Segensvolles, welches wir in der Fülle der Schöpfung der Liebe jetzt schon erahnend wahrnehmen können, einzuleiten.
Was wir heute, hier und jetzt bewirken, schenken wir unseren eigenen Kindern, die jetzt und hier und heute uns in diese Richtung lenken.

Meines Erachtens haben die Kinder der heutigen Zeit all die Ressourcen, die wir uns in Kleinstarbeit erarbeiten, bereits in sich. Sie sind es, die mir zeigen, was wahre Zugeneigtheit für Auswirkungen hat.
Sie sind es, die mir zeigen, wie sehr sie in ihrer eigenen Mitte verankert unserem System trotzend gegenüberstehen. Sie sind es, die mir meine eigenen Gefühle für Liebe und Freude hervorzuzaubern helfen.

Sie sind es, die mir helfen zu mir zu stehen und meine eigenen Begabungen und Talente zu beachten.

Sie sind es, die mir zeigen, dass ich selbst Schöpfer meiner Wirklichkeit bin, indem sie mir den Spiegel vorhalten, in dem Sinne, dass ich entsprechend meiner momentanen augenscheinlichen Verfassung, mir meiner selbst bewusst werdend, meine emotionalen Gegebenheiten als zu mir gehörig annehme und empfinde.

Sie sind es, die mir meine eigene, ureigene innere Wirklichkeit vor Augen halten, indem sie mir den tiefen Einblick über ihre Augen in eine Welt, die mich berührend erfasst, ermöglichen.

Hast du diesen tiefen Blick wahrgenommen? Hast du dir deiner Innenwelt bewusst die Resonanz dieses Blicks ermöglicht?

Heute, jetzt und hier weiß ich um die Innenwelt, die mir vormals ungeachtet der Tatsache meiner besonderen Vorlieben ein Licht schenkte, welches mich wieder und wieder in meinem Alltag bereicherte, indem ich es als positiven, segensvollen, mir zugeneigten, vertrauensgebenden Impuls wahrnahm.

Heute, jetzt und hier weiß ich, dass mich dieses Licht inspirierte, mir Hoffnung in einer düsteren Zeit schenkte, mich leitete und mir Zeichen gab, dass es mehr gibt, als ich damals auch nur annähernd zu erahnen vermochte.

Meine Zuversicht war diesem Licht entwachsen, welches immer und immer wieder, klar erkennend in meinem Inneren leuchtete.

Was ist es, dass dieses Licht in mir, mir, den Weg weisend, Zuversicht in einer Zeit der rigorosen Selbstablehnung gewährte? Ich hatte in meinen Nachtgebeten immer und immer wieder um Hilfe in ausweglosen Lagen gebeten. Das „danke" war in meinen Nachtgebeten beinhaltet. So habe ich mich unbewusst meiner Möglichkeiten in Dimensionen bewegt, die mir nun Einblick in ein Leben in Liebe und Freude gewähren.

Meine Freude ist groß, nun zu wissen, was ich selbst bewirken konnte. Meine Freude ist immens, wenn ich weiß, dass zukünftig allen Menschen Liebe und Freude zuteilwird.
Meine eigene, ureigene freudvolle Seinsweise hat mit mir in meinem Innersten ihren Ausdruck in der äußeren Welt gefunden. Menschen begegnen mir mit tiefem, liebenden Blick. Menschen erfreuen sich in meiner Gegenwart ihrer eigenen Schöpfungen, welche sie als Ergebnis einer zugewandten Nächstenliebe und Liebe zu sich selbst kreierten.
Heute, jetzt und hier weiß ich, dass ich nun meine eigenen Kreationen als vom Licht gesegnet in mir entfalten darf. Ich

weiß, dass ich selbst wieder und wieder aufgerufen bin, mich mir selbst zuzuwenden, meiner selbst mehr und mehr bewusst werdend im Licht der Schöpfung Neues kreierend, erforschend, erfahrend, einen Weg Richtung Licht und Liebe beschreitend, ja zu sagen, zu mir, als Ausdruck einer göttlichen Schöpfung in Liebe und Freude.

Alles ist richtig. Alles hat seine Richtigkeit. Alles ist verwoben in einem unendlichen Netzwerk. Alles hat seinen Ausdruck in einer Art, die uns hinführt in die Welt des Mitgefühls.

Mit dem anderen fühlen, uns mit dem anderen in Verbindung wahrnehmend, uns im anderen in unserer emotionalen Befindlichkeit wiedererkennend, uns im anderen spiegelnd in einer Weise, die uns unserer liebevollen Innenwelt gewahr werden lässt.

Ich habe heute, jetzt und hier mir in meiner eigenen Wirklichkeit eine Welt erschaffen, die mir einen Blick in eine liebevolle mir zugeneigte Welt ermöglicht, in einer Art und Weise, die mir Erfüllung auf allen Ebenen meines Seins zukommen lässt.

In dem Maße, in dem ich mich hier und jetzt wieder und wieder als das erkenne, wer ich in meinem Innersten wirklich zu sein glaube, erscheint mir meine Außenwelt. Habe ich licht- und liebevolle, segensreiche Momente, so ist die Außenwelt aus diesem Material gewoben.

Ich habe für mich erkannt, dass neue Netzwerke im Entstehen sind.

Ich kann mich von Herz zu Herz mit anderen Menschen in Verbindung setzen in dem Maße, dass der andere entsprechend seiner Vorliebe sich mir öffnet. Ich habe auch mir selbst eine neue Möglichkeit der Kommunikation angeeignet, die abseits der offenen Kommunikation in einer intuitiven Art und Weise meinen Mitmenschen berührt.

Ich kann segensvolle und liebevolle Kreationen an meinem Mitmenschen in einer Art und Weise vermitteln, dass meine Mitmenschen sich öffnen und selbst Anteil an diesen Botschaften nehmend Schöpfer ihrer eigenen Innen- und Außenwelt werden.

Wie ist dies möglich geworden? Ich habe mich meiner emotionalen Befindlichkeit zugewandt und ich habe jetzt und hier mich meiner emotionalen Wirklichkeit gestellt, so dass ich hier und jetzt in dieser Situation fähig bin die Eigenheiten meines Gegenübers zu erkennen und ihm Hinweise zu geben, die ihm in seiner augenblicklichen Lage von Hilfe sein können.

Meine Gegenüber sind offen für die Botschaften, die dem jetzigen Moment entwachsen. Sie sind dankbar dafür, dass sie den Schlüssel für Veränderung in einer selbstbestimmten Art und Weise anzuwenden vermögen.

In dem Sinne hat sich mein Gegenüber seinem Kind geöffnet, um mit ihm sich auf eine Reise zu begeben, die beiden eine neue segensvolle, lichtvolle, empfängnisbereite Struktur geben, die sie wiederum mit anderen Mitmenschen in einer Art und Weise zu teilen vermögen, die sie in eine neue Richtung lenken.

Reaktionen auf die neuentdeckte Art der Mütterlichkeit

Meine Mitmenschen sind dankbar für eine neue Art des Zusammenseins, des Zusammenwachsens, des Zusammenfindens, des Zusammenhalts in Liebe und Freude.
Meine Mitmenschen sind bereit mir ihre Herzen zu öffnen, in einer Art und Weise, die mir Segen in einem neuen licht- und liebevollen Zeitalter der Öffnung für Herzenswärme und Güte, für das Besondere in uns, in einer Zeit des Auslebens unserer innersten Bedürfnisse, in einer Zeit der liebevollen Betrachtungen, in einer Zeit des Hervorhebens unserer Gefühlswelt, in einer Zeit des Aufarbeitens unserer emotionalen Befindlichkeiten, in einer Zeit des

Hervortretens nach neuen Gesetzmäßigkeiten entstandener neuer kreativer Impulse, in einer Zeit der Vorliebnahme für meine liebe- und lichtvolle Neuanbindung an die Schöpfung der Liebe in einer Art und Weise, die mir Segen bringt und meinem Nächsten Segen bringt und der Schöpfung der Gestirne Segen bringt, inklusive unserer Mutter Erde, die in liebevoller Weise uns in der Zeit des Wandels, in unterstützender Art und Weise Segen schenkt.

Wie kann ich das alles wissen? Jeder, der sich der emotionalen Aufarbeitung seiner emotionalen Befindlichkeiten stellt, hat in seinem Leben die Chance, seiner Individualität entsprechend Einblicke zu erhalten in eine Welt, die uns Liebe schenkt in einer Weise, wie ich sie mir nicht im Traum vorstellen konnte.

Alles, wirklich alles hat seine Berechtigung. Steine und Tiere und Pflanzen, Mineralstoffe und Kristalle schenken uns Segen in unserem Leben.

Die Steine haben ihre Wirkung auf uns. Beachten wir sie, schenken sie uns Segen. Die Tiere schenken uns ihre Liebe in einer Weise, die ich vormals nie in dieser Art erahnt hatte. Die Pflanzen und Blüten schenken uns ihre Essenzen in einer Art und Weise, die uns Heilung gewährt.

Hast du dich mit den Themen aus deiner Kindheit näher befasst? Sie weisen uns den Weg in Richtung unserer ureigenen Interessen und Begabungen, Fähigkeiten und Talente.

Wir selbst haben uns heute, jetzt und hier in einer neuen Art und Weise als etwas wahrgenommen, das uns Segen in einer lichtvollen, liebe- und freudenreichen Zeit auf allen unseren Wegen schenkt.

Die Geschenke des Himmels sind umfassend in einer Art und Weise, die einer wissenschaftlichen Herangehensweise entsprechen. Nuance für Nuance werde ich gelenkt und geführt. Nuance für Nuance werde ich in eine neue Richtung geleitet, die mir Sichtweisen und Erfahrungen ermöglicht, die ich in vormaliger Zeit in meiner engstirnigen Blickrichtung nicht einzunehmen vermocht hatte.

Alles, wirklich alles hatte seine Berechtigung. Alles, wirklich alles hatte in sich zusammengenommen einen Beweggrund, der mir nun in meiner mir offenbaren Perspektive vollkommen neuartige Erkenntnisse ermöglicht.

Was ich mir erschaffen habe, kann jeder und wirklich jeder einzelne für sich selbst in einem eigenen Traum kreieren. Nuance für Nuance hat sich meine Welt entfaltet. In liebe- und lichtvoller Weise gewährt sie mir nun den Segen, der aus all meinen wundervollen Kreationen entwächst.

Hast du dir überlegt, was du gern für dich in dein Leben ziehen möchtest?
Zusammen sind wir stark. Zusammen können wir aneinander lernen und wachsen. Zusammen können wir eine neue Art und Weise der Schöpfung kreieren.

Wir sind es, die Konzepte der neuen Zeit in licht- und liebevoller Weise ins Leben bringen.
Ich weiß nicht, wie genau mir meine eigene licht- und segensvolle, brillante, hervortauchende, innerliche Struktur an meiner licht- und liebevollen Angebundenheit Zeichen schenkt. Ich weiß nur, dass sie mir Zeichen, Merkmale, Signaturen ermöglicht, die ich ergreifen und in meiner Praxis der Aufarbeitung meiner emotionalen Befindlichkeiten einbringen kann.
Ich selbst habe mich außerordentlichen Hürden entgegengestellt.

Heute weiß ich, dass Musik immer eine Prägnanz und Brisanz in meiner vormaligen Welt einnahm. Liebend gern hörte ich die Gitarrenmusik und den Gesang meiner Mitschülerin. Ich saß über Stunden am Klavier und übte trotz ungelenkiger Finger Melodien ein.

Die bewertende Haltung einer Nachbarin regt sich nun abermals in den Sehnen meiner Handrücken. Ich war zufrieden. Ich war in meiner Welt. Es war mir selbst mein Spiel am Klavier gut so wie es war. Ich übte in einer Art und Weise, die mir Genugtuung schenkte. Ich trat aus mir in einer Art und Weise hervor, die mich bereicherte.

In einer neuen Welt, so wie ich sie mir vorstelle, werden Wertungen dieser Art keinen Raum einnehmen. Segensvolle Schöpfung beinhaltet Lernstrategien, die jeder für sich in seiner individuellen Art und Weise in sein Leben holen kann.

Hast du dir überlegt, wie die Mütterlichkeit der neuen Zeit sich als segensvoll für Kinder und Erwachsene entfalten kann?

Kindheitserfahrungen

Ich habe mir meine eigene Kindheit zum Vorbild genommen und habe mir überlegt, welche Art der Erziehung mir zum Segen gereichte. Ich habe wahrgenommen, dass Systeme, die mich als Kind verletzten auf Grund der Beziehung zu meiner Bezugsperson, mir letztlich Segen in mein Leben gebracht haben.

Ich habe mich in einer allumfassenden Art und Weise sämtlichen Themen meiner Kindheit in der Aufarbeitung meiner emotionalen Gegebenheiten gestellt.

Meine Art der Befürwortung von Erziehungssystemen der neuen Art und Weise entspringt meinen mir eigenen Erfahrungen.

So habe ich mich in meiner sprachlichen Fähigkeit an meine Mutter gewandt, um von ihr Hilfestellung zu erlangen. Meine Mutter in ihrer Rolle als vielfache, mütterliche, klare, konsequent mir zugewandte Mutter entsagte mir meinen Wunsch. Auf mich selbst gestellt, musste ich Wege für mich selbst erschaffen, die mir eine Lösung meiner Aufgabe ermöglichten.

So war ich es gewohnt, mir selbst nahe zu sein und von mir selbst Lösungen abzuverlangen, sodass ich mir selbst und meiner Umwelt gerecht werden konnte.

Hatte ich im Augenblick der Ablehnung den Eindruck von Lieblosigkeit eingefangen, so kann ich jetzt, aus dem übergeordneten Blickwinkel meiner Jetztzeit, sagen, dass diese Vorgehensweise enorm viel Segen für mich in einer autarken Persönlichkeitsstruktur beinhaltet.

Meine anfangs in Rückzug mündende Herangehensweise konnte sich auf Grund meiner Fähigkeit, mir selbst Richtschnur auf Grund meiner mir eigenen Lösungsmodalitäten zu sein, in eine licht- und liebevolle, mir zu Segen gereichende Erfahrung verwandeln.

Eine weitere Qualität meiner Kindheit, aus dem konsequent zugewandten Erziehungsstil meiner Mutter entwachsen, ist die Zuneigung, die ein Kind auch in Abwesenheit der erwachsenen Person erspüren kann.

Blickkontakt, herzliche Nähe, wohlwollende Begleitung, nichtbewertende Liebe sind Qualitäten meiner Kindheit.
Eifrige Naturbewunderung in der Bewanderung von Bergen, Wäldern, Naturräumen jeglicher Art und Weise beinhaltet eine Liebe zur Schöpfung in einer Art und Weise, die mir heute bewusst zahlreiche Augenblicke der Erinnerung an eine Konsequenz in einer Art darlegt, die ich nach wie vor in bewundernswerter Art nachzuvollziehen versuche.

Vereinzelte, mir vertraute Momente der Selbstannahme entspringen dem Segen der Naturbeobachtung in einer Weise, dass ich sie nicht mehr missen möchte.

Hatte ich Herausforderungen in meinem Leben zu bewältigen, die mich weit über meine Grenzen hinausmanövrierten, so war es die Natur, die mich wieder ins Lot gebracht hatte. War ich unpässlich in Richtung Krankheit unterwegs, so war ich es, die sich in ihrem Rhythmus der Natur anpasste. Gesund und wohlauf kehrte ich nach Hause zurück.

Erlebnisse dieser Art waren mir möglich auf Grund der Konsequenz, die meine Eltern der wochenendlichen Freizeitgestaltung gegenüber zeigten. Samstagnachmittag und Sonntag waren der Natur gewidmet.

Weitere segensreiche Momente bescherte mir die konsequente, zugeneigte Haltung meiner Eltern ihrem Glaubenssystem gegenüber, welches dem christlichen Glaubenskodex entnommen ist.

Heute, jetzt und hier weiß ich, dass ich selbst durch meine Gebete, die mir stimmig erschienen, mir Hilfe in meinen herausragenden Lebenslagen zuteilwerden ließ.
Ich selbst habe immer wieder um Hilfe gebeten. Ich selbst habe mich zeitweise täglich bedankt, für all das Gute, das mir in meinem Leben widerfahren war. Ich selbst habe Anteilnahme am Nächsten durch die konsequente Befürwortung der Mitmenschlichkeit erfahren.

Beide Elternteile haben sich konsequent und mit Nachhaltigkeit in den Dienst meiner Mitmenschen auf zuvorkommende, liebevolle Art und Weise gestellt, die mir als Kind Bewunderung und den Wunsch der Nachahmung entlockten.

Heute, jetzt und hier weiß ich, dass ich selbst auf meine Art und Weise versucht habe, meinem Leben gerecht zu werden. An meiner inneren Befindlichkeit mich nun orientierend kann ich sagen, dass alles für mich wertvoll war, das aus meiner Erziehung in meinem Elternhaus entwachsen ist.

Die segensreichen Begegnungen, die mir Liebe und Freude schenkten, sowohl als auch die Begrenzungen, Hemmnisse, Blockaden,

Herausforderungen, die mich an den Rand meiner Existenz brachten, haben ihre Berechtigung in einem System, welches uns die Möglichkeit eröffnet, Erfahrungen, um in mitfühlender Weise meinem Nächsten und der Schöpfung der Liebe begegnen zu können, zu sammeln.

Hast du dich in deiner Kindheit nach Systemen umgesehen, die dir Hilfestellung in deinem Leben waren? Hast du dir in deinem Leben bewusst Kindheitserfahrungen von erweiterten Perspektiven aus angesehen? Erfahrungen des Nichtgutgenugseins entspringen unserer Kindheit in Hülle und Fülle.

Wie oft wurden wir in korrigierender Weise ermahnt, zurechtgewiesen, beschimpft? Wie oft wurden wir an eine neue Herangehensweise in einer zuvorkommenden, liebevollen Art und Weise eingeführt, die wir für uns selbst befürworten konnten?

Wie oft war ich selbst Initiator für eine nicht gebührliche Kontaktaufnahme, die mich letztlich selbst verletzte?

War ich sorgsam mit meinen eigenen Ressourcen in einer Weise, dass sie mir Segen brachten? Habe ich hier und jetzt meinen Nächsten in einer Weise in mein Leben einbezogen, dass ich selbst mir der Nächste sein kann, sodass sich Nächstenliebe als segensvolles Ergebnis meiner Selbstliebe entfaltet?

Ich habe hier und jetzt für mich neue Wege entdeckt, die mich auf den Segen meiner Kindheit hinweisen. Meine Art der Beziehung entspringt meiner Kindheit.

Jeder, wirklich jeder in meiner Familie war dazu angehalten, sich selbst Nächster zu sein. Ich habe mich dennoch in einer Familie befunden, in der ich wohlwollendes Eingebettetsein als eine Selbstverständlichkeit wahrgenommen habe. Ich habe mich in meiner eigenen Haut wohlgefühlt, trotzdem ich mich gänzlich in die Tiefen meiner Innenwelt verabschiedet hatte.

Immer wieder kamen Funken meiner Neugier hervor, die mich Neues erkunden ließen.

Hatte ich im Vorfeld von Ablehnung meiner selbst gesprochen, so erfahre ich in der Aufarbeitung meiner emotionalen Gegebenheiten eine Bilanz, die mich in eine andere Richtung zieht. Meine Erfahrungen, so schmerzvoll sie letztlich auch gewesen waren, tragen Potential in sich, die mir neue Sichtweisen auf meine Vergangenheit ermöglichen.
Hatte ich mich von meiner Familie distanziert, da ich den Segen meiner Familie nicht mehr ausreichend zu schätzen wusste, so ist es mir jetzt im Nachhinein möglich, einen Blick auf meine Kindheit zu werfen, der mir in meiner eigenen Rolle als Mutter äußerst dienlich sein kann.
Meine eigene Abwertung mir selbst und meinem Erziehungsstil gegenüber weicht in Augenblicken der Selbstreflexion auf.

Ich habe meine Kinder in ähnlicher Art und Weise erzogen. Hatte ich auch Mängel an mir zu verbuchen, so kann ich dennoch meine konsequente Zuneigung meinen Kindern gegenüber, war sie auch in stiller Übereinkunft mir selbst entstammend, erfühlen. Die Naturverbundenheit und unsägliche Freude an Pflanzen und Geschöpfen der Schöpfung der Liebe tragen meine Kinder weiter. Die Freude an den Menschen in ihrer vertrauten Umgebung erfreut mein Herz. Die ihnen eigene Schöpferfreude lässt mich in staunender Weise Anteil an ihrem Leben haben.

Meine gut gemeinten Ratschläge waren meinem eigenen Enthusiasmus für meine eigenen Kreationen entsprungen, sodass ich jetzt im Nachhinein meinen Wunsch zu gemeinsamem Handeln auf neue Art und Weise überdenke.

In meiner Kindheit das gemeinsame Handeln als etwas Wundervolles, mich Bereicherndes, mich sehnsüchtig begleitendes Gefühl des Erfülltseins zu erleben, lässt mich nach wie vor auf die Suche nach Systemen gehen, die mir eine Vernetzung in einer Art und Weise ermöglichen, die mir selbst gerecht werden.

Ich kann in meiner mir nach innen gerichteten Blickrichtung Netzwerke erkennen, die mir bis dato fremd waren. Jedes System bedingt das nächste. In einem unglaublichen Netzwerk, in dem jede Handlung eine weitere Handlung hervorbringt, in dem jeder Gedanke einem weiteren Gedanken gefolgt ist, in dem jedes Wort eine Vielzahl von weiteren Wörtern in einer Art und Weise hervorzaubert, dass jedes Signal ein in sich verwobenes, unwahrscheinlich reichhaltiges, buntes, gemeinsames, allumfassendes, signifikantes, tolerables Netzwerk beeinflusst.

Hast du dir überlegt, wie ich zu dieser Auffassung gelange?

In der Aufarbeitung meiner emotionalen Gegebenheiten hat sich mir diese Tatsache als etwas entpuppt, das mir selbst immer wieder Staunen entlockt. Ich selbst lese zurzeit inspiriert an die dreißig Bücher parallel. Sie sind mir Impulsquelle und bereichern mein Leben. Paralleles Lesen heißt für mich, ich entnehme da die Essenz der Botschaft und dort die Essenz des Geschriebenen. Das dritte Buch folgt in wenigen Zeilen. Die Essenz entspricht den Botschaften der vorher gelesenen Bücher in ihren Abschnitten. Weitere Bücher folgen in wenigen Zeilen bis Seiten. Intuitiv gewählte Bücher und Abschnitte erregen mein Interesse und stimmen essenzmäßig überein in einer Art und Weise, die mich an Wunder glauben lässt.

Heute, jetzt und hier weiß ich, dass alles ineinander verwoben ist in einer Art und Weise, die mir in meinem Alltag als Zufall begegnet. Zufälligerweise treffe ich gerade die Bekannte, die mir Hinweise auf ein neues Buch schenkt, welches mich in meiner spirituellen Entwicklung wieder Enthusiasmus entfachen lässt. Zufälligerweise erhalte ich eine Notiz über eine Botschaft, die einer Bestätigung in meiner Erfahrungswelt gleichkommt. Zufälligerweise werde ich krank zu einem Zeitpunkt, da ich schweigend meiner Erfahrung nachsinnen wollte, in der ich mich nicht auf die Erwartungen meiner mir wesentlichen Menschen und Aufgaben einzulassen bereit war.

Augenscheinlich hat alles mit allem zu tun in einer Art und Weise, dass uns das Leben gewogen ist, uns Zeit schenkt für Besinnung, uns Zeit schenkt für Begegnungen, die gerade stimmig sind in einer Art und Weise, die mit unserer eigenen Entwicklung in Richtung mitfühlender Seinsweise und liebevoller Begegnung einhergeht.

Manche freudige Begegnung hat sich im Nachhinein als immense Herausforderung im Sinne der emotionalen Aufarbeitung herausgestellt. Gerade die mütterliche Seinsweise in der heutigen Art und Weise bringt mich nach wie vor an graue Welten, die mich in herausragender Weise in die Tiefen meiner Seele eintauchen lässt. Zuvorkommendes Handeln, welches mich an meine Grenzen der eigenen Überforderung in meiner Kindheit erinnert, stellt mich vor Herausforderungen, die einem Marathonlauf gleichkommen.
Ich selbst habe mich in meiner Mütterlichkeit distanziert. Ich selbst befrage mein Gegenüber über seine Bedürfnisse zum Zeitpunkt einer Begebenheit. So hat mein Gegenüber die Möglichkeit, für sich eine Entscheidung zu treffen, die seiner Verantwortlichkeit sich selbst gegenüber entspringt. Auch Geschenke werden im einvernehmenden Miteinander dargereicht.
Ich habe für mich das System in der Erwachsenen- wie in der Kinderwelt installiert. Sowohl zufriedene Kinder als auch positive Rückmeldungen der Erwachsenen geben mir die Resonanz, auf einem Weg mich zu befinden, der für alle Beteiligten ein Konsens in Richtung liebe- und freudvoller Beziehung im Rahmen einer genugtuenden Beziehung für alle zu sein scheint.

Heute, jetzt und hier habe ich mich entschlossen, mich meiner Innenwelt auf eine Art und Weise zuzuwenden, die es mir ermöglicht, zahlreiche neue Impulse in mein Leben zu ziehen.

Die Impulse entspringen einer mir unbekannten Sichtweise, die ich mir im Laufe der Jahre in meinem Leben nicht so vorgestellt hatte.

Was ist es nun, dass gerade diese Seinsweise mein Leben erfüllt? Ich hatte mit der Praxis der emotionalen Aufarbeitung mir neue Sichtweisen in mein Leben integriert. Jetzt und hier und heute ist es mir möglich, diese Seinsweise als etwas zu erkennen, das mir die Art und Weise meiner Gedankenwelt widerspiegelt.

Heute, jetzt und hier habe ich begonnen diese Seinsweise als etwas zu erkennen, das meine Gefühlswelt mir offenbart. Ich habe in diesem Augenblick all meine Systeme, die mir meine Kindheit nähergebracht hat, beleuchtet, sodass ich jetzt und hier sagen kann, dass jedes System ein in sich verankertes Netzwerk birgt.

Hast du dir überlegt, warum du gerade in deiner Familie aufgewachsen bist? Heute, jetzt und hier glaube ich zu wissen, dass alles ein Einverständnis in sich trägt. Kinder ziehen Erfahrungen durch uns Eltern ins Leben.

Wir Eltern machen Erfahrungen in Begleitung unserer Kinder in einer Art und Weise, die uns als eine Einheit, als ein getragenes System der Liebe und Freude den Facettenreichtum emotionaler Herausforderungen erfahren lässt.

Wir sind angehalten uns unserer emotionalen Gegebenheiten wieder bewusst zu werden. Wir sind angehalten unserer Emotionalität und Gefühlswelt Raum zu schenken. Wir sind angehalten die Intensität einer Emotion in all ihrem Facettenreichtum als etwas zu empfinden, das uns Lebendigkeit, Menschlichkeit, rigorose Beschaulichkeit schenkt.

Hast du die Energie in deinem Körper als etwas Segensvolles und Bereicherndes wahrgenommen oder bist du mehr in einem skeptischen Modus der Ablehnungsbereitschaft?

Meine eigene urpersönliche Erfahrung in diese Richtung zielt auf die Erfahrung meiner Kindheit, die ich mit meiner Sexualität erfahren habe.

In meiner Kindheit ein Tabuthema war es meine kindliche Neugier, die mich meine Sexualorgane in ihrer Art untersuchen ließ, die mich in meiner Offenheit und Vertrautheit an meine emotionalen Grenzen beförderte.

Hatte ich bis dahin Vertrauen in meine Mitmenschen, so war dieses einem massiven Misstrauen gewichen. Ausreichend gedemütigt wagte ich es nicht mehr, meinen Sexualorganen Beachtung zu schenken.

Heute, jetzt und hier weiß ich, dass ich selbst mich in diese verzwickte Lage manövrierte. Ich hatte etwas getan, das meine Mitmenschen selbst an den Rand des Vorstellbaren brachte.
Unsere beiden Vorstellungen von unserer jeweilig eigenen Welt waren konträr. Ich demonstrierte Offenheit. Meine Bezugsperson Tabu. Ich demonstrierte Neugier. Meine Bezugsperson hatte Angst auslösende Erlebnisse in diese Richtung, dass mir heute, jetzt und hier ihre Reaktion aus einer unbewussten Haltung der Gefahr heraus klar vor Augen steht.
Beide haben wir uns in einer uns eigenen, uns selbst zugewandten Art heraus verhalten, sodass ich mir heute, jetzt und hier ein neues Bild in der emotionalen Aufarbeitung von mir selbst und meinem Gegenüber in einer Art und Weise mache, das Mitgefühl mit mir selbst und meinem Gegenüber erfahrbar macht.

Ich habe mich der emotionalen Bereinigung so gestellt, dass ich mir meiner Mütterlichkeit nun klar bewusst werde.

Ich als Mutter habe mich heute, jetzt und hier entschieden, dass ich mich meiner Sexualität in einer neuen, mir bis dahin unbekannten Art und Weise nähere.

Meine Sexualität hat mit meinem inneren Energiereichtum, den mir die emotionale Aufarbeitung bewusst gemacht hat, zu tun. Ich selbst spüre in mir Energien, die meinen Körper durchziehen in einer Art, welche mir nie zuvor bewusst war.

Jede Zelle scheint von dieser Energie belebt zu sein. Jede Faser meines Körpers scheint sich dieser Energie zu erfreuen. Jeder Muskel ist von dieser Energie berührt. Jeder Hohlraum scheint von dieser Energie erfüllt und belebt. Jede Faser hat mit dieser Energie Berührung. Mein gänzliches Energiesystem ist bereichert durch diese Energie, die kraftvoll zu sein scheint.

Meines Erachtens hat diese Energie mit meiner Sexualenergie zu tun. Ohne Partner ist es mir manchmal befremdlich, diese Energie in ihrer Intensität in mir zu verspüren. Langsam gewöhne ich mich an mein belebtes Körperinneres und -äußeres.

Manchmal verspüre ich Ruhe und sanfte Rhythmen. Hie und da sind wortstarke Meldungen an der Tagesordnung. Die Energie in Scheidennähe erinnert mich an sexuelle Erregung.

So hat sich in mir eine Energie breitgemacht, die unserer sexuellen Energie verwandt zu sein scheint.

Befremdlich im Vorfeld scheint sie sich als etwas zu etablieren, das jedem zu eigen ist, der sich mit seiner emotionalen Bereinigung befasst. Als Kundalini-Energie bekannt, die in einem sich seiner selbst bewussten System erwacht, trägt sie Kraft in sich, die mir bis dahin nicht bekannt war.
Ich trage Energie in mir, die kraftvoll, ausdrucksstark, gebündelt, vereint mein Energiesystem bereinigt.

Meine Chakren öffneten sich. Meine Aura weitete sich. Es ist mir, als ob Licht durch mich strahlen würde, welches mein Aurafeld durchzieht und weitere Kreise segnet.

Ich werde von Herzen, die ortsmäßig abwesend sind, im Herzen berührt. Ich selbst berühre Menschen mit meinem Energiefeld und mit der Botschaft meines Herzens.

Um Nachhaltigkeit zu manifestieren, konnte ich mich wieder und wieder mit dem mir nahestehenden Prinzip des emotionalen Abgleichs auseinandersetzen.

Ressourcenreichtum durch die Aufarbeitung meiner emotionalen Gegebenheiten

So herausfordernd es auch sein mag, ist mir keine Ressource bekannt, die nur annähernd Ähnliches ermöglicht.

Sämtliche von mir erarbeitete Strategien führten mich in die Bereinigung meiner ureigenen emotionalen Befindlichkeiten, die ich nun in einer Befreiung meines Energiesystems als befreiend, frei sein, eingliedernd, einbeziehend, weitend, achtungsvoll, bereichernd, faszinierend, kreativ, fokussierend, staunend, betrachtend, fühlend, belebt, beliebt, klar, beeindruckend, mannigfaltig, systemorientiert, behutsam, beglückend, liebend, liebevoll, beachtend, bezaubernd, wundervoll, wertungsfrei, zentriert, fokussiert, begleitend, wissend, beeindruckend, zauberhaft, allgegenwärtig, kraftvoll, sinnig, neugierig, freudig erregt, unabhängig, freiheitsbewusst, nachdenklich, durchscheinend, großzügig, bedeutungsvoll, ausdrucksstark, wertvoll, bemerkenswert, widerspruchslos, geliebt, erfreut, ausgleichskonform, weise, segensvoll, segnend, individuell, einzigartig, schenkend, glücklich, wundervoll, vereinend, überschaubar, langmütig, genugtuend, befreiend, humorvoll, weitblickend, getragen, inspirierend, gestaltend, öffnend, verbindend, Raum gebend, erfüllend, zartfühlend, Potential schenkend, machtvoll, einlassend, helfend, hilfreich, Veränderung ermöglichend, Veränderung zulassend, gehaltvoll, markant, prägnant, präzise, absolut, bedingungslos, autonom, urteilsfrei, spezifisch, wach, einheitlich, gefühlsstark, allumfassend, sicher, freiheitsliebend, wachstumsfördernd, explorierungsfreudig, vereinend, wahrnehmend, gestärkt, fest, geerdet, strahlend, vereint, umsichtig, überschauend, geheimnisvoll, harmonisch, ausgleichend, überblickend, unerklärlich, ausgewogen, integrierend, göttlich, sanft, zärtlich, verzeihend, glamourös, ausdrucksvoll, farbig, hell, scheinend, teilend, enthusiastisch, besonnen, wahrheitsliebend, anerkennend, berührend, sich schenkend, beherzt, großzügig, herzlich, annehmend, loslassend, fließend, harmoniebedürftig, ausweitend, facettenreich, lichtvoll, außerordentlich, majestätisch, tiefgründig, bewundernd, einfühlsam, mitfühlend, veränderungsfähig, friedlich, friedliebend, sinnerfüllend, stimmig, vollendet, bedeutungsstark, großartig, mächtig, mutig, wertschätzend, entfaltend, orientierungsgebend, glücklich wahrnehme.

Vielfältig ist meine Welt geworden. Facettenreich und bunt. Harmonisch. Harmoniebedürftigkeit entspringt dieser Quelle aus meinem Innersten und gibt uns eine Richtung vor.

Selbstverantwortung entspricht dem Prinzip, sich selbst nahe zu sein, seine innerliche Weisheit hervorhebend, verantwortlich für sich selbst in dem Maße zu sein, dass ich mich meiner Ressourcen besinne und meinen emotionalen Abgleich im Sinne der Bereinigung meines Energiesystems durchführe.
Die Weisheit wohnt in mir. Sie ist da. Alltäglich. Jederzeit. Umfassend und berührend.

Hast du dir um die Bereinigung deines eigenen Energiesystems Gedanken gemacht? Was hast du vor?

„Ich wollte so gern …!" war meine Welt. „Ich kann nicht …" war meine Welt. „Es geht nicht …" war meine Welt vormals.

Jetzt und hier und heute kann ich sagen, dass meine emotionalen Befindlichkeiten diese Einengung bewirkten. Ich selbst trage die emotionalen Gegebenheiten in mir. Ich selbst habe die emotionalen Gegebenheiten in mir gestaut.

Ich selbst hatte keine Strategie, wie ich meine emotionalen Gegebenheiten bereinigen kann. Ich wusste nicht, dass ich durch die Verankerung meiner emotionalen Gegebenheiten mein Energiesystem blockiere und mein Wachstum hemme.

Ich habe nicht erahnt, dass ich selbst verantwortlich bin für all die Misere, die mir im Leben widerfahren war.

Heute, jetzt und hier heißt es für mich, achtungsvoll im Leben zu sein. Achtungsvoll in einer Weise, die mich selbst einschließt, meinen Nächsten und meine Umwelt.

Mütterlich zu sein heißt für mich achtungsvoll mit mir selbst zu sein. Diese gänzliche Annahme meiner selbst spiegelt sich in meiner Außenwelt.

Achtsam zu sein ist eine Lebensart, die mir Genugtuung in meinem Alltag und Hoffnung für eine friedvolle Zukunft in einer herausfordernden Zeit schenkt.

Im Hier und Jetzt verankert zu sein, erlaubt es mir, mich an jeglichem Augenblick meines Seins zu erfreuen. Ich habe heute, jetzt und hier die Möglichkeit, mich jeden Augenblick neu zu verankern und eine neue Sichtweise einzunehmen. Ich kann Altes, nicht mehr Benötigtes loslassen, um neuen Systemen den Platz freizuräumen.

Ich habe jetzt und hier eine neue Welt für mich erschaffen, die mir den Freiraum für meine Entfaltung gibt. Ich habe heute, jetzt und hier die Chance, neue Systeme in mein Leben zu ziehen, die mir all meine Träume in die Realität umsetzen.

Mein innerer Wunsch nach einer Veränderung im Erziehungssystem setzt sich nun in einer Weise in meinem Leben um, der mir selbst häufiges Staunen entlockt.

Ich selbst habe mich in meiner Position als Förderin gewandelt und ich sehe was dieser Wandel in den Familien, bei Kindern und Eltern bewirkt. Ich sehe, dass ich mich selbst verändern musste, um Veränderung in meinem Leben zulassen zu können.

Ich weiß, wie sehr ich selbst blockierte. Ich weiß, wie ambivalent ich Strukturen betrachtet hatte.

Worauf ich den Fokus lege, das ziehe ich in mein Leben.
Ich habe Strukturen in mein Leben einziehen lassen, die mir Segen geworden sind, Segen für mich und Segen für meine Nächsten.

Heute, jetzt und hier weiß ich, dass ich mich gern auf meine mir eigenen ins Leben gezogenen Möglichkeiten einlasse. Ich weiß, dass, was ich mir bereitet habe, ist so geschaffen, dass wir alle unsere Freude darin finden.
Lachende Augen haben mir in den dunkelsten Stunden mein Herz erwärmt und mich neue Kraft schöpfen lassen. Humorvolles hat mir ein Lachen entlockt in Zeiten, in denen ich zu Boden zerstört war. Hoffnungsvolles hat mich heute, jetzt und hier inspiriert.

Eine Umarmung ohne Worte, mitfühlend, schenkte mir neue Kraft. Eine Verständnis zeigende Berührung hat mich geerdet und mir frischen Mut gegeben.

Was ich selbst erlebt habe, hat mich mitfühlend werden lassen. Mitfühlende Intuition schenkte mir den Glauben, dass ich geliebt bin. Ich kann mich selbst liebend annehmen und ich erfahre die Liebe meiner Nächsten.

Das, was ich als Kind nicht wahrnehmen konnte, in der Art, dass mir mein Gegenüber die Wertschätzung gezeigt hätte, die ich mir erwünschte, erkenne ich jetzt und hier, alltäglich, in unglaublicher Zuneigung.

Mütterlichkeit in neuer Art und Weise resultiert aus meiner Zuwendung mir selbst gegenüber. Mütterlichkeit ist morgen das Ergebnis einer Selbstliebe, die der emotionalen Bereinigung entspringt.

Ich erkenne in den Kindern und Jugendlichen, dass sie bereits Systeme in sich tragen, die uns ein klares Bild vor Augen führen, dass Mütterlichkeit für sie ein neues Bild der Selbstannahme, Selbstakzeptanz, der Selbstzentriertheit beinhaltet.

Alles hat seinen Sinn. So ist jetzt und hier und heute die Zeit gekommen einen Neubeginn zu wagen.
Mütterlichkeit der neuen Zeit kann genau jetzt in diesem einen Augenblick beginnen. Ich fokussiere mich auf Liebe und Freude. Ich fokussiere mich auf ein gelungenes Miteinander. Ich visiere das Jetzt und das Hier an. Ich sehe das Potential in meinem Nächsten. Ich verbinde mich von Herz zu Herz. Ich achte auf die Blicke meines Nächsten. Ich sage aus der Position meiner Empfindungen und meiner Gefühle Liebevolles.

Ich begegne meinem Nächsten in Achtsamkeit. Ich bereite mich selbst auf ein neues, mir sinnvoll erscheinendes Leben vor, indem ich meine Wahrnehmung auf das lenke, das mir jetzt und hier und in diesem einen Augenblick Freude schenkt.

Ich überlege mir, was mein eigenes Herz zum Singen bringt. Ich schenke mir Freude, in dem ich den Fokus nach innen lenke und indem ich mir meine tiefsten Empfindungen in einer emotionalen Bereinigung als Ausdruck meiner Seele hervorhole.

Ich weiß, dass der Augenblick der Bereinigung möglicherweise Tränen bringt. Ich weiß, dass möglicherweise Demütigung zum Vorschein kommt. Ich weiß, dass ich in diesen Momenten den Blick nicht in Richtung Freude lenken konnte.
Doch ich habe erfahren, dass die Freude da ist. Jeden einzelnen Augenblick. Ich habe erfahren, dass ich liebevoll getragen bin. Jeden einzelnen, nur erdenklichen Augenblick.

Ich weiß, dass die Art und Weise der Bereinigung immer wieder eine Herausforderung darstellte. Ich weiß, dass ich immer ausreichend Kraft hatte.

Wie es auch gekommen ist, konnte ich im Nachhinein erkennen, dass der Weg, der mich durch die Dunkelheit führte, stets in einer Art und Weise geleitet wurde, dass ich im Nachhinein nun mit Zuversicht auf weitere Bereinigungen blicken kann.

Das, wogegen ich mich sosehr spreizte, löste sich liebevoll auf.

Neue Mütterlichkeit heißt für mich intuitives, liebevolles Begegnen auf Augenhöhe. Neue Mütterlichkeit bedeutet hoffnungsvoll in Richtung Liebe und Freude zu schreiten.

Neue Mütterlichkeit gibt uns Einblick in Strukturen des Zusammenlebens in Liebe und Freude. Neue Mütterlichkeit schafft Vertrauen in einer Gesellschaft, die im Wandel begriffen ist, neue Systeme des menschlichen Miteinanders zu installieren.

Neue Mütterlichkeit gibt uns das Gewahrsein für ein System, welches auf Freiwilligkeit und sinnhafter Neuentdeckung einen Weg im Sinne eines globalen, allumfassenden Wandels ermöglicht.

Neue Mütterlichkeit hat heute, jetzt und hier mit mir bereits ihren Platz eingenommen.

Ich weiß, dass Eltern mit Offenheit Neuerungen harren, die ihnen gesinnt sind.

Ich habe selbst diese Offenheit und Bereitschaft als etwas erlebt, das die Eltern Herausforderungen annehmen lässt, die sie in beglückender Weise in neue Sichtweisen führt, die sie selbst bewirken konnten.

Selbstwirksamkeit zu erleben, ist eine Bereicherung für jeden, der sich auf die intuitive Herangehensweise in einer Art und Weise einlässt, die ihm explorierendes wissenschaftliches Vorgehen zeigt.

Selbstwirksamkeit entwächst einer kindlichen Seinsart, die uns durch die emotionale Bereinigung wieder neuen Zugang zu kindlichen Systemen bietet.

Göttlichkeit

Auf Basis einer reinen kindlichen Seinsebene erhalten wir Einblick in die Göttlichkeit in unserem menschlichen Körper.

Hier und jetzt und allgegenwärtig ist göttliche Präsenz in uns.

Wir haben den Anschluss an die Quelle in unserem innersten Kern verloren. Wir haben die Essenz, die unser Leben in liebe- und lichtvoller Weise erfüllt, zugunsten unserer emotionalen Erfahrungen in einer Weise vergraben, dass wir Erfahrungen machen durften.
Erfahrungen sind es, die uns wieder an unsere eigene, uns wichtige und wertfreie Natur in unserem Inneren zurückerinnern.

Wir haben jetzt und hier und heute diese Möglichkeit, uns wieder an unsere Göttlichkeit im menschlichen Körper zurückzuerinnern.

Es ist uns gegeben, dass wir jetzt, hier und heute uns wieder dieser uns eigenen Kraft in unserem Inneren bewusst werden, dass wir es sind, die wieder fähig werden uns selbst einer Heilung auf allen Ebenen unseres Seins gewahr zu werden.

Das Jetzt, Hier und Heute ist der Schlüssel zu diesem uns innewohnenden, uns verbindenden Teil, der uns zurückbringt in die eigene innere Seinsweise auf einer Ebene, die uns die menschliche Natur in ihrer natürlichen Schönheit näherbringt.

Ich selbst bin es, die sich wieder an diese Quelle zurückverbinden kann. Ich selbst habe mir zugestanden im Abgleich meiner emotionalen Befindlichkeiten mir meiner mir innewohnenden, ureigenen, göttlichen Natur bewusst zu werden.

Abseits jeder spirituellen Strömung war ich selbst geneigt einen Weg für mich zu finden, der mir Leichtigkeit in meinem Alltag bringen sollte.

Ich selbst war es, die begonnen hatte mit Hilfe von CDs mir meiner inneren psychischen Befindlichkeit bewusst zu werden. Ich selbst war es, die Zusammenhänge erkannte und die sich auf meinen mir eigenen Rhythmus, auf die Bereinigung zwischenmenschlicher Beziehungen eingelassen hatte.

Ich hatte keine Ahnung, wohin mich der Weg führen würde.

Ich habe erlebt, dass durch diese Bereinigungen, die vormals ausschließlich mein Familiensystem betrafen, sich meine Beziehungen auf liebevolle Weise in etwas verwandelten, das ich mir erwünscht hatte.
Ich wollte zu meinen nächsten Angehörigen eine liebevolle Beziehung haben. Ich wollte ihnen gern nahe sein. Ich wollte so gern ihnen zu wissen geben, wie wertvoll sie für mich sind.

Ich hatte keine Ahnung, dass dies tatsächlich eintreffen würde.

Meine eigene Erfahrung hat mich auf diesem Weg weitergeführt. Ich habe viele neue Entdeckungen gemacht. Sie alle haben mir, in mir eigenen, mir wertvollen und interessanten Gebieten, neues Wissen vermittelt.

Ich selbst hatte keine Ahnung, was die CDs von Robert Betz wirklich bewirken. Ich habe sie mir zu Gemüte geführt und ich durfte in eine Welt eintauchen, die mir meine, mir nun eigene innere Verfassung widerspiegelt.

Ich habe heute, jetzt und hier neue Systeme des Menschseins in mir selbst entdeckt.

Ich habe begonnen dies aufzuschreiben, da ich mir über gewisse Zusammenhänge nun klar geworden bin.

Ich habe jetzt und hier für mich ein System erkannt, das uns allen dienlich sein kann, auf einer Ebene, die uns jetzt und hier und heute noch nicht gewahr zu sein scheint.

Ich habe ein System erkannt, in dem menschliches Miteinander in einer licht- und liebevollen, präsenten, uns zugewandten Art und Weise Möglichkeiten bietet, die uns wieder und wieder an unsere uns innewohnende Präsenz der göttlichen Allgegenwart anbinden.
Die göttliche, liebevolle Präsenz, die mir nun in meinem Inneren eine Lichtquelle geworden ist, schenkt mir die Kraft, diesen mir eigenen Weg in Richtung Licht und Liebe und freudvoller Daseinsweise zu beschreiten.

Alles, ja, wirklich alles ist reine göttliche Existenz. Alles, ja, wirklich alles ist liebevoller Natur.

Ich kann es erfahren. Der Blick hat sich verändert.
Ich bin geliebt. Ich bin getragen von der göttlichen Quelle der Liebe und des Lichts.
Ich bin mir meiner ureigenen göttlichen Natur bewusst geworden.

Das ist meine neue, mir bewusst gewordene Realität. Die Realität dessen, der diesen Weg beschreitet, ist, die ureigene, dir innewohnende, lichtvolle Kraft deiner selbst in neuem Licht, in dir verankert vorzufinden.

Jetzt und hier und heute hast du die Möglichkeit, dich auf den Weg in Richtung Liebe, Licht und Freude zu begeben.

Ich bin da. Ich bin den Weg gegangen und ich bin im Herzen bereit mit dir diesen Weg zu gehen.

Ich habe mich jetzt und hier und heute, mir dieser Tatsache bewusst, meiner inneren Göttlichkeit gewahr gänzlich an das mir innewohnende licht- und liebevolle Netz derer angebunden, die diesen Weg bereits vor mir gegangen sind.

Viele uns bekannte lichtvolle Meister haben sich in den Dienst an der Menschheit verschrieben. Auch das ist mir bewusst geworden. Viele Künstler trugen diese Botschaft weiter. Überall finde ich Hinweise, die mich wieder an die liebe- und lichtvolle Natur in meinem Inneren erinnern wollten. Viele Gesänge erinnerten mich wieder und wieder an eine mir innewohnende reine Natur, die uns allen zu eigen ist.

Ich habe mich in meinen Gebeten an die göttliche Präsenz angebunden gefühlt. Ich habe einfache Kindergebete lange Zeit für mich persönlich als Quelle einer unglaublichen, starken Gottverbundenheit wahrgenommen. Später habe ich mich an die Natur angebunden gefühlt. Ich habe die starken Kräfte der Natur wieder und wieder erfahren dürfen. Sie brachten mir Heilung und Segen in einer Zeit, in der ich mich allein und verlassen fühlte.

Jetzt habe ich begonnen durch die emotionale Bereinigung mich wieder an mein inneres Leuchtfeuer der eigenen göttlichen Präsenz anzubinden. Meine Kraft in meinem Inneren ist mir allgegenwärtig ein Begleiter auf einem Weg, der mir Hoffnung in eine licht- und liebevolle Zukunft schenkt. Was ich mir erträumt, ist letztlich Tatsache in meinem Leben. Was ich mir erträumt, ist meine neue Realität geworden.

Jetzt und hier und heute habe ich mich meiner mir innewohnenden göttlichen Natur wieder erinnert. Sie ist mir zugegen in einer Zeit, die für viele enorme Herausforderungen in sich birgt.

Heute, jetzt und hier habe ich mich bewusst für eine mir eigene, mich zufriedenstellende, mich berührende Art des menschlichen Miteinanders entschieden.

Jetzt und hier und heute habe ich für mich erkannt, dass dies mein Weg ist.
Ich bin mir selbst nahe. Ich bin mir meiner selbst bewusst geworden, sodass ich jetzt, hier und heute diesen Weg als einen Weg erkenne, den ich mir bereits in meiner Kindheit erträumt hatte. Als ich Kind war, hatte ich Visionen von einer Zeit, die mir Liebe und Freude schenken würde. Ich hatte Einblicke in eine Welt, die mir zugetan ist. Ich hatte die Möglichkeit, mich als Kind an eine mir innewohnende liebevolle Quelle der Liebe und Freude zu erinnern.

Meine eigene Erfahrung sagt mir, dass jeder, wirklich jeder diese Kraft in sich trägt.

Meine mir eigene, innere, göttliche Präsenz ist mir nahe. Sie sagt mir hier und heute, dass ich selbst diese Kraft in mir entfachen kann. Ich selbst habe die Möglichkeit, mich wieder der Lebenskraft in meinem Inneren zu besinnen. Ich selbst habe die Kraft, mich wieder und wieder als etwas zu erfahren, das viel größer als die mir zugegene, persönliche, eingeengte Natur ein Sein widerspiegelt, das unendliche Liebe und Freude in seinem Wesen ist.

Heute, jetzt und hier habe ich mich entschlossen, dass mir alle mir innewohnenden Kräfte im Dienste der Menschheit, das Wesen meiner eigenen, göttlichen, liebevollen Natur eine neue lichtvolle Quelle für alle sein möge.

Ich habe jetzt und hier meine mir eigene licht- und liebevolle Quelle. Hier und heute und jetzt gänzlich als eine Quelle der Liebe und des Lichts als Segen für uns alle verstanden.

Was ich mir heute, jetzt und hier zu eigen gemacht habe, ist Segen für uns alle geworden.

So ist es möglich, dass jeder, du und ich, Segen für uns alle sein kann. Wir alle tragen das göttliche Licht in uns. Wir alle haben unendlich viel Potential in uns, das zum Vorschein kommt, wenn wir uns zurückerinnern an unsere ureigene göttliche Natur. Wir alle sind es, die jetzt und hier und heute im Lichte der göttlichen Natur uns auf den Weg machen und uns eine neue, uns zugeneigte, liebe- und lichtvolle Zukunft in Freude unseres Daseins erschaffen können.

Wir alle sind aufgerufen, dem Ruf aus unserem Inneren zu folgen und das, was ich für mich erschaffen habe, allen zugänglich werden zu lassen.

Liebe und Licht sind mit uns. Liebe und Licht sind in uns. Liebe und Licht sind um uns herum. Liebe und Licht sind in jedem von uns. Liebe und Licht schenken uns Kraft und Segen. Liebe und Licht bereichern uns. Liebe und Licht segnen uns. Liebe und Licht sind zugegen jetzt und hier und heute und morgen und jeden neuen Tag. Liebe und Licht befreien uns. Liebe und Licht sind dir zu eigen.

Ein Segen für uns alle ist in uns. Ein Segen für uns alle begleitet uns jetzt und hier und heute. Meine mir innewohnende göttliche Natur hat mich auf diesem Weg geführt.

Ich war nicht allein, nie und zu keiner Zeit. Immer war dieses Licht, dieses Leuchten in mir. In meinen herausforderndsten Zeiten konnte ich dieses Licht in mir wahrnehmen. Äußerlich gezeichnet hatte ich dennoch innerlich dieses strahlende Licht wahrgenommen.

Meine Liebe zu allem, was ist, hat mich auf dem Weg in eine mir zugängliche Art und Weise hierhergeführt.

Jetzt und hier und heute darf ich erkennen, dass alles, rein alles, was wir in unserer Welt erfahren, im Dienste der Liebe und Segen ist.

Wahres Mitgefühl entspringt der Erfahrung, die wir hier machen. Wahres Mitgefühl ist uns allen zu eigen und kann in der Bereinigung unserer emotionalen Befindlichkeiten hervorgelockt werden.

Wir sind Wesen mit einem göttlichen Kern in uns, der uns leitet und begleitet, uns führt und uns unsäglich und zutiefst liebt.

Wir selbst können uns der Erfahrung hingeben und eintauchen in eine Welt, die uns die Bandbreite unserer emotionalen Befindlichkeiten bietet.

Meine mir ureigene göttliche Natur hat mich eines Besseren belehrt. Ich bin. Ich bin ein energetisches Wesen, welches hier und jetzt und heute Erfahrungen sammelt, um den Facettenreichtum der emotionalen Befindlichkeiten in mir selbst auszuleben. Wir alle tragen sämtliche emotionalen Befindlichkeiten in uns. Wir haben in all unseren Leben diese emotionalen Befindlichkeiten weitergetragen.

Sämtliche uns zur Verfügung stehenden emotionalen Befindlichkeiten kann ich in meinem Gegenüber als die mir eigenen emotionalen Befindlichkeiten wiedererkennen.

Jetzt und hier und heute habe ich mich auf der Ebene der göttlichen Natur an meine mir eigenen emotionalen Befindlichkeiten wieder erinnert. Heute, jetzt und hier habe ich mich im Dienste der Menschheit wieder an diese mir eigenen emotionalen Befindlichkeiten zurückerinnert.

Was ich kann, kannst auch du. Ich kann mich zurückerinnern. Ich konnte im Zuge der emotionalen Bereinigung mehr und mehr von meiner mir eigenen göttlichen Natur entfalten.
Jetzt und hier und heute weiß ich, dass ich diesen Weg auf eine Art gegangen bin, der mir hilft, mich selbst als etwas zu erkennen, das mir in meiner ganzen Bandbreite Wissen über mich und meine innere Natur schenkt.

Heute, jetzt und hier habe ich mich ganz im Dienste für uns alle für einen licht- und liebevollen Neuanfang im Zuge der Bereinigung meiner emotionalen Befindlichkeit entschieden.

Jetzt und hier und heute hat sich meine Sicht auf die Welt verändert in einer Weise, die ich mir für jeden von uns als eine Version einer neuen zukünftigen Perspektive in Richtung Liebe und Licht für uns alle wünsche.

Liebe und Licht sind es, die mir hier und heute und jetzt ihre segensvolle Hand reichen und mit mir diesen Weg gehen. Jetzt und hier und heute ist mir mein eigener Weg ein Symbol geworden, dass jeder, wirklich jeder sich auf dem Weg in Richtung Liebe und Licht befindet.

Licht ist in uns. Liebe ist in uns und will wieder gesehen werden. Heute, jetzt und hier habe ich für mich einen Weg kreiert, der mich erinnert an eine licht- und liebevolle Natur in dir, meinem Nächsten. Das, was ich in mir erlebe, spiegelt sich in dir wider. Das, was ich in mir erlebe, hat etwas mit mir selbst zu tun. Ich kann es mit mir selbst in einer liebe- und lichtvollen Art und Weise als ein Leuchten erkennen.

Das Licht ist in mir und strahlt über mich hinweg, hinaus auf die Erde. Das Licht erhellt unsere Erde.

Bist du bereit dieses Licht in dir zu entdecken? Bist du bereit dieses Licht in dir als Quelle einer uns bereichernden, zukünftigen, menschlichen Natur, als Segen für dich selbst und deinen Nächsten, als Segen für den Planeten Erde und die Schöpfung der Liebe, als Segen für unser Leben und die Elemente Feuer, Wasser, Erde, Äther, Luft zu segnen, indem du dich selbst deiner emotionalen Bereinigung in ausreichendem Maße zur Verfügung im Dienste der Menschheit stellst?

Jeder, wirklich jeder trägt die Kraft in sich, die ihm eigenen, ureigenen menschlichen Gefühle von Liebe und Freude wieder in sich zu entdecken.

Was ich konnte, kannst auch du. Davon bin ich überzeugt. Was ich kann, kann jeder von uns.

Kinder sind offen für die emotionale Bereinigung. „Wie empfindest du in deinem Körper?" hilft ihnen sich ihrer eigenen Befindlichkeit bewusst zu werden.

Ich selbst habe heute, jetzt und hier mit Kindern zu tun. Sie sind es, die in kraftvoller Weise ihrer Emotionalität gerecht werden.

Heute, jetzt und hier hat sich die neue mir innewohnende Kraft als etwas erfahren lassen, das mir Segen ist. Heute, jetzt und hier kannst du dich dieses Segens wieder erinnern.

Impulse für die Erfahrung der Einzigartigkeit

Dir der Bandbreite deiner emotionalen Befindlichkeiten bewusst zu werden, bedarf Ausdauer und Geduld.

Ich habe den Facettenreichtum erfahren. Viele Quellen haben mir geholfen auf diesem Weg zu verharren.

Ich selbst habe mir immer wieder neue Impulse ins Leben gezogen. Einschlägige Verlage haben Bücher zur Auswahl, die mich in eine Welt einführten, die mir bis dahin nicht geläufig war.

Wesentliche Merkmale sind allen diesen Wissensquellen zu eigen. Sie sind getragen von der Liebe und dem Licht der uns innewohnenden göttlichen Natur.

Ich selbst habe mich heute, jetzt und hier auf die Suche nach Lebensinhalten begeben.

Lebensinhalt war mir meine Familie. Ich war voll und gänzlich Mutter. Ich war mir meiner Aufgabe bewusst. Ich wollte eine gute Mutter sein.

Meine Kinder waren mir immens wichtig. Und doch verspürte ich Widrigkeiten, Unstimmigkeiten, Ablehnung, Abwehr, Ungehorsam, wenig Hilfsbereitschaft, Eigensinn, beträchtlich viel Forderung an mich.
Wie konnte das nur sein? Ich war doch da. Gänzlich in meiner Mutterrolle erblühend.

Die klassische Mutterrolle hat mir nicht die Befriedigung geschenkt, die ich mir ersehnte. Ich war oft verzagt. Ich zog mich mehr und mehr zurück in meinen Gemüsegarten. Hier konnte ich mich auf meine Arbeit als Gärtnerin einlassen. Hier wurde ich ruhig und zentriert. Mein Kopf klärte sich und ich war wieder gekräftigt, um mich meiner Rolle als Mutter und meinem Teilzeitberuf zu widmen.
Was machte ich falsch? Ich suchte bei mir und ich kritisierte mich selbst. Ich zog meine Fähigkeiten heran und versuchte im Abgleich mit anderen an Lösungen meiner Thematik zu feilen. Wesentliche Elemente, die ich bei anderen entdeckte, waren nicht in meinem Qualitätenrepertoire zu finden. Also zog ich Schlüsse, ich hätte eine unzureichende Wahrnehmung.

Als Ergotherapeutin mit Wahrnehmungsförderung bekannt, unterzog ich mich diversen Trainings. Ich entdeckte, dass sich Teilbereiche verbesserten, dass andere Bereiche allerdings schwächer wurden.

Eigentümlich erschien mir dies, hatte es doch in meiner Ausbildung geheißen und heißt es noch immer, am besten trainiert man das gänzliche Spektrum an Wahrnehmungsqualitäten. Dies würde den Kindern hilfreich sein.

Ich erlebte an mir selbst, dass ich meine Fähigkeit zu sicherer Rechtschreibung zugunsten der Fähigkeit, auditive Inputs zu differenzieren, verloren hatte. Ich war irritiert. Wie konnte ich nun Texte korrekt schreiben?

Ich musste häufig nachsehen, wie man Wörter schreibt, die mir immer geläufig waren. Mit der Zeit verbesserte sich meine Rechtschreibfähigkeit wieder, aber die vormalige Qualität habe ich in all den Jahren nicht wieder erreicht.

So erlebte ich bei meiner Arbeit Verunsicherung. Sollte ich dem Kind diese Qualität in dieser maschinellen Art näherbringen?

Dies wollte ich nicht mehr. So verschrottete ich das teure Therapiegerät.

Ähnliche Erfahrungen machte ich mit einer Therapiemethode, die über ein technisches Gerät mir Ausgleich in meinem energetischen System schenken und mir Heilung bringen sollte. Ich war mir sicher, dass dies mir eine Befreiung meines Themas bescheren würde.

Wenige Tage nach der Anwendung war es mir unmöglich geworden, Schlaf zu finden. Mein Energiesystem war überladen. Kribbelnde Körperenergie hielt mich wach.

Ich benötigte anderweitige Hilfe eines fachkundigen Menschen, der mich von den Fremdenergien wieder befreite. Spannenderweise erfolgte die Bereinigung in kurzer Zeit.

Mein Energiesystem faszinierte mich. Spannung schien meinem Körper ein befremdlicher Faktor zu sein. Bereinigung erhielt ich immer wieder in der Natur. Der Aufenthalt in der Nähe eines Wasserfalls brachte mir spürbare Erleichterung und Klärung in meinen Energiehaushalt. Meines Erachtens hat die Natur eine reinigende Wirkung auf uns Menschen.

In einem geklärten Energiehaushalt war es mir möglich, meine Wahrnehmungen zu schärfen.

Heute, jetzt und hier weiß ich, dass ich mich den Gefahren von Elektrosmog, energetischen Unreinheiten in jeglicher Richtung mittels emotionalen Abgleichs zu nähern vermag.

Alles, wirklich alles ist mit einer emotionalen Signatur belegt, je nachdem, welche emotionale Befindlichkeit sich hinter einer Thematik vorfindet.

Meine Neugier hat mich in die Welt der Emotionalität eintauchen lassen. Das Wesen der emotionalen Struktur zeigt sich, je nachdem, wie tief wir uns auf die Bereinigung der emotionalen Qualitäten eingelassen haben.

Manche Menschen haben sich ihrer Emotionalität im Jetzt und Hier gestellt. So ist es ihnen unbewusst gelungen, Strukturen für sich zu installieren, die ihnen Sicherheit in einer unsicheren Welt schenken.

Ich habe Menschen bewundert, die trotz äußerster, emotional tiefgreifender, häufiger Anforderungen in ihrer Mitte weilten. Ich sah sie weinen. Ich sah die Herausforderungen auf einer Ebene der Überdimensionen. Unglaubliche Stärke entsprang diesen Menschen. Eine unerklärliche positive Lebenseinstellung begleitete sie.

Unwahrscheinliches scheint machbar. Machbar auf eine Art und Weise, die mir Lebensmut entlockte.

Meine eigenen Ressourcen waren oft erschöpft. Müde und ermattet empfand ich Ausweglosigkeit aus einem System, welches mir nicht die entsprechenden Ressourcen bereitgestellt hatte, so glaubte ich vormals.

An einer Freundin, die, mit höchsten Gaben ausgestattet, eine höchst lebensverachtende Ausstrahlung widerspiegelte, erkannte ich, dass Ressourcenreichtum keine Messlatte für innerliches Wohlbefinden darstellte.

Selbst nun eines Besseren belehrt, erkannte ich für mich in einer geführten Meditation, die sich auf körperliches Befinden fokussierte, dass ich selbst Ressourcen in mir trage, die mir bis zu diesem Zeitpunkt nicht bewusst waren.

Ich erkannte für mich, dass mich Gespräche über meine Herausforderungen in eine mir unbewältigbare Fülle an sinnierenden Inhalten manövrierten, dass ich in meinem Gedankenkonstrukt hängenblieb und sich mein Leben fortwährend um diese herausfordernden Thematiken drängte. Als Opfer wahrgenommen, hatte ich kaum Ressourcen, um mich Anderweitigem zuzuwenden.

So entfaltete sich nun eine Beziehung zu mir selbst, die alles andere als liebenswert zu nennen ist.

Eingeengt in meinem Gedankenkonstrukt erschuf ich mir fortwährend neue abwertende, meiner selbst unwürdige Theorien des Misslingens.

Abgekapselt in angstvollen Zuständen des Nichtgutgenugseins, des Versagens, des Ungeliebtseins, des Ausgebremstseins, des Nichtkönnens, des absoluten schwarzen Schafs, erdachte ich mir Systeme, die mir hilfreich sein könnten.

Auf meine körperlichen Ressourcen aufmerksam geworden, wusste ich, was mir selbst hilfreich sein könnte.

Bücher gaben mir weitere Einblicke in eine Welt möglicher Zusammenhänge. So angelte ich mich selbst Nuance für Nuance aus einem Sumpf, der mir wenig Lebensperspektive war.
Verachtende Strategien konnte ich loslassen. Gedankenbeobachtung half mir meiner eigenen ängstigenden Konstrukte gewahr zu werden. Die Fokussierung auf Außenwahrnehmung und der mir eigenen körperlichen, inneren und äußeren Energiefülle half mir mich selbst verbessert wahrzunehmen. Enthusiastisch verfolgte ich einen neuen Weg, der mich selbst in den Mittelpunkt stellte.

Zahlreiche Strukturen, die mir bis dahin einen Lebensinhalt gaben, waren zerbrochen. Meine eigene Scheidung erinnerte mich an mein persönliches Versagen. Der Scheidungskrieg brachte mich an meine äußersten persönlichen Grenzen. Gewillt friedliche Lösungen zu finden, erkannte ich, dass meine Ressourcen, die ich für heilig erachtete, nicht entsprechend gewürdigt wurden. Durch Versagensängste, lebensbedrohliche Zustände des Misslingens in einem System, das mir meine Selbstbestimmtheit zu nehmen drohte, war ich der Unterwerfung und Machtlosigkeit ausgeliefert. Einzige Klarheit war ein Thema, das ich in der Öffentlichkeit an den Mann, die Frau bringen konnte. Verzagt, verängstigt, allem misstrauend, bevorzugte ich den Wald, um mich darin einer Erdung zuzuführen. In einem Augenblick des mächtigsten Desasters hörte ich über eine innerliche Stimme das Wort „Jetzt".

„Jetzt" war tatsächlich ein Augenblick der Ruhe und des Friedens. Ich konnte mich nicht beklagen. Ich war im Wald. Die Vögel zwitscherten. Die Natur zeigte sich in ihrer vollen Pracht. Die Bäume, erhaben, spendeten mir Schatten. Die Frühlingsblumen blühten. Die Sonne strahlte warm und belichtete den Waldboden. Ich war geerdet. Jetzt. Hier und jetzt. Tatsächlich nahm ich wahr, dass, dem Hier und Jetzt gewahr, ich mich wohlfühlte.

Das andere war auch zugegen. Allerdings nur, falls meine Gedankenkonstrukte überhandnahmen. Meine Gedanken hatten viel Macht über mich.

Wie konnte ich ihnen wirklich Frau werden? Alles in allem waren mir meine Kinder am wichtigsten. Sie zu verlieren, brachte mich in eine Bedrängnis, die ich nicht zu erklären vermag. Gänzlich ausgeliefert zu sein und nun angewiesen auf ein Urteil, das sich an Äußerlichkeiten orientierte, gänzlich eingeengt in meinem persönlichen Schatten, der sich mehr und mehr in mir ausbreitete, verlor ich zusehends mein äußerliches und innerliches Energiepotential.

Ausgeliefert an ein System, das bewertende Maßstäbe setzt, die sich an Begebenheiten in höchster Not orientieren, menschenverachtende Systeme, die Partner, die sich in Liebe zugetan waren und deren Lebensziele sich spreizten, zu Gegnern machte, um ihrer eigenen, ausgelieferten, durch Selbsthass initiierten, ausweglos erscheinenden Position Herr/Frau zu werden, war ich in meiner Vorliebe, friedliche Lösungen zu finden, wiederum und wieder und wieder gescheitert.

Bereits die Jahre zuvor suchte ich friedliche Lösungen. Ausdauernd war ich. Dies gestand ich mir immer zu. Doch schließlich zweifelte ich dahingehend, dass mein Versuch einer friedlichen Lösungsfindung, allen gerecht zu werden, der richtige Weg ist. Zweifel, Versagen, Hilflosigkeit nagten an mir, zehrten mich aus, verzehrten mich.

Wehmütig sah ich mich im von mir scheidenden Garten um. Ich nahm mit Erstaunen war, dass ein unsichtbares Band mich mit diesem von mir gepflegten Garten verband. Das Band war fest. Ich war bereit zu gehen. Doch da war der Garten. Das Haus konnte ich loslassen. Hierher gehöre ich nicht, sagte mir eine innerliche Stimme, als ich in unser mit meinen eigenen Händen erbauten Haus einzog. In Bedrängnis schon viele Jahre vor der Scheidung von meinem von mir geliebten, aber bewerteten Mann, wusste ich, dass ich mir ein neues Zuhause suchen sollte.

Doch Scheidung war für mich tabu. Tabuzonen zu überschreiten war eine innerliche Hürde gigantischen Ausmaßes. Der Garten hielt mich. Das Band zu den Kindern war immens. Meinen von mir geliebten Mann wollte ich nicht verletzen und ich wollte ihm nichts unterstellen, war ich mir meiner eigenen Grenzen und der Individualität und der Ängste bewusst.

Ich wusste um meine Grenzen, aber ich wusste nicht wohin dieser Weg mich und uns alle führen würde. Gedemütigt bis ins Letzte zeigten sich mir innerliche Bilder der Selbstzerstörung, die ich nicht umzusetzen im Stande war.

Ein einziges, innerlich wahrgenommenes Band hielt mich am Leben. Das väterliche Band war es, das mir das Leben rettete. Kein anderes Band konnte ich wahrnehmen. Die fortlaufende Zugewandtheit meines Vaters konnte ich spüren, fühlen, wahrnehmen. Ich war mir dieses innerlichen Bandes über all die Jahre hinweg bewusst.

Über die Jahre hinweg hatte ich die energetische Wirkung von der Beziehung auf einer Ebene wahrgenommen, die mich unsichtbar empfänglich machte, für etwas, das in unserem Erziehungssystem keinen Platz findet.

Gravierende, wesentliche, interaktive Prozesse laufen auf einer Ebene, die der sichtbaren Ebene verborgen sind. Meine eigene Fühligkeit hat mich immer einen Weg gehen lassen, der mich innerer, intensiver, liebevoller, besonderer, umsichtiger, wesentlicher, praktischer, hilfreicher Einsichten aus einem Feld gewahr werden ließ, welches ich nicht als allgemein einsichtig erkenne. Meine heutige Anbindung an ein Feld des Wissens, welches im Volksmund Akasha-Chronik genannt wird, ist mir nie bewusst gewesen.

Meine Erfahrungen, die ich in meinem Leben machte, haben mich in eine Welt geführt, die mir gänzlich Neues in mein Leben bringt. Hatte ich im Vorfeld einige herausragende Herausforderungen zu bewältigen, so weiß ich heute, dass sie mich in eine Welt der emotionalen Bereinigung führten, um aus all den Erfahrungen die Essenz der Erfahrung zu kreativen, konstruktiven, in sich stimmigen, besonderen, wesentlichen Bausteinen für eine neuerliche Erfahrungswelt in meinem Leben werden zu lassen.

All die Erfahrungen des Versagens, des Missgeschicks, des unzureichenden Gewahrseins, des Misstrauens und der Abneigung führten mich durch mein Leben. Jetzt und hier weiß ich, dass ich all die Erfahrungen gebraucht habe. Ich selbst habe diesen Weg in einer Weise gewählt, die ich für mich in meiner Entfaltung in Richtung Liebe und Licht als den Weg erachte, der mir Hoffnung für eine Zukunft in Liebe und Licht schenkt.

Meine Freude und Zufriedenheit mit mir selbst sind das Ergebnis meiner emotionalen Bereinigung, die ich mir selbst erarbeitet habe. Hatte ich herausfordernde Zeiten zu bewältigen, so heißt dies, dass sämtliche Erfahrungen, die ich machte, es mir erlauben, mich einem Bild von mir zu nähern, welches all die Strukturen der menschlichen Erfahrungswelt beinhaltet, weil ich durch meine Erfahrungen mit anderen Menschen auf emotionaler Ebene in Verbindung treten kann.

Meine heutige Sicht gibt mir Einblick in eine Welt, die in Liebe uns Menschen zugetan ist. Zahlreiche Helfer und Hilfsgegenstände führen uns durch die Welt der Erfahrungen, um letztlich Mitgefühl füreinander zu empfinden.
Meines Erachtens hat das Mitgefühl eine direkte Auswirkung auf die mitmenschlichen Beziehungen und die Heilung und Entfaltung meines Mitmenschen.
In meiner Arbeit erkenne ich Zusammenhänge, die mir die Auswirkungen des Mitgefühls für die Menschen in ihren prekären Situationen zu sein scheinen.

Körperbewusstsein

Mein innerer, intuitiver Seinszustand, der sich in herausfordernden Situationen meiner inneren Befindlichkeit entsprechend den emotionalen Gegebenheiten stellt, hat sich in einer Art und Weise verändert, die mich bedeutend in Richtung der Heilung meines Körpers führte.

Mein Körper steht in direkter Beziehung mit der Gefühls- und emotionalen Welt. Mein Hintergrund, der sich in den Herausforderungen des emotionalen Abgleichs abzeichnet, ist mir liebevoll zugeneigt. Ich kann diese Liebe als ein Gefühl, das sich in meinem Körper als ein pelziges Empfinden zeigt, deutlich als ein mir positiv zugewandtes Empfinden wahrnehmen. Alles, ja, alles hatte einen Sinn.

Es hat mich auf einen Weg geführt, der mir Zuneigung, Freude, Liebe und all die Qualitäten schenkt, die ich aus einer fröhlichen Kindheit mir in Erinnerung rufen kann. Meine besonders in Erinnerung behaltene Liebe zur Natur hat sich als etwas mir Heilung Schenkendes erwiesen. Die Besonderheit liegt darin, dass sämtliche Anlaufstellen, die ich in meiner Not angeheuert hatte, in gewisser Hinsicht an ihre Grenzen kamen.

Mein innerer Zustand, der sich nach Liebe und Geborgenheit sehnte, ist fähig sich selbst zu nähren. Dies zu erkennen, ist auf die Ausrichtung meiner Gedanken in Richtung Liebe und Freude, auf die dankbare Haltung, die mir zu eigen wurde, und auf die Wahrnehmung meiner emotionalen Befindlichkeit und die ausreichende Würdigung meiner emotionalen Welt im Augenblick des Aufflammens zurückzuführen.

Meines Erachtens hat jeder die Fähigkeit, sich selbst einer emotionalen Heilung zuzuführen.

Kinder sind besonders offen für diese Art der Heilung. Kinder freuen sich, wenn ich ihre emotionale Erfahrung anerkenne und ihnen behilflich bin, sie durch diese emotionale Gegebenheit hindurchzubegleiten.

Meines Erachtens haben Eltern die Ressourcen, die den Kindern zurzeit vorenthalten sind. In meiner Arbeit nehmen die Eltern dankend die Impulse an. Den Herausforderungen einer Verhaltensveränderung bewusst, ist es erfahrungsgemäß der Wunsch der Eltern, dennoch einen Weg zu beschreiten, der ihnen die Begegnung mit ihrem Kind in Liebe und Freude schenkt.

Die interaktive Herausforderung, die täglich sämtliche Eltern meines Arbeitsumfelds, inkludierend Geschwister, weitere Verwandte, Freunde und Schulkollegen, zu meistern haben, beschränkt sich heute. Eine neue Sichtweise macht sich breit. Perspektiven der Möglichkeit, die Eltern in Eigenversuchen im Handling mit ihren Kindern erproben, schenken ihnen Erfahrungen, die sie in wiederholter Weise mehr und mehr in Richtung liebe- und freudvoller Interaktion mit ihrem Kind geleiten.

Was als eigenwilliges Projekt begonnen hat, erweist sich als Segen für eine freudvolle Gestaltung der Beziehung in den Familien. Meines Erachtens habe ich ein System entdeckt, welches mir selbst Segen in meiner Arbeit darstellt. Meine Freude, mein Enthusiasmus, meine schöpferische Fähigkeit, meine Liebe zur inneren Welt der kreativen Prozesse, meine emotionalen Herausforderungen, die in der Reflexion zu segensvollen Inspirationen werden, begleiten mich in meinem Prozess, Erfahrungen zu sammeln und daraus kreative Lösungsmöglichkeiten herauszufiltern. Alles, was da ist, hat seinen Sinn.

Ein sinnerfülltes Leben erachte ich nun als großes Geschenk, welches ich gerne mit jedem teile, der seine Freude am selbstbestimmten Tun entfalten möchte. Ich begleite die Familien entsprechend ihrer Öffnung. Mehrfaches Wiederholen der Erfahrungen in Richtung licht- und liebevoller Beziehung und damit Autonomie auf sämtlichen Ebenen sind die Ziele meiner Förderung. Den Eltern die Verantwortung übergebend, sind sie es, die sich in aktiver Herausforderung annehmend der Interaktion auf Basis der Liebe und Freude stellen und schließlich einen liebevollen interagierenden Part entsprechend ihrer eigenen Vorstellungen übernehmen. Sie sind es schließlich, die sich wünschen, imstande zu sein, die täglichen Herausfordernden mit ihren Kindern zu meistern.

Ich führe neuartige Interaktionsmodelle ein. Perspektivenwechsel auf Basis von Liebe und Freude geben ihnen die Möglichkeit, selbst explorierend ein Kraftfeld aufzubauen, welches im Dialog mit ihrem Kind eine Frequenzveränderung in Richtung Selbstbestimmtheit, Exploration, Fokussierung, staunendes Sein, mannigfaltiger Bewusstheit und liebevoller Annahme der Eigenart und Einzigartigkeit eines jeden befürwortet.

Meines Erachtens habe ich in den Familien den Part der Bewusstmachung von Veränderungsprozessen eingeleitet. Mit Hilfe meiner Wahrnehmungsperspektiven, die dem kollektiven Bewusstseinsfeld entstammen, ist es mir möglich geworden, Veränderungsprozesse einzuleiten.

Meines Erachtens kann jeder, der sich der emotionalen Bereinigung im Augenblick des Auftreffens der Erfahrung stellt, sich dieses Wissen aneignen. Möglicherweise gibt es bereits Menschen, die diese Erfahrung mit mir teilen.

Ich hege den Wunsch, Freude als Urprinzip jeder Familie und jedem einzelnen Kind in seiner Einzigartigkeit zu ermöglichen. Einzigartige Kinder haben einzigartige Eltern, die es verdienen in ihrer herausragenden Rolle entsprechend Würdigung und Beachtung in ihren Qualitäten und Kompetenzen zu erfahren.

Mütterlichkeit aus einer Perspektive der Selbstachtung zu erfahren, wird all jenen möglich, die sich diesem Prozess in einer emotionalen Bereinigung in liebevoller Art und Weise zu stellen bereit sind.

Freude und Liebe im interaktiven Prozess als Segen in einer zukünftigen, gemeinsamen, interagierenden, schöpferischen, individuellen Familiengemeinschaft zu erfahren, schenkte mir das Vertrauen und die Hoffnung für uns alle.
Den Weg im Einzelgang beschritten, weiß ich ob der Herausforderung und bin mir gewiss, dass die Familien es selbst sind, die die Kraft in sich tragen, diesen Weg in Eigenverantwortung als den richtigen Weg für sich zu erkennen.

Mittels meiner wahrnehmenden Fähigkeit hat sich ein System in Bewegung gesetzt, welches ein neuartiges interagierendes Modell zu installieren in der Eigenverantwortlichkeit der Familien im Begriff ist.

Wahrnehmungstraining auf individuelle Art und Weise nach intuitiven Prinzipien hat mir diesen Fokus ermöglicht.
Jetzt und hier und heute bin ich es, die sich an neuen interagierenden Systemen im Beisein der Familien erfreuen kann.

Die Herausforderungen in den Familien sind vergleichsweise groß, haben die Kinder oft zusätzliche Herausforderungen gesundheitlicher Natur.

Meine Interaktion verändert den Fokus von behindert auf liebevoll, von unselbständig zu selbständig im Rahmen der Möglichkeiten, von unaufmerksam zu einer Fokussierungsfähigkeit im Rahmen der Eigeninteressen, die sich in der Interaktionsveränderung vermehren. Unangepasstes Verhalten räumt sozialem Verhalten in höchstem Maßstab den Platz ein.

Vollkommene Hilfslosigkeit gibt der selbständigen, selbstwirksamen, eigeninitiativen Persönlichkeitsstruktur Selbstverständnis. Was vorab ein soziales Desaster darstellte, löst sich in selbstinitiierter Weise auf.

In Beziehungen auf Basis „jeder ist seines Glückes Schmied" weiß jeglicher Beteiligte ob seiner Präferenzen im Sinne, was der Seele Freude schenkt, ist hilfreich.
Sind es explorierende Thematiken? Sind es wahrnehmungsfördernde Präferenzen? Sind es soziale Kompetenzen? Entsprechend der Eigenwahrnehmung ist jeder für sich bereit, sich den Raum so zu gestalten, dass neue Möglichkeiten in seinem Leben die Chance auf Entfaltung erhalten.

Was mir vormals ein Hindernis darstellte, wurde zu einer Kompetenz in meinem Leben. Was mir vormals öde und langweilig schien, errang Priorität in meinem Leben. Was mir ein Dorn im Auge war, gewann an Schönheit.

Erst der emotionale Abgleich hat mir diese Chance zu großräumiger Veränderung in meinem Leben eingeräumt. Sichtweisen, die mir befremdlich waren, gehören in meine Perspektive in Richtung Liebe und Freude. Was ich gestern erlebte, hat sich als segensvoll in meinem Leben entpuppt.

Wahrer Wandel in eine mir unbekannte Zukunft erlaubt es mir, in einem Fokus auf das Hier und Jetzt und Heute Freude in jedem Augenblick meines Seins zu erfahren. Wer sich dieser Tatsachen bewusst wird, der hat seinen Fokus auf die Liebe und Freude in seinem Leben zu lenken vermocht.

Was ich mir erträumt, ist nun Wirklichkeit geworden. Ein wahrer Segen für die Familien. Ein Segen für mich. Herausfordernd gestern, so ist es heute eine Freude in der Interaktion mit den Familien. Herausragende Themen sind in meinem Beisein erwünscht, da ich genau in diesen Augenblicken den Familien die passenden Perspektivenwechsel geben kann. Für mich herausfordernd, denn die emotionalen Beweggründe, die die Themen aufwerfen, haben generell auch mit mir selbst zu tun.
In der Eigenreflexion erkenne ich die Hintergründe für das Verhalten der Kinder und kann so die Folgeeinheit entsprechender Interaktionen gemeinsam mit den Eltern ermöglichen. In meinem Beisein werden die Kinder herangeführt sich ihrer selbst und ihres Handelns bewusst zu werden.

Die Veränderung konkret

Meine Aufgabe hat sich in vielfacher Weise gewandelt. Das Kind wird in selbständiges, zielorientiertes, fokussiertes, bewusst manipulierendes, praktisch dominiertes, explorierendes Handeln in wissenschaftlicher Art und Weise eingeführt. Des Weiteren erfolgt der emotionale Abgleich in seinen Aktionen, die herausfordernder oder aber gelungener Natur sich darlegen. Meine Bereitschaft, mich als Beobachter der Handlungsfolgen zu erklären, gibt dem Kind den Raum, den es für die Wiederentwicklung seiner kindlichen Prioritäten nötig hat. Werde ich um Hilfestellung gebeten, so versuche ich das Kind mittels Fragen bezüglich seiner Vorstellungen seines Wunsches entsprechend in ein selbstwirksames Handeln zu begleiten. Aus erhöhter Anstrengungsbereitschaft wird Freude am selbst bewirkten Ergebnis, welches das Kind in höchstmöglicher Selbständigkeit erreichte.

Hat das Kind mehrmals eine Hürde in Richtung selbstwirksamer Handlungsweise erreicht, erfährt das Kind oft erstmalig ein Erfolgserlebnis, welches sich in erhöhter Anstrengungsbereitschaft manifestiert. Bei manchen Kindern dauert dieser Prozess wenige Stunden, bei anderen Kindern kann sich diese Herangehensweise jedoch auf ein halbes Jahr und länger hinauszögern. Zu sehr ist die Fokussierung auf die umgebenden Menschen gerichtet, dass sich die Selbsterkenntnis meines Erachtens zögerlich ihren Weg bahnt.

Die Bereitschaft der Eltern, in diesem Prozess eine Aufgabe ihrerseits zu übernehmen, ist vonnöten.

Meines Erachtens ist eine sprachliche Barriere eine Herausforderung, die jeglichen Wandel in die Länge zieht. Sosehr die Eltern gewillt sind am Veränderungsprozess teilzuhaben, so unmöglich scheint die Erkenntnis ob der emotionalen Befindlichkeit, sich in der anderen Sprache als Notwendigkeit zu manifestieren.

Diese Tatsache hegt weitere Erkenntnisprozesse. Zeichnerisches Darlegen des Sachverhalts hat bereits manche Hürde genommen. Eine weitere Ausdrucksmöglichkeit ist die mimische Darstellung der emotionalen Herausforderung. Die Pantomime spielt meines Erachtens in der kreativen Darstellung für Kinder im Autismus-Spektrum eine wesentliche Rolle.

Gegebenheiten einer emotionalen Qualität zuzuordnen, gehört zu den herausfordernden Lernerfahrungen.

Generell mundmotorische Gegebenheiten sind etwas Hinweisendes in Richtung „sieh mir bitte in die Augen". Beinahe absonderlich erscheint mir der Gedanke, dass Kinder im Autismus-Spektrum des Blickkontakts nicht mächtig zu sein kategorisiert sind.

In meiner Arbeit erlebe ich einzigartig tiefe, bewusst selbstinitiierte Blickkontakte in einem Ausmaß, welche eine Vielzahl Kinder außerhalb des Autismus-Spektrums nicht in dieser Intensität zeigten. Wachsamem Beobachten entgeht ein Blickaufnahmeversuch dennoch da und dort. Versuchte Angebote können in liebevoller Weise wiederholt nachgeholt werden.

Ausnahmsloses Interesse am Agieren und der Natur meines Schützlings helfen uns beiden Vertrauen zueinander zu fassen. Den vertieften Blickkontakt als Kompetenz des Kindes zu erfassen und entsprechend zu würdigen, hilft dem Kind in selbstbewirkter Weise sich angenommen und wahrgenommen zu empfinden.

Versuchte Blickkontaktaufnahme mittels Aufforderung irritieren das Kind und schenken häufig Blicke, die ins Nichts eintauchen. Zahlreiche Versuche, ein Kind zu passablem Blickkontakt zu bewegen, enden gern in Überfokussierung, veränderter Nähe-Distanz-Aufnahme, abnormer Gesichtszüge in Richtung Verzerrung und ausreichend fremdgesteuerter Unselbständigkeit in Richtung „mein Gegenüber sagt mir, was zu tun ist". Kontraproduktive Interaktion verhindert die Selbstwirksamkeitserfahrungen.
Jegliche Anerkennung der Eltern in ihrer Rolle als Herausforderungsmeister schenken dem Kind Anerkennung von Seiten der Eltern. Gestärkt in ihrer Rolle, der intensiven Herausforderung entsprechend gewachsen zu sein, hilft es ihnen, Strukturen ins Leben zu ziehen, die sie an ihre Position der schöpferischen Gestalter erinnern.

Gnadenlos scheint das Schicksal gewesen zu sein, doch die tiefe Liebe und Freude des Kindes im Autismus-Spektrum schenken den Eltern ein tief empfindbares Gefühl der Ausgewogenheit in ihrem Wesen. Was ich heute noch als Schicksalsschlag empfunden habe, wird morgen zu tief empfindbarer Zuneigung zum Kind.

In der Erfahrung im Rahmen des emotionalen Gleichgewichts erscheint mir die Tiefe der Zuneigung der Eltern zu ihrem Kind ein Phänomen zu sein. Geschwister wie Eltern haben ihre Zuneigung zum Kind in einer Tiefe verankert, die mir als Förderer eine bewundernswerte, achtungsvolle Haltung gegenüber der Familie in ihrer übergroßen Herausforderung entlockt.

Bewusst wahrgenommen, erhalte ich die Botschaft, dass diese Liebe dem Wesen des Kindes im Autismus-Spektrum entspringt.

Verweigerndes Verhalten ist eine Tatsache der fordernden, manipulativen, erwartungsgesteuerten Interaktion, die das Kind im Autismus-Spektrum in eine Ecke drängt. Haben die Eltern das Prinzip des Perspektivenwechsels verstanden, sind sie bereit hilfreiche Strukturen selbstinitiiert zu erschaffen.

Was eine Herausforderung darstellte, erfährt eine neue Blickrichtung in Zusammenhang mit einer schöpferischen Art, Lebensprozesse in Gang zu halten und kreative Seinsweisen ins Leben zu ziehen. Tatsachen werden erkannt, selbstinitiierte Veränderungen verursachen erneute Erfahrungsprozesse in Richtung Liebe und Freude.

Gedemütigte Eltern ergreifen die Regie und kreieren in selbstbestimmter Weise ein Leben, welches ihnen zuvorkommender ist.

Meines Erachtens tragen die Eltern die herausragende Rolle der kreativen Alltagsbewältigung. Ich als Initiator von übergeordneten Perspektivenwechseln habe meine Aufgabe als Förderin, in weiterer Folge als Systemerhalter in Richtung, welches Material ist dem Kind gewachsen, ihm Entfaltungsprozesse zu ermöglichen.

Zahlreiche einfach strukturierte Materialien, die jeder Haushalt in seinem Inventar benötigt, sind Ausgangslage für den erfolgreichen Interaktionsaufbau. Jeder Haushalt hat Schere und Kleber, einen Ball, verschließbare Dosen, Malfarben und Becher zum Ein- und Umfüllen von Materialien. Jeglicher Haushalt verfügt über dem Kind angenehm gewordene Gewohnheiten in Bezug auf Einrichtungsgegenstände, die in der Beziehung zum Kind einen wesentlichen Beitrag in Richtung angenehmer Strukturen leisten. Verschließbare Türen, Öfen, die befeuert sind, mit ihren züngelnden Flammen, Lichtschalter, Waschmaschinen, drehende Ventilatoren, ausgleichende Bodenstrukturen, erkennbare Lichtreflexionen, mutmaßende Elektrogeräte im Einsatz, wie Staubsauger, Föhn und Diverses mehr, enthalten Botschaften für das Kind, welche ihm Selbstregulation im Sinne, ich kann für mich selbst einen Energieausgleich bewirken, ermöglichen.

Hat das Kind die Möglichkeit der Selbstregulation in seiner Form erkannt, geschieht Wesentliches im Rahmen der Selbstwirksamkeit. Das Kind erfährt sich selbst als autonom. In einer autonomen Struktur eingebettet ist es dem Kind möglich, im Rahmen eines emotionalen Abgleichs, welcher ebenso bei Kindern, die der Sprache nicht mächtig sind, erzielt werden kann, einen Ausgleich in der emotionalen Befindlichkeitsstruktur zu bewirken.

In autonomen Befindlichkeiten eingebettet, erkennt das Kind Chancen der Selbstentfaltungsmöglichkeiten. Erst in der Veränderung der interagierenden Voraussetzungen wird eine Selbstzuwendung an andere als den energieausgleichenden Strukturen ermöglicht.

So hat sich unsere Gesellschaft zahlreiche Ersatzmöglichkeiten zu kreieren bemüßigt, die jedoch das Kind aus seiner impulsgesteuerten Wahrnehmung seiner intuitiven Fähigkeiten enteignet. Was im Vorfeld als erfolgreich angesehen war, entpuppte sich als Hemmschuh der eigeninitiierten wissenschaftlichen Herangehensweise der Kinder im Autismus-Spektrum. Was gestern ein Segen schien, erweckte in mir selbst Überforderung, denn die Kontrolle über ein System, welches an jemanden herangetragen wird zu halten, ist zwar möglich, erfordert jedoch ein sehr hohes selbstreflektierendes Potential, welches den Familien, die den Herausforderungen täglich, Tag und Nacht, gegenübergestellt sind, nicht in nötiger Kleinstarbeit zu erübrigen aufgebürdet werden sollte.

Ich für meinen Teil, die ich selbst Kinder großgezogen habe, empfinde es als Anmaßung, von äußerlichen Systemen herangetragene Herausforderungen im Alltag, die einen Hemmschuh für die Beziehung der Eltern zu ihrem Kind darstellen, übergestülpt zu bekommen, seien sie auch noch so gut empfunden.

Kreative Eltern gestalten aus der inneren Gewissheit, sich und ihrem Kind eine liebe- und freudvolle Struktur zu erschaffen.

Was mir unmöglich schien in einem System der Zubringung von Ideen und Erwartungen an die Eltern, die in Überforderungen mündeten, erhält jetzt und hier und heute eine Bandbreite, die den Eltern gerecht zu werden scheint.

Was mich abschreckte, um als Kind in explorierender Weise mich zu entfalten, das hemmt jegliches Kind in seiner Entfaltung.

Wesentliche Voraussetzungen werden durch den Fokuswechsel in eine Bahn der Möglichkeiten gezogen.

Heute, jetzt und hier habe ich die Möglichkeit, Kindern die Chance zu bieten, sich in explorierender Weise kreativ zu entfalten, ihr ureigenes, mitgebrachtes Potential auszuschöpfen und segensreiche Beziehungsmuster zur Entfaltung zu initiieren. Mütterlichkeit als Segen für uns alle, denn intuitives Geschehen wird der Mütterlichkeit zugeordnet, erfährt eine Neuentfachung in dem Sinne, dass Mütterlichkeit in ihrer Wertigkeit ein Potential enthält, welches immense Auswirkungen auf die menschliche Gesellschaft in ihrer Auswirkung beinhaltet.

Wer sich dem emotionalen Abgleich in seiner Bandbreite an emotionalen Befindlichkeiten stellt, erfährt die intuitiven Gegebenheiten als Segen für einen Entfaltungsprozess, der jeder selbstaufgebürdeten Last entbehrt.

Was ich heute, jetzt und hier als enorme Herausforderung wahrgenommen habe, wird im emotionalen Abgleich als Struktur in Richtung licht- und liebevoller Seinsweise einer Leichtigkeit, Wendigkeit, enormer Potentialerweiterung zum Segen für jeden, der sich der Herausforderung des emotionalen Abgleichs stellte.

Meine eigene herausfordernde Entfaltung in Richtung Liebe und Licht hat mich eine Bandbreite an Neuerungen erfahren lassen, die mir selbst nach wie vor ein Rätsel aufgeben. Außerordentliche Fähigkeiten, die ich nie und nimmer besaß, bereichern nun mein Leben.

Sprachliche Barrieren in Richtung Hilflosigkeit, mich sprachlich gewandt zu äußern, erfuhren einen mir nie vorstellbar gewesenen Wandel in Richtung Sprachrichtigkeit. Fähigkeiten der optischen Gestaltung schienen anderen Menschen vorbehalten zu sein. Farbkreationen überforderten mich. Geschmackliches kreatives Kombinieren erschöpfte sich in gleichmütiger Kochbuchkreation.

Die Fähigkeit, passende Kräuter, Blätter, Nahrungsergänzungsmittel in einer rohköstlich veganen Ernährung zu erfühlen, bringen mir Ausgewogenheit im Rahmen des bis jetzt bewältigten emotionalen Abgleichs.

Was mich in überbordende Verzweiflung brachte, löste sich im emotionalen Abgleich in eine nie dagewesene Einfachheit auf. Gesetzmäßigkeiten, die mir Herausforderung waren, erlebten eine nahezu gänzliche Wahrnehmungsveränderung.

„Was du heute kannst besorgen, das verschiebe nicht auf morgen" löst sich in einer dem Hier und Jetzt zugewandten Seinsweise auf. „Was Hänschen nicht lernt, kann Hans nimmermehr" kann ob der Tatsache der neu entdeckten Entfaltungspotentiale in seiner Prägnanz entmachtet werden.

Ich selbst harrte der Tatsache, dass meine Fähigkeiten, Neues zu speichern, einem konstanten Verfall zugeordnet werden konnten. Tatsächliche Angst vor dem Alterungsprozess ist im emotionalen Abgleich eine der zahlreichen Möglichkeiten, sie der emotionalen Bereinigung zuzuführen und den Alterungsprozess als eine segensreiche Erfahrung in sein Leben zu integrieren.

Was mich bemüßigte mich zahlreicher ärztlicher Untersuchungen vormals zu unterziehen, erkenne ich jetzt im emotionalen Abgleichverfahren als emotionale Äußerung meines Körpers im Sinne dessen, dass diese körperliche Regung beachtet und empfunden werden möchte.

Heute, jetzt und hier habe ich mich diesem emotionalen Abgleich gestellt. Heute, jetzt und hier habe ich Botschaften vernommen, die ich nie und nimmer in meiner Wahrnehmungswelt als solche von anderen Menschen vorgelebt bekam.

Heute, jetzt und hier erfahre ich Bereicherung in einem Ausmaß, welches ich mir nie und nimmer erträumte. Was ich in meinem Alltag erschaffen konnte, geschieht in innerlicher Anbindung an eine Quelle, die in jedem einzelnen zu finden ist.

Meine eigene Emotionalität hat sich als Segen erwiesen in einer Gesellschaft, die Emotionalität tabuisiert.
Was Mütterlichkeit in unserer Gesellschaft betrifft, ist sie einem Abstellgleis gleich einer überbordenden Bevormundung gewichen. Raum geben, Raum schenken, sind Themen unserer herausfordernden Zeit, die uns den Nächsten als Gefahrenpotential (Covid) gegenüberstellen. Alles hat seine Richtigkeit, wie ich es aus meiner Perspektive erkennen kann.

So ist mir mein Nächster so nahe, dass ich mein eigenes Energiefeld nicht wahrnehmen kann. Im Besonderen erlaubt es uns, dem Nächsten seinen eigenen Raum zukommen zu lassen.

Kinder im Autismus-Spektrum fordern diesen Raum ein. Sie sind gewillt ihr Leben in ihre Hände zu nehmen, in explorierender Weise Selbstverständnis zu erlangen in einer Art und Weise, die uns möglicherweise befremdlich erscheint.

Ich liebe Begegnungen, aber ich liebe ebenso den Raum, den ich für meine Selbstentfaltung als unbedingte Notwendigkeit erachte. Dieser Raum hat ein Ausmaß, das dem Bedürfnis von Kindern im Autismus-Spektrum gleichkommt. Reichlich Raum ist es, den ich für mich und meine Zufriedenheit für mich selbst benötige.

Lange habe ich mich selbst gefragt, ob mit mir wohl etwas nicht richtig sein könnte. Lange war ich mit mir in einem Schuldgefühl, dass ich Begegnungen als lästig erachtete, wenn ich zu wenig Raum für meine Bedürfnisse erhielt.

Da ich in meiner emotionalen Begrenztheit nicht fähig war, den Raum entsprechend meiner Bedürfnisse zu gestalten, war ein Defizit in Richtung befriedigender Seinsweise Alltag. Erst die Veränderungen in meinem Leben im Anschluss an meine beiden folgenschweren Unfälle brachten mir veränderte Voraussetzungen der Alltagsbewältigung. Unfähig auf Grund meines energetischen Desasters, Kontaktaufnahmen zu tätigen, verweilte ich im Alleingang zwischen beruflicher Arbeit und der Auseinandersetzung mit meinen bereits erwachsen werdenden Kindern.

Energetische Blockaden halfen mir zu Freiraum, den ich mit individueller Betätigung erfüllte. Zeit, um Bücher zu lesen, meine Wohnung zu entrümpeln oder einfach nur sinnierend in der Hängematte zu liegen, brachte mich mir selbst näher.

In Augenblicken des Alleinseins konnte ich meine Gedankenwelt erforschen. In Augenblicken des Alleinseins nahm ich meinen Körper vermehrt wahr und das ihn umgebende und mir innewohnende Energiefeld.

Ich hatte mich gänzlich der Außenwelt zugeschrieben. So war es für mich eine extreme Herausforderung, mich auf mich selbst einzulassen. Das erste Mal allein zu sein, setzte mich unter gewaltige, psychische, schmerzliche Herausforderungen. Ich setzte mich auf mein Rad, welches im Vorfeld kaum Beachtung gefunden hatte, und fuhr 80 km eine Strecke in einem Stück durch.

Erschöpft und geläutert, suchte ich den nächsten Bahnhof auf, um nach Hause zu finden. Ich war absolut erschöpft. Die psychische Herausforderung, die starke Sonneneinstrahlung eines sommerlichen Tags, meine fehlende körperliche Belastungsfähigkeit hatten mich an absolute Grenzen herangeführt. Absolut erschöpft saß ich am Bahnhof und benötigte all meine Energie, um wieder meinen Rückweg antreten zu können.

Ich war mir meines absoluten körperlichen wie psychischen Desasters bewusst. Es war mir bewusst, dass all mein Lebenssinn verloren war. Nichts. Ja, ein absolutes Nichts. Leere umgab mich. Nichts war da, das ich nun als meinen Lebenssinn erkennen konnte. Nichts. Leere um mich. Noch heute kann ich diesen Zustand des leeren Raums um mich herum, in meinem Kopf, in meinem Körper erfassen. Nichts.

„Was sollte nun mein Lebenssinn sein?", fragte ich mich selbst. Ich hatte alles gegeben. Ich wollte eine liebende Mutter sein. Ich wollte meinem Mann gerecht werden. Ich wollte Haushalt, Garten, beruflicher Arbeit, den Herausforderungen mit meinen Kindern und den Beziehungen anderweitig gerecht werden. Allen wollte ich es recht machen. Für alle wollte ich da sein.

Innerliche Zerrissenheit bestimmte mein Leben. Mir meiner Begrenzungen bewusst, erlaubte ich mir Auszeiten in meinem Garten.

Ich war es, die mich selbst begrenzte, das kann ich heute, hier und jetzt im Anschluss an die Bereinigung meiner emotionalen Begebenheiten erkennen. Ich selbst habe mir Aufgaben gestellt, die ich bewältigen wollte. Doch ich selbst war mir innerlich fremd geworden. Ich spürte meine innerliche Zerrissenheit, war jedoch nicht fähig mich auf die mich führenden innerlichen Impulse im Augenblick des Hier und Jetzt einzulassen.

Ich war hin und hergerissen, ob meiner Unfähigkeit, meine wahren Bedürfnisse zu erahnen. Alles, wirklich alles macht nun Sinn. Ich habe diese Erfahrungen für eine Entfaltung in Richtung Liebe und Licht und Freude als Wachstumspotential erkannt.

Es hat mich in eine Welt eintauchen lassen, die mir meine Fokussierung, die ich auf meine Mitmenschen, auf Begebenheiten, die mir nicht zusagten, auf für mich Befremdliches gerichtet hielt, vor Augen gehalten. Ich habe mich mit mir selbst unwohl gefühlt. Ich habe mit mir selbst gehadert und habe meine eigene Unglücklichkeit mit mir selbst auf andere übertragen.

Plötzlich wollte ich beachtet werden in einer Weise, die mir vormals nichts bedeutete. Ich wollte Blumen. Ich wollte die Anerkennung meines Geschaffenen. Ich wollte respektiert sein. Ich wollte geliebt sein. Ich wollte verstanden sein. Ich wollte, dass man mir zuhört und mich ernst nimmt. Ich wollte wahrgenommen werden.

Meine Fokussierung nach außen oktroyierte den anderen meine Innerlichkeit auf. Ich selbst strickte keine Socken für mich. Ich strickte für andere. Ich buk Kuchen. Ich aß wenig davon. Er war für andere gedacht. Ich war Taxi. Ich war Reinigungskraft. Ich war Köchin. Ich war Transporteurin. Ich war Handlanger. Ich war Gärtnerin. Ich war immer in Bereitschaft.

Was war zu tun? Ich tat. Hatte ich meinen großen Zehen gebrochen, fuhr ich mit dem Bürosessel durch die Wohnung und erledigte auf diese Art und Weise meine Herausforderungen. War meine rechte für mich tätige Arbeitshand in Gips, so spülte ich links das Geschirr ab und erledigte mit der linken Hand all das Notwendige. Ich wünschte mir Hilfestellung und bewerkstelligte im Alleingang.

Unzufriedenheit kehrte ein. Was machte ich falsch? Diese Frage stellte ich mir wieder und wieder. Was war es, dass ich kaum Hilfeleistung erfuhr? Was war es, dass ich mich gänzlich als alleingelassen empfand? Was war es, das die Kinder und meinen Mann hinderte meine Bedürfnisse zu erkennen?

Ich hatte erwartet, so wie ich es zu Hause als Kind gelernt hatte, dass der Fokus meiner Kinder und meines Mannes, wie mein Blick es war, auf die Bedürfnisse des anderen gelenkt war. Ich glaubte zu wissen, was der andere benötigte und war stets in Bereitschaft zu geben, was mir im Augenblick des Gebens jedoch auch nicht behagte. Diese Fokussierungsbereitschaft auf andere, zu wissen, eigentlich zu denken zu wissen, was der andere benötigt, hat mich gänzlich von mir selbst abgetrennt.

Ich war es selbst, die mich nicht sehen konnte. Ich war es selbst, die mir keine Aufmerksamkeit schenkte. Ich war es selbst, die mich nicht beachtete. Ich war es selbst, die jegliche Anforderung an mich selbst als Nichtigkeit abzuwimmeln bereit war. Ich war es selbst, die mir keine Liebe entgegenbrachte.

Dachte ich auch alles gut machen zu wollen, so hatte ich mich ausgegrenzt. Ich wollte alles recht machen. Ich hatte mir das Recht verwehrt, dazuzugehören. Ich wollte geliebt und beachtet sein. Ich konnte mich selbst nicht wahrnehmen, geschweige denn mir bewusst liebevolle Zuwendung zukommen lassen. Ich beachtete meine wahren Bedürfnisse, meine mir innewohnenden Impulse auf eine Weise, dass ich die Fehler wahrnahm. Nichts, rein gar nichts ist bedeutungslos in unserem Leben.

Mir jetzt und hier bewusst, dass mich all meine Begrenzungen an meine eigenen Grenzen brachten, zeigt mir nun, dass ich begonnen hatte mich selbst wahrzunehmen, mich selbst als wichtig und richtig zu erkennen. Und ich erkannte, dass ich nicht allen und jedem mit meiner in der Kindheit erlernten Strategie der Fokussierung auf meinen Nächsten gerecht werden kann.

Ich konnte es auf diese Weise keinem recht machen. Mir nicht. Und dem anderen genauso wenig. Diese Strategie bremste mich selbst ein. Die Fokussierung auf den anderen, auf Vergleich, Einordnung und Bewertung hemmte mich, verurteilte meinen Mitmenschen und damit verurteilte ich mich selbst.

Was ich dem anderen geben wollte, überforderte diesen. Was ich für den anderen bewerkstelligte, war aus meinem Gutdünken entwachsen. Ich selbst überlegte, wusste, hatte die Kontrolle über das System, so dachte ich. Weiß ich wirklich über den anderen Bescheid?

In der Bereinigung meiner emotionalen Befindlichkeiten erkannte ich für mich, wie exzellent das System des menschlichen Miteinanders ineinandergreift. Jeder, wirklich jeder einzelne ist dem anderen in einer Weise nahe, wie ich es mir nie im Traum vorzustellen erahnte. Ich beeinflusse mein Gegenüber auf Grund meiner mir zu Grunde liegenden, im Augenblick der Begegnung aufkeimenden emotionalen Gegebenheiten.
Alles, wirklich alles ist miteinander verwoben. Ich kreiere einen Zustand, den mein Gegenüber mit mir teilt, in der Art und Weise, dass die emotionale Befindlichkeit und liebe- und freudgesegnete Gefühlswelt stets zugegen uns einen Spiegel vorhalten.

„Wie ist es jetzt in deinem Körper? Was empfindest du jetzt und hier und heute in deinem Körper?" sagt dir, welche Regungen im Vorfeld der Frage im Körper sich rührten. Ich habe jetzt und hier und heute für mich erkannt, dass ich selbst der Auslöser für meine Befindlichkeit bin. Gerade jetzt und hier und heute bin ich mir eines schmerzvollen Stechens an meinem Herzen gewahr. Druck breitet sich im Hinterkopf aus. Mein Nacken versteift sich, spannt sich an. Das Gesicht ist angespannt verzerrt. Regungen durchziehen meinen Körper. Hitzewellen fahren meine Wirbelsäule entlang, wobei der Fokus auf dem zerbrochenen Wirbel in der unteren Lendenwirbelsäule liegt. Anspannung, Druck, Fülle im Hinterkopf zeigen mir eine Präsenz der emotionalen Bereinigung, die ich während des Vorgangs dieser Empfindung vornehme.

Jederzeit ist es mir möglich, dieser Regungen gewahr zu werden. Jederzeit ist es möglich, präsent zu sein. Jederzeit ist es möglich, mit mir selbst in Verbindung zu sein. Jederzeit ist eine Verbindung von Herz zu Herz möglich. Jederzeit kann ich in Liebe dem Nächsten zugetan sein. Während jeglicher Arbeit, während jeglicher Befindlichkeit kann ich dennoch ein liebendes Band meinem Nächsten gegenüber empfinden.

Ich bin es, die dieses Band wahrnehmen kann. Ich bin es, die dieses Band zu meinen Kindern wahrgenommen hat. Ich war mir dieses Bandes immer bewusst. Bewusst wahrgenommen hatte ich das kräftige Band, welches mein Vater mir schenkte. Bewusst wahrgenommen hatte ich es bei meinem Sohn. Bewusst wahrnehmen konnte ich es in der Beobachtung meiner Kinder, wenn ich mit verliebtem Blick ihr Spiel beobachtete.
Bewusst vermisst hatte ich es, als mir meine Aura und mein inneres Energiefeld Schwäche zeigten. Bewusst wahrnehmen konnte ich es erneut in Folge der energetischen Bereinigung.

Heute, jetzt und hier habe ich ein starkes Band, welches mich befähigt mich mit jedem einzelnen zu verankern. Jeder, der sich diesem Band öffnen mag, kann in Verbindung mit mir treten. Ich nehme die Verbindung wahr. In Liebe zugeneigt zu sein, ist die Voraussetzung für eine Verbindung in Liebe und Freude.

Ich habe jetzt und hier und heute mein Energiefeld wieder in wahrnehmender Weise erfüllt von hellen Farben des Regenbogens. Ich habe meine Aura wieder erfüllt mit energetischer Präsenz. Ich habe eine Verbindung zu meinen Kindern, auch wenn sie im Ausland leben. Ich habe eine Verbindung zu meiner Tochter, die mir diese Aufgabe, mich über die Stigmatisierung von Kindern im Autismus-Spektrum zu äußern, gestellt und welche ich liebend gern angenommen hatte, nicht wissend der umfassenden selbstreflektierenden und lebensübergreifenden Auswirkungen.

Und ich habe eine Verbindung von Herz zu Herz zu meinem Sohn, der sich seit Jahren abgrenzt, auf Grund meiner mir wesentlich gewordenen Fähigkeit, mir selbst wichtig zu sein und dem anderen die Verantwortung für sich selbst zuzugestehen. Ich war es selbst, die Raum benötigte, um meiner inneren Stimme folgen zu können. Meine innere Stimme war mir ein wesentlicher Lebensinhalt geworden. Das Empfinden, von Gott und der Welt verlassen zu sein, hatte mich gezwungen, mich selbst mir selbst anzunähern, hatte mich gezwungen mein Leben von null auf neu zu kreieren, hatte mich gezwungen, Maßnahmen zu setzen, die ich nicht vorhersehen konnte.

In meiner Engstirnigkeit hatte ich begonnen, Systeme zu verändern, die über Jahre Routine in meinem Haushalt waren. In meiner Engstirnigkeit war ich mir meiner bevormundenden Ader nicht bewusst. Meine Liebe zu meiner Freiheit war es, die mir mein Vorgehen aufnötigte. Meine Erwartungen und Wünsche prallten ab.

Weißt du, wie es ist, über Jahre in deinen Bitten und Wünschen ignoriert zu werden? In liebevoller Zugewandtheit, so dachte ich mir, brachte ich in emotional neutraler Art und Weise meine innerlichen Wünsche nach Konsens vor. Ich ersehnte mir gemeinsames Realisieren eines Alltags, der beiden Seiten gerecht wurde. Stattdessen war mehr und mehr Abstand wahrzunehmen. Wieder und wieder versuchte ich die Annäherung. Eine gemeinsame Lösung musste doch möglich sein, so dachte ich zumindest. Erfolglos war ich über Jahre. Es war das dritte Mal, dass mir dies in meinem Leben begegnete. Wieso gerade mir? Ich war doch gänzlich, mit Haut und Haar auf Stimmigkeit, auf Konsens, auf Lebensbewältigung in Übereinstimmung mit dem anderen gepolt.

Warum konnte ich keinen Konsens erreichen? Warum konnte ich meinen Mitmenschen mit meiner friedliebenden Ader unzureichend, in unstimmiger Art und Weise, zu einer gemeinsamen Lösung bewegen? Das erste Mal wollte ich über einen Brief Klarheit schaffen. Damals machte ich mir Gedanken ob einer Beendigung meines Lebens. Ich war gerade erst junge 19 Jahre alt. Die Abgrenzung einer mir nahestehenden Person bedrängte mich emotional so sehr, dass ich mir, um über meine unsäglichen Schmerzen hinwegzukommen, lebensverneinende Strukturen ins Leben zog.

Kaum verheiratet, erschien mir Offenheit in meiner Gefühlswelt der rechte Weg zu sein. Ich hatte das Bedürfnis, über meine Beweggründe zu sprechen. Mein Partner hielt sich verschlossen. Einseitigkeit erzeugte Unstimmigkeit in mir. „Was machte ich falsch?" war die Frage, die ich mir wieder und wieder stellte. Ich wollte offen sein. Was verschloss meinen Partner? Fragen wie diese erschöpften sich. Die Antworten fand ich in mir selbst. Ich gab mir die Schuld. Ich versagte in meiner Fähigkeit zu kommunizieren, so dachte ich. Weitblickend wie ich immer war, überschaute ich ein uns übliches System, das mir selbst keine Erfüllung schenkte.

Ich war es, die die Begrenzungen der üblichen Rhetorik nicht beherzigte. Ich war es, die sich Kommunikation auf einer anderen Ebene unseres Seins erwünschte. Ich war es, die kaum jemanden fand, der in meiner Sprache sprach. Die Menschen beschäftigten sich mit Vergleich und Bewertung, mit Gegenüberstellung und wissenschaftlichen Ergebnissen. Ich konnte die Begrenzung der wissenschaftlichen Resultate erkennen. Was heute passend schien, war doch morgen schon nicht mehr gültig und Vergangenheit. Wieso befassten sich die Menschen da draußen mit einer Gewissenhaftigkeit mit diesen Thematiken? Ich konnte mir nicht erklären, wie ich in meiner Welt nicht fähig zu sein schien Kontakte in mir erfüllender Art und Weise mit meinen mir nahestehenden Bekannten zu knüpfen. Was machte ich falsch?

Gänzlich falsch hatte ich die Lage damals eingeschätzt. Es gab Menschen, die mir zugeneigt waren. Es gab Menschen, denen ich wichtig war. Es gab Menschen, die sich freuten, wenn ich sie aufsuchte. Es gab Menschen, die mir ihre Zuneigung entgegenbringen wollten.
Ich sah meine Begrenzung. Ich sah mein Versagen und ich hatte Angst, dass Menschen mein Versagen wahrnahmen.
Überrascht hatte mich ein befreundeter Pfarrer, als ich über mein Leben sprach, wie herausfordernd es mir begegnete. Ich war erstaunt das Wort „Offenheit" aus seinem Mund zu hören. Ich hatte ausschließlich von meiner zähen Lebensbewältigung gesprochen. Das war Offenheit in seiner Vorstellung. Das war in seinen Augen bereits eine Offenheit, die Verletzlichkeit zuließ. Ich war sprachlos.
Auch er verbarrikadierte sich. Auch er zeigte ein angepasstes Äußeres, das korrekt den Regeln der Gesellschaft folgend im Spiel mit den Kindern eine Konsequenz an den Tag legte, die mich beeindruckte in einer Weise, dass sie unerklärlich für mich als Mensch, der versuchte auf andere in feinen Nuancen einzugehen, war.

Weitblickend war ich damals schon. Im Weitblick erfuhr ich die Begrenzung an Beziehungsfähigkeit.

Interessiert war ich an Essenzen, an erfüllenden Botschaften, an inneren Befindlichkeiten, an Zusammenhängen der menschlichen Seinsweise, an Heilungsmethoden, die regenerierende Wirkung auf uns Menschen haben, an Systemen, die Kinder zusammenbrachten.
Viele Familien grenzten sich ab. Sie wollten für sich in ihrer Welt ihren Tätigkeiten nachgehen. Und was tat ich? Ich ging meiner

Wege, mir meiner Begrenzungen bewusst, suchte ich im Außen nach Erfüllung, im Nächsten, in der Tätigkeit, in den Kindern, in meinem Partner, in meiner Freizeitbeschäftigung. Ich suchte in der sportlichen Betätigung. Ich suchte in religiösen Ritualen. Der Sonntagsgottesdienst war mir eine wichtige Quelle eines befriedigenden Sonntags. Ich vereinbarte Treffen mit Freunden, um meine innerliche Leere ein wenig zu füllen.

Gespräche in meiner Arbeit mit einer Mutter waren mir wesentlich. Da fühlte ich mich verstanden. Da war endlich jemand, dem ich begegnen konnte, der meine Gedanken nachvollziehen konnte. Doch meine Offenheit drückte mir den Stempel der Naivität auf. In meinem energetischen Loch gefangen, erkannte diese Person das fehlende Band zu meinem Kind. Kindbezogene Interaktionsherausforderungen der gesellschaftlich üblichen Herangehensweise beendeten in schmerzlicher Weise eine Beziehung, in der ich mich als verstanden glaubte.

Der absolute energetische Tiefpunkt, ich in einer krisenbewegten Notsituation wurden abgelehnt, auf Grund meiner Unfähigkeit, sozial akzeptable Interaktion heraufzubeschwören, die mir hier und jetzt und heute als Abschreckung für mich selbst mir Gänsehaut beschert. Ich konnte mein Kind nicht bemüßigen mit mir zu interagieren auf die von mir erwartete Art und Weise, in der von mir erwarteten Zeit, in der von mir erwarteten Zugewandtheit, mit dem von mir erwarteten Ergebnis, der Außenwelt sozial zu gefallen.

Ich konnte meine eigene Begrenztheit wahrnehmen. Ich versagte, so glaubte ich von mir. Ich war schuld. Ich war mein eigener Richter. Ich war gefangen in Selbstmitleid. Ich war Opfer. So empfand ich vormals. Ich versuchte mich anzupassen und anzupassen und neuerlich anzupassen.
Die Zeit kam, da fast sämtliche außerfamiliären Beziehungen zerbrachen. Eine einzige Beziehung hielt den Turbulenzen und meinem energetischen Desaster trotzend stand. Ich war gänzlich

auf mich selbst gestellt. Hatte ich im Leben erfahren, dass meine Strategie des Beobachtens des anderen in seinen Bedürftigkeiten mir selbst nicht gerecht werdend den Mitmenschen bevormundete, in einer Art und Weise, dass sich sämtliche Beziehungen bis auf eine einzige von mir distanzierten, so verstand ich die Tatsache nicht, dass ich in meinem energetischen Desaster einer absoluten emotionalen Herausforderung ausgesetzt von den Menschen abgegrenzt wurde.

Selbstliebe verstand ich als Nächstenliebe. Meine Freude an der Beobachtung von Kindern in ihrem Tun führte mich zu einer weiteren Abgrenzung, als die Mutter dieses im Arm haltenden Kindes in einem Gottesdienst sich selbst beobachtet erachtete. Schmerzlich erkannte ich, dass Nächstenliebe christlichen Werten zugeordnet wurde, jedoch jeglicher Mitmensch Grenzen zog, in einer Welt, die „Liebe deinen Nächsten wie dich selbst" erwartete, aber nicht jedem zuzugestehen bereit war.

Ich selbst hatte meine Begrenzungen und ich konnte die Begrenzungen am Nächsten erkennen. Ich konnte die Begrenztheit der kirchlichen Glaubensvorgaben erkennen. Ich konnte erkennen, dass soziale Verhaltensweisen gepredigt wurden, aber nicht von mir in der gepredigten Art und Weise umgesetzt werden konnten. Der Bedürftige benötigt meine Zuwendung am meisten, sagte mir kürzlich ein Pfarrer, mit dem ich mich, zufällig getroffen, erstmalig unterhielt. Wer ist der Bedürftige? Sind es die finanziell armen Menschen, die häufig wesentlich glücklicher wirken als unsereins, in behüteten Verhältnissen aufgewachsen, in umsorgten, gepflegten, sozial abgesicherten Welten? Wie erkenne ich den Bedürftigen? Als ich selbst bedürftig war, wurde ich abgeschoben oder aber Hilfeleistung wurde aufgezwängt, ohne meinen Wunsch nach Beziehung in erfüllender Weise zu erfahren.

Interessierte gab es, solange mein Desaster Neues hervorbrachte, welches von meinen Mitmenschen einer Bewertung unterzogen wurde. Ich wollte die Situation verstehen. Ich musste das

Geschehen immer wieder zurechtrücken. Ich suchte zwischenmenschliche Nähe, aber meine Erzählungen lösten eine Resonanz aus, die ich in der von anderen bewerteten Art mir nicht erwünschte. Ich selbst konnte nicht das geben, das sich andere von mir erhofften. Die einzige befreundete Person, die mit mir mein energetisches Desaster durchtauchte, wanderte mit mir. Auf der Gesprächsebene waren wir uns fremd, doch sie harrte mit mir in Stille in Wald und Berg.

Klärte ich die Situation in dem Sinne, dass ich den Menschen von meiner Überforderung im gegenwärtigen Zustand des energetischen Desasters berichtete und sie vom geplanten Besuch abhielt, so erfuhr ich Unverständnis und gänzlichen Rückzug. Wer ist bedürftig? Wer? Ist es der Nachbar, den ich nur einmal gesehen hatte und der sich, in einer ihn in ein psychisches Desaster gebrachten Situation, als wohlhabender Mensch das Leben nahm? Ist es die Tante, die sich in bewundernswerter Weise zusammen mit ihrer eigenen Tochter der drei minderjährigen Waisenkinder annimmt? Ist es die Mutter des Kindes im Autismus-Spektrum, welches ob seiner Andersartigkeit der Ausgrenzung gegenübergestellt ist? Ist es der Vater, der sich suchtkrank geworden in häufigen Delirien absondert? Wer ist es?

Ich habe die Erfahrung gemacht, ich war schwach und die Mitmenschen haben sich abgegrenzt. Ich war unfähig und die Mitmenschen konnten mit dieser Unfähigkeit nicht in einer Art und Weise sich vereinen, dass sie mir zum Segen gereichte. Ich war leer und ausgelaugt und allein, als Alleinstehende mit erwachsenen Kindern gänzlich allein, doch ich erfasste kaum Mitgefühl. Ich war beklommen in meiner Angst, doch Angst ängstigt mein Gegenüber selbst. Ich war gesegnet durch meine Selbstwirksamkeit in mir, die mir Erfahrungen schenkte, die mich erfüllten. Ich war gesegnet durch die erworbene Fähigkeit, mir selbst genug zu sein. Ich war gesegnet durch meinen Mut und meine Ausdauer und Beständigkeit, Neues zu kreieren in einer Weise, die mir Freude, Erfüllung und Liebe zu mir selbst schenkte. Ich war gesegnet durch meine Beharrlichkeit, widrigen Umständen die Stirn zu bieten. Ich war gesegnet genau jene Impulse wahrzunehmen, die mir Erfüllung in tristen, gänzlich auf mich selbst fokussierten Situationen schenkten, die für andere als ausweglos und lebensverneinend erachtet eine Gefahr ihrer selbst darzustellen möglich ist. Ich war gesegnet und bin gesegnet, denn die Impulse stellten genau jene Prägnanz in den Raum, die ich als erfüllend erfuhr.

Allein, im Alleingang, abgegrenzt, ausgeschlossen, beharrlich abgelehnt, als andersartig abgestempelt konnte ich Impulse wahrnehmen, Impulse, die aus meinem Innersten drangen, Impulse, die mir Sinn in mein Leben brachten, Impulse, die mich in eine Richtung lenkten, die mir selbst gegenüber Verständnis in meiner Situation als Ausgegrenzte, Abgeschobene, Gebrandmarkte, Gedemütigte entgegenbrachten. Ich selbst schenkte mir nun die von mir benötigte Aufmerksamkeit. Ich selbst erkannte für mich, ich kann mir selbst gerecht werden. Ich kann mir selbst gerecht werden. Ja, ich bin es, die mir selbst gerecht werden kann. Ich. Ich selbst. Ich ganz allein. Ich bin innerlich geführt in einer Weise, dass ich innerlichen Impulsen folgen kann, die mir ein erfülltes Dasein, ein erfülltes Leben, ein erfülltes Wirken, ein erfüllenderes Gespräch, ein erfüllenderes Miteinander geben. Die Mütterlichkeit, die ich zu Tage legte, brachte mich an meine Grenzen. Die Mütterlichkeit, die im Wandel möglich wurde, erfüllt mich. Sie schenkt mir den Raum, den ich mir selbst entgegenzubringen bereit bin. Sie schenkt mir erfüllte Beziehungen und Begegnungen. Sie schenkt mir die Möglichkeit, mich dem fortwährenden Wandel anzupassen. Sie gibt mir die Liebe, die ich anderen schenken wollte. Sie gab mir die Möglichkeit, mich mit mir selbst zu versöhnen. Sie schenkte mir den Einblick, dass meine von mir wahrgenommenen Begrenzungen zum Segen für mich selbst und andere gereichten. Sie war es, die mich an meine innere Quelle der Liebe und Freude wieder in einer Art und Weise band, dass ich jetzt und hier und heute Liebe und Freude als etwas, das in mir selbst seinen Ursprung trägt, wahrnehmen kann.

Meine Verzweiflung war groß, enorm, gewaltig, geprägt von Ausgrenzung, Abgrenzung, Abtrennung, Absonderung, geprägt von Ignoranz, Betroffenheit, Lieblosigkeit, Genervtsein ob meiner Unzulänglichkeit, geprägt von Unsicherheit, emotionaler Abwehr, im Stich gelassen zu werden. Meine Verzweiflung stellte mich Herausforderungen gegenüber, denen meine Mitmenschen mit einer gewissen Scheu, ablehnend, abgrenzend, genervt gegenübertraten. Ich sah meine Begrenzungen. Ich kannte meine Begrenzungen. Ich war mir meiner Ängste bewusst. Ich war mir bewusst, dass ich vom Leben vernachlässigt wurde. Ich wurde mir bewusst, dass ich mich selbst vernachlässigt hatte. Ich wurde mir bewusst, dass ich mich selbst in Absonderung auf Grund meiner in mir geballt gestauten Emotionen gehievt hatte. Ich wurde mir bewusst, dass ich selbst oft genervt war, da mich meine innere Zerrissenheit nichts mich Erfüllendes erkennen ließ. Ich selbst war scheu und in mir abgekapselt. Ich selbst habe mich selbst im Stich gelassen. Ich selbst hatte mich ausgegrenzt, in dem ich mich abgegrenzt hatte in meiner Angst, mich in meiner Begrenzung zu blamieren. Ich selbst war verzweifelt und hatte den Spiegel meiner Innenwelt anderen vorgehalten. Ich selbst begrenzte mich, denn ich sah und benannte mich als hilflos, verzagt, schwach, müde. All das zog ich in mein Leben. Worte, Gedanken, mein eigenes Handeln fabrizierten meine Welt der Begrenztheit.

Die Lebensgesetze nun erkennend, erschuf ich mir eine Welt in meinem inneren Körperraum, der sich in meiner Außenwelt widerspiegelte. „Wie innen, so außen, wie oben, so unten" sagt mir, dass sich meine Innenwelt, meine emotionale und Gefühlswelt der Liebe und Freude als solche in meiner Welt in manifestierender Art und Weise zeigen. Meine Außenwelt, meine Umwelt ist mein Maßstab für meine innerliche Welt geworden.

Alles hat seinen Sinn, sagt mir, dass wir getragen von der Energie der göttlichen Liebe Erfahrungen machen, die uns an die Erinnerung unserer uns innewohnenden wahren Liebe und Freude als unseren wahren göttlichen Kern anbinden.

Die dualitären Zustände, die den in unserer Gesellschaft bewertenden Maßstäben unterlegt werden, vereinen sich im Abgleich der emotionalen Befindlichkeiten zu einem Ganzen. „Wie oben, so unten, wie innen, so außen" sagt mir, dass sich Begrenzungen, die es oben gibt, ebenfalls unten sich als solche abzeichnen. Begrenzungen in meiner Innenwelt erfahren in meiner Außenwelt Brisanz.

Alles, was da ist, ist energetischer Struktur, besagt mir, dass ich selbst ein energetisches Wesen bin, welches hier auf Erden durch die emotionale Begrenztheit Erfahrungen begegnet, die mich in meiner Entfaltung unterstützen.

Ich selbst bin Schöpfer, bedeutet für mich, dass ich selbst es bin, die gedankliche Prozesse in Gang setzt, die einen Indikator für neue mir selbst zugedachte Kreationen meiner emotionalen Welt darstellen. Meine Worte drücken die emotionalen Gegebenheiten in meiner innerlichen emotionalen Welt aus. Meine Begrenztheit hat mir Angstgedanken beschert, die mir meine Außenwelt in Angst ihrerseits widerspiegelten. Mein Handeln war begrenzt, zuordenbar als gehandikapt.

Alles ist geistiger Natur, bekundet mir meine eigene geistige Natur, die sich mir nun als Erkenntnis dessen zeigt, dass ich selbst ein Geschöpf aus Liebe und Licht bin. Ich selbst habe die freie Wahl, mich als solches zu erkennen. Ich selbst habe die freie Wahl, meine Gedanken liebe- und lichtvoll zu kreieren. Ich selbst habe die freie Wahl, Worte in den Mund zu nehmen, die der Liebe und dem Licht und der Freude zugeordnet sind. Ich selbst konnte mich im emotionalen Abgleich als Geschöpf der Liebe und des Lichts wahrnehmen. Ich bin mir dessen bewusst, dass diese Worte für manchereins befremdlich klingen könnten. Ich bin mir dessen bewusst, denn ich selbst erlebe es nach wie vor als befremdlich, mich selbst als energetisches Wesen zu entdecken.
Ich habe heute, jetzt und hier eine veränderte Sichtweise auf die Mitmenschen, auf unseren Planeten, auf die Schöpfung im

Allgemeinen. Der veränderte Fokus zeigte mir dermaßen viele unterschiedliche Welten, die für unser Auge unsichtbar sind. Ich selbst bin es, die den Blick auf diese Welten öffnete, indem ich mich meiner emotionalen Welt öffnete. Emotionen und gefühlte Zustände der Liebe und Freude tragen sämtliche Informationen in sich. Dies eröffnete sich mir in der Erarbeitung meines emotionalen Ausgleichs.

Was ich heute, jetzt und hier erlebe, ist abseits jener Welt, welche ich in meiner Begrenztheit der emotionalen Gebundenheit in meinem Körper als für mich real wahrnahm. Ich bestand darauf, dass eins plus eins zwei bleibt. Ich bestand darauf, dass Rot Rot ist. Ich war mir sicher, dass ich das Beste zu geben versuchte. Ich erkannte für mich, dass wir selbst die Begrenztheit unserer Welt, in Folge unserer Gedanken, die die Welt um uns widerspiegeln, erschaffen. Meine Wahrnehmung hat eine Erweiterung erfahren, die ich für mich als unmöglich erachtete, die sich jeglicher Vorstellung enthob. Begrenztheit in der Art, dass ich mich auf einen Beruf fokussiere, dass ich ein Talent vervollkomme, erschöpft sich in der Bandbreite an Möglichkeiten, die mir trotz meiner beruflichen Vollzeitbeschäftigung auszukosten möglich geworden sind.

Meine Verzweiflung hat sich gewandelt. Meine Verzweiflung hat sich als segengebendes Entfaltungspotential in mütterliche Neuorientierung gewandelt:

Mütterlichkeit als liebevolle Selbstzuwendung, Mütterlichkeit als herausragende Botschaft der Liebe, des Lichts und der Freude, Mütterlichkeit als Segen für jeden. Jeder, ob Mann oder Frau oder Kind, trägt mütterliche Elemente der Liebe und Freude in Form intuitiver, impulsgesteuerter Signale in sich.

Mütterlichkeit schenkt uns Liebe und Freude in einem Raum der Liebe und Freude, den ich selbst als solchen zu kreieren vermag. Jeder vermag dies. Jeder, wirklich jeder trägt die Aspekte der Liebe und Freude in sich. Jeder ist Spiegel für uns.

Haben wir Angst vor unserem Mitmenschen, so regt sich die ur-eigene Angst in meinem Innersten. Trage ich den Impuls der Abgrenzung vor meinem Mitmenschen in mir, so bin ich es selbst, die sich in meinem inneren Raum um Abgrenzung bemüßigt. Alles, was mir die Außenwelt entgegenbringt, bringt mir, in mir, meine Gefühls- und Emotionswelt entgegen. Empfinde ich mich als verfolgt, so bin ich selbst es, die Angst vor Verfolgung hat. In der Bereinigung meiner emotionalen Befindlichkeiten, im emotionalen Abgleich durch mich selbst, ist es mir möglich, selbstinitiiert, mich meinen emotionalen Gegebenheiten zu stellen und mich selbst einer Bereinigung in dem Sinne zuzuführen, dass ich selbst meine körperlichen Regungen als solche wahrnehme, mich für die Erfahrung bedanke und mich auf die Erfahrung fokussiert neuen Strukturen öffne.

Meine Erfahrung hat mir gezeigt, dass ich mich den impulsgesteuerten Strukturen gänzlich, ja, im Vertrauen hingeben kann. Ich selbst hatte häufig Angst, Falsches zu bewirken, meine Schmerzen zu verschlimmern und mich noch mehr ins Abseits zu katapultieren.

Ich habe erfahren, dass ich jederzeit die Möglichkeit besitze, meinen Fokus zu verändern. Ich habe erfahren, dass bei mir die Morgenstunden sich als ideale Zeit darlegten, um, gänzlich auf mich selbst fokussiert, in meinem Bett sitzend zu verweilen und meine körperlichen Regungen wahrzunehmen.

Ich selbst sehe nun das Ausmaß des innerlichen Wandels als Wunder, welches jedem, wirklich jedem, der sich dem emotionalen Abgleich mit all dem Facettenreichtum einer intensiven emotionalen Bereinigung unterstellt, zum Segen in seinem Leben werden kann.

Was ich empfunden, befindet sich in meiner inneren Welt. Was ich an wahrer Liebe und Freude empfinde, kommt direkt aus meiner mir eigenen innersten Lichtwelt. Was im Außen an Lacheln mir entgegengebracht wird, spiegelt mir meine Innenwelt wider. Was mir meine Erfahrung von Liebe und Freude zeigt, ist sie Produkt meiner Erfahrung an liebevoller menschlicher Begegnung. Was mich an meine Kindheit erinnerte, war Ergebnis meiner mitmenschlichen Erfahrungen, die Ablehnung, Ausgrenzung, Abgrenzung, emotionales Desaster in mir erzeugten. Mir nun dieser Tatsache bewusst, weiß ich über die Auswirkungen, die unsere rationale Herangehensweise an menschliche Beziehungen in unseren Kindern allgemein bewirkt. Angepasstes Verhalten ist Wunsch unser aller. Angepasstes Verhalten ist Wunsch der Kinder im Autismus-Spektrum, die jedoch auf Grund ihrer überaus starken inneren Impulse ihrem Gegenüber einen Spiegel vorhalten, der besagt, ich muss mich meinen Impulsen hingeben. Ich muss meinen Impulsen folgen. Ich bitte dich, mein Gegenüber, schenke mir die Chance, meiner impulsgebenden inneren Stimme folgen zu können. Mütterlichkeit der neuen Zeit schenkt den Kindern allgemein den ihnen gebührenden Raum, der sie in Liebe und Freude, sich selbst nahe, uns zugetan Entfaltung in einer Richtung schenkt, die ihnen höchstmögliche Autonomie im selbstwirksamen, explorierenden Handeln ermöglicht.

Ich selbst bin es, die diese Erfahrung in ihren Anfangsschuhen machen darf. Welch eine Entfaltung möglich wird, erweist sich als Ergebnis der Beharrlichkeit, seine persönlichen emotionalen Befindlichkeiten einer Bereinigung zuzuführen. Ich selbst kann den Segen an mir erkennen. Der Wandel war ebenso der Außenwelt sichtbar geworden und ich wurde darauf angesprochen. Selbst kann ich sagen, Unglaubliches geschieht. Ungeahnte Welten öffnen uns die Pforten. Jeder, wirklich jeder kann sich in seiner Erfahrungswelt dem hingeben, was alltäglich ihm zu eigen ist. Jeder kann für sich selbst erforschen, was sein Herz zum Singen bringt. Jeder, wirklich jeder kann seine Wahrnehmung im Zuge der emotionalen Bereinigung erweitern, verändern, sich einem Fokuswechsel hingeben.

Was ich konnte, ist jedem einzelnen von euch möglich. Auch den Kindern, wenn ich sie in der emotionalen Erregung begleite. Mich in Liebe und Freude meiner emotionalen und liebe- und freudesignierten Erfahrungswelt zu öffnen, beeinflusst mein gänzliches Umfeld in einer Art und Weise, die den Eltern selbst Erfahrungswelten schenkt, die sie an ihre Kindheit anbinden. Geliebt zu sein, ist der Wunsch eines jeden. Geliebt zu sein, haben wir als Kind an uns selbst erfahren. Geliebt zu sein, erwartungsfrei geliebt zu sein, ist unserem innersten Kern entsprungen. Geliebt zu sein in einer Art und Weise, die meinen Gegenüber als Ganzes, mit jeder Faser seines Seins annimmt, das erfahre ich in Bezug auf die Mütterlichkeit der neuen Zeit. Geliebt in einer Weise, die uns an unsere ureigene göttliche Natur anbindet. Befremdlich? Für mich ja.

Jedem, der von seiner Göttlichkeit in den von mir gelesenen Büchern sprach, konnte ich diese Form des Ausdrucks zugestehen, ja, ich konnte es nachvollziehen, benennen wir uns doch als Kinder Gottes. Doch ich? Und doch scheint uns der Weg in diese Richtung führen zu wollen.

Die Mütterlichkeit der neuen Zeit erregt in mir die Sehnsucht, dass viele, ja, wirklich viele sich der emotionalen Welt in Form einer Bereinigung der emotionalen Gegebenheiten in ihrem Innersten stellen. Freude für jedes Kind ist meine Vision. Freude für Eltern und Erzieher. Freude für jeden einzelnen von uns. Liebe und Freude sind uns zu eigen. Liebe und Freude entfalten sich in uns. Liebe und Freude begegnen uns in unserem Nächsten. Liebe und Freude umgeben und durchfließen uns allgegenwärtig. Liebe und Freude segnen dich und mich und uns alle.

20.

21. Wahrnehmungserweiterung

Gedankenbereinigung

Wahrnehmungserweiterung ermöglicht mir eine Seinsweise, die in gelebter liebe- und freudvoller Art und Weise Hoffnung für eine Zukunft in liebe- und freudvoller Ausrichtung gibt. Wahrnehnungserweiterung geschieht in Nuancen. Wahrnehmungserweiterung ist ein wesentliches Element, welches uns in eine Welt einführt, die für das Auge verborgen ist. Sie ist in mir die Welt, die mir meine Gefühle der Liebe und Freude in liebevoller Weise in Nuancen näherbringt.

Wahrnehmungserweiterung geschieht sukzessive entsprechend der eigenen Interessen und Wünsche und erschaffenden Realitäten, die jedem persönlich zu eigen sind.

Ich selbst habe zahlreiche Welten der Wahrnehmungserweiterung erforscht. Ich selbst hatte mit der Gedankenwelt zur Erforschung meiner innersten Beweggründe für mein Handeln begonnen.

Gedanken kommen und gehen. Gedanken kommen erneut. Sie wiederholen sich immerfort, falls ich sie unbewusst wie in einem CD-Player abspielen lasse. Im Beobachten der Gedanken konnte ich erkennen, dass sich zahlreiche Gedankenimpulse nach und nach wiederholender Eigenheiten als Ergebnis meiner unbewussten Haltung bedienen.

Ich persönlich habe begonnen, als Beobachter meiner Gedankenwelt zu versuchen, Gedankenlücken zu bewirken, indem ich meinen Fokus auf die Lücke zwischen einzelnen Gedanken legte.

Anfangs waren die Lücken zaghaft. Immer wieder erreichte mich die Gedankenspirale und unbewusstes Sein in dem Sinne, dass ich meine Gedanken realisierte, mich die Gedankenspirale jedoch gefangen nahm. Ich war Gefangener meiner eigenen Gedankenwelt.

Nach und nach vergrößerten sich die Lücken zwischen den einzelnen Gedanken. Ich war es, die nun meinen Fokus auf die Leerräume zwischen den Gedanken halten konnte. Ich begann Frau meiner Gedankenwelt zu werden.
Gedanken, die kamen, nahm ich schließlich wahr, ich registrierte sie, ließ sie gehen und beobachtete und versuchte sie nicht zu bewerten. Manche Gedanken machten mir Angst. Doch auch jene angsterregenden Gedanken versuchte ich anzunehmen in ihrer Form der Angst. Ich ließ sie los. Ich ließ sie ziehen.

Heute, hier und jetzt weiß ich, dass mich diese Praxis in eine Befreiung von der Übermacht der Gedanken in mir führte. Ich weiß nun, dass ich es bin, die die Verantwortung für meine Gedankenwelt trägt.

Ich kann nun meine Gedanken entsprechend meiner Wünsche selbständig manifestieren, gerade so wie ich es meinem Gutdünken nach entsprechend meiner inneren Welt in Übereinstimmung meiner Gefühls- und emotionalen Welt als richtig erachte.

Meine Gedankenwelt hat sich gänzlich verändert. Von vormals Angst dominiert ist sie nun in eine Welt des Dankens und Segnens gewandelt.

Einzelne Gedanken, die aus meiner Tiefe hervorquellen, nehme ich wahr, sehe die Emotion, die der Gedanke beinhaltet, empfinde entsprechend meiner Wahrnehmung die emotionale Befindlichkeit. Ich bedanke mich für die Erfahrung, denn Dank ist wesentlich in meinem Erleben.

Dank beinhaltet die Wertschätzung in einem Leben, welches uns Erfahrungen ermöglicht, die wir in einem selbstbestimmten, segensreichen Modus, in einem vertieften Mitgefühl für uns und unsere Mitmenschen wiedererkennen dürfen.

Meiner Erfahrung nach habe ich selbst die Möglichkeit, mich in die liebevolle oder von Angst gezeichnete Richtung zu bewegen. Ich selbst bestimme meine Bewegung in diesem Leben.

Ich hatte gelesen, dass das wahre Wissen jenseits der Gedankenwelt zu finden ist. Ich selbst habe mich der Gedankenberuhigung hingegeben. Ich selbst weiß nun, dass die wahre Wirklichkeit jenseits der Gedankenwelt zu finden ist.

Ich selbst weiß, dass wahres Wissen jenseits der Gedankenwelt in einer Beruhigung und bewussten Wahrnehmung meiner Gedanken liegt. Ich weiß, dass ich es selbst bin, die Gedankenprozesse ins Leben rufen kann, die mir dienlich sind.

Ich weiß, dass die Beherrschung der Gedankenwelt eine Herausforderung darstellte, der ich mich über einen längeren Zeitraum hingab. Ich beobachtete während der Autofahrt meine Gedankenwelt. Ich beobachtete sie beim Wandern, beim Kochen, eigentlich jeden Augenblick, den ich erübrigen konnte. Gerade beim Wandern war es besonders hilfreich, sodass ich damals nach einer mehrstündigen Wanderung in einem Modus wandelte, der mir Freude, unendliche Freude schenkte.

Ich selbst war es, die sich der Gedankenbereinigung hingab. Ich selbst erkenne nun den Segen, den mir die Gedankenbereinigung hier und jetzt und heute erbrachte.

Weißt du, wie es ist, Herr/Frau seiner Gedankenwelt zu sein? Jeder, wirklich jeder kann sich dieser Gedankenbereinigung hingeben. Jeder, wirklich jeder kann erkennen, dass es das Ego ist, welches unser Wesen und unsere Welt beherrscht.

In der Gedankenbereinigung werde ich wieder Mann/Frau meiner eigenen, ureigenen inneren Wirklichkeit. Gedankengänge werden in der Bereicherung mir zum Segen.

Heute, jetzt und hier weiß ich, dass sämtliche Gedanken meiner eigenen, ureigenen, selbstinitiierten, Intuitiven, inneren Entfaltung dienlich sind. Je bewusster ich meine Wahrnehmung entfalte, umso bewusster nehme ich mich selbst als Erschaffer meiner ureigenen, einzigartigen, in einem verwobenen Netzwerk eingebetteten Realität wahr.

Ich selbst bin es, die diese Wirklichkeit für sich zu kreieren fähig ist. Ich selbst bin es, die die Art und Weise dieser Vorgehensweise für mich in einer Art schöpferischen Werdegangs als meine ureigene einzigartige Schöpfung in einer selbstbewirkten Erfahrung auszukosten im Stande bin.

Meine eigene, ureigene Wahrnehmung sagt mir, in welchem Rhythmus meiner individuellen Erlebniswelt ich die Entwicklung meiner Wahrnehmungsfähigkeit vorantreiben möchte.

Ich selbst habe den Rhythmus vorgegeben. Ich selbst habe in einer Vielzahl von Stunden erkannt, wie segensreich die Bereinigung der Gedankenwelt mein Leben in neue Bahnen brachte. Ich selbst habe mich verändert, was ein Leben in liebe- und freudvoller Richtung als meine selbstinitiierte Haltung zu meinem ureigenen Leben hervorbrachte.

Heute, jetzt und hier weiß ich, dass ich in jedem Augenblick fähig bin meine Gedankenwelt zu kreieren, zu beobachten, sie neu zu gestalten, zu erfrischen. Ich selbst habe die Fähigkeit, mir meiner Gedankenwelt bewusst eine Realität zu erschaffen, die neue Modelle einer liebe- und humorvollen Denkweise beinhalten.

Ich selbst habe meine Wirklichkeit in einer Vielzahl von Stunden neu kreiert. Ich selbst bin mir bewusst, dass ich Erschaffer meiner Wirklichkeit in Liebe und Freude bin.

Angst beherrscht uns. Angst grenzt ein. Angst befähigt uns Erfahrungen in Abhängigkeit und Unselbständigkeit zu erleben. Angst ist der Motor der heutigen Wirklichkeit der meisten (denke ich) Menschen.

Ich kenne ausschließlich drei Personen, die sich des Segens der Gedankenberuhigung gewahr sind. Allerdings weiß ich, dass es Ziel des Zen ist, in einer sitzenden Position zu einer Gedankenberuhigung zu kommen.

Ich selbst habe die sitzende Position im Anfangsstadium der Bereinigung meiner emotionalen Welt eingesetzt. Die Bereinigung meiner Gedankenwelt habe ich in meiner alltäglichen Beschaulichkeit als integriertes Bestandteil meines Alltags vorgenommen.

Heute, jetzt und hier habe ich mich als Schöpfer meiner Wirklichkeit erkannt. Heute, jetzt und hier habe ich mich als Wesen wahrgenommen, das selbstinitiiert fähig ist seine Realität zu beeinflussen.

Was ich an mir entdeckt habe, ist Teil eines Entfaltungsprozederes, welches uns in Richtung Liebe und Freude geleitet. Ich selbst bin es, die die Entscheidung für oder gegen ein Mitwirken in diesem Erfahrungsprozess trifft. Ich selbst bin es, die die Mitwirkung in diesem Prozess aus selbstinitiierter Perspektive als einen Segen in meinem und dem Leben der anderen erkennen kann.

Ich habe die Möglichkeit, mir meiner selbst bewusst zu werden. Die Gedankenbereinigung ist hilfreich in diesem Prozess, der mich in Richtung Liebe und Licht trägt. Ich selbst bin verantwortlich für die Richtung, in die mein Weg mich führt.
Habe ich erkannt, dass ich Schöpfer meiner Realität bin, so erfolgt Schritt für Schritt, Nuance für Nuance eine Erweiterung meiner Sichtweise in Richtung Liebe und Freude.

Hier und jetzt und heute habe ich die Möglichkeit ergriffen. Ich trage die Verantwortung für mich selbst. Ich trage jedoch auch die Verantwortung für meine Kinder, denen ich ein Leben in Liebe und Freude von Herzen zugestehe. Jetzt und hier und heute ist der Zeitpunkt, da ich weiß, wie sehr unser aktuelles Erziehungs- und Glaubenssystem die Kinder einengt und ihnen angstvolle Strukturen entgegenbringt.

Heute, jetzt und hier habe ich die Möglichkeit, mich selbst als Motor für die Erneuerung in einer Welt in Richtung liebe- und freudvoller Strukturen zu erkennen.

Heute, jetzt und hier ist es mir möglich geworden, Liebe und Freude als Segen und Struktur einer neuartigen Welt in Liebe und Freude zu erkennen.

Innerliche Erfahrungswelten

Was ich für mich erkannte, kann jeder, wirklich jeder in seiner ureigenen Seinsweise als Segen erleben. Meine Position als Vorreiter in eine Welt in Richtung Liebe und Freude ermöglicht es mir, jedem, wirklich jedem, denn wir sind multidimensionale Wesen aus Licht und Liebe geschaffen, in einem Band der Liebe zu begegnen.

Ich selbst hatte Begegnungen mit Menschen in einer Wirklichkeit, die außerhalb unserer Sichtweite der Normalität existiert. Ich selbst habe für mich diese Welt als eine Wirklichkeit anerkannt. Ich kann sie empfinden. Empfindungen sind es, die uns in diese Welt der Überdimensionalität führen.

Heute, jetzt und hier weiß ich, dass jeder, wirklich ein jeder sich dieser Welt anschließen kann. Unsere Kinder im Autismus-Spektrum haben häufig diese Anbindung.

Ich selbst habe diese Anbindung erschlossen. Ich selbst kann mich mit den Kindern allgemein in Verbindung auf einer Herz-zu-Herz-Ebene begeben. Jetzt ist es mir möglich geworden, den Kindern verbessert gerecht zu werden.

Auch ich befinde mich in der Erfahrungswelt dieses Planeten. Ich weiß, dass es möglich sein wird, weitere Erfahrungen und Entwicklungen in Richtung Liebe und Freude in mein Leben zu ziehen.

Heute, jetzt und hier habe ich mich in einen Prozess, der jenseits der sichtbaren Welt mir eine Erweiterung meiner Bewusstheit ermöglichte, begeben. Heute, jetzt und hier habe ich mich in einem Prozess der Wahrnehmungserweiterung einem Procedere gestellt, das mich an eine Ebene anbindet, die für jeden von uns erreichbar zu sein scheint. Ich habe beschlossen, dieses Buch zu schreiben, um jedem, der Interesse an einer Wahrnehmungserweiterung für sich erkennen kann, die Möglichkeit zu eröffnen, sich in einer selbstinitiierten Art und Weise der Entwicklung seiner Wahrnehmungsfähigkeit zu unterziehen.

Bücher und Programme gibt es zur Genüge. Wesentlich ist, dass ich mir meiner eigenen, ureigensten Wünsche gewahr werde.

Das klingt so einfach. Das dachte ich immer. Dennoch ist es für mich nach wie vor eine große Herausforderung, meine wahren Wünsche als solche auch zu erkennen.
Entscheidungen zu treffen, war tatsächlich eine große Herausforderung für mich. Welche Farbe sollte das T-Shirt haben? Da kaufte ich gleich zahlreiche T-Shirts in unterschiedlicher Farbe.

Gehandikapt in der Entscheidungsfindung stand ich vor etlichen Hürden in meinem Leben, die dem Prinzip der Selbstwirksamkeit zugeordnet werden können.

Selbstwirksames Handeln hilft jedem sich selbst in seinen wirklichen Bedürfnissen zu erkennen. Ich hatte kaum die Möglichkeit, meine Entscheidungen entsprechend meiner Bedürfnisse zu treffen, denn meine Ängste überlagerten meine tatsächlichen Bedürfnisse.

Heute kann ich meine inneren Impulse als solche erkennen. Dennoch ist es mir eine Hürde, das wahre Wesen meiner Entscheidung als solches anzuerkennen.

Entscheidungen zu treffen, hat mit Autonomie, wahrer Identität zu tun. Entscheidungen zu treffen, bedarf einer innerlichen Klarheit und Reinheit im Sinne des emotionalen Ausgleichs.

Entscheidungen im Sinne der Einheit allen Seins zu treffen, hat mit uns urpersönlich selbst zu tun. Unsere eigene, urpersönliche, innerliche Klarheit und Reinheit in Bezug auf unsere innerlichen Wünsche und Vorstellungen werden in insgesamt mit übereinstimmenden kosmischen Gesetzen übergreifenden Termini gesegnet.

Was uns zu Grunde liegt, ist eine der Schöpfung der Liebe zugewandte, kosmologisch einzigartige, eingebettete Grundstruktur, die an geometrische Formen im Sinne einer heiligen Geometrie erinnert. Wir selbst sind als menschliche Wesen im Kern der Liebe der Schöpfung entwachsen. Alles, was da ist, ist der Schöpfung der Liebe und Freude zuordenbar.

In unserer einzigartigen Eigenheit als im Grunde energetisch der Liebe zuordenbar, hat sich das Leben in unserer Dimension in der dualitären Struktur an ein Leben angepasst, welches die Möglichkeit beinhaltet, sich in Richtung Liebe und Freude aus freiem Willen heraus zu bewegen.

Wir selbst sind Liebe in unserer einzigartigen individuellen Grundstruktur. Wir selbst sind einzigartige Wesen der Schöpfung der Liebe. Wir selbst sind Wesen aus Liebe und Licht geformt. Wir haben die Kraft und Macht in uns, unser Leben in einem schöpferischen Prozess der liebe- und freudvollen Ausrichtung zu wandeln und ein für uns neuartiges Leben in Liebe, Licht und Freude zu erschaffen.

Wer sich dieser Art der Menschwerdung nähert, der hat die Möglichkeit, sich in einem generellen Wandel seiner selbst als ein Wesen wiederzuerkennen, welches der Liebe und Freude und des Lichts zugetan ist.

Im schöpferischen Prozess der Selbstentfaltung haben wir die Gegebenheit der emotionalen Bereinigung in einem lichtvollen Prozess zu durchwandern.

Wer sich diesem Prozess in der liebe-, licht- und freudvollen Art und Weise hingibt, der hat für sich selbst eine neue Lebensweise in einer liebe-, licht- und freudvollen Art und Weise in sein Leben gezogen.

Wer sich dessen bewusst geworden ist, der ist neuartigen Welten, die für das Auge unsichtbar sind, zugetan.
Hast du Angst vor unsichtbaren Welten? Ich selbst hatte keine Ahnung von wirklichen Welten außerhalb unserer Struktur. Als Jugendliche hatte ich mich verschlossen, denn ich hatte Angst. Engel waren für mich verbal ein Begriff, aber ich interessierte mich nicht für die sichtbare Form. Naturwesen waren in Kinderbüchern abgebildet. Sie faszinierten mich auf besondere Weise. Riesen und Zwerge, Wichtel und Gnome, König Laurin mit seiner Tarnkappe, all das war mir ein Begriff. Sagen hatten einen besonderen Einfluss auf mich. So las ich die griechischen Götter- und Heldensagen. Ich verschlang sie. Und immer wieder in meinem Leben erinnerte ich mich an Personen und Essenzen dieser Erzählungen.

Was hat dies mit uns zu tun? Bereits in der Kindheit wählen wir einen Weg, der uns Hinweise gibt, die uns die Entfaltung in Richtung Liebe und Freude und Licht erleichtern.
Wer sich diesen Impulsen öffnet, findet für sich Klarheit in einer Struktur, die uns äußerst liebevoll zugetan ist.

Woher weiß ich das? All das, was uns wieder und wieder begegnet, sind Signale, Impulse, Hilfsinstrumente, die uns in Richtung Liebe, Licht und Freude den Weg weisen.
Ich selbst habe mich für kraftvolle Impulse in meinem Leben geöffnet. Sie sind absoluter Segen in einem Leben, das mir jetzt und hier und heute zum Segen gereicht.

Wer sich diesen Prozessen öffnet, der hat in Liebe und Freude und Segen sich einen Weg erschlossen, der ihm all die Möglichkeiten bietet, mit Hilfe derer er selbst in seiner individuellen Einzigartigkeit in ein Leben in Liebe und Freude und voller lichtvoller Strukturen wandeln kann.

Ich selbst weiß, dass ich mich in diesen Strukturen der Liebe, der Freude und des Lichts wohlfühle. Zu Hause angekommen bin ich. Tatsache ist, dass mein Leben in seinen Empfindungen unwahrscheinliche Hürden genommen hat. Ich weiß, dass ich diesen Weg in Verzagtheit und Selbstignoranz begonnen habe. Und ich selbst weiß, dass ich jetzt und hier und heute auf einem Weg mich befinde, der mich in eine Welt einführt, die mir als solches nähersteht als die befremdliche Welt der Ignoranz, der Anpöbelung, der Arroganz, der Unzumutbarkeit, der Bemutterung in einer Art und Weise, die mir persönlich den Atem raubte, des ungeklärten Beziehungsdilemmas.

All mein Segen in diesem Leben ist jetzt und hier und heute etwas, das gigantischen Ausmaßes sich als energievoll, kraftvoll, spirituell ausgerichtet, einzigartig, erfüllend, segnend, weitblickend, befreit, unendlich in seinen Strukturen, interessiert, kategorisiert in einer Art der Überschaubarkeit, freud- und liebevoll, segensreich in dem Sinne, dass mein Weg anderen zum Segen gereicht, entpuppt.

Ich habe jetzt und hier und heute zahlreiche energetische Strukturen kennengelernt, die mir hilfreich in meinem alltäglichen Leben Segen schenken.

Ich kann mir selbst Arzt sein. Ich weiß, welche Vitamin- und Mineralstoffe und Spurenelemente segensreich mir in meiner Ernährung in rohkost-veganer Art ergänzend zur Verfügung stehen. Ich weiß ob meiner Bedürfnisse in Richtung Lebensmittelzubereitung. Ich kenne meine Vorliebe für die natürlichen Bekleidungsmaterialien. Ich weiß, dass konventionell chemisch

hergestellte Körperprodukte meiner Haut schädigend gegenüberstehen. So verwende ich natürliche Produkte einer mir lieb
gewordenen, bewussten, die Natur segnenden und Dankbarkeit
einbindenden kräuterkundigen Bekannten, die die Produkte aus
natürlichen Rohstoffen mengenmäßig in geringer Anzahl fabriziert.

Heute, hier und jetzt weiß ich, dass mich diese Produkte wieder an die natürliche Lebensweise angebunden haben. Heute,
jetzt und hier weiß ich, dass ich so unseren Planeten in seiner
Heilung in Richtung Anbindung an unsere inneren Strukturen
unterstützen kann.

Als Wesen aus Liebe und Licht sind wir alle an sämtliche Strukturen, die uns umgebende Natur sind, angeschlossen, soweit wir
uns dessen bewusst werden.

Bewusstwerdung beinhaltet tatsächlich die Möglichkeit, uns für die
Anbindung oder dagegen zu entscheiden. Selbst hatte ich immer
wieder in ängstlicher Vorsicht vor mir unsichtbaren Kräften, die
Möglichkeit eines Anschlusses nur zaghaft in Erwägung gezogen.

Jetzt und hier und heute weiß ich, dass ich selbst mir im Vorfeld
meiner Ängste in Richtung unsichtbarer Welten gewahr werden
kann. Ich habe mich im Zuge der energetischen Bereinigung einer licht- und liebevollen Annäherung nicht mehr verschließen
wollen. Ich selbst wollte schließlich Welten kennenlernen, die mir
aufs äußerste befremdlich oder unnatürlich geartet erschienen.

Was ich heute, jetzt und hier weiß, ist, dass ich sämtliche sich
mir öffnende Strukturen als etwas Licht- und Liebevolles in ihrer Gesamtstruktur erahnen durfte, als hilfreich in meiner Entwicklung in Richtung Liebe, Licht und Freude.

Heute, jetzt und hier weiß ich, dass sämtliche Strukturen uns liebevoll zugetan sind. Ich selbst habe mich der Bereinigung meiner
emotionalen Gegebenheiten gestellt.

Heute, jetzt und hier weiß ich, dass ich selbst festlege, ob ich meine Ängste in Richtung unsichtbarer, lichtvoller Welten einer Bereinigung unterziehe. Alles, ja wirklich alles scheint auf unseren Ängsten, die wir in uns selbst abgelagert als energievolles uns lenkendes Potential tragen, zu basieren, die uns richtungsweisend sind.

Meines Erachtens hat alles, wirklich alles mit unseren uns innewohnenden Ängsten, sämtliche emotionalen Gegebenheiten lassen sich auf zu Grunde liegende Ängste zurückführen, eine Korrelation.

Meine mir innewohnenden, mir als liebevoll erachteten Strukturen haben gänzlich das Potential, alles, wirklich alles in liebe- und licht- und freudvolle Strukturen zu transformieren.

Meine mir innewohnende Kraft ist Quelle meiner ureigenen, innersten, liebevoll wandelbaren Energie, die mir zum Segen in meinem Leben wurde.

Hatte ich im Vorfeld meine äußerste Anstrengung aufgebracht, um dem Leben in seinen zahllosen Herausforderungen gerecht zu werden, so ist es mir heute eine Leichtigkeit geworden.

Ich kann es kaum glauben, dass emotionale Gegebenheiten in den Familien in Richtung Zornesausbruch, aggressiver Handlungsweise, Traurigkeit in irgendwelcher Form, unnatürliches Verhalten jeder einzelnen Person mir zurechtkommen, damit ich den Kindern und Eltern oder Angehörigen direkt in diesen für die Eltern sehr emotionsgeladenen und selbst inneren emotionalen Regungen gegenübergestellten Situationen unterstützend und wegweisend hilfreich sein kann.
Ob die Eltern sich den Perspektivenwechseln öffnen? Eltern erfahren in meiner Arbeit die höchste Anerkennung für ihre eigenen, emotional geleiteten, herausfordernden, unterschwellig selbst kreierten Momente der emotionalen Erregung. Dies ist Voraus-

setzung für eine absolut vertrauensvolle Basis, die die Eltern zu Schöpfern ihrer ihnen zu eigen gewordenen Art und Weise der Krisenbewältigung macht.

Ich erkenne den Segen, den die Eltern sich selbst und ihren Kindern in einer Art und Weise zugestehen, dass sämtliche Strukturen, die ein Netzwerk der anerkannten Ängste erschaffen hat, sich in einer der emotionalen Bereinigung widmenden Struktur in liebe- und freudvolle und segensreiche Gegebenheiten wandeln.

Meines Erachtens sind die Eltern autonom fähig diese Bereinigung sich selbst und den Kindern zuzutragen.
Meines Erachtens trägt jeder, wirklich jeder jene Fähigkeiten, Talente und Begabungen in sich, die jedem, wirklich jedem Hilfestellung in einer Welt aus Angst und Wut und Ärger und Traurigkeit und sämtlichen möglichen emotionalen Bandbreiten bieten.

Meine mir innewohnenden Kräfte führten mich in eine mir vormals gänzlich neuartige, für mich befremdliche, ungewohnte Umgebung. Was ich erlebte, ist einzigartig.

Wie jeder für sich seine Lebenssituation in einer Weise erschafft, dass sie ihm zuträglich, zumutbar, kostbar, lebensbejahend, angstlösend, regenerativ, absolut befreiend wird, hat mit der Lebenseinstellung, die jeder für sich urpersönlich erschafft, zu tun.

Lebensaufgabe

Was ich für mich erarbeitet habe, hat mit mir selbst und meinem ureigensten Lebensweg, mit meiner gänzlich urpersönlichen Lebensaufgabe, die ich sukzessive als solche erkennen konnte, zu tun.

Ich habe gänzlich von der Basis ein neues Leben in einer Zeit der energetischen Unstimmigkeit für mich selbst in einer Weise erschaffen, die mir vorerst unbewusst Möglichkeiten einräumte, mir selbst wieder näherzukommen.

Was ich in meinen zahlreichen Stunden des Alleinseins für mich ins Leben gerufen hatte, war mir als positiv eingestellter Mensch jeweils eine Neuheit, die mich inspirierte. Ich hatte Kontakte zu meiner Fachfrau für Kräuterprodukte aufgenommen. Ich suchte nach alternativen Heilmethoden, die mich jede für sich vorerst absolut neugierig geworden fesselte, die ich jedoch nach etlichen Fehlschlägen wieder der Vergangenheit zuordnete.

Ich erkannte die Heilwirkung des Waldes und erkundete ihn im meditativen Wandern, indem ich meine Wahrnehmung auf besondere Eigenheiten der Natur oder meiner selbst anvisierte. Schritte bewusst wahrzunehmen, zeigte mir die Besonderheit, dass ich nachfolgend in eine veränderte, gänzlich friedvolle Welt meines Zuhauses zurückkehrte.

Meine Angewohnheit der körperlichen Betätigung erfreute ein neuartig von Schmerztherapeuten kreiertes Faszienyoga. Ich verbrachte täglich wenige Minuten bis zu einer halben Stunde mit dem Ausprobieren der Yogaübungen und erkannte für mich, dass ich meine, vormals über Jahre hinweg durchgeführte körperliche Betätigung in Übungssequenzen auf Grund meiner körperlichen, einem Unfall zuordenbaren Schmerzen fallen lassen konnte. Nach einigen Übungseinheiten erfreute ich mich eines absolut verbesserten Körpergefühls, einer verbesserten Beweglichkeit und verringerten Schmerzen.

Weitere Zuwendung erfuhr meine Wahrnehmungswelt, wobei ich den Fokus auf mich Inspirierendes legte. Zufrieden mit mir selbst, in Folge der körperlichen Ertüchtigung, gelang es mir, Zug um Zug in eine Welt einzutauchen, die mir zunehmend freundlich begegnete. Ich selbst hatte den Fokus auf mich gelenkt, gänzlich auf mich. Ich kreierte einen neuen Garten. Ich grub meine Heckenbäume selbstinitiiert aus. Ich transportierte die Bäume in die

Kompost produzierende Anlaufstelle. Ich initiierte die Errichtung eines Gartenzauns und half bei der Verwirklichung. Eine Spalierobstgehölzhecke erwuchs. Ein Hügelbeet folgte. Das Glashaus inspirierte mich und fand Platz in meinem Gemüsegarten. Steineinsäumungen von selbst am Bach gesammelten ovalen Steinen verzierten die Böschungen des Beetes. Ein Hochbeet für den Balkon kreierte ich aus gekauften Brettern und vervollkommnete die Ausstattung meines Gartens. Dächer für Tomaten, die im Freiland selbständig ihren Platz gefunden hatten, erwiesen sich als Segen für eine reichhaltige Tomatenernte. Zeiten in der Hängematte, die ich mit Lesen verbrachte, schenkten mir Beschaulichkeit in einem neu gestalteten, mich inspirierenden Garten.

Die Freude an der Beobachtung der Tiere ließ mich meine Kreativität erneut ausleben. Ich gestaltete verschiedenste Wohnräume für Insekten. Die Naturbewunderung erlebte einen Höhepunkt, als ich erkannte, dass die Liebe zu den Tieren mir neue Ansichten bezüglich der Schädlingsbekämpfung überantwortete. Ich erkannte, dass die Abwehr von Tieren, die den Schädlingen zugeordnet werden, entsprechend unserer Haltung verläuft. Ich erkannte für mich, wenn ich den Tieren entsprechend einen Raum zuordnete und sie segnete, dass die den Schädlingen zugeordneten Tiere sich auf natürliche Art und Weise einer Reduktion unterwarfen. Nützlinge besiedelten den Garten. Schnecken segnete ich und trug sie an eine ihnen zuträglich erscheinende Stelle mit der Bitte, sich hier anzusiedeln. Interessanterweise verringerte sich die Anzahl der Schnecken trotz des regenreichen Sommers.

Was ich im Garten erneuerte, erhielt Bewunderung von zahlreichen Passanten. Freudige und humorvolle Gespräche mit mir bis dahin unbekannten Menschen durchzogen meine neu kreierte Lebenswelt. Der Fokus lag bei mir. Die Menschen öffneten sich von sich aus. Ich war bei mir. Fröhliche Gespräche erstaunten mich.

Hilfreiche Abschirmung von vormals war einer Öffnung gewichen, die ich mir auf diese Art und Weise nicht auszudenken im

Stande gewesen war. Meine energetischen Defizite konnte ich zunehmend in energievolles Handeln umwandeln.

Was vormals begrenzend und einengend gewesen war, entpuppte sich als Segen. Ich war fähig geworden mir selbst nahe zu sein. Ich war fähig geworden mir selbst Freund und freundlich zugeneigt zu sein. Ich war mir im Klaren, dass ich Schritt für Schritt einen Weg Richtung Änderung meiner selbst gegangen war.

Diese Änderung brachte mir die Änderung der Außenwelt. Leute, die mich vormals nicht wahrgenommen hatten, grüßten mich nun.

Meine schmerzvollen Erinnerungen an eine Zeit des Abstands, des im Stichgelassenseins, der Ausgrenzung und der Absonderung waren dennoch präsent geblieben. Die Begegnung mit manchen Menschen verursachte mir einen Stich in meinem Herzen. Unausgesprochene, empfundene, emotionale Erfahrungen triggerten Erlebnisse aus der Vergangenheit in meinem neuen Leben.

Ein neuer Fokus auf die Bewältigung von Nahrungsengpässen in einer Art und Weise, die mir meine gänzliche Nahrung in unverdauter Form als unverdaubare Masse in herausfordernder Art und Weise entgegenbrachte, erinnerten mich an ein unverdautes emotionales Desaster, dem ich zeitlebens beobachtend gegenübergestellt war. Gänzlich auf mich selbst gestellt, versuchte ich in der Naturheilkunde mein Glück. Nahrungsmittelunverträglichkeiten und Allergien waren die Hauptursachen meines Desasters. Eine Untersuchung des Darms schien mir unmöglich, da die Nahrungsmittel auf drastische Art sich mehr und mehr reduzierten. Ich glaubte, dass lediglich drei Lebensmittel mir noch zuträglich genug waren, um belanglos gegessen werden zu können. Fachlich interessiert legte sich mein Fokus auf die selbstinitiierte Bewältigung dieses mich unwahrscheinlich angstvoll belegten Hintergrunds. Internetrecherchen, Fachbücher, Unverträglichkeitsaustestungen brachten mich in Gegenden, die für mich abermals Neuland darstellten. Rohkost-vegane Ernährungsformen hatten von mir vormals die Essenz der Unzumutbarkeit zugestanden bekommen.

Was sollte ich machen? Wie konnte ich mich ausgewogen einer Ernährungstatsache stellen, die in Ausgrenzung und Unverständnis als Folge von sozialer Abwertung ihren Platz in meinem Leben einzunehmen im Begriff war? Wie konnte ich ein Ernährungsgleichgewicht, ob der Forderungen einer klassischen Ernährungspyramide, für mich erreichen? Ich begann meine Ernährung zu dokumentieren und stellte wieder einmal erstaunt fest, dass sich an den Tagen der Dokumentation eine verbesserte Verdauung einstellte.

Was war der Grund? Ich konnte lange Zeit die Tatsache nicht anerkennen, dass meine ureigenen Ängste mich in diese Zwangslage manövriert hatten. Zahllose Ängste meiner Kindheit hatten mit meinen Ernährungsunpässlichkeiten einen Weg in meine Wahrnehmung gefunden. Ich selbst hatte mich dermaßen begrenzt, dass die Ausweglosigkeit meiner Lage meine Ängste entfachte und zu schier unglaublicher Größe anwachsen ließ.

Was ich in meiner Kindheit als Verdauungsirritationen erkannte, war nun zu einer Größe angewachsen, die mir vormals unbewusst ein Ausweichverhalten von mir als unverträglich empfundenen Lebensmitteln zumünzte.

Was ich vormals für mich als unzureichend verträglich eingestuft hatte, brachte mir nun weitere Verhaltensweisen in mein Leben, die die Ausgrenzung von Lebensmitteln mit sich zog. Ernährungsunpässlichkeiten folgten weitere. Ernährungsunpässlichkeiten folgten dem System der Fünf-Elemente-Ernährung, die mir das Weglassen von Nahrungsmitteln in weiterer Folge nahelegte. Nicht wissend, dass Abgrenzung und Ausgrenzung laut Naturgesetzen weiterhin Ausgrenzung und Abblocken in eine Richtung verursachen, dass ich mir meiner Ernährungsfähigkeit nicht mehr zur Genüge versichert sein konnte, legte ich Wert auf exaktes Einhalten der von mir eigeninitiativ betrachteten Ernährungsgewohnheit mittels überlegter Nahrungsmittelzufuhr. Dass dieses System mich eines Besseren schließlich belehrte, war die Auswirkung meiner der emotionalen Bereinigung zugeführten emotionalen Befindlichkeiten zu Gunsten meiner selbstinitiierten neuen Weltanschauung in Richtung liebe- und freudvoller Daseinsbewältigung.

Im Alleingang habe ich meine Nahrungsengpässe in eine normgerechte Wiederverdauung geführt. Im Alleingang ist es uns und jedem von uns möglich, sich einer physischen, emotionalen, geistigen und seelischen Heilung zuzuführen. Im Alleingang ist es uns möglich, uns wieder zu unserer innersten Wirklichkeit, der Realität der inneren Verbundenheit mit unserem innersten Wesenskern zu besinnen.

Wir sind die Initiatoren für ein Leben in licht- und liebe- und freudvoller Ausrichtung. Wir selbst sind Wesen aus Licht und Liebe und Freude. Jede Zelle unseres Körpers, jede Nuance unseres Seins ist reinste Liebe. Ich bin Liebe und Freude, gesegnet durch die göttliche Quelle, deren Kern in uns, in jedem Einzelnen von uns, in wirklich jedem, auch in dir und in mir, sich befindet, auch wenn mir das nach wie vor eine befremdliche Tatsache erscheint, so bin auch ich getragen von der Weisheit der Liebe, die ihren Sitz in meinem Herzen einnimmt.
Heute, jetzt und hier weiß ich ob der Lebensgesetze, die mich nun in eine Welt aus Liebe und Freude und Licht und Segen geführt haben. Heute, jetzt und hier weiß ich ob der Besonderheit unseres innersten Kerns.

Jetzt und hier und heute und immerdar können wir uns an diese innerste Quelle in einer Wiedervereinigung wieder unserem göttlichen Kern anschließen. Dieser Anschluss ist Segen für uns. Er ermöglicht uns jede Menge eigenwilliger, schöpferischer Tätigkeit in Richtung Liebe und Freude.

Liebe und Freude gehören in ein Leben, welches getragen von der Quelle der Liebe uns Erfüllung in einem Leben schenkt, welches wir selbstinitiiert in uns als segensvoll, bereichernd, inspiriert, gemeinschaftlich, besonders im Sinne unsere Einzigartigkeit ausdrückend, ohne im Zuge der Bewertung uns begrenzend, auszudrücken vermögen.

Heute, jetzt und hier habe ich mich an meinen innerlichen Wesenskern angeschlossen. Ich bin verbunden mit der göttlichen Quelle der Liebe und Weisheit. Ich bin angebunden an die Energie der liebe- und freudvollen, segensreichen, mir zu Grunde liegenden, liebevollen Quelle, die mir Geborgenheit und Segen und Erfüllung schenkt.

Dieses Empfinden von Hoffnungslosigkeit, Verlust, Angst, Gekränktsein, Andersartigkeit, gedemütigt im Sinne, alles falsch gemacht zu haben, löst sich gänzlich im Licht der göttlichen Quelle in ein Bewusstsein von „ich selbst trage den Kern des Wissens und der Weisheit in mir".

Ich selbst bin es, die Zugriff auf dieses Wissen, auf die innerste Geborgenheit, auf ein Leben in Fülle und Freude hat. Ich selbst habe Zugriff auf all die Qualitäten der menschlichen Gesellschaft, die uns als wertvoll, uns tragend, uns segnend, Geborgenheit schenkend, vertrauensvolle Liebe, beglückende Augenblicke, naturverbundene Seinsweise gewährend erscheinen.

Manchmal erscheint es mir, dass ich selbst in meiner Begrenztheit mir sämtliche Steine in den Weg gelegt hatte. Ich selbst war es, so erschien es mir, die sich diese Hürden als Lebensaufgabe gesetzt hatte.

Ich weiß ob der Eigenverantwortlichkeit, der ich mir nun bewusst bin.

Ich habe vernommen, dass ich selbst mir dieses eine Leben, als Aufgabe in dieser mir jetzt zu Grunde liegenden Seinsweise vorbereitet habe. Tatsächlich erscheint mir immer mehr, dass ich gewisse Themen in meinem Leben einer Bereinigung zuführen wollte. Ich habe Hürden genommen, die mir genau die entsprechenden Erfahrungen ermöglichten, die mir ein Leben in Liebe und Freude als Ziel einer umfassenden Reise gestatteten.

Heute, jetzt und hier, jetzt in diesem einen unendlichen Augenblick eines Seins, der mir die Möglichkeit schenkt, Einblicke in eine mir zuvor nicht bewusste Realität zu erlangen, habe ich in mir die Anwesenheit der göttlichen Quelle als Segen für mich und die Schöpfung der Liebe erfahren.

Mir ist bewusst, dass ich verbunden mit der göttlichen Quelle der Liebe Segen erhalte. Segen ist immerdar mit mir. Segen fließt zu mir. Segen ist in mir. Segen ist mit allem und jedem von uns. Jede kleinste Nuance unseres Seins ist Segen im Angesicht der Schöpfung der Liebe. Weisheit umgibt uns. Jeder Augenblick unseres wahren Seins, unseres wahren innerlichsten Kerns trägt die Weisheit als Essenz eines Lebens in Liebe und Freude in sich.

Ich habe begonnen jeden Augenblick meines Seins zu versuchen mir einer Realität gewahr zu sein, die in liebe- und freudvoller Ausrichtung uns Segen ist, Segen in einem Leben, welches getragen von der göttlichen Quelle der Liebe einen Segen in einer Zeit gebiert, die uns allen als Zeit des Wandels eine enorme Herausforderung der Veränderung in Richtung liebe- und freudvoller Strukturen aufzeigt. Mit unserer Entscheidung, die wir, jeder einzelne für sich in uns tragen, haben wir die Möglichkeit, uns wieder an unseren innersten Kern anzubinden.

Ich selbst weiß ob der Herausforderungen, die eine Anbindung in Richtung liebe- und freudvoller Seinsweise mit sich bringen. Ich selbst habe die Hürde genommen. Ich selbst habe mich entschlossen für ein Leben in liebe- und freudvoller Weise, in ein Leben mit zahlreichen Möglichkeiten in Richtung Kreativität, Schaffensfreude, energievoller, enthusiastischer Betätigung, mystischer Erfahrungen, glorioser Einblicke, in eine mir vorab unbekannte Welt der gigantischen Zusammenhänge von Lebensformen in unendlichen Möglichkeiten des Ausdrucks einzutauchen. Heute, jetzt und hier erlebe ich diese Welt als eine Welt, die mir Liebe und Freude in einem mir in vormaliger Zeit unbewusstem Ausmaß schenkt, dass es mir unmöglich zu sein scheint, sich nicht in diese Richtung bewegt haben zu wollen.

Was ist es, dass ich sosehr mich nach dieser Quelle der Liebe und Freude suchend entfalten möchte? Ich erlebe jetzt und hier und heute eine Wende in meinem Leben, die mich an den Zustand der reinsten Freude, den ich damals auf meiner Wanderung in mein damaliges Leben gezogen hatte, in ähnlicher Art und Weise anbindet. Zart und zaghaft bahnt sich die Freude erneut einen Weg zu mir in einer Art und Weise, die ich jetzt und hier und heute und immerdar, so sagt es mir, in mir trage, als Quelle für eine Seinsweise, die von Liebe und Freude getragen mir ein erfülltes Leben, das mir vormals leer und ausgebrannt war, ermöglicht.

Weißt du, wie es ist, leer und ausgebrannt, ausgestoßen und verbannt, abnorm und ausweglos verrannt sich zu erleben? Weißt du, wie es ist, sein Möglichstes zu tun und immerdar abgewiesen zu werden? Weißt du, wie ich mich empfand, als ich in keinster Weise meinen Nächsten mit meinen Worten erreichen konnte? Weißt du, wie es ist, abgelehnt und nicht wahrgenommen zu werden?

Ein Erlebnis ist mir heute, jetzt und hier wie damals bewusst, als ich mit meinem Koffer in ein Auto steigen wollte, um am nächsten Bahnhof die Heimreise antreten zu können. Ich war nicht schnell genug. Da fuhr das Auto los. Ich stand da und sah nach, wie sich das Auto in Richtung Bahnhof bewegte. Zurückgelassen. Vergessen? Was war es, dass ich zurückblieb? Lange machte ich mir Gedanken. Nach geraumer Zeit kam das Auto zurück. Die Insassen entschuldigten sich.
Ich war in meinem Ausdruck still, leise, in mir vergraben. Stille Wasser gründen tief, sagte man mir. Dies konnte ich annehmen. Nicht ahnend, dass ich eine Seinsweise an den Tag legte,

die meinem Naturell der Lebendigkeit und Lebensfreude den Funken nahm. Alles vergrub ich in mir, meine Sehnsüchte und Wünsche, meinen innerlichen Schmerz, meine Ängste und wahren Freuden. Alles, fast alles verbarrikadierte ich in mir, in Gedanken einer liebevollen Ader entsprechend, eine Lebensweise gefunden zu haben, die mir gerecht wäre.

Von außen zugetragene Weisheit kann manch ein Leben in eine Richtung weisen, die für mich selbst die Tiefe dieser Erfahrung in einem Mitgefühl für jeden, der aus falsch verstandener Zuneigung jemandem einen Stempel aufdrückt, der eine tiefe Seinserfahrung mit sich zieht, verankert.

Weißt du, wie es ist, zu erkennen, dass ich nicht von geliebter Art und Weise in mir selbst meinen Wesenskern als nicht zu mir gehörig erachtete? Weißt du, wie es ist, ein ständiger Verlierer zu sein? Weißt du, wie es ist, zu wissen, dass andere abfällig über die mir eigenen Qualitäten sprechen und glauben, ich würde es nicht wahrnehmen? Weißt du, wie es ist, dass andere einen Zustand der Unbewusstheit ausnutzen, um aus mir etwas herauslocken zu wollen, im Sinne, von selbst würde ich zu wenig preisgeben? Weißt du, wie es ist, wenn dir jemand in belehrender Weise die von ihm erachtete Unzulänglichkeit auszumerzen aufdrängt? Weißt du, wie es ist, durch schmerzvolle Auswirkungen einer Ernährungsinstabilität immer wieder darauf hingewiesen zu werden, was mir in meinem Leben an Verlust durch den Verzicht oder die Nichtannahme entgangen sei? Weißt du, wie es ist, Angebote immer und immer wieder in gleichgerichteter Art und Weise zu erhalten, die mir in meiner Verdauungsirritation nicht möglich waren anzunehmen? Weißt du, wie es ist, in Gesellschaft ob einer mir günstig erscheinenden verdauungsanregenden Ernährungsform regelmäßig ausgeschlossen zu sein? Weißt du wie es ist, aus einem Gastbetrieb verwiesen zu werden? Die Kälte und der Hunger hatten mich einen geschützten warmen Platz suchen lassen. Der einzige Ort in einer gebirgigen Landschaft hatte für mich, die ich die gebotenen kulinarischen Leckereien, die ich vormalig nur zu gern annahm, aus Gründen der Nichtbereitschaft Andersartigkeit zuzulassen, keinen Platz.

Abwendung, während ich den Mund aufmachte, Abwendung, wenn ich von mir erzählen wollte, Abwendung, immer wieder Abwendung, weißt du, wie das ist? Demütigung und wieder Demütigung, weißt du, wie sich das in mir darlegt? Ausgenutzt. Hast du eine Ahnung, wie das sich anfühlte? Ich empfand mich als Opfer. Ich empfand Schmerz und Wehmut. Ich kapselte mich ab, um meinen Schmerz aushalten zu können. Ich verdaute in einer Art und Weise, die mein Leben bestimmte.

Heute, jetzt und hier weiß ich, dass alles, ja wirklich alles und sämtliches Sinn in meinem Leben hatte. Es führte mich zu mir selbst. Ich selbst weiß jetzt, dass ich es bin, die Aufgaben und Hürden in mein Leben gezogen hatte, die mir genau diese Erfahrungen in dieser Art und Weise mit meinen Mitmenschen gegeben hat, die mich jetzt und hier und heute und immerdar, sagt es mir, an die Quelle der Liebe und Freude rückverbindet.

Ich selbst habe jetzt und hier und heute und fortwährend, sagt es mir, die Möglichkeit, mich an diese Quelle der Liebe und Freude anzuschließen, mich an meinen innersten Kern wieder anzubinden.

Was mir heute, jetzt und hier möglich geworden ist, möchte ich in meinem Leben nicht mehr vermissen. Ich habe es geschafft, für mich in eine neuartige mir lieb gewordene Welt hineinzuwandeln, die mir segensvoll, liebevoll, kreativ, humorvoll, energetisch ausgeglichen entgegenkommt. Mir Liebe und Freude schenkt. Mich segensvoll willkommen heißt. Mir ein Zuhause bietet. Mir das Empfinden schenkt, geliebt zu sein. Mir Hoffnung gibt im Abgleich meiner emotionalen Gegebenheiten. Mir das Vertrauen schenkt, richtig zu sein, genauso wie ich jetzt und hier und heute mich gerade auszudrücken vermag. Die mir die Gelegenheit bietet, mich selbst in meiner mir ureigensten Art und Weise weiter zu entfalten, mich einer Entwicklung zu unterziehen, die mich letztlich meiner Selbsterkenntnis näherbringt.

Ich habe heute, jetzt und hier jederzeit die Möglichkeit, meinen Fokus auf die Liebe, die Freude, die segensvollen Eigenschaften der Schöpfung der Liebe und Freude und des Lichts zu lenken. Jedes Wesen trägt Liebe und Freude in sich. Ja, selbst die physischen Gegenstände haben Liebe und Freude als Bestandteile einer liebevollen, kreativen, alles umfassenden Schöpfung, wie ein Ozean, der jeglichen und jeden einzelnen Tropfen wieder und wieder umfasst, als ihre Essenz in sich tragend. Durchwoben ist alles und sämtliches und jegliches in einer Schöpfung der Liebe und Freude mit Liebe. Liebe- und kraftvolle Ressource ist und bleibt die Liebe. Liebe in uns. Liebe in dir. Liebe in jedem und jeglichem. Liebe trägt und schenkt uns Geborgenheit.

Ich kann diese Art der Anbindung an mir wahrnehmen. Ich kann an mir selbst erkennen, wie sehr ich mich in diese Richtung getragen, gewandelt habe. Ich selbst bin der Motor gewesen, der aus einem dringlichen Bedürfnis heraus sich sein Leben in einer Art und Weise verändert hat, dass es für mich und für alle und sämtliche mir begegnenden Menschen ein Segen zu sein scheint.

Wie kann ich das wissen? Ich selbst habe Erfahrungen gesammelt, jetzt bereits über Jahre, die mir diese Zuversicht schenken. Menschen bleiben stehen, ein Small Talk. Sie gehen mit einem Lächeln wieder. Die alte Frau, die ich als nicht Angehörige in einem lebensverneinenden Zustand antraf. Bald hundertjährig war sie sich ihrer eigenen Begrenztheit und der ausschließenden Faktoren des Lebens bewusst, die einen Wandel in Richtung „ja zum Leben" erfuhr. Die Nachbarin in ihrer über Monate dauernden Depression gefangen, der wieder und wieder ein Lächeln über die Lippen huschte, deren Augen Freude ausstrahlten. Der Sohn einer Witwe, den ich ob meiner beruflichen Arbeit kennenlernte, der mir sein Herz öffnete. Der Bettler, der sich in einem Geschäft seine Lebensmittel, die er für sich und seine arme Familie benötigte, selbst wählte, war meiner Klarheit gegenübergestellt dankbar für die Nahrungsmittel. Der Hausierer, der mir in meinem Garten verbotenerweise half, erfreute sich der Unterstützung meinerseits. Der Mann in der Psychiatrie, der sich mit mir in der stillen Einvernehmung verbunden fühlte, strahlte Dankbarkeit aus. Wir verstanden und verbanden uns ohne Worte. Es gab ihm Mut und Erleichterung in seiner depressiven Stimmungslage. Viele Worte grenzen oft aus. Stille behält vor, dass sich jeder einzelne selbst seiner bewusst werden kann. In der Tiefe meiner Worte kann ich die Essenz der Liebe erahnen. In der Tiefe der Worte kann ich jetzt und hier und heute mich wieder an meinen glanzvollen Wesenskern anbinden.

Heute, hier und jetzt habe ich den Seinskern in mir wiederentdeckt. Klar und deutlich erkenne ich das Wesen in mir, das mir liebe- und freudvoll gesinnt neuen Lebensmut schenkte. Ich habe jetzt und heute und hier mich wieder an ein Leben in Liebe und Freude angepasst. Ich habe jetzt und heute und hier mich wieder mit dem liebevollen Lebenselixier einer göttlichen Welt in Liebe und Freude angefreundet. Meine Lebensaufgabe schenkt mir Erfüllung und Segen.

Weißt du, was deine wahre, dir ureigene Lebensaufgabe ist, die dir selbst ein Leben in Erfüllung und Liebe und Freude und Segen und in wahrer Meister/-innenschaft gewährt?
Heute, jetzt und hier weiß ich, dass das jetzt und hier und heute mehr als eine Lebensweisheit ist. Bei Säuglingen und Kleinkindern ist diese Anbindung noch präsent. Wir suchen diese Anbindung im Yoga, in der Meditation, in kreativen Ausdrucksformen, beim Wandern und all den Freizeitbeschäftigungen versuchen wir uns wieder und abermals in einen Zustand zu versetzen, der uns Liebe und Freude und Geborgenheit und Erfüllung in einer Art und Weise schenkt, die uns an ein Empfinden der Erfüllung, der innerlichen Zufriedenheit, des sich selbst Wahrnehmens in einer Art und Weise erinnert, die wir selbst in unserem Innersten bereits verankert tragen.

Ja, wir sind es, die im Außen bereit sind in unzähligen Stunden dem ersehnten Zustand nachzujagen, Erfüllung für Augenblicke zu erleben, um uns wieder für einige Zeit befriedigt den nächsten Moment herbeisehnend zu erarbeiten.

Erfüllung ist in uns selbst. Das ist es, was mich in diese Richtung gehen lässt. Ich konnte das Opfer und den Täter loslassen. Ich konnte das Nachjagen, um Erfüllung gebende Eindrücke zu erhaschen, weniger werden lassen.
Heute, jetzt und hier weiß ich, mich erinnernd an den Zustand der Freude, den ich vormalig in mein damaliges naturverbundenes Leben zog, dass reine Freude in ihrer reinsten Nuance nichts und wieder nichts erwartet. Ich saß und staunte und saß und war zufrieden mit allem, was mich umgab. Ich brauchte nichts, um mein Leben zu bereichern. Freude war einfach da. Aus dem Zustand der Freude war ich der kehlkopfbedingten Sprachlosigkeit dankbar. Ich empfand Worte meinerseits aus dieser tiefen Freude heraus als erübrigend.

Ich war mir meiner Freude bewusst. Stille umgab mich. Freude als pelziges Empfinden auf der gänzlichen Haut meines Körpers drückte sich als solches in inniglicher Selbstliebe aus. Segen in allem, was ist, war in diesem Empfinden der tiefgreifenden Freude Ausdruck einer Schöpfung, die tatsächlich Liebe ausstrahlte. Alles, was da ist, ist Liebe. Ich bin ein Teil dieser alles umfassenden Liebe. Du bist ein Teil dieser alles umfassenden Liebe. Wir alle sind Teil dieser alles umfassenden, uns segnenden Kraft, die uns lenkt und leitet und führt. Jeder einzelne von uns ist geführt in einer Art und Weise, in der jeder für sich selbst die Entscheidung in Richtung Liebe und Freude trifft. Diese Entscheidung ist autonom, einzigartig in ihrer Ausgestaltung. Sie ist die einzigartige Wahl eines jeden einzelnen, sich für oder gegen eine Anbindung an die uns liebende Essenz einer Schöpfung in Liebe und Freude zu entscheiden.

Was mir hier und heute und Jetzt Freude macht, schenkt uns allen einen Segen in Richtung, jeder, ja, wirklich jeder trägt den Funken in sich, das zu tätigen, was sein Herz als erfüllend erfreut.

Ich bin jetzt und hier und heute an Quellen der Freude, die mir persönlich wesentlich und richtig erschienen, herangeführt worden. Musik hat mich Zeit meines Lebens inspiriert. Musiziert hatte ich selbst, doch war ich mir meiner Begrenzungen bewusst. Jetzt weiß ich, dass es eine Sehnsucht war, musikalisch in einer Art und Weise tätig zu sein, die mir und anderen Welten zum Segen gereicht.

Ich habe in einer Nacht-und-Nebel-Aktion, nicht wissend, ob ich daran Gefallen finden würde, mir meiner inneren Stimme gewahr, vier Kristallklangschalen gekauft. Nicht wissend, was ich damit bewerkstelligen könnte, außer Töne zu kreieren, weiß ich nun, dass sie mir und einem höheren Zweck dienen. Ich erahne die Gegebenheiten, die mir in meiner intuitiven mir zugeschnittenen Realität als Antwort auf meine musikalische Darbietung in liebe- und freudvoller und Dankbarkeit segnender Art und Weise wieder zufließen. Alles hat seinen Sinn. Alles, ja wirklich alles hat seinen Wert. Mein Wert liegt dort, wo ich ihn selbst zu sehen vermag.

Vormalig mein eigener, ureigenster, gänzlich persönlicher Richter in einer Weise, der mir Verurteilung bescherte, gehe ich jetzt und hier und heute und immerdar, so sagt es mir, den Weg, der mich wieder an die Liebe und Freude und den Segen eines erfüllenden Lebens anbindet, der mich geleitet in eine liebe- und freudvolle Richtung, der Anbindung an ein Leben bietet, welches hier und jetzt und heute und immer wieder von Neuem liebe- und freudvoll gestaltet werden kann.
Was ich mir erträumt, ist Wirklichkeit in meinem Leben, in einem Leben der Kreativität und Schaffensfreude geworden. Ein vormaliges Muss ist einem freudvollen, intensiven, Klarheit ausstrahlenden Bewusstsein und einem immens Kreativität fördernden Zustand gewichen.

Was ich hier und heute und jetzt und immer wieder erleben kann, ist die tiefe Zuneigung einer naturverbundenen Seinsweise in

Liebe und Freude, gesegnet mit zahllosen Eindrücken tiefer Verbundenheit mit allem, was ist. Jetzt und hier und heute bist auch du ein Puzzleteil der Schöpfung, die uns immens liebevoll und freudvoll und friedvoll begegnen kann. Die uns eigene, ureigene Emotionalität stellt den Schlüssel dar, der uns einer Welt öffnet, die uns in Liebe und höchster Freude zugeneigt ist.
Was ich kann und konnte, kannst auch du.

Eine meiner Voraussetzungen in meinen Fördereinheiten ist die Tatsache, in jedem Kind, in jeglichem Jugendlichen, in jedem Vater und jeglicher Mutter, in den Großeltern und im Baby, in jedem und wirklich in jedem einzelnen, und sei er in unseren Augen noch so gehandikapt, den Funken der Begabung, des Talentes, der Fähigkeit, der Wünsche und Bedürfnisse, der Interessen und bewunderten Eigenschaften als ureigenen, uns innewohnenden Kern der göttlichen, uns gegebenen Natur zu erkennen.

Wir sind göttlicher Natur. Wir leben in einer Seinsart der Begrenzung und können über die Begrenzung hinausragen, indem wir uns unserer ureigenen Emotionalität zuwenden in einer Art und Weise, die zur Bereinigung unserer innewohnenden, individuell gespeicherten, emotionalen Gegebenheiten dient.

Was ich selbst heute, jetzt und hier für mich getan habe, ist in meiner Vorreiterrolle für uns alle und jeden eine Möglichkeit, sich selbst wieder an die Schöpfung der Liebe in einer Art anzubinden, die uns allen und jedem einzelnen von uns und auch dir ein Segen sein kann.

Ich selbst erlebe mein Handeln in einer Art und Weise als Segen, dass sich sämtliche Strukturen meiner Umgebung in einer Art und Weise veränderten, dass ich selbst staunte. Was möglich ist, kannst nur du, du selbst, du ganz für dich bewirkend in deinem Leben kreativ tätig kreieren.

Heute, jetzt und hier und fortwährend, so darf ich sagen, kann ich mich an die Schöpfung der Liebe und Freude und des Segens anbinden in einer Art und Weise, die jeden einzelnen Augenblick der Anbindung als segensreich erachtend mich selbst wieder zum Segen werden lässt.

Meine Zuwendung schenkt Segen für mich. Meine Zuwendung gereicht uns allen zum Segen. Meine Zuwendung ist jetzt und hier und heute segens- und lichtvoll für die gänzliche Schöpfung der Liebe und Freude.

Was du heute, jetzt und hier bewirkst, bewirkst du für uns alle.

Es ist in Richtung liebe- und freudvoller Erfahrung ausgerichtet eine kreative Seinsweise, die dir in deinem Element als Mensch in ihrer Ausdrucksfreude entgegenkommt.

Vormals nachhinkend und immer wieder ausbügelnd geschieht Leben hier und jetzt und heute in einer fließenden, überschaubaren Bewegung, die mir hier und heute und jetzt nicht wieder problembezogen, sondern selbstinitiiert entgegenlacht.

Weiß ich über diesen Tatbestand Bescheid, ist es mir ein Leichtes, mich wieder an die Quelle der liebe- und freudvollen und segensreichen Impulse, welche direkt und intuitiv aus meinem innersten Kern heraus mich berühren, anzudocken.

Was mir an Liebe und Freude und wahrem Segen wirklich in meinem Leben begegnet, hat sämtlich mit mir selbst, mit mir gänzlich in persönlicher Sichtweise seinen Ursprung.

Dies, all dies mag dir nun eine Herausforderung darstellen, zu erkennen, welche wirklichen Themen zu dir und deinem dir ureigensten, persönlichen, emotionalen Befindlichkeiten passend sich zeigen.

Ich habe für mich erkannt, dass ich sämtliche Themen auf unterschiedlichste Art und Weise in Erfahrung bringen konnte.

Hinweise von Bekannten, ob ihrer eigenen Thematiken, Bücher, die gerade den passenden Ausdruck wiedergeben, Kartensets, die Lebensweisheiten in der unterschiedlichsten Art und Weise beinhalten, Bücher, die mir intuitiv wahrnehmend genau die rechten Hinweise auf weitere Quellen geben, Sprüche, Anekdoten, Thematiken, die den Krafttieren zugeschrieben werden, spontane Eingebungen erwiesen sich als hilfreich. Hellhörigkeit und Hellsichtigkeit gaben und geben mir ebenfalls Thematiken preis. Sie beinhalteten meist genaue Hinweise zum Ursprung der emotionalen Befindlichkeit.

Da ich selbst keinerlei Wissen über Hellhörigkeit und Hellsichtigkeit im Vorfeld mitbrachte, ist es mir nach wie vor erstaunlich, dass diese Fähigkeiten uns zu eigen sein können, ohne sich bewusst in diese Richtung zu entfalten.

Meines Erachtens dürfte jeder, der sich in Richtung liebe- und freudvoller Strukturen und segensreicher Hingabe bewegt, in diesen Thematiken einen Zugang finden, es sei denn, dass er oder sie sich bewusst öffnet.

Das Wesentliche ist die Tatsache, dass jeder und wirklich jeder sich aus freier Entscheidungsfindung heraus in Richtung liebe- und freudvoller Öffnung von übersinnlichen Wahrnehmungskanälen, der Bereitschaft wegen einer sensitiven Erweiterung hingibt.

Anders als früher gedacht, habe ich selbst mich einer bewussten Entscheidungsfindung unterzogen. Ich hatte im Vorfeld Angst. Angst vor Bedrohungen von unbekannten Welten hat mich dazu bewegt, mich meinen entsprechenden zugehörigen Ängsten in vollem Umfang zu widmen.

Um im emotionalen Abgleich meine emotionalen Befindlichkeiten entsprechend erkennen zu können, habe ich tatsächlich sämtliche mir zusagenden intensiven Kartensets gekauft. Eine Fülle von Ideen und Hilfsangeboten half mir meine Thematiken, die ich in verdeckt gezogenen Karten erhielt, zu identifizieren. Mehr und mehr war es mir gezielt eine Möglichkeit geworden, mich hinter all den Themen wiederzufinden.

Weißt du, wie es sich anfühlt, eine graue Maus zu sein? Weißt du, wie es ist, ausgebremst und nicht beachtet zu werden? Emotionale Gegebenheiten liegen diesen Thematiken zu Grunde.

Heute, jetzt und hier weiß ich ob der Tatsache, dass ich jedes einzelne Thema in irgendeiner Form präsentiert bekomme. Je zügiger ich reagiere in emotionaler Abgleichshinsicht, umso zügiger kann ich damit rechnen, die Thematik als der Vergangenheit angehörig zu überschreiben. Der Beachtung entkeimt segensbringendes Potential.

Was ich vormals an Erfahrungen getätigt hatte, ist ausschließlich ein Bruchteil dessen, was mir jetzt und hier und heute an Potentialerfahrungen zur Verfügung gestellt ist. Ich selbst trage sämtliches, ja definitiv sämtliches Potential in mir, welches in inspirierter Weise auf sich aufmerksam gemacht, würdigend angenommen werden möchte. Ich selbst trage jegliches ureigenstes Potential in mir.

Alles, ja wirklich alles in mir möchte so gern zum Vorschein gebracht werden.

Wir alle tragen individuelles, höchst eigenes, unerschöpfliches Potential in uns. Auf welches Potential ich auch immer zugreifen möchte, es ist in Übereinkunft mit meinen ureigensten Lebenserfahrungen, im Einklang mit den innersten ureigenen Bedürfnissen und der entwickelten Lebensart in Beziehung mit beruflicher Arbeit, mitmenschlichen Kontakten, familiären Bindungen, evolutionärer Entwicklung, Bedürfnissen die Freizeitgestaltung betreffend, autodidaktischen Bemühungen, freudvoller Seinsweise und liebevoller Gestaltung des eigenen Wohnraums, ein Segen.

Was ich hier und heute und jetzt mir erarbeitet habe, übertrifft sämtliche Vorstellungen, die ich im Vorfeld mir gemacht hatte.

Meine mir heute, hier und jetzt als natürliche Grundstruktur für sämtliches Leben eröffnete Seinsstruktur sagt mir, dass ich selbst fähig bin, hier und heute und jetzt all das, was mir wesentlich und wichtig im Leben geworden ist, in liebevoller Art und Weise zu umfangen.

Mir selbst ist es eine Tatsache geworden, dass ich jetzt und hier und heute und fortwährend, wie es mir sagt, in der Lage sein werde, meine Lebensumstände in jedweder mir zugänglich erscheinenden richtungsweisenden Option als Ausgangslage für sich neu entwickelnde, sich als physisch darlegbare Manifestation in einer Art und Weise zu integrieren, welche mir selbst in meiner ureigensten Art und Weise zum Segen gereicht.

Was ich heute, hier und jetzt mir erarbeitet hatte, hat mit mir höchstpersönlich selbst, in ureigenster Art und Weise seinen Ausgangspunkt genommen.

Was ich heute, hier und jetzt als Seinsweise für mich ganz persönlich als lebensbejahende, zufriedenstellende, ureigene, mir persönlich wesentlich erscheinende, uns allen zum Segen gereichende, freud- und liebevolle Ausprägung einer Schöpfung, die uns liebe- und freudvoll geneigt in humorvoller Weise begegnen möchte, empfinde, hat mit unseren inneren besonderen Wünschen, unserer persönlich als wertvoll erscheinenden, gangbaren, beglückenden, uns austarierenden und vervollkommnenden Gestaltung in selbst gestalteter Art und Weise seinen Ausgangspunkt genommen.
Zukünftiger Segen ist es, den jeglicher in der bereinigenden Absicht ins Leben zieht.
Was ich mir heute, jetzt und hier für mich selbst bewirkt habe, hat mit uns allen in einer Weise zu tun, als dass alles, ja, tatsächlich und augenscheinlich sämtliche Strukturen der Schöpfung der Liebe und Freude als Ausgangspunkt für eine neu geartete, liebe- und freudvoll gestaltende Form der Interaktion zwischen uns Menschen in einer Art und Weise fungieren, die uns allen

ein Meilenstein in einer Entwicklung in Richtung Liebe und Freude sein kann.

Heute, jetzt und hier kommt ein Wandel zum Tragen, der sämtliche Lebensformen in eine Linie bringt, die in liebe- und freudvoller Ausrichtung all das beinhaltet, was jeder einzelne für sich selbst als gangbare, wertschätzende, zuvorkommende, beglückende, segengereichende, bedarfsorientierte, unwahrscheinlich präsente, neu zugängliche Wahrheit in sein emotional bereinigtes Leben integrieren möchte.

Was ich mir selbst erarbeitet habe, schenkt mir Erfüllung in einer Art und Weise, die ich als das paradiesische Potential der Schöpfung der Liebe und Freude und segensvollen Gegensätze, als Kraftpotential in Richtung der erwünschten Daseinsform, als Ausdruck von mannigfaltiger Schöpferqualität, als pluralistische Pyramide einer vielseitigen, gesellschaftlichen, reformorientierten Überbrückungsgelegenheit, als Seinstempel in eine neue belichtete Seinsform, der liebe- und freudvolle Strukturen zugeordnet sind, als mannigfaltige, in vielfältiger Art und Weise mich inspirierende neuartige Glaubensstruktur, als Ausdruck von unglaublicher Schönheit in einer Art und Weise, als alles, ja, wirklich sämtliche Strukturen der Schöpfung der Liebe und Freude in sichtbarer und beglückender, hinweisgebender und bezaubernder, bereichernder und glorifizierender Ausdrucksweise hervorhebend und betrachtend wahrnehmen kann.

Alles, ja wirklich sämtliche Strukturen sind seinsübergreifend in einer Art und Weise präsent, als dass ich mir jetzt und hier und heute meiner selbst bewusst, klar geworden bin, dass ich selbst jeweils dem Auslöser für einen Wandel in Richtung meiner mir innerlich gewünschten Daseinsform die Möglichkeit gebe, jetzt und hier und heute jenes Leben mir zu gestalten, welches erfüllend, mir zum Segen mich in eine neuartige, mich bereichernde Zukunft begleitet.

Was ich mir selbst erarbeitet hatte, hat mit mir selbst seinen Ausgangspunkt genommen. Es hat in höchstpersönlicher Art und Weise mit mir und meinem Wesenskern eine Wahrheit erschlossen, die mir persönlich eine Brisanz und Prägnanz darstellt, dass ich sämtliche und jegliche Gegebenheiten meiner Daseinsgestaltung in die neuartige Daseinsstruktur als segensreich zu integrieren mich geneigt sah.

Was ich mir heute, jetzt und hier selbst als eine mich beglückende, selbstinitiierte Daseinsqualität in mein Leben zog, hat letztlich nicht nur eine Anbindung an meine urpersönliche, mir sehnlichst gewünschte Realität, sie hat mit jedem einzelnen von uns eine Anbindung, die ihren Ursprung in meinem innersten, mir in Liebe und Freude zugeordneten Kern, in Verwobenheit zu allem, was ist, seinen Ausgangspunkt nimmt.

Wahrnehmungsqualitäten gehören einer höheren Ordnung an, die in liebe- und freudvollen und segensreichen Strukturen verbunden uns eine Segen gebende, gereichende, neuartige, Wissen vermittelnde, potentielle Quelle einer Daseinsform übermitteln, die in liebe- und freudvoller und zu Segen gereichender Art und Weise mit unserem innersten, uns liebevoll zugewogenen Kern in Verbindung steht.

Bestrafungsmodelle, wie wir sie aus Religion und Erziehungssystemen als solche selbstinitiiert an uns selbst anwenden, indem wir uns anderen gegenüber unfreundlich, unmoralisch, undiszipliniert, unehrlich, unflätig, inakzeptabel, resolut, dominant, akkurat, pervers, abgeneigt, provokant, aggressiv, tyrannisch, perseverativ, ignorierend, abnorm, gehandikapt, pauschal, aburteilend, überheblich, provokant aussondernd, energisch abwimmelnd, häufig hänselnd, überheblich bestrafend, ignorant absondernd, unzureichend einordnend, aussondernd testend, vereinnahmend beglückend in einer Art und Weise, die mein Gegenüber nicht als beglückend erkennen kann, respektive segnend in einer Art und Weise, die nicht Segen darstellend ist, sondern dem eigenen

Ego als Nahrungsquelle dienlich ist, hemmend und blockierend agierend verhalten in dem Sinne, dass meine ureigenen Ängste mich daran hindern, dem Gegenüber Klarheit zu signalisieren im Sinne, dieses Verhalten ist für mich ein Verhalten, welches nicht der liebe- und freudvollen, sich selbst segnenden Art und Weise zugeschrieben werden kann, verlieren ihren Raum.

Meine eigene, ureigene Wahrnehmung von Gegebenheiten, die nicht der liebe- und freudvollen und segensreichen Struktur zugewiesen werden kann, hindert mich auf eine Art und Weise, meinem Gegenüber Klarheit zu signalisieren, dass dieser Klarheit für sich selbst einfordert, indem er ein Verhalten an den Tag legt, welches ihm nicht entsprechend der liebe- und freudvollen Strukturen zum Segen gereicht.
Ich selbst, wahrlich ich in meiner emotionalen Befindlichkeit unbewusst agierend, ziehe Strukturen in mein Leben, die mir Herausforderungen bescheren, die alles andere als meiner Behaglichkeit gesonnen sind.

Was ist es, das mich all dies zu einem wahren Segen werden lässt?

Ich selbst habe mich im Abgleich meiner ureigenen emotionalen Befindlichkeiten, nach der Sinnhaftigkeit meines Unterfangens suchend, dabei mich selbst als Indikator nehmend, für den an mir vorgefundenen Wandel beobachtet.

Meiner Ansicht nach haben wesentliche Veränderungen im Allgemeinen wie im Besonderen ihren Ursprung in der Toleranz von Gegebenheiten, die nicht der liebe- und freudvollen Strukturen zugeordnet werden können.

Ich habe mich oft einer Eigenreflexion unterzogen und habe dahingehend Klarheit für mich gewonnen, dass ich mir sämtliche, ureigene Systeme außerhalb der liebe- und freudvollen Strukturen in Eigenregie in mein Leben gezaubert habe.

Unbewusst meiner ureigenen Bedürfnisse, in Hinsicht auf Verhaltensmodalitäten meines Gegenübers und mir selbstbestimmt entgegengebrachte Verhaltensqualitäten, meine Empfindsamkeit physisch und psychisch beurteilend habe ich sämtliches Verhalten meiner mir gegenübertretenden Mitmenschen als Resonanz auf meine ureigene unbewusste Handlungsweise in einer Art und Weise in mein Leben gezogen, sodass ich mir meiner selbst bewusst geworden bin. Bewusst geworden bin ich mir in meiner emotionalen Befindlichkeit, in meiner Handlungsweise anderen gegenüber, in meinen ureigensten persönlich motivierten Bedürfnissen, in meiner Fähigkeit zu liebe- und freudvoller Interaktion, in meiner ureigensten inneren, liebe- und freudvollen und segensreich zugeordnet werden könnenden, maßgeschneiderten Varianz an liebe- und freudvollem Ausdruck einer Schöpfung, die liebe- und freudvolle Strukturen integriert. Sie sind Ausdruck einer göttlichen, liebe- und freudvollen und segensreichen Umstrukturierung in eine neu zuzuordnende Verhaltensweise.

Alles, wirklich alles hat seinen Sinn und seinen Wert in einer Schöpfung der liebe- und freudvoll zugeordneten Möglichkeiten, im Sinne der erfahrungsgebenden psychischen und physischen Ausdrucksweise.

So ist es mir möglich geworden mich mit all meinen Eigenheiten liebevoll in die Arme zu schließen und eine Welt zu kreieren, welche ich anzunehmen vermag.

Weißt du, wie es ist, nicht beachtet vergessen zu werden? Weißt du, was es heißt, in einer unzumutbaren Situation über zwei Jahre hinweg gefangen zu sein? Weißt du, wie es ist, von Behörden als unzulängliche Mutter interpretiert zu werden? Weißt du, wie es ist, auf Grund der Freude an der Autonomie als nicht geeignet in der Erziehungsfähigkeit der Gefahr der Aberkennung der Obsorgepflicht für die vier innig geliebten Kinder zu unterlaufen? Weißt du, wie es ist, von morgens bis abends in den eigenen vier Wänden festzusitzen und alleine zu sein? Weißt du, wie es ist, wenn man ohne zu wissen wie das Leben weitergehen soll sich einer höheren Macht überantwortet, mit der Bitte, die eigenen groß gezogenen Kinder bei sich weiterhin wohnen zu sehen? Die Bitte beinhaltete die Verpflichtung der Annahme eines weiteren Kindes, welches über eine Patenschaft finanziert ein freundlicheres Leben haben sollte.

Die eigenen Kinder mussten in das psychologische Gutachten eingreifend sich zu Wort melden, trotzdem es eigentlich mein inniger Wunsch gewesen war, die Kinder aus dem Dilemma der Scheidung fernzuhalten.

Behörden verurteilten eine Mutter, deren Kinder in ihrer Selbständigkeit weit fortgeschritten, selbständig fähig waren Entscheidungen für sich in eigenständiger Art und Weise zu treffen.

Jedes der Kinder wusste, welchen Beruf es ergreifen wollte. Jedes Kind wusste, dass es selbstbestimmt fähig war, seine Ausbildung in einer Art und Weise zu tätigen, dass es in einer ihm zu gereichenden Art den Abschluss der Ausbildung erreichte.

Alle Kinder wollten Vater und Mutter als weitere Wegbegleiter in einer Art und Weise, dass sie selbstbestimmt Entscheidungen für sich treffen konnten.

Behörden haben die Kinder als unmündig abgestempelt und ihnen die Entscheidungsfähigkeit als nicht rechtens entzogen.

Kinder wissen vom Kleinkindalter an, welche Richtung für sie die beste sein könnte.

Was ist es, dass wir unsere Kinder, die in Wirklichkeit mehrdimensionale Wesen mit höchsten Fähigkeiten in Richtung Selbstbestimmtheit, Wahrnehmungsfähigkeit, Eigenverantwortlichkeit, zu Grunde liegenden Fähigkeiten der Mithilfsbereitschaft, Selbständigkeit in höchstmöglichem Ausmaß, der Übereinstimmung ihrer innerlichen, Werte übergreifenden, emotionalen und mentalen Fähigkeiten, der absichtslosen, liebe- und freudvollen und segensreichen Übereinkunft mit ihren Eltern und Geschwistern sind, als unfähig tituliert und entsprechend einer unselbständigen Seinsweise unfähig, sich zur Wehr zu setzen, dem erwachsenen Partner gänzlich ausliefern.

Weißt du, wie es sich anfühlt, sich als Erwachsener völlig ausgeliefert zu empfinden? Wie geht es den Kindern in ihrer Seinsweise, der Unterwürfigkeit zugeordnet zu sein?
Unterwürfigkeit bis zum vollendeten 18. Lebensjahr soll die Kinder einer selbständigen, selbstbestimmten, freudvollen, geliebten Seinsweise zuführen. Unterwürfigkeit ist es, was Kinder zeitlebens zu Menschen mit verstauten Emotionen in einer Welt der Kognition als Wegweiser in die Erwachsenenwelt führt.

Ich selbst konnte erkennen, als eine neue Chefin eine Gruppe von Mitarbeitern zu lenken versuchte, wie sich meine Mitarbeiter an die Situation in einer Art und Weise andockten, die ihnen die mütterliche Rolle der Chefin überzustülpen als übliche und normgerechte Art und Weise erlaubte. Meines Erachtens war die Chefin in übergriffiger Art und Weise, der Aufgabe gerecht zu werden, als unachtsam in ihren Belangen meiner eigenen emotionalen Ader unterlegen. Sie denunzierte mich bei der Geschäftsführung in einer Art und Weise, die mir selbst äußerst befremdlich vorkam. Ich hatte nach dem Ableben eines meiner zur Förderung bereiten Kinder in den ersten Stunden des Kennenlernens mit den Eltern geweint und hatte die Chefin ob dieser Realität gebeten die Teamsitzung entsprechend meiner emotionalen Bereitschaft zu gestalten. Doch sie beharrte auf der Beantwortung ihrer drängenden Fragen.
Gedemütigt in einer Weise, die die Familiensituation in ihrer Trauer verletzte, war ich lauter als ansonsten üblich aufgestanden. Ich klopfte mit der Faust auf den Tisch, um ihr die Tatsache näherzubringen, dass es zu weit geht, was sie von mir in dieser prekären Situation verlangt hat.

Ich erzählte die Gegebenheit ohne eine Beschönigung meinerseits zwei meiner Bekannten. Ich wollte mir über die Reaktion ihrerseits ein Bild machen. Erstaunt stellte ich fest, dass sich beide ob meiner Emotionalität, die ich in ausschließlich dieser einen mir äußerst nahegehenden Situation an den Tag legte, einer Verurteilung meines Verhaltens näherten. Der vorsichtig ausgesprochene Tatbestand dürfte auf Grund meiner freundschaftlichen Nähe etwas abgemildert zum Ausdruck gekommen sein.

Meines Erachtens hatte ich mich im Vorfeld äußerst klar bezüglich der prekären, nicht alltäglichen, erstmalig erlebten Situation eines Todes eines kleinen Kindes einer mehrköpfigen Familie geäußert.

Meine klare, nicht verurteilende Art verursachte Unbehagen, sodass ich gezwungen wurde, einer geänderten Teamleitung zugeordnet zu werden. Mich selbst als korrekt handelnd eingestuft, hatte ich mir selbst den Raum gegeben, meiner Verantwortlichkeit gegenüber mir und der akkurat trauernden Familie gerecht zu werden.

Wer überantwortet seine emotionalen Befindlichkeiten einer Chefin, die nahezu gefühllos der Tatsache des mitempfundenen Todes eines Kindes gegenübersteht? Was ist es, dass dermaßen gefühlskalte, unberechenbar harte Urteile ob der emotionalen Gegebenheiten einer Trauersituation gefällt werden?

Ich selbst hatte bezüglich emotionaler Gegebenheiten drastische Erfahrungen während meiner Scheidungszeit gemacht, sodass ich mich äußerst zurückhaltend, ob meiner Bewusstheit, einer möglichen Verurteilung ausgeliefert zu sein, benahm.
Was ist es, das uns an unsere vormaligen Erlebnisse in schmerzlicher Weise erinnern lässt?

Die Gedanken kommen und gehen, kommen wieder und gehen wieder, und wieder, in endloser Schleife, so schien es mir vormals. Jetzt weiß ich, dass Gedanken ein Werkstück unserer Lebensauffassung, Lebenseinstellung, unserer Lebensgewohnheiten, unseres uns erachteten Daseinszwecks, unserer liebe- und freudvollen und segensreichen Zugewandtheit oder Abneigung gegenüber potentiellen Gegebenheiten des Lebens, über uns ureigene innere Gegebenheiten im Sinne der Zuversicht, der freud- und friedvollen Zugewandtheit, der segensvollen Gegebenheiten im Sinne der impulsgebenden Instruktionen im Sinne der Schöpfung der liebe- und segensvoll zugeneigten Begegnungen sind.

All dies sind Komponenten der Schöpfung der Liebe und Freude und des schöpferischen, segensvollen Lebens.

Wie ich in meiner ureigenen, inneren, mir liebevoll zugewandten, absolut freundschaftlichen, lebensbejahenden, mich segnenden, mir zutiefst zugrunde liegenden Quelle erfassen kann, so ist sämtliches Leben diesem uns ureigenen inneren Kern in seiner innersten Weisheit ein segensvoller Impulsgeber im Sinne, alles, wirklich alles und sämtliches und jegliches entspringt dieser innerlich verankerten Quelle der Liebe und Freude und des segensvollen Ausdrucks.

Weißt du, was es heißt, in seiner innersten Mitte verankert zu sein im Sinne, alles durchströmt mein Innerliches in liebe- und freudvollen und segensreichen Frequenzen in Harmonie und Rhythmen, die sich erahnen lassen? Weißt du, was es bedeutet, dass jede Zelle von Licht durchflutet selbst ein gigantischer, segensreicher Pool für eine kreative, in sich abgeschlossene Welt darstellt, die sprudelnd in liebe- und freudvollem und segensreichem Ausdruck, einem Springbrunnen ähnlich, gigantischer Natur in kleinster Weise etwas vollbringt, was einem Wunder gleichkommt?
Ich habe die Vorstellung erhalten, dass alles und sämtliches und jegliches Systeme in sich birgt, die abermals einem Wunder gleichkommend, in ein Netzwerk eingewoben eine Tatsache darstellen, die erst teilweise von der Wissenschaft als anerkannt beleuchtet und abgesegnet wurde.

Heute, jetzt und hier ist es mir möglich, Systeme in uns in scannender Weise wahrzunehmen.

Ich selbst habe mich dem Prozess der Wahrnehmungserweiterung unterzogen und habe festgestellt, all das, was ich einmal als real wahrgenommen hatte, zieht wesentlich weitere Kreise, beinhaltet Systeme, die für das freie Auge unsichtbar nicht wirklich in die Köpfe der Menschen Einzug finden.

Die Tatsache, dass jeder und jeglicher sich selbst am nächsten steht, dass jeder und jeglicher sich selbst zum Freund werden kann, dass jeder und jeglicher sich selbst ureigenst einer Wahrnehmungserweiterung unterziehen kann und erst in fortschreitender Entfaltung seiner selbst sich dessen gewahr wird, was rundum alles an Leben vorhanden ist, welches uns die Wissenschaft als nicht glaubhaft vorenthält.

Jeder und jeglicher ist selbst sein eigener Freund. Jeder und jeglicher ist selbst sein eigener, ureigener Herr, seine eigene, ureigene Frau. Jeder und jeglicher ist selbst sein ureigenster, innerer, sich selbst beschützender, durch das Leben sich manövrierender Kapitän, der sich auf der Fahrt durch das Leben der Augenweide einer strahlenden Erde in sonniger Atmosphäre, die jeglicher sich selbstbestimmt zu bereiten fähig zu sein scheint, hingeben kann.

Für mich ist die Tatsache der Lebenseinstellung ohne Bewusstheit einer Bewusstheit ob meiner Glaubenssätze als Produkt für ein gelingendes Leben in einem Seminar, welches ich vormals aus Neugier am Thema Simplonik, welches die Einfachheit des Lebens als Faktum ansieht, besuchte, gewichen.

Für mich waren Glaubensätze immer innere Strukturen, die mir Sinn vermittelten. Lebenssinn in Glaubensätzen zu erkennen, war mir eine wesentliche Quelle für Lebensinhalte, die richtungsweisend mir einen Weg aufzeigten. Jedoch hatte ich wahrgenommen, dass kindliche Erinnerungen in Glaubenssätzen verankert waren, die mir eine mangelhafte Flexibilität und Einschränkungen in einer Art und Weise bescherten, die ich für ein nicht in liebe- und freudvoller Weise ausgerichtetes Leben gern verabschiedet hätte.

Jedoch jene Glaubenssätze dockten an mir, als wäre ich ihrer habhaft im Sinne, was du einmal erworben, das hast du verankert und bleibt dir Zeit deines Lebens. Der Auffassungen überdrüssig, wollte ich nach Art der Simplonik ihrer habhaft und Frau werden. So begann ich die Essenz der Glaubenssätze in neuen selbst kreierten Vorstellungen, in verbaler Weise ausgedrückt als Mantras, mir vorzusagen. Die negativen Inhalte der Mantras prallten an mir ab, als sei ich emotionslos. Ich verbalisierte den Sachverhalt, dass ich meine Welt in gefühlter Weise kaum wahrzunehmen glaubte. Was ich aussprach, enthielt eine Tatsache, derer ich mir erst zu einem wesentlich späteren Zeitpunkt gewahr wurde. Negativ ausgesprochene Mantras wühlten mich schließlich auf. Sie nervten mich in einer Weise, dass ich diese Art der Beleuchtung meines Lebens schließlich als abgeschlossene Ära der Vergangenheit zuordnete.

Weißt du, was es heißt, sich selbst als Versager zu betiteln? Weißt du, was es heißt, sich selbst als lieblos meiner selbst und anderen und der Umwelt gegenüber zu benennen? Weißt du, was es heißt, sich in frustrierender Weise einer Chefin gegenübergestellt zu sehen, die kognitive Inhalte als real erachtet und emotionalen Gegebenheiten als Gefühlsduselei meiner selbst abwertend gegenübersteht? Weißt du, was es heißt, in einen pauschalen Topf geworfen zu werden ob meiner Sensibilität, die ich jedem einzelnen gegenüber darzubringen bereit bin in Form meines Mitgefühls für jeden und jeglichen?

Ja, jeder und jeglicher ist ein Mensch mit Gefühlen der Liebe und Freude. Ja, jeglicher und jeder ist ein Mensch mit emotionalen Gegebenheiten, die ihn auf einem Weg leiten, der ihn, möglicherweise unbewusst seiner Ängste, in tiefstes Leid führt.

Was ich heute, jetzt und hier wahrnehmen kann, ist die Tatsache, dass ich selbst mir diese Mantras aufgesagt hatte, die mich in tiefster Art und Weise innerlichst selbst verletzten. Ich selbst setzte die Schritte. Ich selbst war mir der Auswirkungen dieser Technik nicht in einer Art und Weise gewahr, die mir ein vorzeitiges Beenden des Seminars ermöglicht hätten.

Glaubensätze und Glaubensstrukturen waren zahllos in mir integriert. Glaubenskodex Nummer eins war, dass ich nichts wert bin, dass ich im Leben versagt hatte, dass ich mir selbst die Schuld gab für alle meine Fehlleistungen in einem Leben, welches mir nicht entsprechend geneigt vorkam, so glaubte ich. Ich empfand mich als nicht liebenswert. Ich empfand mich als nicht gebührlich an Schönheit gesegnet. Ich erkannte an mir etliche männliche Eigenschaften, die mir meine Freude an grobmotorischer Betätigung zeigte, im Sinne, grobe Arbeiten erfüllten mich innerlich in einer Weise, die mir gewogen schien.
Alles, wirklich alles und jegliches und sämtliches, jede Nuance und jegliches Detail in seiner Winzigkeit hat seinen Ursprung in einer uns zugeneigten innerlichen Quelle der liebe- und freudvollen und segensreichen Zuwendung an uns Menschen und die gesamte uns umgebende sicht- und unsichtbare Schöpfung, die Details über Details beinhaltet, derer wir nicht gewahr sie als nicht real, nicht dem kognitiven zuordenbar aus unserem Leben ausklammern.

Ich selbst hatte mir in meiner damaligen mir nicht zugänglich erscheinenden Signatur des Übernatürlichen eine Schranke vorgelegt, die mich hinderte Erfahrungen in Richtung Wahrnehmungsqualitäten einer mir zugeneigten, liebenswerten, akkurat mir dienlichen Schöpfung anzunehmen, die mich in berührender Weise mir selbst näherzubringen im Stande ist.

Alles, wirklich alles und jegliches hat seinen Ursprung in unserer innerlichen Quelle, die mich an die Natur meiner selbst, in mannigfaltiger Weise der Liebe und Freude zugeordnet, zurückerinnern ließ. Ich habe den Kern erkannt, der uns Liebe und Freude und Gewahrsein schenkt. Ich selbst konnte diesen einen Weg gehen. Ich selbst konnte erkennen, dass alles und jegliches und sämtliches in seinen Nuancen und Feinheiten einer Schöpfung zuzuordnen ist, die uns in liebe- und freudvoller Weise geneigt die Chance schenkt, uns selbst als Schöpfer, uns selbst als göttliche Wesen, uns selbst als einzigartig in unserer Individualität, uns selbst als grandiose, liebe- und gefühlsvolle Ausprägung einer Schöpfung zu erkennen, die uns in jeglicher Hinsicht liebevoll trägt in einer Weise, dass alles und sämtliches von einer liebevollen Energie durchströmt wird.

Wir selbst sind es, die diese liebevoll uns geneigte göttliche Kraft in unserem Leben Einzug halten zu lassen befähigt sind.

Ich selbst war mir der Energie in meinem Körperinneren gewahr. Ich selbst war mir gewahr, dass alles von Energie durchflutet wird. Ich selbst wurde mir gewahr, dass ich nicht alleine bin. Ich selbst erfuhr im Buch von Eckhart Tolle „Leben im Jetzt", dass es die Gedanken gibt und dass ich dennoch fähig bin meine Gedanken zu beobachten. Also waren hier zwei sich begegnende Perspektiven möglich. Wer war dieser Beobachter? Bin ich das? Woher kamen die Gedanken? Wer bin ich? Ursprünglich mit dem Körper identifiziert, erfuhr ich nach und nach, dass ich selbst der beobachtende Part meiner selbst bin. Da ist mein Körper. Da sind meine Gedanken. Und da bin ich mir meiner selbst gewahr als Beobachter meiner Gedanken und meines Körpers.

Wer sind wir tatsächlich? Wer sind wir in unserer Essenz? Wer sind wir aus einer übernatürlichen Perspektive heraus wahrgenommen? Wer sind wir in unseren Ängsten? Wer sind wir im Zuge einer Betrachtung außerhalb unseres Körpers? Ja, auch diese Seinsweise scheint uns zugänglich zu sein. All die Menschen, die eine Nahtoderfahrung in ihrem Leben einer näheren Belichtung unterziehen, berichten von einem Zustand, der ihnen ein vollständig andersartiges Leben in einem Gefühl der Freiheit und des

Freiseins in liebevoller Art und Weise als erfüllende, freud- und friedvolle Wahrheit zugesteht. Was hier wahrgenommen wurde, kann ich in meiner Realität in empfundener Art und Weise erahnend als beglückend, in höchstem Maße beschenkend als Tatsache, dass ich um jegliches und sämtliches bitten kann und es mir gegeben wird, soweit es der liebe- und freudvollen Lebensweise zugedacht ist, mit meinen Sinnen zu erfassen bereit sein.

Ich selbst und jeglicher und jegliche sind ihres eigenen Glückes Schmied. Dieser Glaubenssatz zeigt mir seine Stimmigkeit in meinem täglichen Leben. Ich selbst bin es und war es, die sich ein Leben fabrizierte, das sämtliche Nuancen einer mir zugeneigten Schöpfung in all ihren Qualitäten zur Verfügung hatte.

Mir nun gewahr, dass ich selbst in meiner Ausrichtung die Qualität meines Lebens als lebenswert beurteile, erhalte ich Impulse, die mir dienlich sind meine emotionalen Befindlichkeiten in hinlänglicher Art und Weise wahrnehmend und anerkennend zu transformieren.

Was mir gegeben ist, ist in der dir zur Verfügung stehenden einzigartigen, selbstbestimmten Fähigkeit des Energieausgleichs durch Befürwortung der emotionalen Eigenheiten in dir selbst als Besonderheit der Schöpfung der liebe- und freudvollen Körperwahrnehmung zu finden.
Was ich an mir bewirkt habe, geschah in jedem einzelnen, facettenreichen Augenblick, dem ich mich meine mir eigenen, innerlichen, körperlichen Signale bewusst wahrnehmend zuwandte.

Meine körperlichen Beweise für eine mich beschenkende, zuwendende, in Liebe befürwortende Ader der göttlichen Präsenz haben mich in eine Situation gebracht, die mich die liebe- und freudvollen Facetten eines Lebens auskosten lässt.
Was ich für mich selbst als lebenswert erachte, erscheint zu gegebener Zeit, nachdem ich mir meiner emotionalen Bedürfnisse als Ausdrucksbilanz eines einzigartigen, selbstbestimmten

Lebens bewusst geworden bin, welches ich mir in meiner Seinsweise als beachtenswert, zugeneigt, hoffnungsvoll, gebührlich segnend ersehnt habe.

Mein Leben hat mit mir selbst und meinem inneren Energiefeld seinen Grundton erhalten. Mein Lebenszweck ist es, diese innerliche Bewusstheit zu erlangen.

Was ich mir erträumt hatte, ist jetzt und hier und heute eine Wirklichkeit, die segnend alle Lebensströme umfasst.

Was ich mir erträumt habe, erwacht in immer mehr Einzelheiten. Was ich mir gewünscht habe, ist Tatsache, in einem Leben der Dualität zugeordnet. Was ich mir erträumt hatte, erscheint nun als Ausdruck einer Vereinigung der Gegensätze.

Was ich mir erhofft hatte, war immer zugegen im jetzt und hier und heute. All das ist ein Geschenk der Schöpfung, einer Schöpfung, die Liebe und Freude und Segen in allem, was ist, als ihre wahre Grundessenz in sich vereint.

Was ich mir erträumt habe, ist jetzt und hier und heute Sinnbild einer vollendeten Kindheit, welche Geborgenheit als ihr Grundprinzip anerkennt.

Jetzt und hier und heute ist alles, was ist, unserer ureigensten innersten liebe- und freudvollen und segensreichen Grundstruktur entsprungen. Alles, was ist, ist segensreich in unserem Leben in einer allgegenwärtigen Präsenz zugegen.

Alles, was ist, ist die Grundessenz einer liebe- und freudvollen und segensreichen Schöpfung. Alles, was da ist, ist dem Grundprinzip einer glorifizierten, bahnbrechenden, schöpferischen Signatur, die dem Menschen zu eigen ist, zuordenbar. Ich selbst habe in mir die Quelle, die unerschöpfliche Quelle der liebe- und freudvollen Präsenz.

Nahezu alle Denkweisen schließen die emotionalen Gegebenheiten als unwürdig für die menschliche naturgegebene Kognition und als unwesentlich und zu temperamentvoll aus.

Ich selbst habe mich der Bereinigung der Gedanken hingegeben und habe für mich erkannt, dass sämtliche Gedanken gewürdigt wahrgenommen werden wollen.

Ich selbst habe mich der Bereinigung meiner mir inneliegenden emotionalen Strukturen hingegeben und habe für mich selbst erkannt, dass ich Frau meiner emotionalen Welt sein kann.

Noch vor einem Jahr besuchte ich ein Seminar mit dem thematischen Inhalt, Kinder seien den emotionalen Gegebenheiten ihrer selbst und den Gegebenheiten der Gesellschaft ausgeliefert. Es erscheint als Tatsache, dass Kinder in einer sozial abwegigen Interaktion die Verlierer unserer scheinbar sozial belichteten Gesellschaft sind. Nicht folgen konnte ich dem Sachverhalt des emotional gebundenen Ausgeliefertseins.

Was ich mir erarbeitet habe, weist mich in eine Richtung, die mir zu erkennen hilft, dass wir Menschen weder den Gedanken noch den emotionalen Herausforderungen ausreichend Würdigung und Annahme schenken, welche uns von der Gefangenschaft der emotionalen und gedanklichen Abhängigkeit frei werden lassen.

Ich selbst habe nahezu Gedankenfreiheit erlangt. Mir ist bewusst geworden, dass jene Gedanken, die sich meinem Fokus noch nähern, als Reflexionsbasis der situativen und emotionalen präsenten Kontur, als Potential zur Selbsthilfe bereitgestellt werden.

Im emotionalen Abgleich erfolgt die Gewichtung auf das Hier und Jetzt und Heute. In der Gedankenpräsenz bin ich an das Hier und Jetzt und Heute angebunden.

Gedanken und emotionale Körperweisheit sind der gegenwärtigen Präsenz des alles, was ist, liebenswerte, Weisheit gebende, sinnhafte Elemente, die Beachtungswürdigkeit beinhalten.

Alles, was da ist, ist beachtungswürdig.

Alles, was da ist, ist individuell nutzbar und uns hilfreich. Alles, was ist, schenkt uns ein freudiges Zuhause auf einem Planeten, dessen Essenz uns an die liebe- und freudvolle Grundstruktur in unserem innersten Kern erinnert.

Der Natur wird Beachtung geschenkt. Naturlehrpfade, natürliche Grundstücksbegrenzungen, liebevoll gepflegte Hausgärten, Naturbewunderer, Naturfotografen, Wanderer, Pilz- und Beerensammler, Läufer und Kletterer, Skifahrer und Tourengeher, Touristen aus aller Welt, die die Naturlandschaft unserer Bergwelt preisend mit einem Besuch beschenken, erfreuen sich an der Tier-, Pflanzen- und Gesteinswelt unserer Alpen. Wer schenkt seiner eigenen, ureigenen innerlichen Ausdrücke ausreichend Beachtung?

➢ WIE INTEGRIERE ICH ACHTSAME INTERAKTION IN DEN ALLTAG?

Die achtsame Begleitung der Kinder führt augenscheinlich zu positiverem Verhalten.

1. Ich unterstütze Kinder, indem ich sie in ihrem selbstbestimmten Ausdruck fördere.

Selbstbestimmtes Handeln ermöglicht freudvolles Tun, Kreativität und Selbständigkeit. Die Übereinstimmung meiner inneren Bedürfnisse mit der äußeren Realität gestattet es mir, meinen eigenen Wert zu erkennen, mein Selbstwertgefühl anzuheben und zu stabilisieren. Ich habe Vertrauen in mich und meine Umwelt.

Wahre Erkenntnisse meiner Selbst sind Resultat der Exploration in individueller Weise. Sie ermöglichen mir die Wahrnehmung meiner individuellen Begabungen, Talente, Ressourcen, Stärken, Interessen, Wünsche und Visionen. Selbstentfaltung wird gangbar. Ich drücke mich mit all meinen vielfältigen Gaben aus.

Intrinsische Impulse können wahrgenommen und aktiv im Alltag gelebt und ausgedrückt werden. Ich gestehe den Kindern zu, sich ihrem inneren Wunsch nach Wachstum, Erweiterung und Vervollkommnung hinzugeben.
In der Erwartungslosigkeit zeigt sich der Wandel von Bewertung zu Offenheit und Ehrlichkeit sich selbst und anderen gegenüber.

Explorierendes Agieren beschenkt das Kind mit dem Erleben von Selbstwirksamkeit. Das Kind erkennt die Zusammenhänge von Funktionen. Das Kind erkennt die Beschaffenheit von Materialien. Es erfährt von der Wirkung der Materialien und Zusammenhänge auf sich. Es exploriert mit komplexen Korrelationen in zwischenmenschlichen Beziehungen.

Beziehungen erweisen sich dem Kind als liebevoll, wertschätzend, freudvoll, wahrnehmend, erfüllt, mitfühlend und Impulse schenkend. Das Kind begegnet dem Erwachsenen auf Augenhöhe. Der Erwachsene sieht das Kind auf Augenhöhe. Ein gegenseitiges, Struktur gebendes, impulsgesteuertes, Klarheit für beide Seiten kreierendes System lenkt den Fokus auf gegenseitige Beachtung der einzigartigen, in individueller Weise hervortretenden Persönlichkeit. Beide dürfen im gegenseitigen, sich Raum schenkenden System der Elemente, die inspirierend sich aufzeigen, im Sinne der Entfaltung des eigenen Potentials, sich erfreuen. Dies schenkt dem Kind Klarheit, Sicherheit, Flexibilität und Umstellfähigkeit. Das Kind wird sich seiner Einzigartigkeit bewusst.

Wertungsfreies, bedingungsloses Zuhören eröffnet dem Kind die Möglichkeit, sich auf seine Empfindungen einzustimmen. Gefühle und emotionale Befindlichkeiten als Körperempfindungen und Wahrnehmungen in all ihrer Fülle werden ihm offenbart. Die bedingungslose Annahme des anderen kann zur Realität werden. Ich beschenke den anderen, ich fühle mich beschenkt. Emotionale Befindlichkeiten dürfen empfunden werden in einer Weise, in der sie kraftvoll als körpernahe Impulse wahrgenommen werden. Jeder wird fähig, die Liebe in sich selbst zu entfalten und zu teilen, die Liebe im Mitmenschen wahr- und anzunehmen, mitfühlende Impulse zu geben und die Anteilnahme des anderen durch sein Mitgefühl zu erfahren. Geben und Nehmen in Leichtigkeit werden die Handlungsbasis einer Seinsweise in Liebe und Freude.

Der Handlungsspielraum vergrößert sich. Die Schöpfung entfaltet sich auf eine Art und Weise, die uns Einblicke in ihre Vielfältigkeit und Grandiosität, in naturgegebene Gesetze und Eigenheiten schenkt. Wissen und Erkenntnisse entwachsen den Erfahrungen und empfundenen emotionalen Gegebenheiten. Inspirationen leiten uns auf dem Weg in Richtung Vervollkommnung. Sie helfen uns an unseren inneren Strukturen vollkommene Erfüllung zu empfinden.

Gelebte Liebe zieht weite Kreise. Irgendwann wird der nächste, sich als wahrgenommen und angenommen erkennend, zum empfundenen Sein in einer erfüllten Daseinsfreude zurückfinden. Er selbst wird als Zuhörer und im Angenommensein gesegnet sich öffnen für eine liebevolle Interpretation der gelebten, alles integrierenden, schöpferischen, in Freude und Liebe ausgedrückten, medialen, lebendigen, lebensbefürwortenden Art einer Ausdrucksweise, die für alle von uns zum Segen wird.

Die Geschenke des selbstbestimmten Handelns sind unermesslich. Das Gefühl, wahrhaft geliebt zu sein, erkennt sich als ein pelziges Gefühl auf der Haut, als Angenommensein in seiner einzigartigen Ausdrucksweise, als real erfassbar im Alltag meiner Gefühlswelt, als freudvoller Impuls zu handeln, als Freude am bereitwilligen Erfassen von Strukturen und Zusammenhängen, als enthusiastische Bereicherung im Sinne der freudvollen Zuwendung zu einer Schöpfung, die freudig sich vor den sich öffnenden Augen entfaltet, als Reichtum, der sich in der Innen- und Außenwelt als segensvolle Bereicherung, im Sinne der Zuwendung, an mich Erfreuendes darf erfahren werden, einstellt.

Bewusste wie unbewusste Entscheidungen führen mich in eine Welt der rigorosen Zusammenhänge. Erfahrungen sind es, die mir geschenkt den Segen des Wissens und der Erkenntnisse einer in verbundener Weise empfundenen Erfahrungswelt äußern. Was in mir im Verborgenen liegt, will im Licht einer mir zugeneigten Schöpfung gesehen werden. Die kindlichen Gaben sind Geschenke, die mir meine Innenwelt als Ausdruck einer uns in Liebe und Freude zugeneigten Schöpfung hervorzaubern. Sie bereichern mein Lebensumfeld. Sie bereichern meinen mir innewohnenden Erfahrungsschatz. Sie bereichern meine mir innewohnende, mich als einzigartig empfindende Gestaltungsvielfalt.

Selbstbestimmtes Handeln erfordert von uns Erwachsenen, selbstbestimmtes Handeln zuzugestehen, die Umgebung zu gestalten, den Rahmen für eine ausgewogene Beziehungslandschaft zu ziehen, den Einfallsreichtum der Kinder zu fördern, indem ich die Ausdrucksweise der Kinder beachte und liebevoll segne, das geeignete Material zur Verfügung stelle, das Wahrnehmen in einer Eigenreflexion vermehre, die Ressourcen des Kindes hervorlocke, indem ich mir meines individuellen Ressourcenreichtums gewahr werde, individualistische Ausdrucksweisen anerkenne, indem ich selbst in explorierender Weise mir der Vielfältigkeit der Herangehensweisen bewusst werde.

Was wurde durch selbstbestimmtes Handeln anhand von Sammelkarten alles erfahren/gelernt/geübt/erkannt?

Sammelkarten der Fußballliga erzählen anhand von aufgedruckten Abbildungen der Spieler von Zahlen, Emblemen, Sponsoren, Nationalitäten, Mannschaftszugehörigkeiten und Symbolen und diversen Einzelheiten eine Geschichte, derer sich das Kind, welches dem Autismus-Spektrum zugeordnet ist, begeistert bedient.

Das Beispiel ist der Realität meiner Arbeitswelt entnommen. Ich nenne das Kind in diesem Zusammenhang Markus. Markus verbesserte im Rahmen meiner Fördertätigkeit, die über mehrere Jahre andauerte, signifikant wesentliche Merkmale, allerdings erst, als ich mich der Praxis der selbstbestimmten Handlungsausführung, der Praxis der emotionalen Ausgewogenheitserfahrung im Zuge der Bereinigung der emotionalen Befindlichkeit bediente und ich meiner persönlichen Wahrnehmungserweiterung, mir bewusst ob destruktiver Strukturen einer asozialen Beziehungsstruktur, mich fokussierend auf soziale und emotionale Gegebenheiten, diese bewusst einer Veränderung in Richtung liebe- und freudvoller Eigenheiten zuführte. Seine sprachlichen, visuellen, auditiven, kognitiven, empathischen, koordinativen, sozialen und emotionalen Fähigkeiten verbesserten sich in rasanter Weise.

Über Jahre hinweg fokussierte sich Markus auf Personen. Personen in Cafés und Restaurants erweckten sein Interesse. Erzählungen über Sachverhalte, die Personen betreffen, waren Eigenheiten, die

Markus aus meinem Mund entnommen äußerst fasziniert entgegennahm. Wieder und wieder wollte er die Erzählungen dieser Menschen in wiederholender Manie erfahren. Was mir eigentümlich war, erfuhr ich als Interesse in Richtung Beziehungsaufbau zu anderen Menschen.

Erst im erfolgten Abgleich meiner emotionalen Befindlichkeiten ist es mir gelungen, Einsicht in den Werdegang der von ihm bevorzugten Lernerfahrung zu erhalten. Gegebenenfalls als Außenseiter, als nicht fähig behandelt, erfuhr ich Markus im Schulsystem als nicht seiner Sinne habhaft abgestempelt, als aggressiven Impulsen anhängig, intolerant ob der besitzergreifenden, Raum einnehmenden, alles beherrschen wollenden Persönlichkeitsentfaltung. Zusätzliche Therapien wurden von der Schulleitung angedacht, da sexuelle Vorlieben ob einer pubertierenden Ausdrucksweise die Lehrer an die Grenzen der von ihnen wahrgenommenen Möglichkeiten führte. Weitere Eskapaden erlebte die Mitschülerschaft in Form von Nähe-Distanz-Übergriffigkeiten. Was mir Übungs- und Lernerfahrung auf höchstem Niveau abverlangte, erfuhr ich in der Schule als intolerable Verhaltensweise, die unterdrückt einer Bereinigung bedarf, im Sinne, das Kind muss von sich aus sich geänderten Strukturen hinzugeben bereit sein.

Die Fußballkarten als ressourcenorientiertes Medium anerkennend folgte ich den Impulsen Markus', der mir die gewünschte Spielart als von ihm als tolerabel erachtete Ausdrucksform hervorlockte. Was ich in all den Jahren als ungeeignet empfand, was ich als rigorose Starrheit abgetan nicht in Erwägung zog, was ich als Ablehnung meiner Zugewandtheit eingeordnet hatte, was ich als präferierte Selbstzuwendung in asozialer Richtung abwertete, was ich als Ausdruck einer hemmungslosen Körperlichkeit einstufte, entpuppte sich als Potential, dessen sich Markus bediente, um mich in eine soziale, ihm zugewandte, mir meiner asozialen Ader bewusst werdenden Wahrnehmung in Richtung Liebe und Freude zu lenken.

Er beschrieb seine Präferenzen in wiederholender Weise. Er äußerte sich seiner Vorlieben bewusst in einer Richtung, die es mir erlaubte, mich gänzlich auf seine Bedürfnisse und Beweggründe einzulassen. Nuance für Nuance erweiterte sich seine Sichtweise in Richtung einer sozial tolerablen Ausdrucksweise, indem ich bewusst sozial interagierend ihn an *meine* Entscheidungsfreiheit heranführte.

Sich *seiner* Entscheidungsfähigkeit bewusst, verblasste das oppositionelle, widerstrebende, sich in aggressiven Tendenzen hervorgehobene, sich seiner selbst unwürdige Verhalten in zarter, liebevoller, angenehmer, respektgereichender, achtungsvoller, gebührlich anerkennender, freudvoller, segensreicher, unmittelbar wahrnehmbarer, sozial gehobener Interaktion. Was mir unglaublich erschien nach all den Jahren intensiver Zuwendung an Markus, in welchen ich mit Enthusiasmus versucht hatte meine Ideen Markus zu verabreichen und welche kläglichen Anklang fanden in einer Art und Weise, dass er sich häufig verweigerte und mich nicht gebührlich meines intensiven Einsatzes entsprechend wahrnahm, entfaltete nun in kürzester Zeit eine Dimension, die mir nach wie vor einem Wunder gleich entgegenleuchtet. Flexibilität, Umstellfähigkeit, Ausdauer, Begrüßung in einer Form des herzlichen Willkommens, Arbeitsbereitschaft, die Bereitschaft, sich auf Erwartungen einzulassen, entgegenkommendes Verhalten, Freude, die Wahrnehmung und Anerkennung meiner Bedürfnisse, das mitfühlende Empfinden sich äußernd, wenn bei mir eine emotionale Dissonanz aufscheint, Zartgefühl, eine wunderschöne, mich jedes Mal erneut berührende Interaktionsform (die sich zwischen der Mutter, die bereit ist, in liebevoller Weise den Neuerungen entsprechend Änderungen in ihr Familienleben zu integrieren), das Einlassen auf praktisches, explorierendes Handeln, die Bereitschaft, bei Hausarbeiten im Ausmaß seiner Vorlieben mitzuhelfen, Fokussierungsbereitschaft, Anstrengungsbereitschaft, Ausdauer, Kreativität, sozial-emotionale Kompetenzen, Erneuerungsbereitschaft, globale Sachverhalte befürwortend, mannigfaltige Ressourcen und Übungscharakter darlegend, Herzlichkeit in Form von Zuneigung in liebevollster Weise, erfahrbar als Empfindung, (die mir als pelziges Empfinden auf meiner Gesichtshaut Klarheit ob meiner mir offenbar gewordenen Resonanz in Richtung liebe- und freudvoller Seinsweise schenkt), vermehrte Selbständigkeit und selbstbestimmtes Handeln, Exploration, verbesserte Eigenschaften in Richtung von Fähigkeiten, die ihm keiner je zutrauen konnte, Fokussierungsfähigkeit in einem Ausmaß, welches es in geführter Interaktion in all den Jahren nicht annähernd hervorzulocken möglich schien, die Bereitschaft zu warten, sich in ausreichendem Maß kommunizierend an gesellschaftlichen Zusammenkünften zu beteiligen, am gesellschaftlichen Leben in liebevoller Weise Anteil zu nehmen, sich zahlreichen Betätigungen hinzugeben, die vormals Abneigung und Ausweichverhalten hervorgerufen hatten, Nuancen der Lernbereitschaft zu entfalten in Richtung, was ich vormals nicht ausreichend wahrnahm, kann ich jetzt erneut einem Fokus der Interessensüberprüfung unterlegen, die Befürwortung mannigfaltiger liebe- und freudvoller Strukturen, die eine Interaktion mit anderen Menschen in äußerst liebevoll erscheinender, in mannigfaltiger, herausnehmend sozial orientierter Weise, als berührende Interaktionsform zur Geltung kommen lässt, Blickkontakt von sich aus aufgenommen, Entscheidungsfindungen, die jedem von uns gerecht werden konnten, Bitten und Danken als Ausdrucksformen einer sozialen Verhaltensweise, die dem Mitmenschen Entscheidungsfreiheit einräumen, Darlegung von Wünschen und Ideen, Hervorquellen von Ressourcen, Begabungen und Talenten, Wahrnehmen von Details in seiner Umgebung, denen er vormals kaum oder keine Beachtung schenkte, sind Bestandteile eines Änderungsprozesses, der innerhalb von Monaten seinen Reichtum entfaltete.

Was vormals nicht in Erscheinung getreten war, konnte sich nun in einem massiven Wandel als segensreich für Markus und seine Familie herausnehmend kreativ verankern. Was als Beziehungsstörung artikuliert war, war tatsächlich eine Interaktionsherausforderung, die sich im Zuge der Wahrnehmungsverschiebung bereinigte. Markus nicht gebührlich wahrnehmend, hielt er seiner Umwelt einen Spiegel entgegen.

Fragestellungen sind es, die mir helfen Markus in ein sozial anerkanntes, mir stimmig erscheinendes Terrain zu leiten.

Um das explorierende Handeln zu intensivieren, bediente ich mich Fragestellungen dieser Art: *„Wie würdest du es tun?"* *„Welche Idee hast du?"* *„Wie soll es aussehen?"* *„Kannst du mir bitte zeigen, wie du es haben möchtest?"* *„Wie würdest du vorgehen?"* *„Was möchtest du genau aufzeigen?"* *„Für welche Lösung entscheidest du dich?"* *„Was würdest du tun, um diese Herausforderung zu lösen?"* *„Kannst du mir bitte zeigen, wie du es machen würdest?"*

Häufig haben Kinder und Jugendliche den Fokus auf Vergleich, Bewertung oder Belohnung gerichtet. Entsprechend dieser Wahrnehmungen stellen sie Fragen das Ergebnis betreffend, welches aus ihrer Sicht nicht gut genug erscheint. Die Beurteilung gewohnt, beurteilen Kinder und Jugendliche ihre Werke abwertend. Fragestellungen helfen den Fokus auf die Eigenwahrnehmung zu lenken und die Kreativität der Kinder und Jugendlichen und auch Erwachsenen anzuerkennen.

„Wie gefällt es dir?" spiegelt die Frage des Kindes in eine Wertungsfreiheit. Was dem Kind gefällt, muss nicht meinem Geschmack entsprechend ausgeformt sein.

Weitere Fragestellungen verhelfen dem Kind sich seiner selbst bewusst zu werden. Auslöser für die Eigenwahrnehmung stellt die Fragestellung und die folgende körperliche, sich einstellende Empfindung dar. Kognitives Erklären ist meines Erachtens nach kontraproduktiv, da es das Kind an sein Versagen heranführt und Versagensängste schürt in einer Weise, dass es von uns Erwachsenen abhängig gemacht nicht zur Selbsterkenntnis geführt wird.

„Wie ist es dir gelungen?" *„Wie fühlt es sich jetzt an?"* *„Was empfindest du jetzt?"* *„Wie sind die Empfindungen in deinem Körper?"* *„Wie fühlst du dich jetzt?"* *„Wie war es dir ermöglicht?"* *„Wie ist es für dich?"* *„Wer hat es gemacht?"* *„Wie bist du die Leiter/die Stufe hochgekommen?"* *„Wer war der Auslöser?"* *„Wer war der Chef?"* (Das Kind als Chef seiner Belange zu sehen, ist mir wesentlich geworden.) *„Kannst du mir bitte zeigen, wie du das gemacht hast?"*

Weitere die Eigenwahrnehmung des Kindes betreffende Fragen verbessern auch die Wahrnehmungsfähigkeit von uns Erwachsenen, indem wir uns selbst dieser Prozesse, die in unseren Kindern zu verbesserter Körperwahrnehmung führen, bewusst werden. Die Entscheidungen der Erwachsenen in ihrer Klarheit sind wesentlich geeignet, dem Kind beziehungsweise Jugendlichem einen Spiegel für eigene, uns intrinsisch innewohnende Bedürfnisse vorzuhalten. Sie bereichern die Erfahrungswelt des Kindes beziehungsweise der Jugendlichen in einer Weise, als wir uns der Vorbildwirkung bewusst uns sozialeren Verhaltensweisen sukzessive anzunähern geneigt sind.

„Schenkst du mir den Raum?" hilft uns, unserer selbst gewahr, wieder auf eigene Bedürfnisse vermehrt zu achten.
Klare Entscheidungen bedürfen allerdings auch klarer Formulierungen: *„Ich entscheide mich jetzt mir Raum zu nehmen für einen Spaziergang allein."*

Mein Bedürfnis ist wesentlich. Jedermanns Bedürfnis ist wichtig und in meinen Augen achtungsvoll wahrzunehmen.

Spezielle Ausformulierungen im Zuge der sozial gesteigerten Nuance an Möglichkeiten zeigen dem Kind konkrete Bedürfnisse auf: *„Schenkst du mir den Raum anzukommen?"* *„Danke für den Raum anzukommen, den du mir geschenkt hast"* Diese sind mir wesentlich in der Eigenwahrnehmung des Kindes zu verankern, denn jedes und sämtliches Verhalten entspringt der sozialen Entscheidungsfreiheit des Kindes in einer Art und Weise, als es von mir einer Wertungsfreiheit zugeführt jede und sämtliche Entscheidungen von mir akzeptiert werden.
„Ist es dir möglich, meinen Ohren eine Klangpause zu geben?" Kreativität ist angesagt, um meinen Bedürfnissen ausreichend Beachtung zu schenken.

„Wie hören sich die Geräusche für dich an?" *„Wie hört sich deine Stimme für dich an?"* Ein besonders laut sprechendes Kind kann so

sich selbst verbessert in den Fokus seiner Beobachtung gezogen wahrnehmen.

„Wie fühlt sich die Oberfläche des Waschbeckens für dich an?" führt das Kind in die fokussierte Wahrnehmung seiner Umwelt ein. *„Was nimmst du wahr?"* lässt das Kind selbst zum Entdecker werden. Erstaunt bin ich wieder und wieder über die äußerst kreativen Entdeckungen der Kinder, die mir selbst im Verborgenen blieben.

„Wie fühlt es sich für dich an, wenn du deinen Arm zügig und anschließend träge über die Oberfläche bewegst?"

Wahrnehmungserweiterung geschieht sukzessive. Zahlreiche Wiederholungen haben mich in eine Welt des explorativen Vorgehens eintauchen lassen. Eine Fragestellung kann mich über Wochen begleiten. Andere Fragestellungen sind einmalig genug, um mich mir selbst näherzubringen. Individualität lässt keine Möglichkeit aus. Individualität begrenzt in keiner Weise. Individualität kennt die Vorzüge meiner selbst und schenkt mir die Freiheit, entsprechend meiner inneren, mir zuträglich erscheinenden, impulsgebenden Innenstruktur als freudvoll mir zugewandt oder mich meinen segenbringenden, emotionalen Befindlichkeiten widmend mir meiner selbst gewahr zu werden.

Soziales Lernen ist ein Thema, welches mir in wiederholter Weise meine mir eigenen destruktiven Hürden aufzeigt. „Bitte" und „danke" sind wesentliche Bestandteile einer Kultur, die Entscheidungsfreiheit gewährt. „Bitte" und „danke" aus dem anderen hervorzulocken, war mir ein Anliegen, da ich selbst kein Befehlsempfänger sein möchte.
Da kaum ein Kind beziehungsweise Jugendlicher (und kaum ein Erwachsener) „bitte" und „danke" als Vokabular in Anwendungsbereitschaft zur Verfügung stellt, lag es an mir und meiner Kreativität, Entfaltung zu schenken.
„Was möchtest du <u>bitte</u> (in betonter Weise) von mir?" *„Was kann ich <u>bitte</u> für dich tun?"* Ich helfe dem Kind (dem Jugendlichen) gern,

angepasst seiner mir empfundenen Möglichkeiten in minimalistischer Weise, damit das Kind (der Jugendliche) sein selbstbestimmtes, selbstbewirktes Ergebnis in Erfahrung bringen kann. Ich reagiere erst (möglicherweise stelle ich die Frage erneut in gleichbleibender Weise, das „bitte" betonend, in modifizierter, ihm Verstehen entlockender Art) entsprechend *seiner* bittenden Fragestellung, die dem Wesen des Kindes angepasst ihm die Möglichkeit einräumt, konkrete Entscheidungen für sich selbst zu kanalisieren.

„Hast du eine Idee, was der andere empfindet?" ist mir wesentlich, die Eigenwahrnehmung des Kindes erweiternd, ihm die Idee dafür zu geben, dass jeder Mensch in seiner Einzigartigkeit einzigartigen emotionalen Befindlichkeitsstrukturen unterlegen ist.

„Wer ist Chef?" lenkt erneut den Fokus auf die Eigenwahrnehmung des Kindes beziehungsweise Jugendlichen. Mir bewusst geworden, dass nur ich, ich allein Kenner meiner inneren Befindlichkeitsstruktur, meiner mir in Ausgewogenheit zugeneigten Körperlichkeit, all meiner Bedürfnisse und Belange, meinen Körper in seinen Eigenheiten wahrzunehmen befähigt bin (es sei denn, ich empfinde im Rahmen einer Wahrnehmungserweiterung die Empfindungen des anderen wie meine mir selbst zugehörigen Körperregungen anteilsmäßig mit). Ich lenke den Fokus meines Klientels, einschließlich der Eltern, auf körperliche Eigenheiten, um das Verständnis meiner Denkweise zu untermauern.

„Wer ist Chef von seinen Gefühlen der Liebe und Freude?" *„Wer ist Chef seiner emotionalen Befindlichkeiten, seiner Angst, von Trauer und Wut, von Ärger und Habgier?"* *„Wer ist Chef von seinem Temperaturempfinden?* (seinem Speichelfluss, seinem inneren Rhythmus, seinem Hungergefühl, seiner Notdurft, seinem Stuhldrang, seinem inneren Wissen, seinem inneren Gleichgewicht, seinen Begabungen und Wünschen, seinem Ruhebedürfnis, seinen inneren Impulsen). Kinder und Jugendliche, die in beharrlicher Weise ein Verhalten an den Tag legen, welches mir in konsequenter Weise ver-

sucht einen Spiegel vorzuhalten ob meiner eigenen Begrenzungen, welche mir bewusst eines emotionalen Abgleichs harren, mir Entscheidungen meinerseits abverlangen, zeigen meine mir persönlich bewussten Grenzen auf.

Fragestellungen, die das Thema in verbalisierter Weise hervorheben, lenken den Fokus auf die Eigenverantwortlichkeit des Kindes beziehungsweise Jugendlichen: „*Wie empfindest du, wenn du von jemandem ignoriert* (nicht begrüßt, nicht beachtet, vor verschlossener Tür zum Warten verurteilt) *wirst?*"

Die Prägnanz der Antworten („*gut*", „*nicht so gut*", „*schlecht*", „*ich fühle nichts*") zeigt mir, wie wesentlich die rein körperliche Erfahrung in jeglicher Situation des emotionalen Abgleichs sich mir als Erfahrung darlegend, mir zugeneigt äußert. Kurze Antworten geben mir lediglich den Hinweis, dass das Kind meine Frage entsprechend seiner Entwicklung einem emotionalen Abgleich mit seiner emotionalen Befindlichkeit zugeführt hat. Seine körperliche Regung ist meist deutlich sichtbar und mitempfindbar. Manchen Eltern ist es ermöglicht, sich dieser Regungen in empfundener Weise gewahr zu sein.

Meine Antworten sind ebenso prägnant kurzgehalten und entbehren jeglicher Bewertung. Sie lauten: „*mmh*", „*ah*", „*aha*", „*ok*", „*so empfindest du*".

Manches Kind entschuldigt sich in Folge der emotional bewirkten Ausgewogenheit bei mir. Es ist mir persönlich wesentlich, das Angebot des Kindes für die Bereinigung der Situation anzuerkennen: „*Danke, dass du dich entschuldigst!*" Wesentlich erscheint mir hierbei der Blickkontakt in direkter Folge an die Entschuldigung des Kindes und meines Dankes für die Entschuldigung. Die Begegnung in dieser Art erfährt eine Tiefe, die sich mir wieder und wieder als ein tiefes Berührtsein ob der intensiven Begegnung im Sinne der emotionalen Bereinigung dieser einen einzigartigen Situation ausdrückt.

Aspekte der Empfindung hervorhebend gibt es Gelegenheiten, die dem Kind in seiner Art befremdlich erscheinen mögen. *„Ah, du bist wütend."* signalisiert dem Kind ein meinerseitiges Anerkennen seiner emotionalen Ausdrucksweise (in nicht verletzender oder zerstörender Art und Weise).

„Wie empfindest du Wut?" sagt dem Kind, dass ich es wahrnehme. Ich lenke parallel seinen Fokus auf seine körperliche Empfindung.

Kinder, die sich gegenseitig in aggressiver Art und Weise herausfordern, führe ich in Fragestellungen ihre emotionale Befindlichkeit betreffend an die emotional empfundene Ausgewogenheitserfahrung heran.

Auch Handlungstätigkeiten können auf ihre Art und Weise mit sichtlichen emotionalen Abdrücken belegt sein.

„Wie empfindest du das Schubsen?" *„Wie empfindest du das Gestoßenwerden?* Die Antworten der Kinder sind klar ersichtliche Beweggründe für mich, den Kindern höchstes Potential an sozialer Entfaltungsfähigkeit zuzugestehen.

Die Antworten sind gleichbleibender Natur: *„Es fühlt sich nicht gut an."* Das Kind entnimmt für sich die Botschaft dieser Erfahrung und ändert in *selbstbestimmter,* seiner persönlichen Ausgewogenheit zugeneigten Art entsprechend sein Verhalten ab.

Manche Änderung, die sich bereits als Signatur einer destruktiven Verhaltensweise tief im Wesen der kindlichen Natur verankert hatte, benötigt meiner Erfahrung nach, mehrmalige, tatsächlich erlebbare Konstellationen einer emotionalen Abgleichserfahrung zugeführter emotionaler Befindlichkeiten. Sich wertvoll zu empfinden ob seiner Emotionalität ist Wesen und Essenz dieser Praxis der empfundenen emotionalen Beweggründe. Natürlichkeit ist das Ergebnis einer unbewerteten Herangehensweise und Anerkennung der Emotionalität eines jeden. Die Reduziertheit der Sprache in signifikanter, prägnanter, selbstbestimmter Art und Weise schenkt die Fähigkeit und Möglichkeit, sich selbstreflektierenden Impulsen anzuvertrauen. Die kreative Ader entwächst der Praxis der emotionalen Bereinigung auf höchster Ebene.

2. Ich unterstütze Kinder, indem ich selbstbestimmtes, explorierendes, kreatives, schöpferisches Handeln fördere.

Selbstbestimmtes, explorierendes, kreatives, schöpferisches Handeln gibt den Kindern ihre Autonomie zurück. Ein inneres Empfinden von „Ich kann es! Ich bin befähigt! Ich weiß!" ebnet dem Kind, Jugendlichen und Erwachsenen ein Umfeld, welches mir jegliches Potential aus meinem Innersten als mein mir zugehöriges, in seiner Einzigartigkeit sich entfaltendes Potential darlegt, in einer Weise, die mir nach wie vor Staunen entlockt.
Kindliche Gegebenheiten sind es, die mir in staunender Weise Sprachlosigkeit hervorzaubern. Kindliche Gegebenheiten, als solche in gespeicherter Art und Weise im Erwachsenen in Zugriffsbereitschaft verankert, lassen mich wieder dieser verspielten Art und Weise der Kinderwelt annähern. Was als kindlich abgewertet im Erwachsenenleben kaum Beachtung fand, ist nun eine präferierte Seinsweise in meiner Welt als Ausdruck meiner mir innewohnenden kreativen Ader geworden.
Selbstwirksamkeitserfahrungen entfalten ihr Potential in der Erkenntnis tatsächlicher Zusammenhänge. Eine kreative Schleife entfaltet sich. Fantasievolles, handelndes Agieren gibt den Impuls der Fokussierung und Zuwendung, welchem Entspannung und inneres Gewahrsein folgt. Sich dem eigenen, urpersönlichen Rhythmus der Entfaltung hinzugeben, bedarf des Vertrauens in eine Schöpfung, die mir liebe- und freudvoll zugeneigt sämtliche Erfahrungen in zugeneigter Art und Weise schenkt.
Abwandlungsfähigkeit, Neugier, die Bereitschaft zu lernen, fokussiertes Vorgehen, Selbstvertrauen fördernde Handlungsebenen in Eigenregie erschlossen, Selbstsicherheit, Selbstbestimmtheit, Selbstbewusstsein, Selbstwertschätzung, die Bereitschaft zu lernen erweitert den Blickwinkel. Anstrengungsbereitschaft, eine hohe Ausdauer dominieren die intrinsisch geleitete Zuwendung

an eine oder vielfach auch parallel sich ergebende Fokussierungsgelegenheit(en).

Ich als Begleiter bin in beobachtender Position dem Kind als parallel Agierende, seinen Ausdruck erwidernde, soziale Verhaltensweisen vorlebende Interaktionspartnerin jederzeit motiviert im Sinne des Kindes Hilfsanfragen zu erwidern. Ausreichend zur Verfügung gestelltes Material hilft dem Kind sich nach und nach in seinem ihm angenehm erscheinenden Metier wiederzufinden. Wesentlich erscheint mir, dass das Kind sich in selbstbestimmter Weise all der Möglichkeiten annähern darf. Ausdauer und augenblickliche Fokussierungsbereitschaft geben mir Einblicke in der Gegenwart entkeimender Präferenzen. Sämtliche Fokussierungsbereitschaft entkeimt einer augenblicklichen inneren Brisanz an freudegeleiteten Impulsen. Ängste ob eines Versagens entspringen der ureigenen emotionalen Welt und können im emotionalen Ausgleichsverfahren liebevollen Strukturen zugeführt werden. In vorgelebter Weise bin ich es, die soziale und emotionale Gegebenheiten bereinigt, gebiert und etabliert. Verbale und nonverbale Impulse sind signalgebend geeignet, im Sinne des Kindes weniger Worte mich bedienend.

Explorierendes, selbstbestimmtes, kreatives, impulsgesteuertes, markant eigenwilliges, als Ausdruck seiner Einzigartigkeit bevorzugtes Handeln äußerte sich zu Beginn eines Fördersettings bevorzugt in einseitiger Betätigung. Luftballons aufzublasen und die Eigenheiten eines Luftballons zu entdecken, welche dem Kind bereits zu eigen sind, ließen mich die Einengung des Kindes in ein vorgegebenes Muster, als starre, unbewegliche, dem Kind aufoktroyierte Verhaltensstrategie wahrnehmen. Der gesellschaftliche Druck, dem die Eltern und Kinder in einer Wahrnehmungsverschiebung ausgesetzt sind, ist in unglaublichen Dimensionen angesiedelt vorzufinden.

Das Ausmaß der von sich aus urgierenden Beschäftigungen in ein ausweichendes nach Befriedigung in sozialen Medien, technischen Errungenschaften oder Langweile mündendem Verhalten war in Folgeeinheiten der Förderung groß. Mit der Bitte an die Eltern, PC, Handy und Co. während des Fördersettings weitgehend einzuschränken, erfuhr ich sukzessive eine erhöhte Bereitschaft, sich wieder den präferierten, selbstbestimmt wahrgenommenen Materialien zuzuwenden.

Phasen der Langeweile, des Nichtstuns, die Suche nach geeigneter Betätigung, Phasen des Unwirschseins, des Bewegungsausdrucks, kurzzeitige Zuwendungen zu bewährtem Material, Abwendungen, Phasen sprachlicher Zuwendungen und emotionaler Herausforderungen waren Erscheinungsbilder in der anfänglichen Selbstfindungsphase.

Unruhe, das Empfinden von Unrundsein, motorische Ausgleichsversuche, Empfindungen von Langeweile, Hilfsgesuche bei den Eltern bis hin zu als Aggressivität erscheinende Verhaltensmuster, die die Unselbständigkeit und Unfähigkeit zur emotionalen Balance der Kinder demonstrierten, führten im weiteren Verlauf durch die Wahrnehmung und die emotionale Berührung des Kindes durch meine Intervention zu einer Stabilisierung der emotionalen Befindlichkeit.

Das Kind entdeckte stufenweise sein innerliches Potential. Klare, beständige Rückmeldungen in gleichbleibender, liebevoller Atmosphäre erfuhr das Kind als Sicherheit. Es fasste Vertrauen. Es erkannte die Möglichkeiten und wandte sich den zahllosen Impulsen zu. Erneut intrinsisch geführt, erfuhr das Kind eine Bereicherung in seinem vormals eingeengten Betätigungsfeld. Es wusste die Tatsache zu schätzen, dass ich es entsprechend seiner Eigenimpulse begleite, anrege und staunend wahrnehme.

Die Eltern, denen ich die Talente und freudvollen Betätigungen des Kindes, die Fähigkeiten zur ausdauernden Handlung und des emotionalen Ausgleichs artikulierte, erkannten Veränderungen. Sie waren bereit, Perspektivenwechsel in unbewerteter Manier zu durchleuchten. Das anerkennende, dem gelingenden und förderlichen für die Familiensituation dienliche, fokussierte Handeln ermunterte sie, selbst neue Sichtweisen zu beleuchten und in ihr Leben einzubringen. Ich gab den Rahmen vor. Kind und Eltern und eventuell auch die Geschwister oder Großeltern öffneten sich für neue gewünschte Potentiale.

Exploration bedeutet die beständige Zuwendung an präferiertes Material und es in absichtsvoller Weise zu manipulieren. Kreative Absichtslosigkeit führte uns, leitete uns an, begleitete uns in einer Begegnung, in der verschiedenartige Menschen ihren Potentialen Ausdruck verliehen. Harmoniebedürftige Mitmenschen erfuhren Harmonie. Wandel wurde allen zugänglich. Befreiung von einengenden Glaubenssätzen und Erziehungsstrukturen zog Kreise, manchmal weite Kreise, sichtbare Kreise.

Exploration als ein Betätigungsfeld, das immense Potentiale im Sinne der kreativen Fähigkeiten des Kindes freisetzte und freisetzt, erinnert an wissenschaftliche Vorgehensweisen. Gesellschaftlich anerkannt in Wissenschaftskreisen bringen Wissenschaftler einseitige, spezialisierte, nach Gutdünken Bedeutung lancierende Ergebnisse hervor. Exploration in Kindeskreisen ist der Zensur unterworfen. Dankbare Kinder gaben mir die Gewissheit, dass Exploration im Kindesalter passend zu den Ausdrucksformen einer sich wandelnden Gesellschaft seinen Platz in den Stuben, Klassenzimmern und am Studienort einnehmen wird.
Exploration erkennt die Individualität eines jeden an. Sie ist wertungsfrei. Sie orientiert sich an Materialien, die zahlreiche Wege der Entfaltung in sich tragen. Hölzer unterschiedlicher Art, kreativ Formbares wie Lehm, Knetmasse oder Teig, Murmeln und Bälle in mannigfaltigen Größen, Luftballons, Duplo und Lego zum explorierenden Gestalten, Papier und Kleber, Scheren und Messer, Steine und Sand, Wasser und Schnee und Eiskristalle – die Natur gibt uns unendlich viele Muster vor, an denen sich unsere Kinder orientieren können.
Die persönliche Wahrnehmungsschulung lässt uns erkennen, dass sämtliche Muster der Gesellschaft in der Natur ihr Duplikat finden. Wissenschaftliches bin ich fähig in der Natur zu entdecken und zu erforschen. Wertungsfreiheit bestimmt den liebevoll gelebten, bittenden und Dankbarkeit erweisenden Zugang zur natürlichen Vielfalt.
Vielfalt als Ausdruck einer Schöpfung, die Vielfältigkeit in mannigfaltigen Formen und Ausprägungen kennt, schenkte mir Ein-

blicke in Gegebenheiten, die mir äußerst befremdlich meine mir eigene kreative Ader förderten. Sie zeigte mir Verborgenes, welches entsprechende Würdigung erfahren möchte. Es waren Wesenheiten der Natur, denen ich erstmalig bewusst begegnete. Wesenheiten der Natur zeigten mir ihre besondere Liebe für uns Menschen. Wesenheiten der Natur wollen ausreichend beachtet werden. Im Zuge der Wahrnehmungserweiterung erlebte grenzwertige Erfahrungen mit einem prägnanten Einblick in unsichtbare Gegebenheiten forderten mich heraus und ermunterten mich meine Wahrnehmungen mit den Erkenntnissen anderer Menschen abzugleichen.

Exploration als die Gabe der Kinder anzuerkennen, forderte mich heraus. Die Wünsche der Kinder waren manchmal exzentrisch und ich war froh, wenn Eltern unser Handeln als zielführend anerkannten.
Ein Bub hatte den Wunsch, Erdbeben mit einem Therapieball nachzuempfinden. Mit Wucht knallte er den Ball auf den Boden und die Wände des Wohnzimmers. Ich versuchte mit mulmigem Gefühl ein Desaster zu verhindern und kommentierte in der Rolle eines Reporters das Beben. Dem Bub mangelte es an koordinativen Fähigkeiten die Augen und Hände betreffend. Die Freude dieses Jungen in diesem Spiel zu erleben, war für mich beeindruckend. Dieser Junge wehrte vormals oft ab. Ausdauerndes Spiel hatte sich in meiner damaligen Version an therapeutischen Techniken und Materialien als praktisch unmöglich erreichbar dargestellt. Die Freude und Begeisterung des Kindes, welches dem Autismus-Spektrum zugeordnet wurde, führte mich in ein mir bis dahin unbekanntes Terrain, ein Terrain, welches mir eine veränderte Interaktion, eine veränderte Wahrnehmung und einen neuartigen Förderansatz gewährte. Sukzessive verlagerten sich die Fähigkeiten des Jungen im Erdbebenspiel von unkoordinativ zu feiner Dosierungsfähigkeit mit adäquater Koordination. Diese Herausforderung erweiterte mein Erfahrungsspektrum grandios. Endlich hatte ich eine befriedigende Lösung für zahllose Ungereimtheiten im Fördersetting als Konsequenz und Resümee des Erdbebenspiels. Mein neu anvi-

siertes Ziel enthielt meinen Wunsch, den Kindern *Selbstbestimmtheit* zu ermöglichen.

3. Ich unterstütze Kinder, indem ich mich an ihrer *Individualität* und ihren *einzigartigen Ausdrucksformen* erfreue

4. Ich unterstütze Kinder, indem ich ihnen selbständiges, explorierendes, fantasiereiches, markant autonomes, einzigartiges, wissenschaftliches, aus dem Hier und Jetzt heraus sich entfaltendes, sukzessive sich erweiterndes, grandios ausdrucksstarkes, sozial engagiertes, liebevoll zugewandtes, achtungsvoll anerkennendes, unbewertendes, hochmotiviertes, sich selbst vertrauendes, prägnant handlungsbereites, neu orientiertes, neuen Werten zugeordnetes, selbstbestimmtes, kreatives, impulsgebendes *Denken* zugestehe.

Die Denkfähigkeit der Kinder zu untermauern, indem ich in vorausschauender Weise meine urpersönlichen Ansichten und Absichten kategorisierend formuliere, handikapt das Kind in einer Weise, die mir Unselbständigkeit, Hilflosigkeit und Abhängigkeit widerspiegelt. Ich selbst bin es, die das Kind in seiner Denkfähigkeit einschränkt. Ich selbst bin es, die mir dessen bewusst das Kind in Form von Fragestellungen an die geeignete, gegenseitig zufriedenstellende Ausführung oder Bereinigung einer Situation heranführen kann. *„Was könntest du sagen?", „Was hast du vergessen?", „Wie macht der Erwachsene es dir vor?" „Hast du eine andere Möglichkeit für dich entdeckt?" „Wie reinigst du deine Hände?"* Diese Fragen helfen dem Kind, sich seiner ureigenen Denkfähigkeit erneut bewusst zu werden.

Ich als Erwachsener bin es, die dem Kind erneute Impulse zur Förderung seiner Denkfähigkeit in Form von Fragestellungen, die zahlreiche Möglichkeiten offenhalten, zugestehe. Vielfältige Fragen sind es, in meiner Arbeit hervorgehoben als *Potentialserwecker*, die die Kinder an ihre ihnen innewohnenden Ressourcen heranführen. Zahlreiche Fragestellungen entlocken mir selbst ein Potential, welches ich mir erneut bewusst werdend mich als schöpferisches, kreatives, Autonomie förderndes, mich als selbständig denkendes Wesen einer Schöpfung wahrnehmen lässt, welches kreative Ausdrucksformen als solche in liebevoller Weise anerkennt. Der Erwachsene, seiner ureigenen Kreativität gewahr, hilft ihm, sich erneut seiner innerlichen Potentiale bewusst werdend, schöpferisch tätig zu sein. Fragestellungen in geeigneter Weise erfordern eine Kreativität, die mir vormals große Herausforderung darstellte. Sie ist es, die mir nach wie vor zahlreiche Hürden in Richtung liebe- und freudvoller Seinsweise aufzeigt. Fragestellungen in geeigneter Weise zu formulieren, dass sie Wertungsfreiheit beinhalten, erfreut mich in einer Weise, als ich mich nun als fähig und autonom in meiner mir ureigenen Vorgehensweise empfinde. Sicherheit ist es, die dem Kind Sicherheit spiegelt. Freude und Leichtigkeit sind es, die mir Ausdauer und schöpferische Vielfalt ermöglichen.

Fragestellungen, die dem Kind Entscheidungsfreiheit gewähren, helfen mir mein Kind aus der Sicht des Kindes wahrzunehmen. Fragestellungen, die anerkennend sind („*Wie gehst du weiterhin vor?*"), entlocken dem Kind sein Potential. Fragestellungen, die liebevolle Eigenheiten entfalten („*Wie liebevoll hast du vor mit deinem Bruder zu sein?*"), ermöglichen den emotionalen Abgleich in Richtung emotionaler Ausgewogenheitserfahrung. Fragestellungen in jedweder Weise sind es, die mir eine neue Sichtweise in einer Art und Weise hervorzaubern, dass sie mich in enthusiastischer Weise als kreativitätsfähigen Menschen begeistern. Fragestellungen sind es, die uns bereichern.

Die *Denkfähigkeit* des Kindes ist es, die mein Leben in einer Art und Weise bereichert, als dass sie mir kreative, lustige, anschauliche, inspirierende, glückliche, beschauliche, humorvolle, bemerkenswerte, achtungsvolle, kognitiv herausragende Weisheiten preisgibt. Die Denkfähigkeit des Kindes ist es, die ich in meiner vormaligen Art der Mütterlichkeit sehnlichst vermisste. Die Denkfähigkeit der Erwachsenen ist es, die nun sich erneut mobilisierend in beschenkender Weise meines Lebens bereichert. Kreative Ansätze hervorgetriggert, sind sie es, die meiner Kreati-

vität vielfache Impulse schenken. Phantasievolles, kreatives Gewahrsein in freudvoller Weise hervorhebend gestaltet unsere Gedankenwelt, sodass wir unseren Kindern in phantasievoller Weise
zu begegnen befähigt werden. *Phantasie entspringt der Welt der
Kinder.* Phantasie bereichert erneut unser Leben.

5.   Ich unterstütze Kinder, indem ich *häufigen Blickkontakt* forciere.

Ich forciere den Blickkontakt, indem ich den *Blickkontaktversuch des
Kindes/des Jugendlichen* wahr- und annehme. Ich selbst bin bereit
mit dem Kind/dem Jugendlichen in ausführlichen Blickkontakt
zu treten. *Meine Mimik* eröffnet dem Kind, dem Jugendlichen oder
auch dem Erwachsenen die Möglichkeit, sich mir zuzuwenden.

**6.   Ich unterstütze Kinder, indem ich *sichere Strukturen der Interaktion*
erschaffe.**

Sichere Strukturen ergeben sich aus meiner Bereitschaft, *die Sicht
des Kindes aus meiner vormaligen Welt des Kindseins* miteinzubeziehen. Kindliche Strukturen erwecken die Bereitschaft des Kindes,
sich gänzlich auf seine innerlichen Impulse zu besinnen. Kindliche Strukturen sind den Erwachsenen ihrer innerlichen Welt entwachsend zu eigen. Ich selbst bin es, die sich auf ihre kindlichen
innerlichen Strukturen zurückzubesinnen vermag. Ich selbst bin
es, die ich mir meiner innerlichen Wünsche bewusst zu werden
vermag. Innerliche Wünsche leiten uns. Hervorgehoben tragen sie
das Potential in sich, welches wir in unserer Kindheit als kreative,
lustvolle, prägnante, zukunftsorientierte Ader einer liebe- und freu-
degerichteten Interaktion in mancher Hinsicht erfahren durften.
Sichere Strukturen der Interaktion lassen uns erneut Welten der
Sicherheit, der Geborgenheit, des vertrauensvollen Miteinanders
erfahren. Sichere Strukturen der Interaktion tragen uns in eine
Welt, die uns vormals vertraut beschauliche, explorative, kreative, humorvolle Momente achtsamen Zusammenseins ermöglichte. Sichere Strukturen der Interaktion verhelfen uns zu liebevollem Getragensein in Hinsicht darauf, dass wir uns selbst geliebt

und angenommen empfinden. Sichere Strukturen der Interaktion besagen uns, dass wir ein System entdeckt haben, welches uns in eine liebe- und freudevolle Richtung uns selbst wieder zum Kind werden lässt, in einer Art und Weise, als dass wir uns den kindlichen, kreativen, schöpferischen, impulsgebenden, freudvollen, in sich tragenden Werten erneut zuzuwenden bereit sind. Sichere Strukturen der Interaktion in uns selbst verankert, zeigen uns eine Außenwelt, in der wir sichere Strukturen an andere weiterzutragen bereit sein können. Wir sind es, die der Außenwelt in selbstvertrauender Weise entgegenzutreten befähigt sind in einer Art und Weise, als dass Selbstvertrauen unserer innersten Struktur entwachsend Liebe und Freude in das Leben eines jeden einzelnen zu tragen vermag.

7. Ich unterstütze Kinder, indem ich mich von liebe- und freudvollen Impulsen leiten lasse.

„Mach das, was dein Herz zum Singen bringt" inspiriert mich. Ich freue mich mit dem Kind.

8. Ich unterstütze Kinder, indem ich die Erwartungen an sie reduziere und *Flexibilität* ermögliche.

Flexibilität ist eine Vorgehensweise, derer sich Kleinstkinder in nicht manipulierter Weise bedienen. Flexibilität entwächst der kreativen Ressource eines jeden, der sich in selbstbestimmter, vertrauensvoller, Impuls wahrnehmender, Selbstwirksamkeit hervorhievender Art explorierend entdeckt.

9. Ich unterstütze Kinder, indem ich ihnen die Gelegenheit biete, *selbstwirksame Entscheidungen* zu treffen, welche ich großteils anerkenne, ansonsten mit Hilfe des emotionalen Abgleichs einer Bereinigung im Sinne der emotionalen Ausgewogenheit zuführe.

10. Ich unterstütze Kinder, indem ich ihre zu Tage tretenden *Ressourcen des kindlichen Ausdrucks* im Spiel den Eltern mitteile.

Zu Tage tretende Ressourcen sind die explorativen, kreativitäts-fördernden, impulsgesteuerten, aus dem Augenblick hervortretenden, freudvollen, Ausgewogenheit lancierenden, in emotionaler Hinsicht bereinigenden, impulsgeleiteten Facetten einer schöpferischen Vorgangsweise in jeglicher Hinsicht.

11. Ich unterstütze Kinder, indem ich *ihre Gaben* erkenne und ihnen helfe sie zum Vorschein treten zu lassen.

12. Ich unterstütze Kinder wie Eltern und weitere Bezugspersonen, in dem ich ihnen *wertungsfrei* begegne.

Wertungsfreiheit entkeimt meiner eigenen Praxis, meinen emotionalen Befindlichkeiten zum gebührenden Ausgleich zu verhelfen.

13. Ich unterstütze Kinder, indem ich die *Ressourcen der Eltern* wahrnehme und ihnen reflektiere.

Die Ressourcen der Eltern sind es, die mich die Eltern in liebe- und freudvoller Weise wahrnehmen lassen. Jeder trägt den Funken der liebe- und freudvollen Seinsweise in sich. Jeder ist befähigt Liebevolles ins Leben zu tragen. Die Eltern sind es, die sich erneut an ihren Kindern erfreuen, die erneut ihr Kind in einer Weise wahrzunehmen vermögen, als dass sie selbst ihre innerliche Freude entfachen.

14. Ich unterstütze Kinder wie Eltern durch *meine Vorbildwirkung*, die sich an sozialen liebevollen und freudvollen Werten orientiert.

15. Ich unterstütze Eltern wie Kinder, indem ich mich selbst in eine *Herz-zu-Herz-Beziehung* begebe.

16. Ich unterstütze Eltern wie Kinder durch die Klarheit meiner Botschaft, dass sie Ressourcen in sich tragen, die es ihnen ermöglichen, *sich selbst und eigeninitiativ einen innerlichen Wandel in Richtung Liebe und Freude zum Kind zu ermöglichen.*

17. Ich unterstütze Kinder wie Eltern, indem ich mich mit tangierenden Systemen vernetze und im gemeinsamen Austausch Erfahrungen weitertrage *im Hinblick auf die positiven Möglichkeiten des Kindes* und meiner selbst.

18. Ich unterstütze Kinder wie Eltern, indem ich *meine Ressourcen, die sich an höheren Werten orientieren, teile.*

19. Ich unterstütze Eltern wie Kinder, indem ich die Ressourcen der Eltern hervorlocke.

20. Ich unterstütze Kinder wie Eltern, indem ich neue Möglichkeiten und Perspektivenwechsel aufzeige, die, wertungsfrei gehalten, es den Eltern ermöglichen, *eigene Entscheidungen* zu treffen.

21. Ich unterstütze Kinder wie Eltern, indem ich, entsprechend der emotionalen Befindlichkeit, sie auf die *Essenz der Emotionalität* hinweise und ihnen den Raum für einen emotionalen Abgleich schenke.

22. Ich unterstütze Eltern wie Kinder, indem ich jedem die Gelegenheit schenke, sich seiner selbst bewusst zu werden, indem ich *bewusstseinsfördernde Strategien* in die Interaktion und Kommunikation einfließen lasse.

Bewusstseinsfördernde Strategien sind Fragestellungen und Interaktionsherausforderungen, Perspektivenwechsel und explorierende, selbsterfahrende Kaskaden einer neuen Interaktionsmöglichkeit, die ich den Eltern als Ressource in wahrzunehmender Weise eröffne.

23. Ich unterstütze Eltern wie Kinder, indem ich ein System der Wertungsfreiheit etabliere, welches sich an *gemeinsamem Wachstum* durch gegenseitiges voneinander Lernen und Erfahrungen, die der eigenen Einzigartigkeit entwachsen, orientiert.

24. Ich unterstütze Eltern wie Kinder, indem ich *konsequentes positives Zugewandtsein* forciere.

25. Ich unterstütze Eltern wie Kinder, indem ich selbständiges Denken forciere, indem ich *Möglichkeiten eines Wandels* aufzeige.

26. Ich unterstütze Eltern wie Kinder, indem ich *Raum für individuelles Handeln* schaffe.

27. Ich unterstütze Eltern wie Kinder, indem ich *ressourcenorientiert agiere* und Ressourcenorientiertheit etabliere.

28. Ich unterstütze Eltern wie Kinder, indem ich *das ihnen innewohnende Potential* hervorlocke.

29. Ich unterstütze Eltern wie Kinder, indem ich *mir meiner selbst bewusst werde.*

Selbstzerrissenheit, Selbstverleugnung, Selbstaufgabe, Selbsthass, Verweigerung, Aggression, Schmerz, Gefühlskälte, Gefühlslosigkeit, demonstratives Ablehnen meines Gegenübers, Depression, das Gefühl, ungeliebt zu sein, das Gefühl, nicht richtig zu sein, das Gefühl, es nicht recht machen zu können, der Verlust der inneren und äußeren Stimmigkeit, das Gefühl, alles zugleich tun zu müssen, Ablehnung meiner selbst, oppositionelle Verhaltensweisen, Ablehnung meiner Emotionen und Gefühle, Ablehnung meiner Aufgaben, der Verlust der Selbstannahme, der Verlust der Selbständigkeit, der Verlust vom Erleben der Selbstwirksamkeit, der Eigenverantwortung, der Glücksgefühle, der Selbstregulation, der emotionalen Ausgeglichenheit, der Spontanität und Flexibilität, der Kreativität, der Verlust des Blickkontakts, der Verlust von freudvollen Beziehungen, der Verlust der inneren Erfüllung, des eigenen Rhythmus, der kindlichen Spiritualität, der Impulskontrolle, der Freundschaftlichkeit, die Verleugnung vieler Gaben, Fähigkeiten, Talente und mannigfaltiger Selbsterfahrungsmöglichkeiten, der Verlust der Fähigkeit, seine wahren Wünsche zu erkennen und zu leben, der Verlust der Spielfreude und der Freude am Handeln, der Verlust der angeborenen Freude an der Selbstentfaltung, der Verlust der Empathiefähigkeit, der

Verlust von empfundenen Erfahrungen, die zur Transformation der Emotionen führen, der Verlust von sozialen Fertigkeiten wie Bitten, Danken, Feinfühligkeit, sozialer Bereitschaft und vielfältiger anderweitiger sozialer Fähigkeiten und Fertigkeiten, die Förderung des Einlagerns von Trauer, Schmerz, Angst, Wut, Hass, Aggression, Neid, Perversion, Schamlosigkeit, Zynismus, betrügerischer Tendenzen, zerstörerischer Absichten, der Maßlosigkeit, der Schmerzlosigkeit, der Abartigkeit, der Dünkelhaftigkeit, der Selbstzerstörung, des Suizids, der Absichtslosigkeit, der Gleichgültigkeit, der Hemmungslosigkeit, der Faszination für Perverses, Kognitives, Ausgleichendes, Märtyrertum, Angstmache, Schamlosigkeiten, Sucht, Schmerz, die Manifestation des Gedankens, wie kann ich meinen Schmerz lösen …

Ausgleichendes Verhalten, ausgleichende Tendenzen, ausgleichender Zynismus, innere Zerrissenheit beherrschen das Leben, von himmelhoch jauchzend zu Tode betrübt, von Lachen und Weinen zugleich, von der Zuwendung zu einer Handlung und dem gleichzeitigen Drang, etwas anderes tun zu wollen, agieren, nicht agieren, ins Leere starren, mich vergraben, abkapseln, suchen und wieder suchen, dem Leben nicht gerecht werden, den Eltern nicht gerecht werden, den Lehrern nicht gerecht werden, der Kindergartentante nicht gerecht werden, den Psychologen nicht gerecht werden, den Therapeuten nicht gerecht werden, mir selbst nicht gerecht werden. Jeder will etwas anderes von mir. So musst du tun, dass du funktionierst. Habe ich eine Schraube locker, muss sie angezogen werden. Ist bei mir die Karosserie defekt, muss sie repariert werden. Schafft der Motor es nicht recht, was dann?

Wie über einen Gegenstand wird über das Kind/den Jugendlichen geurteilt, werden Entscheidungen für das Kind/den Jugendlichen getroffen, wird das Kind/der Jugendliche abgekanzelt in behindert, andersartig, verzögert, regrediert, verschroben, mutiert, fehlerhaft.

Wo ist die Liebe, die das Kind/der Jugendliche vermisst? Wann darf das Kind/der Jugendliche seine Freude mit sich selbst, zu seinen Eltern, Geschwistern und Freunden entfalten? Wer ermöglicht es dem Kind/dem Jugendlichen, Selbstwirksamkeit zu erfahren? Wer schenkt dem Kind/dem Jugendlichen den Raum, seinen Frust zu empfinden, seine emotionale Befindlichkeit wahrzunehmen? Wann ist das Kind/der Jugendliche alt genug, dass der Erwachsene erkennt, dass das Kind/der Jugendliche Gefühle und Emotionen in sich trägt?

Viele der Kinder aus den unterschiedlichsten zugeordneten Bereichen vermögen uns eine Botschaft in Richtung liebe- und freudvoller Entfaltung zu vermitteln. Sie sind eine große Gruppe. Gesprochen habe ich über die Kinder, die dem Autismus-Spektrum zugeordnet werden. Aber da sind auch die Kinder, die das Aufmerksamkeitsdefizitsyndrom als Stempel mit sich tragen, die Kinder, welche sich über die Hyperaktivität ausdrücken, die Kinder, welchen das Down-Syndrom diagnostiziert wurde und da sind die Kinder, welche lese- und rechtschreibschwach beziehungsweise mit Rechenschwäche ausgestattet als Legastheniker beziehungsweise als Kinder mit Dyskalkulie betitelt werden. Zahlreiche weitere Zuordnungen verhelfen der jeweiligen Gruppe zu Andersartigkeit. Sie alle tragen eine Botschaft in sich. Sind wir bereit sie zu hören, zuzuhören, von ihnen zu lernen? Könnte es sein, dass die Kinder mit Aufmerksamkeitsdefizitsyndrom uns daran erinnern wollen, dass ihre Aufmerksamkeit im Zuge der explorativen, selbstbestimmten Betätigung sehr wohl in die höchste Stufe einer Aufmerksamkeitsskala einzustufen wäre, dass sie einer Fehldiagnose zugeordnet sind?
Wäre es möglich, dass die Kinder, welche der Kategorie des Hyperaktivitätssyndroms zugeordnet sind, uns an kreative kognitive Beweglichkeit erinnern wollen? Sie selbst wollen in einer fokussierten Handlungsfähigkeit sich selbst genügen. Sie selbst wollen in kreativer Betrachtungsweise Ruhe in der explorierenden, ausdauernden Beschäftigung finden.
Kinder, die dem Down-Syndrom zugeordnet werden, strahlen reine Liebe aus. Könnte es sein, dass sie uns erneut an unsere uns innewohnende Liebesfähigkeit zurückerinnern lassen?

Die Kinder, die mit Lese- und Rechtschreibschwäche ausgestattet sich einer zähen Schullaufbahn unterstellen, zeigen uns vielleicht, dass wir selbst uns kreative, flexible, schöpferische Wege der Selbstentfaltung ins Leben ziehen könnten. Sie sind fähig, Wörter auf mannigfaltige Weise abzuwandeln und dennoch den Sinn dahinter zu erkennen. Sie sind befähigt kreative Wortneuschöpfungen in vielfältiger Weise zu kreieren. Sie sind fähig in herausnehmender Flexibilität die Qualitäten einer Sprache in schöpferischer Art und Weise zu beleuchten.

Die Kinder, welchen Dyskalkulie zugeordnet ist, beleuchten möglicherweise das Leben von mathematischer Seite. Sie geben uns mathematische Rätsel auf. Könnte es sein, dass sie Ressourcen in sich tragen, die uns eine Herangehensweise an mathematische Inhalte auf neuartige Art und Weise in ihrem Repertoire auffinden lässt? Die Kinder, welche dem Autismus-Spektrum zugeordnet sind, konfrontieren uns mit den aufkeimenden Emotionen, im Spiegel unserer ureigenen emotionalen Befindlichkeiten. Sie passen sich im Zuge einer emotionalen Befindlichkeit an jeden einzelnen an, so wie wir uns an die etablierten nicht funktionierenden Systeme und Gewohnheiten, Engstirnigkeiten, Zynismen, regredierten Formen der Mitmenschlichkeit anzupassen gewohnt sind. Sie berauben uns unserer Freiheiten, indem sie, permanent präsent in ihrer zugeordneten Bedürftigkeit, uns an Grenzen der Belastbarkeit bringen.

Stigmatisierung ist breit gefächert

Erwartungen. Unsere Erfüllung liegt in der schöpferischen Entfaltung, in der Liebe und Freude, die unserem ureigenen, innerlichen Kern entspringt, in der liebevollen Zuwendung zu uns selbst und unserem Nächsten, in der inneren Berührtheit durch die Natur, im Gefühl der Liebe und Freude als Empfindung erfahrbar, in der Erfahrung der liebevollen uns zugewandten, segensreichen, göttlichen Natur, die uns trägt und umfängt und uns zugewogen die Erfahrung der emotionalen Befindlichkeitsstruktur ermöglicht.

Viele Erwachsene gestehen sich die Freiheit zu, sich für oder gegen ein Vorhaben zu entscheiden. Liest du ein Buch, welches dir nicht zusteht? Dessen Inhalt dich nicht interessiert?

Woher rührt das Desinteresse an den Eigenheiten unserer selbst, im Sinne, ich freue mich über meine Besonderheit? Woher rührt das von Stress durchwobene Alltagsleben mit seinen angstvollen Floskeln: „Du musst!" „Es geht eben nicht anders!" „Da müssen wir durch." „Die Schulzeit wird auch irgendwann zu Ende sein." Woher rührt das: „Ich muss motivieren." „Ich muss Clown für meine Kinder sein." „Ich muss sie animieren." „Ich muss das Ruder vorgeben." „Ich muss mich den ganzen Tag um meine Kinder bemühen. Das ist schon viel." Woher rührt das?

Woher rührt das: „Keine zwei Sekunden kann er stillstehen." „Schon wieder hat er es verbockt!"

Was hat dies mit Stigmatisierung zu tun? Alltagsleben ist durchwoben von nervenden, von Stress durchzogenen Alltagsbemühungen, die unserem Herz keinerlei Freude entlocken. Alltagsleben ist, unmerklich einer gewissen Routinehandlung, im Sinne von wiederholenden Rhythmen einer allesumfassenden Unzufriedenheit in demütigenden Ausuferungen selbst, kein Pool für Nervennahrung erholsamer Art und Weise. Selbstaufgabe ist das Echo einer Gesellschaft, welche die Kinder unserer Zeit in stigmatisierender Art und Weise ausgrenzende Tendenzen erfahren lässt. Das Lebensgesetz sagt mir: Was ich aussende, erscheint mir in meinem Leben als Ausdruck meiner ureigenen, emotionalen Erfahrung, als Möglichkeit, diese zu bereinigen.

30. Ich unterstütze Eltern wie Kinder, indem ich mich fokussiere, im Sinne, *das Kind ist handlungsfähig*, ich begleite es in liebevoller Manie.

Der Fokus ist auf das Kind gerichtet.
Das Kind hat Fähigkeiten, Begabungen, Talente, zahlreiche Ressourcen, Stärken, Interessen, innere Impulse und inneres Wissen.

Das Kind erzählt seinen ureigenen, inneren Impulsen entspringend eine Geschichte, die in urpersönlicher Art Einzigartigkeit widerspiegelt.

Das Kind ist resonant seiner Umwelt zugewandt in einer Weise, die mir den Spiegel meiner mir eigenen inneren Befindlichkeit hervorhebt.

Das Kind erfüllt sich in seiner Einzigartigkeit aus sich selbst heraus.

Das Kind ist impulsgesteuert, seinen ureigenen inneren Impulsen vertrauend Schöpfer seines Lebens in liebe- und freudvoller Zugewogenheit seiner Umwelt gegenüber, jederzeit bereit sie zu bereichern.

Das Kind hält den Fokus auf Nächstenliebe, die seinem ureigenen, innersten Wesen in Verbundenheit zugeneigt entspringt.

Der Fokus ist auf mich und das Kind gelenkt. Gleichzeitige Fokussierung ist möglich.

Erfahrungen im beidseitigen Fokus sind im Rahmen der emotionalen Abarbeitung meiner mir innewohnenden emotionalen Gegebenheiten nach etwas Übung jederzeit eine mögliche Seinsstruktur. Habe ich den Fokus in meiner Innenwelt verankert und gleichzeitig in meiner Aura im wechselseitigen Abgleich meiner liebevollen Gewogenheit, so erhalte ich die Struktur einer mir zugeschnittenen, vollkommenen Anbindung an die liebe- und freudvolle Kraft, die meiner Innenwelt entspringt. Meiner Lebensaufgabe gerecht werdend, erfreue ich mich dieser Anbindung, die mir wertvolle Zeiten im Zusammensein mit meinen Mitmenschen schenkt.

Der Fokus ist auf die Eltern gelenkt, welche in umsorgender Weise das Bestmögliche sich für ihre Kinder wünschen, dies hilft mir sie als Begleiter ihrer Sprösslinge wahrzunehmen. Sie lieben ihre Kinder auf ihre ureigene, einzigartige Art und Weise. Sie sind ungemein dankbar ein System zu entdecken, welches ihnen endlich die Möglichkeit gibt, *ihre Kinder vorbehaltlos zu lieben*. Sie sind es, die sich ihrer eigenen Bedürfnisse gewahr werdend auf die mannigfaltigen Perspektiven einer Schöpfung, die uns flexible, uns gerecht werdende Handlungsmodule zur Verfügung stellt, einstellen. Ich darf mich der Lernerfahrungen, die die Eltern in diesem der Liebe und Freude zugeordneten System bereichern, erfreuen.

Samen der Zeit

Kinder enthalten den Samen einer Schöpfung der Liebe und Freude und Zugeneigtheit, der Durchwobenheit, in Überschaubarkeit einem jeden möglich sich öffnend. Sie tragen sämtliches Wissen, welches ihrem ureigenen, intrinsischen Potential entspringt in sich, um im bildhaften Sinn zum stattlichen uns alle erfreuenden, grandiosen, nach allen Seiten sich regenden Baum sich zu entfalten. Das Bild des Baumes versinnbildlicht eine Dimension, die uns allen im übertragenen Sinne zugeneigt Ausgewogenheit symbolisiert. Die Schönheit, die unterirdische Verwobenheit symbolisieren ein System, welches die Schönheit in allem, was ist, nach einer erfolgten emotionalen Ausgewogenheitserfahrung zur alltäglichen Erfahrung werden lassen. Genügend Raum, Licht, Wärme, Nahrung und Liebe sind es, die den Baum zu einer stattlichen Erscheinung heranwachsen lassen.

Schenken wir unseren Kindern diesen Raum, der ihnen Entfaltung in jegliche erdenkliche Richtung als Seinserfahrung in emotionaler Hinsicht ermöglicht? Schenken wir ihnen die Liebe, die einer angstfreien Begegnung entspringend ihnen Erfüllung ihrer innewohnenden Sehnsüchte schenkt? Ermöglichen wir ihnen ausreichend liebevolle Nahrung im Sinne, ich bin ihnen in Liebe und Freude gewogen zugeneigt? Gebe ich ihnen das Licht, das einer intensiven, mir in Liebe und Freude zugewandten inneren Herzverbindung entspringenden Zugewandtheit entflammt? Schenke ich ihnen die Wärme eines mitfühlenden Herzens? Was mir meine innere Sehnsucht nach Vervollkommnung in jegliche Richtung ermöglicht, erhält Gewicht in einer innigen Beziehung zu jedem und jeglichem. Was mir meine innerliche Zugeneigtheit hervorlockt, schenkt mir den Rahmen für eine Seinsweise, die in korrigierender Art uns einen Neustart Richtung liebe- und lichtvoller Ereignisse schenkt. Verzeihen, ein Wesensmerkmal unserer Kinder, hat seinen Fokus auf den emotionalen Abgleich in Richtung, ich bin fähig mich selbst in liebevoller Art und Weise zu korrigieren, gelegt. Dieses Wissen schenkt mir täglich neue Perspektiven.

Den Fokus auf die Schöpfung der Liebe gezielt, hat dieses neuerliche Durchatmen in eine Richtung der Leichtigkeit und Vorfreude auf einen Horizont freudvoller Seinserfahrungen mich beschenkt. Frei von Begrenzungen zu sein heißt, mich gänzlich von meinen emotionalen Befindlichkeitsstrukturen zu lösen im Sinne der gänzlichen Angstfreiheit. Herzlichkeit in der Angstfreiheit verhilft zu Seinszuständen, die ich nur in erahnender Weise in vollkommener Verbundenheit registriere.

Welchen Raum, welchen Rahmen schenkst du deinem Kind? Was ist dein bevorzugter Raum der vollkommenen Erfülltheit? Was ist der Rahmen, den du dir aus einer inneren Gewissheit für deine *ureigene Ausgewogenheitserfahrung* schenken möchtest? Welchen Rahmen würde dein Kind sich erhoffen? Wie ist die Ausgewogenheit zwischen dir und deinem Kind als erahnender Bestandteil einer zukünftigen Seinserfahrung, welche dir die liebevolle Zuneigung deines Kindes gewahr werden lässt?

31. Ich helfe Eltern, Kindern, Jugendlichen und sämtlicher Erdenbevölkerung, wenn ich mich in der Fragestellung „Wer bin ich?" wiederfinde.

Das Strahlen kommt von innen.
Das Leuchten der Augen kommt von innen.
Das Empfinden von Verbundenheit kommt von innen.

Die wahre, uns unendlich erfüllende Freude kommt von innen.

Die Sehnsucht nach reiner Liebe kommt von innen.

Das Erfülltsein kommt von innen.

Die Klarheit kommt von innen.

Die impulsgebende, leitende, uns zentrierende Ausgewogenheit kommt von unserem innersten, uns innig liebenden Kern.

Ich selbst kann mich in meinem Inneren wiederfinden.

Ich selbst kann mich in zentrierter Weise an diesen inneren, mich gänzlich beglückenden, strahlenden, leuchtenden Faden der göttlichen, mich allgegenwärtig begleitenden, freudvoll umarmenden, liebevoll segnenden Kraft anbinden.

Ich selbst bin es, der oder die sich dieser Anbindung zurückzuerinnern vermag.

Kinder haben diese Anbindung von Geburt an, sagt es mir. Sie erleben sich als ein Teil des Ganzen, des unermesslichen Seins, so sagt es mir meine innerliche Führung. Kinder gewähren uns einen Einblick in die Tiefen unerschütterlicher Selbst- und Nächstenliebe. Kinder leben uns vor, wie gelebte Liebe im Alltag integriert und gelebt werden kann.

Kinder strahlen von innen, leuchten, sind zentriert in ihrem Innersten. Kinder haben die Gabe der intuitiven Anbindung an ihren innerlichen Kern als Selbstverständnis ihrer Seinsweise aus einem Gefühl der Geborgenheit und des Getragenseins, aus einem Gefühl heraus, ich bin geliebt, genauso wie ich mich gebe, mit jeder Faser, mit jeder mich segnenden, gefühlsmäßig geleiteten Erfahrung, die ich aus mir heraus in erfüllender, schöpferischer, impulsgeleiteter, gesegneter, freudvoller Manie erschaffe.

Wer bin ich? Wer bin ich in der Tiefe meines Herzens? Wer bin ich, wenn ich erfüllt in meiner Seinsweise mich an meinen innerlichen Kern angebunden zurückerinnere? Wer bin ich, wenn ich mich wieder auf die Erfülltheit, das liebevolle Getragensein, die segensreiche Anbindung, die gloriose Manifestation einer Schöpfung aus einem angstbefreiten Blick heraus einspiele?

Wer bin ich, wenn ich mich im Hier und Jetzt verankere? Wer bin ich, wenn ich von intrinsischen Fähigkeiten, Begabungen, Talenten geleitet Zartgefühl in mir entdecke, welches aus dem Staunen ob der Vielfalt der Möglichkeiten entkeimt?

Was ist, wenn das Empfinden für den eigenen Rhythmus mir Gedankenfreiheit gewährt? Wie geschieht mir, wenn ich mich im emotionalen Abgleich meiner Lebensaufgabe annähere? Wie ist es, wenn ich mich aus dem System der negativen Bewertung, der Abwertung, des Vergleichs im Sinne, ich bin der bessere von euch, der grandiosen Lügen rund um die Erfahrung der Abwertung meiner selbst mich als liebevolles, innigst geliebtes Wesen der Schöpfung der Liebe in beglückender Weise erfahre?

Wie ist es, wenn ich in einer Herz-zu-Herz-Verbindung mit meinem Kind in inniger Verbundenheitserfahrung interagiere? Wie ist es, wenn ich in tiefer Dankbarkeit mit liebenden Augen das Licht in den Augen meines Kindes als Ausdruck einer tief beglückenden Erfahrung teile? Wie ist es, wenn ich aus einer mir innig verbindenden Perspektive heraus mein Leben in beglückender Weise als Erfahrungswelt für meine Seele, emotionale Befindlichkeiten als inspirierende, herausfordernd beglückende, lebendige, strahlende Essenz einer Seinsweise erfahre, die mir die Essenz des Mitgefühls mit jedem Wesen einer Schöpfung, die der Liebe und Freude zugeordnet ist, schenkt?

Wie ist es, wenn du und ich uns begegnen, in Liebe und Freude uns selbst im Mitmenschen wiedererkennend, uns gegenseitig bereichern in einer Art, dass jeder Anteil am Gegenüber nimmt? Wie ist es, wenn ich mir, meiner selbst bewusst geworden, die Welt aus der Perspektive der liebe- und freudvollen Gegensätze als solche dem Leben zugeneigt erfahre?
Wie ist es, wenn ich die licht- und liebevollen Zusammenhänge erkenne, die mir eine mir zugewandte innere Orientierung in Richtung Liebe und Freude schenkt? Wie ist es, wenn ich erkenne, dass ich selbst in Verbundenheit mit allem, was ist, ein

wesentlicher Teil einer Schöpfung bin, in der alles mit allem verbunden eine Aufgabe in sich birgt, welche hervorzuhieven ich mir in diesem Leben bewusst werden kann?

32. Ich helfe mir selbst, Eltern, Jugendlichen, Kindern und jedem weiteren Wesen der Schöpfung, der Liebe und Freude, indem ich die *Verbindung zu allem, was ist,* als Seinsstruktur in meinem Alltag, den alltäglichen Gegebenheiten angepasst, in Erfülltheit erfahre.

Was ist es, das uns verbindet?
Es ist die Liebe.

33. *Wer sind wir?*

34. Ich helfe mir selbst, den Kindern, Jugendlichen und Erwachsenen und sämtlichen Wesen der Schöpfung der liebe- und freudvollen Erfahrung, indem ich *Erkenntnisse* integriere.

Ich habe erkennen dürfen, dass wahres Wissen sich jenseits der Welt der Gedanken in der Welt der ewigen Stille mich segnend, entfaltet.

Ich kann erahnen, dass intuitives Geschehen der Welt der ewigen Stille entspringt. Ich habe gelernt, dass sich dieses Feld der ewigen Stille mir in meiner Erreichbarkeit und in Überschaubarkeit öffnen kann. Ich habe gelernt, meinen Alltag entsprechend der Anbindung an dieses Feld der ewigen Stille, in liebevollem Gewahrsein der Kräfte, die diesem Feld zu eigen sind, zu kreieren.

Ich habe geübt einem Ton zu lauschen und die Stille hinter dem Ton wahrzunehmen.

Ich habe gelernt, einen Baum in einer Art und Weise zu betrachten, dass ich die Stille hinter dem Baum erahnen kann. Geborgenheit ist es, was dieses Feld zu einer segnenden Oase werden lässt.

Ich habe geübt die Stille zwischen den Zeilen und Worten als solche zu erfassen.

Ich habe geübt zuzuhören, indem ich im Feld meiner eigenen Gedankenstille verankert, in der Stille meines Herzens, unbewertend lausche.

Ich habe erfahren, dass hinter jeglicher Manifestation eine Essenz sich eröffnet. Staunend kann ich die Dimension dieser tiefen Erfahrung erahnen.

Ich kann erahnen, dass Kinder im Autismus-Spektrum und allgemein zahllose Fähigkeiten in sich tragen, die unseren Sinnen verborgen sind.

Ich durfte erfahren, dass Kinder und Jugendliche, die dem Autismus-Spektrum zugeordnet waren, die ihre Authentizität zum Ausdruck bringen durften, in rigoroser Weise Wahrnehmungs- und Bewusstseinserweiterungen erfuhren, die mich tief berührten.

Ich habe für mich erkannt, dass meine Vorgehensweise in einem Feld des liebevollen Gewahrseins mir Erfüllung schenkt.

Ich habe erfahren, dass alle Beteiligten sich an der Ausgewogenheit der Erfahrung erfreuen. Ich staune ob der Bereitschaft zur Mitwirkung von allen eingegliederten Strukturen, welche prägnant hoch ist.

Ich habe erfahren, dass die sukzessive Perspektivenerweiterung in Richtung freudvoller, liebevoller Daseinsvarianten mir segensvolle Einblicke in Bereiche schenkt, die mir liebevolle Begegnungen in einem Ausmaß ermöglichen, die ich nicht mehr missen möchte.

Ich habe erfahren, dass Wahrnehmungserweiterung sich in Perspektivenwechseln steigert, in einem Ausmaß, welches ich in erahnender Weise aus der Vogelperspektive beschreibe.

Wie nehme ich die Welt wahr? Welche Perspektive nehme ich ein? Welcher Vogel sieht aus welcher Perspektive? Bin ich ein Adler, der von einer erhöhten Position aus die Themen überblickt? Der mit Scharfblick die kleinsten Nuancen im Leben wahrzunehmen vermag? Der den Weitblick in sich birgt, Themen der Liebe, der Freude, der Lebensperspektiven erkennt? Der erfüllt ist durch die Verbindung von Himmel und Erde? Der durch die Tragweite seiner Flügel höchste Gipfel erreichen kann? Der gesegnet ist durch die Autonomie seines Seins?

Nehme ich die Perspektive eines Falken ein? Er sieht aus der Nähe. Beleuchtet sein Umfeld mit einem Blick. Er weiß über seine Umgebung Bescheid. Er bleibt in der Nähe seiner Futterquelle. Er überlässt anderen das Gebein.

Bin ich eine Eule mit einem Blick, der den Umkreis miteinbezieht? Oder bin ich ein Dompfaff, der lauthals sein Lied preisgibt?

Erkenne ich mich in einer dieser Perspektiven wieder? Fühle ich mich in dieser Position wohl? Was empfinde ich? Habe ich Freude daran, neue Sichtweisen kennenzulernen? Möchte ich einmal aus der Sicht eines Adlers wahrgenommen werden? Erfahre ich Freiheit meiner Gedanken und Gefühle? Erkenne ich den Weitblick der Kinder, die dem Autismus-Spektrum zugeordnet werden? Sie leben im Hier und Jetzt. Sie glauben an ihre Fähigkeiten. Sie wissen um ihre Stärken und Begabungen. Sie verfolgen ihre Ziele. Sie erleben Genugtuung im Sein. Sie erkennen den anderen an. Sie sind mit ihm in Verbindung. Sie leben ein Leben in Autonomie. Ihre Bedürfnisse entfalten sich durch ihr fokussiertes Handeln im gegenwärtigen Augenblick. Sie sind frei von Wertung. Sie erleben die Welt als Ort der Vielseitigkeit, der unbegrenzten Möglichkeiten. Sie bemerken den Blick des anderen und schenken ihm Beachtung im Abgleich mit den Gefühlen, die der andere für sie hegt. Sie empfinden mit dem anderen mit, nehmen all die Emotionen, die der andere in sich trägt, wahr. Sie wünschen sich wahrgenommen zu werden, anerkannt mit all ihren Eigenheiten, wahrgenommen in ihrem Bedürfnis nach Autonomie, in ihrer individuell einzigartigen Entfaltung. Fähigkeiten haben sie in vielen Bereichen. Fähigkeiten benötigen die Anerkennung ihres Gegenübers. Sie helfen ihrem Gegenüber, ihre individuellen Fähigkeiten zu erkennen, und sie helfen ihrem Begleiter, klare Strukturen aufzubauen und sich zuzugestehen.

Kinder im Autismus-Spektrum haben die Begabung der Hochsensitivität. Sie erfahren reichhaltigen Input als ihnen zugehörig und sind fähig in ihrer intuitiven Art und Weise die vielfältigen Eindrücke als solche zu kategorisieren. Sie sind mit Begabungen und Talenten gesegnet, die sich in einer Hinwendung an ihre ressourcenorientierte Umwelt in einer Weise manifestieren, als sie sich im Hier und Jetzt verankert in explorierender Weise, in wissenschaftlicher Hingabe in Verbindung mit ihrer innerlichen Seinsstruktur völlig verankert, ausdrücken. Manchmal benötigt das Kind zusätzlichen Input, um es aus seiner Tendenz, im Augenblick zu verharren, hervorzulocken. Zwar genügt es, das Kind selbstbestimmt agieren zu lassen, aber die zugeteilten Materialien helfen ihm nicht vollständig, um all sein Potential zu erkennen. Bei gewissen Materialien suchen die Kinder einen Partner, der bereit ist, mit ihnen auf ihre Art und Weise zu gestalten. Meines Erachtens und Erlebens entsprechend bedarf es ausgesprochen viel Feingefühl und Einfühlungsvermögen, um diesen Kindern ein liebevoller, aufmerksamer, intuitiv zugeneigter Partner zu sein.

Kindern im Autismus-Spektrum ist es essentiell, ihr Seelenheil im Blickfeld zu haben. Sie wissen um ihre Verbindung zu übernatürlichen Kräften. Haben sie den Fokus nicht mehr erzielt, schwindet ihre Begeisterung am Tun. Sie verharren in Resignation, unfähig sich selbst zu befreien. In ihrer Resignation erkennen sie das geeignete Material als nicht bewältigbar. Sie sind irritiert und blockiert. Erkenntnis ist ihre Chance zu ihrer Lebensbewältigung. Freudvolle Momente eignen sich, um sie in ihr Potential hineinwachsen zu lassen. Sie erlangen Ausdauer, Flexibilität, die Fähigkeit zu fokussierter Handlungsbasis mit Materialien, die sie anerkennen. Sie arbeiten sich in wissenschaftlicher Art durch diese Aufgabenstellungen und sind fähig selbstbestimmt ein hohes

Potential zu erreichen. Schulische Fertigkeiten ermöglichen ihnen die selbstbestimmte Tätigkeit mit ihren Interessengebieten.

In meiner Arbeit mit den Kindern, die dem Autismus-Spektrum zugeordnet werden, durfte ich erkennen, dass die intuitiven Gaben in jedem einzelnen hervorgelockt werden können, indem ich selbstbestimmtes Leben lanciere. Ich durfte erleben, wie sehr sich selbstbestimmtes Handeln von erwartetem Handeln unterscheidet.

Die Verbindung von Intuition und agierendem Sein in Ausgewogenheit gestärkt, verwoben im Hier und Jetzt in einer Einheit mit dem göttlichen Geist zu leben. Hiermit sind sie ruhend in sich selbst, liebevoll mit den Menschen in ihrer Umgebung, gesund und geerdet. Hiermit vereinen sie männliche und weibliche Elemente, die eine ausgewogene Lebensweise in sich trägt. Wohlgesonnen ihren Mitmenschen gegenüber, vertrauensvoll zeigen sie uns wie ein glückliches Miteinander funktionieren kann. Sie werten und bewerten nicht, wenden sich ihren Freuden zu und sind inspiriert von den Impulsen des Alltags.

Erwartungen verhindern diese ausbalancierte Lebensart. Halt und Orientierung sind es, die die betreuenden Menschen mit Herausforderungen konfrontieren, die übersinnliche Kräfte einfordern, welche Hinweise geben würden. Die Eigenheiten der Kinder im Autismus-Spektrum verhelfen uns, unser Leben neu zu überdenken. Wegweisend führen sie uns in eine evolutionäre Phase eines gelingenden menschlichen Zusammenlebens. Ein Leben in Freude wird möglich, wenn wir uns an den Besonderheiten der Kinder, die dem Autismus-Spektrum zugeordnet werden, orientieren.

Zahlreiche körperliche Befindlichkeitsstörungen führen die Eltern an Grenzen der Belastbarkeit. Selbst von zahlreichen körperlichen Befindlichkeitsstörungen in tangierender Weise geheilt, weiß ich um gewisse Zusammenhänge, die mit unserer ureigenen uns innewohnenden emotionalen Befindlichkeitsstruktur in Verbindung gebracht werden können.

Neurodermitis scheint verstärkt durch unpassende textile Materialien, unausgewogene Ernährung und Flüssigkeitsversorgung und unzureichende Wärme-Kälte-Regulation hervorzutreten. Selbstgepresste, mit Wasser verdünnte Fruchtsäfte beeinflussen den Wasserhaushalt des Körpers und führen zu einem verbesserten Gleichgewicht im Mineralien- und Vitaminhaushalt. Smoothies können auf Grund ihrer Konsistenz leichter aufgenommen und geschluckt werden. Auch sie haben einen günstigen Einfluss auf den Wasser-, Mineralien- und Vitaminhaushalt, werden sie aus frischen Zutaten gemixt. Sie sind hilfreich für die Verdauung. Individualität erfordert die Übernahme von Eigenverantwortung. Individualität erfordert Fingerspitzengefühl von den Eltern und immenses Vertrauen, Vertrauen in die intuitiven Kräfte ihrer Sprösslinge. Selbsterfahrungen können Vertrauen und Sicherheit schenken.

35. Eltern helfen sich selbst, ihren Kindern und Jugendlichen, indem sie das *geeignete Schulsystem* in einer Weise lancieren, dass es für alle Beteiligten zu Ausgewogenheitserfahrungen führt, im Sinne, *Lernen ist inspirierend*, äußerst *motivierend, erfahrungsstark*, autonomen Gesetzen unterworfen.

Die herzbasierte Schule ist eine Schule, die übergeordnete Werte wie Liebe, Freude, Kreativität, Freiheit im Denken und im Handeln, im eigenen schöpferischen Ausdruck anerkennt, innere Balance und Individualität als Gaben der Schöpfung segnet und Begegnung auf Augenhöhe Lernenden wie Lehrenden, die in einer Einheit verschmelzen, schenkt. Kinder dürfen in eigenem Tempo individuelle Wissensinhalte ihrer Wahl in selbstgewählter Struktur erwerben. Die hohe Motivation verhilft den Lernenden ihr individuelles Potential zu erkennen, schöpferisch tätig zu sein, ihre eigenen Ressourcen wahrnehmend und einsetzend, Selbstwirksamkeit als Erfahrung zu integrieren. Eigenständiges Denken wird durch das Treffen eigener Entscheidungen geübt. Das ist die Schule, die den Kindern, die dem Autismus-Spektrum zugeordnet sind und jeglichem weiteren Kind geeignete Exploration zuteilwerden lässt, so sagt es mir.

Die Entwicklung von Eigeninteressen lässt die Lernenden fokussiert, wissensdurstig, freudig, inspiriert glanzvolle Leistungen hervorzaubern. Die gegenseitige Begeisterung führt zu ungeahnten Erkenntnissen in der Persönlichkeitsentfaltung, im Wissenserwerb und im sozialen Gefüge. In der Sicherheit eines überschaubaren Systems wird Flexibilität gangbar. Vertrauen erfährt eine Chance.

Ich darf mich selbst wahrnehmen. Ich kann Ideen entwickeln. Ich kann und darf kreativ sein.

Eine gemeinsame Weiterentwicklung schenkt uns allen ein gelingendes Zusammenwirken.
Wie kann ich meinen inneren Erfahrungen erneut Raum schenken? Authentizität, wohlwollendes Miteinander, liebevolle Selbstannahme fördern Weitsicht, lenken meinen Blick auf die Verbundenheit mit allem, was ist.
Liebe ist in allem. In jedem von uns ist der Funke der Liebe. Erkenne ich die Liebe in mir? Ich nehme die Liebe als ein Gefühl wahr, als Gefühl des Verliebtseins, als eine Energie, die meinem Körper Erfüllung schenkt, die meine Augen zum Strahlen bringt, mein Gesicht leuchten lässt, meine Aura kraftvoll ausfüllt.
Dualität löst sich auf. Schmerz, Wut, Trauer, Hass sind in mir. Liebe und Freude kann ich fühlen. Und alles hat seine Richtigkeit. Alles will empfunden sein. Und Schicht für Schicht taste ich mich tiefer an meinen wahren Kern heran, hinein in die Freiheit, hinein in die Weitsicht, hinein in das Gefühl des Getragenen, hinein in das wahre Sein. Innere Empfindungen spiegeln sich in der Außenwelt wider. Ich darf bitten. Ich darf danken. Bitten schenkt mir die Hilfe Gottes. Danken erkennt die Hilfe an, die in wundersamer Weise mein Leben bereichert. Der Alltag wird zum Gebet, Gedanken zu einer fortwährenden Laudatio an die Schöpfung der Liebe.
Mehr und mehr kann ich Rhythmen erkennen. Ich kann erkennen, dass jede Handlung, jede Erfahrung das Resultat meiner eigenen Gedankenwelt ist. Ich weiß, dass mein Gegenüber emotionale Gegebenheiten in mir heraufbeschwört, für die ich

dankbar sein darf. Ich selbst habe sie in meiner Kindheit, in einem früheren Leben tief in mir vergraben. Sie tragen unsagbares Wissen in sich, das mir hilft meinem Seelenweg ausdauernd zu folgen. Die emotionale, im Hier und Jetzt herausragende Gegebenheit zu empfinden erfordert Mut und Durchhaltevermögen. Dankbar trage ich das Geschenk des Mitgefühls in mir. Es ist mir möglich geworden, wertfrei zuzuhören und meinem Gegenüber liebevolle Impulse zu schenken. Empfinden, das kann jeder, jeder für sich selbst.

Die Natur erlangt Lebendigkeit. Bäume schenken Liebe. Berge scheinen aus ihrer Dimension auszubrechen und mit Leben erfüllt. Blüten erfreuen das Herz in liebevoller Schwingung. Tiere berühren in gegenseitigem Verständnis. Muster, Farben und Formen zeugen von einer nie erlebten Harmonie. Menschen hören zu. Beziehung wird erfahrbar als Ort der gemeinsamen herzbasierten Begegnung. ALLES, WAS DA IST, ist Liebe, ALLES, WAS DA IST, ist Freude, wird hautnah erlebbar.

So wie ich die Welt in meiner Wahrnehmung sehe, so spiegelt sie sich mir wider. In einem Gebet wohnt die Kraft inne, die es vermag, das gesamte Universum zu verändern. Die innere Zuwendung vermag es, die Umwelt, den anderen in einem veränderten Licht zu sehen. Menschen begegnen sich in Freude und Humor. Menschen begegnen sich und drücken ihre Gefühlswelt aus. Menschen empfinden ihre Emotionen, bereit zu erfassen, was hinter den Geschichten im Verborgenen liegt.

Die Frage einer Mutter lautete: „Wie kann ich meinem Sohn helfen?" Sie erzählte mir ihre Geschichte. Ich hörte ihr zu, still, in Verbindung mit meinem innersten Kern. Plötzlich ist da Klarheit, Weisheit aus meinem Herzen: „Du hilfst ihm. Du nimmst deine und seine Gefühle und emotionalen Befindlichkeiten wahr. Du erkennst sie an. Das hilft deinem Sohn zu weinen, wenn er traurig ist."

36. Und jetzt

Wandel wird möglich. Emotionale Befindlichkeiten zu empfinden und auszudrücken hält gesund. Sehe ich genauer hin? Wie genau sehe ich hin? Es ist Winter. „Zieh deine Jacke an. Du wirst krank!" Weiß das Kind nicht, wie sich etwas anfühlt? Kann das Kind nicht empfinden? Ist das Kind nicht lernfähig, wenn es Erfahrungen sammelt?

Das Kind war auf der Toilette. Die Mutter bittet: „Wasch dir deine Hände!" Das Kind weiß dies. Warum sage ich dies meinem Kind wieder und wieder? Traue ich ihm zu, zu wissen? Schenke ich ihm das Empfinden, fähig zu sein? Weiß das Kind, dass ich von seinen Fähigkeiten, Talenten, Begabungen fasziniert bin? Erkenne ich den Kompetenzbereich des Kindes an? Neige ich dazu, die Kompetenzen des anderen zu übernehmen? Sehe ich den Fleck auf seiner Hose? Oder sehe ich in das Gesicht eines Kindes, das kann, fähig ist, bereit zu lernen, bereit zu erfahren, wie Leben gelingt?

Welche Gaben haben Kinder? Worauf beziehe ich mich? Was ist mir essentiell an meinem Kind? Habe ich mein Kind im Spiel beobachtet? Wie ist sein Gesichtsausdruck? Welche Interessen zeigt es? Wie lange spielt das Kind? Erfährt es Genugtuung im Explorieren? Was begeistert es? Erfordert das Spiel meine Anwesenheit?

Wandel wird möglich. Wandel geschieht jetzt in diesem einzigartigen Augenblick. Wandel zeigt mir, dass ich Altes, nicht mehr Bewährtes loslassen konnte. Es eröffnen sich Strukturen, die ich mir selbst durch mein Denken, durch meine Sprache, durch mein einzigartiges Agieren, durch mein ausdauerndes Empfinden ins Leben gezogen habe. Wandel hat sich mir als Hürde dargestellt, die mir meine ureigenen Ängste aufzeigte. In der Aufarbeitung meiner mir eigenen emotionalen Befindlichkeiten erfuhr ich einen Wandel in Richtung, Wandel ist mir eine willkommene Struktur in einer Schöpfung des immerwährenden, fortlaufenden Wandels. Wandel entfaltet sein Potential in Richtung, die verblühten Blumen werden zu nährender Erde, welche erneut blühendes Leben hervorkeimen lassen. Wandel als Segen zu erfahren, entlässt mich aus der Begrenzung meiner angstvollen Gebundenheit an Materie, die mir Struktur bietend in meiner Angst geführten Zeit dienend zur Seite stand.

Wandel wird möglich. Ich bin es, die ich mich in meiner urpersönlichen Art und Weise, in meinem mir zu Grunde liegenden Rhythmus auf Wandel einzustellen vermag. Ich bin es, die ja sagt zum Umbruch in eine Zeit der liebe- und freudvollen Begegnungen. Ich bin es, die ich eine neue Art der Beziehungskultur in mir geeignet erscheinender Manie in mein Leben zu integrieren befähigt bin. Was aus dem Wandel hervorkeimender Realität in einer liebe- und freudvoll ausgerichteten, anvisierten Schöpfermanie hervorquillt, hat urpersönlich mit mir selbst seinen Ausgangspunkt genommen. Ich selbst bin es, die sich auf mannigfaltige Art und Weise neue Schöpfungserlebnisse lukriert.

Und jetzt sind wir angekommen in einem Lebensalltag, in dem feinste Energien, in der Wahrnehmungserweiterung als solche empfindbar das Alltagsgeschehen beeinflussen. Kinder, die dem Autismus-Spektrum zugeordnet sind, reagieren *wie andere Menschen* auch. Staunend und berührt sehe ich in den leuchtenden, freudig erfüllten Augen den Abglanz einer Schöpfung, die die Gaben der Kinder durch Liebe, reinste Liebe, Liebe, die jedem und jeglichem innewohnt, hervorzulocken vermag. Reinste Liebe ist es, die mir den Segen einer gewandelten Seinsweise schenkt. Reinste Liebe ist es, die mich an meine Göttlichkeit in mir selbst erinnert. Reinste Liebe ist es, die mir den Weg zurück in meine innerliche Anbindung in Liebe und Freude schenkt. Reinste Liebe ist es, die mich die Entfaltung in eine Richtung lehrt, die mir meine innerlichen Sehnsüchte als einen Weg aufzeigt, der mir liebe- und freudvoll zugeneigt liebevolle Erfahrungen in der Begegnung mit meinem Nächsten schenkt. Liebe ist es, die mich meinen Weg entlangführt, getragen von der Weisheit, dass alles, was da ist, Liebe ist.

➤ ENTWICKLUNG ALS EIN POTENTIAL, WELCHES DER STRUKTUR DER LIEBE- UND FREUDVOLLEN ERFAHRUNG ENTKEIMT

Bewusstseinsprozesse werden angekurbelt – Liebe versus Angst

Kinder sind fähig bedingungslose Liebe auszudrücken. Die bedingungslose Liebesfähigkeit sagt uns, dass es auch für uns Erwachsene einen gangbaren Weg in Richtung, ich bin *frei von Angst und jedweder emotionalen Unstimmigkeit,* geben kann. Aus einem befreiten kognitiven Blickwinkel meiner Lebensaufgabe in der Weise gerecht zu werden, als dass ich mir meiner wahren Bedürfnisse, emotionalen Beweggründe und ernsthafter, liebevoller Ausgewogenheit entsprechend ein Leben gestalte, welches mich bereichert, schenkt mir den Glauben, dass jeder und jeglicher dieser Tatsache sich bewusst nähern kann. Kinder schenken uns ihr Lachen und ihre Freude. Sie vertrauen uns. Was hält uns Erwachsene ab in solcher Weise zu leben? Die Kinder strahlen Erfülltheit aus. Was hält uns ab Erfüllung in uns selbst zu finden? Kinder Leben im Hier und Jetzt aus einer inneren impulsgebenden Struktur heraus. Was hält uns ab in gleichartiger Weise uns unserem Leben in freudvoller Gestalt zuzuwenden? Kinder leben frei von Vergangenem und Zukünftigen, abgesehen von den emotionalen Gegebenheiten, welchen sie sich zum Zeitpunkt des Auftretens hingeben in einer Art, dass diese sich in liebevoller Art in Liebe transferieren. Was hält uns davon ab, dies in gleicher Art und Weise zu forcieren, um uns von den emotionalen Befindlichkeitstraumata der Vergangenheit zu lösen? Kinder verzeihen wieder und wieder. Was hält uns davon ab unserem Nächsten in einer Art und Weise zu verzeihen, als dass wir ihn segnen, im Sinne, danke, dass du mir hilfst mir meiner selbst mehr und mehr bewusst zu werden? Kinder verharren in einem System, welches ihnen überdimensionale emotionale Herausforderungen aufbürdet. Sie bleiben uns treu. Was hindert uns massiven emotionalen Gegebenheiten ins Auge zu blicken, um sie ein für alle Mal aus unserem Repertoire der angstvollen, gespeicherten Gegebenheitserfahrungen zu löschen? **Die Zentriertheit der Kinder, dem Autismus-Spektrum zugeordnet, hilft ihnen, in beständiger Anbindung an den jetzigen, einzigartigen Augenblick, sich vollkommen auf die intrinsisch hervorkeimenden Impulse einzulassen.** Was hält uns Erwachsene davon ab, die Liebe in unser Leben einfließen zu lassen und sie ins Zentrum unserer Daseinsfreude zu rücken? Gänzlich in der Daseinsfreude verharrend kennen Kinder im Autismus-Spektrum eine Anbindung an die ureigene göttliche Natur in ihrem Körperinneren, so sagt es mir. Hindert diese Tatsache uns unserer ureigenen göttlichen Natur in uns selbst gewahr zu werden und uns an die göttlichen, naturgegebenen Gesetzmäßigkeiten anzubinden? Hindert uns die visionäre Art einer Seinsbeschreibung, uns frei von Ängsten den Gegebenheiten zu widmen, als dass alles in einer Art und Weise erfahren werden möchte, als dass es in seiner emotionalen Ader uns Erfahrungsgegebenheiten gegenüberstellt, welche in emotionaler Weise gebührlich empfunden uns Angstfreiheit ermöglichen? Was hindert mich, mir der Erkenntnisse, die den emotionalen Beweggründen entwachsen, bewusst werdend Klarheit in mein Leben fließen zu lassen?

Liebe versus Angst schenkt uns einen Einblick dahingehend, als dass alles, ja wirklich alles in unserem Leben seine Berechtigung erfährt. Die gegenüberstellende Natur meiner Aufzeichnung verhilft uns uns einen Einblick zu gewähren, in welcher Art und Weise wir uns in unserer Entscheidungsfreiheit im Abgleich unserer emotionalen Befindlichkeitsstrukturen zu finden gedenken.

Liebe versus Angst

Liebe vertraut. Ich weiß, dass du ausreichend Potential in dir trägst. Ich darf an dir lernen. Ich weiß, dass du fähig bist, Entscheidungen aus deinem inneren Potential heraus zu treffen, die sich an der liebe- und freudvollen Struktur des Nicht-bewertet-werdens orientieren. Ich weiß, dass du für mich einen emotionalen Trigger meiner ureigenen inneren Befindlichkeiten darstellst. Ich weiß, dass du mir hilfst in emotionaler Ausgewogenheit zu leben. Ich weiß, dass du mich an meine mir innerliche Zentriertheit schenkende, liebevolle Struktur erinnerst in einer Weise, als dass du selbst mir Spiegel ob meiner innerlichen Ausgewogenheit bist. Ich weiß, dass wir aneinander wachsen und uns in liebevoller Weise unserer Entfaltung hinzugeben bereit sein können. Mir bewusst werdend, dass wir einzigartig in unserer Seinsstruktur individueller Gaben uns erfreuen dürfen, schenkt mir die Angst, die Gewissheit der emotionalen Empfindung in Richtung, ich weiß, wie es sich anfühlt, ich weiß, wie es ist zu misstrauen.

Liebe kennt das mitfühlende Sein in einer Art und Weise, als ich ob der emotionalen Befindlichkeitsstruktur meines Mitmenschen mir im Klaren, ob der beharrlichen Zuwendung an die körperliche Ausdrucksweise, ihm in mitfühlender Weise Zuwendung in liebevoller Präsenz zu schenken bereit bin.
Angst kennt Mitleid. Angst vor Schmerzen, Angst vor dem Versagen, Angst vor der Aggressivität meines Mitmenschen helfen mir zu erkennen, wie sich Angst im anderen in den gegebenen Umständen empfindbar anfühlt.

Liebe schenkt Weitsicht und Überblick. Liebe trägt uns in eine Welt der wohlgeordneten Gegensätze, welche uns in Liebe und Freude, als Geschenk einer Schöpfung, welche uns in liebevoller Zuwendung liebevoll geneigt ist, Bereicherung in der Fülle der emotionalen Seinsstrukturen in Ausgewogenheitserfahrungen schenkt.
Angst in einengender Art und Weise, als Symbol für den Tunnelblick, grenzt in gänzlicher Hinsicht unser Blickfeld ein. Wir wissen, wie es sich als Empfindung darlegt, gänzlich ausgeliefert einem System nachzuhinken, welches einen Ausschnitt einer Seinsweise als nicht dazugehörig abzulehnen geneigt ist. Unsere Kinder werden in vielfacher Hinsicht stigmatisierenden Eigen-

schaften zugeordnet. Ist es wirklich unser Interesse, unser Gewahrsein auf einengende Strukturen in nicht habhaft werdender Weise zu legen?

Liebe teilt.

Angst besitzt, Angst besetzt. Ich schöpfe Wissen aus der Erfahrung, dass ich Spielball einer Erziehung war, die in gutem Glauben mich meiner Freiheit beraubt hat. Ich war zugehörig zu einem System, welches mir meinen Eigenausdruck abverlangend mich an Strukturen in einer aufoktroyierenden Weise anzupassen versuchte, welche der angstbefangenen Daseinsform entkeimte, mir Mitgefühl mit all jenen schenkt, die in ähnlicher Weise ihre Kindheit als grenzüberschreitende Daseinserfahrung auszukosten bereit waren.

Liebe schenkt Fülle in der Ausgewogenheit der männlichen und weiblichen Kräfte, die mir in einer Art *intrinsischer Fühligkeit* und *schöpferischen Gestaltungsoptionen* mein Dasein bereichern. Angst bedient sich des Mangels und der Korrekturnotwendigkeit. Das Geschenk der Angst liegt in der Erfahrung des Nicht-gut-genug-seins, in der Erfahrung des Nicht-geliebt-seins, in der Erfahrung der Wertlosigkeit, im Ausgegrenztsein, im Leiden ob meiner Hilflosigkeit, Begrenztheit, Kleinheit, Dummheit, in der Erfahrung des Schmerzes. Ich weiß ob dieser emotionalen Befindlichkeiten und trage dieses Wissen in einer Weise in mir, als es mich in eine Richtung ziehen lässt, die der liebe- und freudvollen Seinsweise gerecht geworden mir Liebe und Freude und Erfüllung schenkt.

Liebe schenkt Angst? Liebe schenkt Freude, Lachen, Humor, Heiterkeit, gute Laune, Fröhlichkeit, Enthusiasmus, Begeisterung. Liebe schenkt uns die Herausforderung der Empfindung, welche in emotionalen Befindlichkeiten uns zu Meistern unserer emotionalen Erfahrungen werden lässt. Wir lernen, das Gefühl der liebe- und freudvollen Erfahrung, welches uns inneren Reichtum schenkt, zu vermissen. Wer ist bereit sich im *Reichtum dieser Erfahrung* zu erkennen?

Liebe begegnet auf Augenhöhe, dem Säugling und dem betagten Menschen und jedem einzelnen von uns. Angst kreiert in hierarchischer Weise Strukturen, die uns dem Empfinden der Unterwerfung ausliefern. In Hierarchien eingebettet, ist es die Herausforderung eines jeden einzelnen, sich dennoch der Mitmenschlichkeit auf Augenhöhe zu bedienen. Wir erfahren die Begrenzung einer bewertenden Struktur, die unserem Mitmenschen als etwas von uns Getrenntes, als nicht dazugehörige Wesensart abwertende Tendenzen unterstellt. Begegnung auf Augenhöhe in abwertenden Systemen schenkt uns die Gewissheit, dass alles, was da ist, uns liebevoll geneigt Zuversicht in eine Zukunft schenkt, die, mir gewogen, mich meinen Nächsten als mit mir in verwobener Art und Weise, als Spiegelbild meiner Ausdrucksweise, liebevoll zugeneigt erfahren lässt.

Liebe heißt, sich selbst in liebevoller Weise gerecht zu werden, nahe zu sein, zentriert im Inneren des Körpers sich vertrauensvoll dem Leben in einer Art und Weise hinzugeben, als dass es mich auf Wege lenkt, die die liebe- und freudvolle Erfahrung mit ihrer zugehörigen emotionalen Gegebenheit als Muster für eine gerecht werdende Seinsweise darlegen. Die Liebe mit meinen Mitmenschen zu teilen, beschenkt mich in grandioser Weise als mich selbst, als geliebter Mensch aus meiner innerlichen Struktur heraus wahrnehmbar. Angst bindet mich an die Strukturen angstvoller Gegebenheitserfahrungen, die mir wieder Erfüllung und Erkenntnis in einer Weise schenken, als dass ich eingebettet in ein System der liebe- und freudvollen Erfahrung jegliche Erfahrung als Herausforderung in emotionaler Weise empfindbar zu durchfühlen bereit sein kann. Bereits der Wunsch nach Empfindung bringt mich in eine *innerliche,* sich annähernde, nachempfindbare Situation, die mir die Angst meines Mitmenschen vertraut werden lässt. Gegebenheitserfahrungen dieser Art schenken uns Einblick in ein System, in welchem jeder mit jedem in emotional und gefühlsmäßig verbundener Weise die emotionale Gegebenheit seines Gegenübers als an sich selbst empfindbar (außerhalb der grobstofflichen manifesten Erfahrung) in seine Erfahrungswelt einzugliedern bereit sein kann.

Lieben heißt, sich der allumfassenden Präsenz der Emotionalität in einer der Dualität unterstellten menschlichen Erfahrungswelt bewusst zu werden. Sämtlichen emotionalen und gefühlsmäßigen Erfahrungen in empfindender Weise sich anzunähern, bedarf des Mutes einer der liebe- und freudvollen Erfahrung liebevoll geneigten, innerlich bewegten Glaubensstruktur. Meine Art zu denken unterlag der Angst. Meine Art zu denken schenkt mir den Mut, mich im Hier und Jetzt verankert in Dankbarkeit und segnend auf jegliches und sämtliches mit liebevollen Blicken zu fokussieren. Die Angst hat mir beigebracht, dass ich abgesondert von meiner gefühlsmäßigen und emotionalen Struktur gefühllos bin. Den Schmerz der Gefühllosigkeit in mir tragend weiß ich, wie Gefühllosigkeit in Hilflosigkeit ausartend mich von jedem und jeglichem in grausamer Weise absondernd schmerzvollen Erfahrungen unterwirft. Mir dieser Strukturen bewusst, erkenne ich den Zusammenhang einer mir zugeneigten liebe- und freudvollen Seinserfahrung, die mir nun den Segen einer mitfühlenden Ader als Geschenk einer fühlbaren Wirklichkeit zukommen lässt.

Der wahrhaft Liebende grenzt in keinster Weise aus. Das Prinzip der Dualität erschließt sich in jeglicher Seinserfahrung, die der grandiosen emotionalen Erfahrungswelt zugeordnet ist. Liebe nimmt sich derer an, die in ihrer Angst gefangen sich selbst nicht erkennend lieblos erscheinen. Emotionale Beweggründe in selbstempfundener Weise wandeln die Welt in einer Art und Weise, als dass ich mir der Veränderung gewahr meinen Mitmenschen in ein neues Licht zu rücken vermag. Ich selbst bin der Initiator für eine Veränderung meiner Seinsweise. Ich selbst bin Motor für Veränderung in globaler Hinsicht. Ich selbst trage das Potential für liebevolle Entfaltung in mir, welches sich in meinem Mitmenschen als ihn in veränderter Weise wahrnehmbar etabliert.

➤ DIE VERÄNDERUNGEN UNTERLIEGEN KOGNITIVEN GEGEBENHEITEN, DIE SICH ALS GLAUBENSSÄTZE UND ETABLIERTE MUSTER IN MEINER MIR ZUGEHÖRIGEN SEINSWEISE ALS ABWERTEND MIR SELBST UND MEINEM MITMENSCHEN GEGENÜBER IN ERSCHRECKENDER WEISE ANGESIEDELT HABEN

Veränderungen, die ich an mir selbst wahrnahm, führten auf eine veränderte Ausrichtung meines Fokus zurück. Geläufige Formeln konnte ich in einem großräumigen Perspektivenwechsel umwandeln. Innere und äußere Wirklichkeiten erfuhren durch die emotionale Bereinigung Übereinstimmung.

Ich kreierte mit Freude und zog neue Sichtweisen in mein Leben. Eltern sind herausgefordert neue Sichtweisen zu erproben und gegebenenfalls in ihren Alltag zu integrieren. Die Eltern erkennen dankbar den Segen, den ein Perspektivenwechsel und folgende gewandelte Handlungsweisen in sich tragen.

Will ich an die eingebürgerten Aussagen glauben und daran festhalten *oder* gestehe ich mir zu, persönlich zugeschneiderte Affirmationen zu kreieren und mir eine neue Realität zu erschaffen?

Ist ja selbstverständlich. *Oder* ich darf für jeden Augenblick dankbar sein. Ich bin dankbar mir selbst gegenüber und auch dem anderen.

Er ist ja noch ein Kind. *Oder* ich übernehme die Verantwortung für mich. Ich überschaue die Bedürfnisse des Kindes. Ich übergebe dem Kind jedoch die Verantwortung in seinen Möglichkeiten.

Das Kind kann das noch nicht. *Oder* ich bin von den Fähigkeiten des Kindes überzeugt. Ich mute ihm Selbständigkeit und Selbstbestimmtheit in sämtlichen zurzeit bewältigbaren Bereichen zu. Ich denke nicht voraus. Die augenblicklichen Fähigkeiten meines Kindes sind wesentlicher Ausgangspunkt für weitere Entfaltung.

Sein Verhalten ärgert mich. *Oder* ich nehme Ärger in mir wahr. Ich nehme das Kind in seinen emotionalen Befindlichkeitsstrukturen ernst. Ich nehme mich selbst ernst und schenke mir den Raum, meinen Ärger zu empfinden. Ich nehme wahr, wie sich diese Situation in meinem Körperbewusstsein anfühlt. Ich treffe aus einer inneren Klarheit heraus Entscheidungen, die mir und meinem Kind hilfreich sind.

Sie muss ja erwachsen werden. *Oder* ich vertraue den kindlichen Impulsen, Leben geschieht im Augenblick. Das Kind wird sich aus diesem Augenblick heraus entwickeln, wenn ich bereit bin mit meinem Kind in erfüllender Weise zu interagieren und wenn ich bereit bin ihm die nötigen Ressourcen zur Verfügung zu stellen.

Schule muss sein. *Oder* in der Exploration entfaltet das Kind jegliche Komponenten, die es für ein gelingendes Leben benötigt. In zeitgerechten Augenblicken wird sich das Kind für die zu erlernenden schulischen Fertigkeiten öffnen und bereit sein sich zu fokussieren.

Man muss halt. *Oder* ich gestalte mein Leben nach meinen Vorstellungen. Indem ich meine Gefühle und emotionalen Befindlichkeiten empfinde, übernehme ich Verantwortung für mich und meine Umwelt. Ich übe nach meinen Wunschvorstellungen zu agieren.

Und ich gebe nicht Acht! (Das Kind zeigt unerwünschte Verhaltensmuster.) *Oder* ich nehme das Kind in all seinen Begrenzungen liebevoll wahr. Ich ermögliche ihm durch meine Fragestellung in Richtung emotionaler Befindlichkeit Selbsterkenntnis. Ich empfinde mit ihm. Durch meine Präsenz und meine Offenheit schenke ich ihm meine Liebe.
Wenn du dich endlich benehmen würdest, ginge es mir gut! *Oder* ich übernehme die Verantwortung für meine emotionalen Befindlichkeiten. Ich reflektiere meine Art zu interagieren. Ich nehme den Spiegel wahr, den mir das Kind vorhält, und versuche das zu Grunde liegende Thema emotional abzuklären.

Ich beachte das Kind nicht. Ich zeige ihm die kalte Schulter. Ich ignoriere es. Ich wende mich ab. *Oder* bedingungslose Liebe wendet sich zu. Ich versuche, meinem Kind durch meine liebevolle Präsenz Sicherheit und Raum zu geben. Mein Blick und meine Mimik deuten das Mitgefühl für mein Kind an.

Übernimm endlich deine Verantwortung! *Oder* ich gestehe dem Kind die Verantwortung, seine ihm ureigenen emotionalen Befindlichkeiten zu empfinden, zu. Ich empfinde in meinem Körper. Ich freue mich mit dem Kind, wenn es seine emotionalen Gegebenheiten und Gefühle wahrnimmt und anerkennt. Ich freue mich über mich selbst. Ich versuche meinem Kind Verantwortungsübernahme in jeglichem ihm zuträglichen Bereich zu signalisieren.

Es gibt immer Alternativen. *Oder* indem ich die in der Situation aufkeimenden emotionalen Befindlichkeiten und Gefühle empfinde, kläre ich die Situation emotional. Das Empfinden gibt mir nach und nach tiefe Einblicke in mein höheres Selbst. Ausweichendes Verhalten hilft mir nicht die Gegebenheit entsprechend zu klären.

Hör endlich auf zu schreien! *Oder* ich nehme mein Kind gebührlich wahr und ernst und verhelfe ihm zur Selbstregulation. Ich erkenne die gespiegelte emotionale Gegebenheit in meinem Körperausdruck. Ich kläre aufsteigende emotionale Gegebenheiten mit mir selbst ab, indem ich sie empfinde, und ermögliche dem Kind auf diese Art und Weise, an meiner vorbildlichen Vorgehensweise zu wachsen und selbst zum Vorbild zu werden.

Ich lenke ihn ab, dann beruhigt er sich schon wieder. *Oder* ich erachte den emotionalen Ausdruck meines Kindes als wertvoll in dem Wissen, wie segensreich empfundene emotionale Befindlichkeiten sich auf das Wesen des Kindes und mein Wesen auswirken.

Ich habe Nachsicht. Sie tut mir leid. *Oder* mein Kind ist fähig emotionale Befindlichkeiten ausreichend zu empfinden. Mein Kind ist geschützt. Ich gebe ihm durch meine liebevolle präsente Annahme Sicherheit. Ich habe Vertrauen in mein Kind. Ich vertraue mir selbst. Mein Mitgefühl bestärkt mein Kind, seine emotionalen Befindlichkeiten wahrzunehmen. Mein Mitgefühl gebührt auch mir und meinen Ängsten vor schmerzvollen Gegebenheiten.

Ich nehme ihn in Schutz. *Oder* emotionale Gegebenheiten schenken Erkenntnisse. Emotionale Gegebenheiten verhelfen dazu, sich in der Welt verständnisvoll zu begegnen. Emotionale Gegebenheiten tragen sämtliches Wissen in sich. Empfundene emotionale Gegebenheiten transferieren in Liebe und schenken Begegnung in liebevoller Zugeneigtheit. Jede empfundene emotionale Gegebenheit verhilft mir zu Einsichten. Emotionale Gegebenheiten sind ein natürlicher Ausdruck der Schöpfung. Aufkeimenden Ängsten und schmerzvollen Erinnerungen bin ich bereit zu begegnen. Auf diese Art entfaltet sich Mitgefühl für mich und mein Kind, meinen Nächsten. Es wird mir gangbar, meinem Kind das Ausleben der eigenen emotionalen Gegebenheiten zuzugestehen. Ich erlaube mir die Autonomie meines Kindes zu würdigen. Es wird mir mehr und mehr möglich Vertrauen in mich und in die Ressourcen meines Kindes zu entfalten.

Irgendwann wird sich die Situation schon beruhigen. Die Zeit wird alle Wunden heilen. *Oder* ich lebe jetzt. Ich kann jetzt auf meine emotionale Wirklichkeit Einfluss nehmen. Ich kann jetzt meine Wunden heilen. Ich kann jetzt körperliche Befindlichkeiten wahrnehmen, heilende Impulse erbitten und dankbar und segnend meine emotionalen Befindlichkeiten empfinden. Jetzt, im Hier und Jetzt ist der korrekte Zeitpunkt gegeben.

Versprichst du, dass du es nicht mehr machst? *Oder* das Kind reagiert jetzt aus einer inneren Regung heraus. Es sind emotionale Gegebenheiten, die das Kind leiten. Kann das Kind diese im Hier und Jetzt wahrnehmen, schenke ich ihm die Erkenntnis, dass es so, wie es ist, seine Richtigkeit hat, dass das Kind in seinem Ausdruck in Ordnung, passend, richtig, perfekt ist. Es schenkt ihm die Freude, offen seine emotionalen Befindlichkeiten anzuerkennen. Im Wissen, dass mein Vorbild seine Wirkung entfaltet, verhelfe ich dem Kind in einer sozial befürwortbaren Art und Weise, seinen emotionalen Befindlichkeiten Ausdruck zu verleihen.

Sein Verhalten ist mir egal. *Oder* du bist mir wichtig. Ich bin mir wichtig. Das Empfinden meines eigenen, aktuellen, situativen, emotionalen Ausdrucks hilft mir *und* dem Kind. Das Band zwischen uns festigt sich. Das Kind hat die Gelegenheit, Mitgefühl zum Gegenüber wahrzunehmen zu lernen. Es kann sich zu selbstbestimmtem Fokussieren in Richtung Gemeinschaft öffnen und sich aktiv in unsere Gemeinschaft einfügen. Selbstwirksamkeit erfahrend bekommt es die Sicherheit der gelebten Autonomie zurück. Durch die gegenseitige Wertschätzung wird ihm offensichtlich, dass sein Gegenüber Anliegen und Wünsche hat. Liebe und Freude kehren in den Alltag ein. Tägliche Herausforderungen können sich durch gegenseitig geschenkte Feinfühligkeit zu freudvollen Erlebnissen wandeln.

Es ist nicht so schlimm. Es ist mir nicht so wichtig. *Oder* ich nehme die Situation wahr und höre still in meinen körperlichen Ausdruck hinein. Ich versuche die emotionale Gegebenheit, die die Situation in mir ausgelöst hat, zu empfinden. Ich nehme mich ernst und gebe mir die Chance, mich gestärkt durch diese Erfahrung vertrauensvoll weiteren emotionalen Gegebenheiten hinzugeben. Ich weiß um die Heilkraft der empfundenen emotionalen Befindlichkeiten Bescheid. Ich weiß, dass ich dadurch meinen Körper von eingelagerten emotionalen Befindlichkeiten befreie und ich mich mehr und mehr selbst erkenne. Selbsterkenntnis führt mich zur Erweiterung meiner *Wahrnehmung*. Ich werde fähig, die wahren Bedürfnisse meines Kindes und meiner selbst zu erkennen. Das Kind schenkt mir seine Dankbarkeit. Ich selbst bin dankbar ob dieser Erkenntnis.

Das Kind ist schuld. *Oder* der andere ist Spiegel für meine urpersönlichen emotionalen Gegebenheiten, die sich in Resonanz zu meinem Kind in mir regen. Ich danke meinem Kind, empfinde meine emotionalen Befindlichkeiten und lasse sie schließlich los. Somit habe ich sie aus meinem Körper befreit. Ein befreiter Körper nimmt die Schwingung der Liebe ein. Ein befreiter Körper strahlt wahre Freude aus.

Manches muss ich in Kauf nehmen. Es ist halb so schlimm. *Oder* stelle ich mich der emotionalen Gegebenheiten im Hier und Jetzt, erlebe ich stufenweise den Wandel an mir selbst? Ich werde mir bewusst, dass ich es bin, die sich ihre Lebensumstände erschafft. Ich erfahre Genugtuung in der Freude an meinen Schöpfungen. Ich kann diese Freude mit meinen Mitmenschen teilen. Ich kann meine Erfahrungen an andere Menschen weiterreichen. So entsteht ein globales Netzwerk von Menschen, die sich der eigenen Schöpferkraft bewusst in Liebe verbinden können. Die intuitiven Fähigkeiten machen eine Verbindung von Mensch zu Mensch global erfahrbar.

Das Leben zeigt sich von der Schattenseite. *Oder* im Empfinden der emotionalen Gegebenheiten vereinen sich Licht und Schatten, gut und schlecht, Traurigkeit und Freude, hell und dunkel, Abgewandtsein und Zugewandtsein. Jede Kehrseite integriert sich. Freude aus meinem innersten Kern und wahre Liebe kristallisieren sich als Essenz der empfundenen emotionalen Gegebenheiten heraus. Das Leben erfährt einen Wandel in das Lichtvolle.

Ich empfinde nichts. Ich empfinde keine Angst, Wut, Trauer. Ich kenne keinen Zorn. *Oder* sämtliche emotionalen Befindlichkeiten sind in uns verankert. Jeder ist fähig, sie wahrzunehmen, anzunehmen, zu empfinden und loszulassen. Je mehr emotionale Gegebenheiten ich empfand, umso feinfühliger nahm ich meine Um- und Innenwelt wahr.

Das Leben ist kein Honiglecken. *Oder* was sind deine Gaben? Was sind deine innigsten Herzenswünsche? Im emotionalen Abgleich erkannte ich mehr und mehr meine mir innewohnenden

Gaben. Herzenswünsche erfüllten sich. Freudvolle Erfahrungen bereichern nun meinen Alltag.

Veränderungen zeigen sich auf vielfältige Art und Weise. Am augenscheinlichsten ist die Freude, die die Eltern und Kinder in einer gewandelten Form der Interaktion im Alltag ersichtlich zum Ausdruck bringen. Veränderungen in den Glaubenssystemen durchdringen den Alltag in einer Weise, dass sie von Freunden als tragbares Fundament für Interaktionsbereicherungen in nie dagewesener Art und Weise den Erfordernissen weiterer tragbarer, überschaubarer Beziehungsmuster zugeordnet werden. Das Ausmaß der Veränderungen lässt die Familien die Hürden der Interaktionsveränderungen in einer Art und Weise meistern, die mich regelrecht in staunender Weise ob der Größe der Herausforderungen zu neuen Inspirationen und gemeinsamem Verbessern der zu Grunde liegenden Beziehungsmuster beflügelt.

Die Familie ist befähigt selbstwirksam, selbstbestimmt, in ihrem ureigenen Rhythmus, selbstzutrauend die Herausforderung alltagsverändernd neuen Kommunikationsregeln zu unterstellen. Sie ist es, die den Takt, um weitere Interaktionsmuster der neuen Art in ihren Alltag zu integrieren, vorgibt. Sie ist es auch, die mir den Mut schenkt, mich den Herausforderungen massiver, emotionaler, augenscheinlicher Erfordernisse zur Verfügung zu stellen. So sind wir gemeinsam zu einem Team verwoben, welches Interaktionsmuster der herkömmlichen Art und Weise sukzessive in eine neue liebevolle und familienfreundliche Art der Interaktion und Kommunikation wandelt. Wir sind gemeinsam zu Schöpfern geworden.

Ich werde mir der Auswirkungen meiner Erwartungen bewusst

Unbewusste Erwartungen beeinflussten meine Beziehung zu meinen eigenen Kindern. Mir war bewusst, dass meine Kommunikationsmuster eine Reaktion in meinen Kindern hervorriefen, die sich beziehungszerstörend manifestierte. Es waren nicht die

Reaktionen, die ich mir wünschte. Ich hatte keine Ahnung, wie ich mein Verhalten ändern könnte, um ein beziehungsstärkendes Resultat zu erzielen. Es tat mir unwahrscheinlich weh, zu erfahren, dass meine Kinder all meinen Bemühungen, nicht der erhofften Wertschätzung Respekt zollten. Dem anderen zu Diensten sein, dem anderen helfen, für den anderen da sein, mütterlich sein, bemuttern, lehren und belehren, erziehen, sich selbst außer Acht lassen, brav sein, forcieren, selbstlos agieren, das war meine persönliche Lebenseinstellung, geprägt durch mein Elternhaus. Mit dieser Lebenseinstellung sind meine vier Kinder aufgewachsen.

Erst jetzt, meine Kinder sind längst erwachsen, wurde ich mir der Auswirkungen meiner Erwartungen gewahr. Mir meiner eigenen Kindheit und meiner eigenen Erfahrungen bewusst, erkannte ich die Interaktionsmuster und stillen Erwartungen, die in meinen Botschaften lagen. Ich wurde mir bewusst, dass gewisse Informationen meiner Mitmenschen Unwohlsein und Ängste in mir selbst verursachten.

In vielfältigen Selbsterfahrungskursen und Selbsterfahrungsprogrammen sowie eigenständiger zu Hause inszenierter Selbsterfahrungsherausforderungen habe ich persönlich erlebt, wie sich Erwartungen an mir selbst auswirkten. Selbstverleugnung, das Gefühl, ungeliebt zu sein und nicht richtig zu sein, wie ich bin, das Gefühl, nicht zurechtzukommen, führten mich über den Verlust der inneren und äußeren Stimmigkeit hin zur innerlichen Zerrissenheit. Selbsthass und Aggression wollte ich nicht an mir erkennen, so lehnte ich meine Emotionen ab und schließlich mich selbst. Ich gab mich selbst auf, wollte ich doch so gern meine Werte leben. Im Empfinden meiner emotionalen Befindlichkeiten wurde ich mir der zahllosen detaillierten Auswirkungen erst richtig bewusst. Verweigerung zu empfinden und Depression führten mich zu Starre, Gefühlskälte und Gefühlslosigkeit. Oppositionelle Verhaltensweisen demonstrierten meine emotionale Unausgewogenheit. Im Nachhinein gesehen, habe ich all meine kindlichen Stärken, dem Wunsch dazuzugehören, den Erwartungen meiner Mitmenschen geopfert. Der Verlust von Kreativität, Spontanität und Flexibilität ließ mich über etliche Jahre an Strukturen und Dogmen festhalten, die sich meine Mitmenschen als Maßstab ihrer urpersönlichen Beziehungen zu eigen gemacht hatten. Der Verlust der Selbstregulation zeigte sich in meiner Unfallneigung, überforderte ich mich doch in meiner Zerrissenheit massiv.

Helfen wollen und innere Abwehr erleben, Selbständigkeit demonstrieren und Abhängigkeit verspüren, Aufgaben sehen und Widerstand erfahren, Beziehungen wünschen und gleichzeitig ablehnen, Blickkontakt suchen und verweigern, Freude zeigen wollen und Angst vor freudigem Erleben empfinden, von Glück sprechen und keines verspüren, Eigenverantwortung einfordern und sie für mich nicht ausreichend zu übernehmen, andere waren Schuld, all dies sind Strukturen, die Kinder auf Wunsch der Erwartungshaltung der Erwachsenen sich in ihr eigenes Leben ziehen.

Erwartungen zerstören unsere Beziehungen. Meinen mir innewohnenden Erwartungen bewusst zu werden, bedarf des Abgleichs meiner emotionalen Gegebenheiten. Der Erwartungen bewusst, gelingt es den Familien neue Interaktionsmuster zu inszenieren, die eine Bandbreite von herkömmlichen Beziehungsmustern ins Abseits zu stellen vermögen.

Was ist Liebe in meinem Verständnis?

Liebe ist meinem Erleben nach ein Gefühl, welches ich in meinem Körper als körperlichen Ausdruck, ein pelziges, in mich selbst verliebtes, sanftes Empfinden auf meiner Gesichtshaut, wahrnehme. Je mehr ich mich meinen emotionalen Gegebenheiten und Lebensthemen zuwende, umso deutlicher kann ich dieses Körpergefühl der Liebe und Freude empfinden und umso ausgeprägter nehme ich meine Innen- und Außenwelt wahr.

Je mehr ich meine Lebensthemen erkenne, umso präziser erscheinen mir die Weichenstellungen für gelingende Beziehungen. Liebevolles Zusammensein äußert sich in einer Begegnung auf Augenhöhe. Ich lasse selbstbestimmtes Handeln zu. In liebevollen Begegnungen hat jeder die Chance, seinen persönlichen Gedankenstrukturen in seiner Eigenheit Rechnung zu tragen. Kindern ist es erlaubt, selbstkreierte Gedankenprozesse in ihr Leben zu integrieren. Kindern ist es ermöglicht, Ideen für eigene Kreationen des wertfreien Zusammenlebens in ihrem Leben zu installieren. Mitgefühl und Selbstliebe, Selbstannahme und Nächstenliebe erfreuen die Herzen der Menschen. In diesem Rahmen wird wahre Selbstentfaltung für jeden einzelnen zur gelebten Realität. Jeder erhält den Raum, sich seiner selbst bewusst zu werden, sich seiner Lebensaufgabe zu widmen und sich in seiner Vollkommenheit zu vervollkommnen. Liebevolles, erwartungsfreies Zuhören, Bitten und Danken, Segnen und Staunen führen zur Selbsterkenntnis.

Liebevolle Strukturen eröffnen den Familien einen freudvollen Zugang zu herzlicher, intensiver, friedvoller Begegnung im familiären Alltag.

Ich werde mir der Empfindungen meines Körpers bewusst

Mein Zugang zu meinem Körper war vorerst rein körperlicher Natur. Ich lernte einen Herrn kennen, der mir half, meine körperlichen Reaktionen in Bezug auf Nahrungsmittel wahrzunehmen. Nahm ich ein Lebensmittel in die Hand, so verspürte ich Enge oder Weite, Druck oder ein Gefühl des Freiseins, Spannung oder Lockerheit, Freude oder Ängstlichkeit. Dieser Ausdruck zeigte sich ganzkörperlich oder reduziert auf einen Körperteil oder die Körperhaltung betreffend. Ich nahm Druck im Kopf wahr, eine Enge im Halsbereich, Blockaden in der Magengegend, ein Ziehen in den Beinvenen oder an den Sehnen meiner Hände. Zunehmend wurde ich in der Auswahl der zu mir passenden Nahrungsmittel sicherer. Ich wurde mir mehr und mehr gewahr, dass mein Körper auf mein Handeln hin spezifische Symptome hervorbringt. Mir wurde bewusst, dass ich auf die Reaktionen meines Körpers durch die Zuführung von Nahrungsmitteln konkret Einfluss nehmen konnte.

Waren es vorerst rein körperliche Signale, so begann ich bald emotionale Befindlichkeiten und Gefühle zu empfinden. „Gefühle (hier im Sinne von emotionalen Befindlichkeiten) wollen gefühlt werden" las ich in einem Buch. Neugierig sammelte ich Erfahrungen im Empfinden meiner emotionalen Gegebenheiten. Emotionale Gegebenheiten sind für mich ein ausschließlicher gegenwärtiger Ausdruck meines Körpers.

In der Erzählung meiner persönlichen Entdeckung an mir selbst war ich erstaunt, dass andere Menschen an der _Beschreibung_ einer emotionalen Befindlichkeit haften. Worte erfahre ich als die Sprache des Geistes, emotionale Gegebenheiten und Gefühle als die Sprache des Körpers. So empfand und empfinde ich auch Liebe und Freude als einen körperlichen inneren Ausdruck. Ich könnte das Gefühl der Liebe in etwa mit dem Gefühl des Verliebtseins, welches wir ausschließlich körperlich empfinden, vergleichen. Ich habe für mich entdeckt, dass ich mich diesen Gefühlen jederzeit zuwenden kann. Die Fokussierung auf die Gefühle der Freude und Liebe ist mir in jeder Lebenssituation unabhängig von den aufscheinenden emotionalen Gegebenheiten möglich.

In meiner Arbeit mit den Kindern nimmt der Körper eine zentrale Rolle ein. Wahrnehmungsförderung war mir erst dann erfolgreich möglich, als ich meine persönliche Wahrnehmungsfähigkeit erweiterte. Wahrnehmungstraining war und ist mir jeden Augenblick möglich. Mir war es dienlich, mich jeweils auf ein Thema einzulassen. Wochenlang fühlte ich in meine Hände hinein, wenn ich die Wohnung säuberte oder ich fokussierte mich auf Baumgesichter. Ein anderes Mal legte ich mein Augenmerk auf Formen und Strukturen.

In meinem sensibilisierten Körper konnte ich die intuitiven Impulse verbessert wahrnehmen. Übungsthemen, emotionale Befindlichkeiten, Zeitgefühl, Rhythmen, Reihenfolgen, Begegnungen und Übungsmaterial nehme ich seit geraumer Zeit über die intuitiven Impulse wahr. Ich kann mich verbessert in die

Kinder hineinfühlen und erkenne ihre Vorlieben. Durch meine verbesserte Wahrnehmungsfähigkeit weitete sich mein Blickwinkel. Aus der veränderten Perspektive heraus ist es mir möglich, all die Lebensthemen, die Zusammenhänge, die Wirkungen, die intuitiven Prozesse, die Naturgesetze in ein für mich stimmiges Bild zu rücken. Die Fokussierung verlagerte sich vom Mangeldenken auf die Fokussierung von Fülle, Kreativität, Flexibilität, Selbstannahme, Selbstvertrauen, Selbstbewusstsein, Enthusiasmus, Verbundenheit, Selbstverantwortung, innerem Reichtum. Die Zusammenhänge in unseren Beziehungen wurden mir bewusst. Ich fühle die Abwehr der Kinder gegenüber der herkömmlichen Erziehungsstrukturen. Ich erkenne die emotionalen Reaktionen der Kinder als Aufruf an die Betreuungspersonen, ihre Verhaltensweisen zu überdenken, Denkstrukturen zu wandeln, emotionale Gegebenheiten zuzulassen und Gefühle zu fühlen. Die Kinder vermitteln die Botschaft, die Weisheit liegt in uns selbst. Jeder kann sich seiner inneren Weisheit bewusst werden. Eltern verfügen über das Potential, ihren eigenen Kindern gerecht zu werden.

Hat sich meine Aufmerksamkeit vormals auf die Kinder konzentriert, so wird jetzt der Erwachsene als Mittler der Strukturen, die einem freudvollen, gemeinsamen, erfüllenden Miteinander dienen, in meiner Anforderung als Partner, in die mir ersichtlich verwobenen Strukturen miteinbezogen. Die Eltern erkennen die Herausforderungen, die an sie gestellt sind, als wesentlichen Part einer veränderungswürdigen Beziehungsstruktur. Sie sind bereit der ihnen zugetragenen Herausforderung in gebührlicher Art und Weise gerecht zu werden. Sie sind die Träger einer Erziehungsmethode, die Leid und Hilflosigkeit in ihr Alltagsleben integriert hatte. Sie sind Menschen wie du und ich, die sich sehnlichst einen Wandel in Richtung erfüllter Seinsweise und herzerfrischender Interaktion als alltäglich lebbares Muster wünschen. Sie sind es schließlich auch, die es den Kindern ermöglichen, im emotionalen Abgleich sich ihrer selbst bewusst zu werden. Der Körper der Erwachsenen ist ihnen selbst ein Leitfaden ihrer ureigenen emotionalen Gegebenheiten.

Beginnende Eigenreflexionen sind Anzeichen positiver Veränderungen.

In der Reflexion gebe ich den Kindern, den Jugendlichen und den Eltern die Möglichkeit, sich selbst verbessert wahrzunehmen. Reflexion beinhaltet Neutralität. Jegliche Antwort, jegliche Reaktion ist korrekt. Ich persönlich unterziehe mich regelmäßiger Eigenreflexion. Jede körperliche Regung zeigt mir ein Thema auf, welches ich im Abgleich mit meiner emotionalen Befindlichkeit beleuchte. Ich habe wahrgenommen, dass diese Angewohnheit mir neue Sichtweisen gewährte. Meinen Mitmenschen als einen Spiegel meiner ureigenen emotionalen Befindlichkeit anzunehmen, half und hilft mir, meine ureigenen in mir verankerten emotionalen Befindlichkeiten zu erkennen und der Liebe zuzuführen. Eigenreflexion hilft den Eltern, sich ihrer verwobenen, Struktur gebenden Eigenheiten bewusst geworden, sich vertrauensvoll den emotionalen Gegebenheiten zu widmen.

In der Beobachtung meiner Gedanken waren mir sprachliche Gewohnheiten aufgefallen, die ich in meinem Sprachgebrauch nicht mehr verwenden wollte. Nun erlebe ich diese Redewendungen als abwertend und begrenzend. „So tut man nicht!" sagt dem Kind, dass es sich nicht adäquat verhält. Es wird in seinem Phantasiereichtum eingeschränkt. „So verhält man sich nicht!" entspringt einer Eigenart, die mir in meinem emotional empfundenen Erleben Schmerzen in meinen Handrücken, die Sehnen entlang, Verkrampfungen in meinem Magen, ein Wattegefühl in meinen Ohren und ein Engegefühl im Hals beschert. Spontan versuchte ich eine Beruhigung meines körperlichen Unwohlgefühls, als Ausweichverhalten nun entlarvt, in einer mir augenscheinlich Beruhigung schenkenden Nahrungsmittelsuche zu finden. Einer kurzzeitigen Befriedigung folgte ein Gefühl von Unruhe, welches meinen Körper durchflutete. Gab ich den Impulsen nicht nach, verstärkten sich die körperlichen Symptome. Aufmerksamkeit und Konzentrationsfähigkeit sanken auf einen

Tiefpunkt. Mein Fokus verharrte weiterhin auf einer mir notwendig erscheinenden körperlichen Beruhigung.

Jetzt weiß ich, dass augenscheinlich meine emotionalen Gegebenheiten sich ob der Aufforderung „So verhält man sich nicht!" zu Wort gemeldet hatten. Jetzt ist mir bewusst, dass ich in der Zuwendung zu dieser emotionalen Gegebenheit mir die Befreiung meines körperlichen Unbehagens erhoffen kann.
In der Interaktion zwischen Personen nehme ich die emotionalen Gegebenheiten als Ausdruck heraufbeschwörender Beziehungsmuster wahr. Eine Mutter folgte ihrem innerlichen Drang, ihren Ärger als Ausdruck ihrer momentan angespannten Beziehung zu ihrem Sohn in aller Deutlichkeit verbal hervorzuheben. Der Sohn konterte seinerseits in aggressiver Abwehr. Der Sohn wurde für die Mutter verbal unerreichbar. Die Mutter zog frustriert und konsequent weitere aggressive Verhaltensweisen ihrer beiden Söhne ins alltägliche Leben. Frustration, Überforderung, Hilflosigkeit waren eingebürgerte Strukturen, derer sich die Mutter in psychologischen Gesprächen und einer Psychotherapie, der sich ihr Sohn über einen längeren Zeitrahmen hinweg aufoktroyiert annehmen musste, entledigen wollte. Unzureichender Veränderung folgte die Konsequenz des Abbruchs eines gescheiterten Therapieversuchs.
Nach wenigen konsequent zugeneigten herausfordernden Fördereinheiten gelang es, dem Wunsch der Mutter nach Harmonisierung in einer Art und Weise gerecht zu werden, als das die Mutter sich als Motor für die Eigenreflexion zur Verfügung stellte. Sie ist nun eigenreflektiert in der Lage, aufoktroyierte Beziehungs- und Erziehungsstrukturen als solche in gewandelten verbalen und praktischen Ausdrucksformen zu etablieren.

Unser Wortschatz enthält zahlreiche Redewendungen, die Reaktionen dieser Art heraufbeschwören: „Sag bitte! Bedanke dich!" Diese Aufforderungen berühren mich in einer Art und Weise, die eine Reaktion heraufbeschwört, die Ärger, Wut, Traurigkeit, Abkapselung und Abschottung gegenüber den Mitmenschen in sich birgt. Als Trigger für ein Verhalten, das letztlich mir selbst Schmerz zufügt, erhalte ich körperliche Reaktionen, die mich an die vormaligen tangierenden Erlebnisse zurückerinnern ließen. Ich werde unverkennbar ärgerlich. Wut steigt in meinem Körper auf. Der Magen krampft sich zusammen. Trotz stellt sich ein. Nahrungsmittel kommen mir in den Sinn. Gedanken der Hilflosigkeit setzen ein Ausweichverhalten, welches schleunigst eine Bereinigung in Richtung Beruhigung meines Körpers erzielen möchte. Nahrungsmittel können akkurat Hilfe leisten. Die Abwehr der Lebensmittel lockt den Schmerz in meinen Sehnen an den Handrücken hervor. Aggressive Tendenzen fordern Raum. Frustration und Traurigkeit erfüllen meinen körperlichen Ausdruck. Mein Magen produziert vermehrt Säure. Versagensängste nehmen ihren Platz ein. Ich muss spontan auf die Toilette, das Wasser ist kaum zu halten. Dies ist ein typisches Zeichen, wenn ich Angst verspüre. Mein Körper revoltiert in einer Art und Weise, die mich den Schmerz meiner Kindheit erneut schonungslos empfinden lässt.

Welcher emotionalen Befindlichkeit werden die Kinder gegenübergestellt? Welche emotionale Gegebenheit ist es, die meine Mitmenschen in einer Art und Weise tangiert, als dass sie sich ihres Unwohlseins bewusst werden?

Dieses intensive Empfinden der emotionalen Befindlichkeiten lässt mich mit meinen Mitmenschen mitempfinden. Erzählungen über Menschen und ihre Eigenarten in abwertender oder aufoktroyierender Weise lösen Signale in mir aus, die mich an meine ureigenen emotionalen Befindlichkeiten, in Verbindung mit meinen urpersönlichen Erlebnissen und Herausforderungen, in meinem Leben binden. Was ich erlebt habe, schenkt mir Einblicke in das Empfinden meiner Mitmenschen. Das Mitgefühl für meine Mitmenschen ist wesentlicher Bestandteil einer herzbasierten Beziehungskultur.

Jetzt nehme ich die Gelegenheit wahr, mich in einzelnen Sprachaussagen emotionalen Gegebenheiten gemäß einzuschwingen.

Der körperliche Ausdruck beschert mir Druck, Beklemmung, Hilflosigkeit, Traurigkeit, Machtlosigkeit, Zorn, Wut, Schmerz in höchsten Dimensionen.

„Sei doch einmal nett zu mir!" Ein Kloß in meinem Hals verschlägt mir die Sprache. Den Tränen nahe, kapsle ich mich in mir ab. Meine Haut erhöht ihre Sensibilität. Ich verspüre Schmerzen in meinen Sehnen an den Handrücken. Mein Magen produziert vermehrt Säure und verkrampft sich. Druck im Hinterkopf breitet sich aus. Die Ohren fühlen sich an, als ob sie mit Wattepads verschlossen werden. Es fröstelt mich. Mein Rücken fängt an zu schmerzen. Die Sehnen in den Beinen ziehen in unangenehmer Weise. Das Gefühl von Verzweiflung verängstigt mich. Mein Körper revoltiert. Einsamkeit breitet sich aus.

„Beherrsch dich doch endlich!" Schmerzen zwischen meinen Rippen, ein verspannter Nacken, Watte in den Ohren, kalte Finger, von Frost überzogene Arme, Kälte auf meiner Rippenhaut, Anspannung, eine Last auf meinen Schultern und meinem Rücken, Druck im Hinterkopf, ärgerliche Anspannungen zeigen sich. Unschöne Worte sprühen im Stillen hervor: „Du kannst mich einmal." Es tut mir weh. Ein schlechtes Gewissen stellt sich ein. Ich verletze mich letztlich wieder selbst. Traurigkeit erfasst meinen Körper und meinen Geist und meine Seele. Was habe ich nur wieder falsch gemacht! Zwischen Wut und Traurigkeit pendle ich hin und her. Ich bin irritiert. Den Kopf in den Sand steckend, vornübergebeugt, meines Selbstbewusstseins beraubt, letztlich mir selbst beraubt, vergrabe ich mich wiederholt in mir.

„Hol/Gib/Mach …!" Tu dies, tu das. Was willst du noch von mir! „Lass mich endlich sein!" Die Ohren fallen zu. Druck im Hinterkopf ist fühlbar. Ein pelziges Gefühl auf der Haut nehme ich als Belastung wahr. Die Kopfhaut kribbelt. Die Schmerzen an meinen Verletzungen dehnen sich aus. Das Gesicht verzieht sich. Ich blockiere. Ich wehre mich gegen die Anforderung. Ich kann nicht und möchte doch so gern gerecht werden, in dem Sinne, der andere ist mir wesentlich. Meine Sehnen an den Handrücken melden sich schmerzhaft. Es ist ein ewiger Kreislauf. Immer wieder tritt diese Reaktion zu Tage.

Ich verspüre Schmerzen in meinem Rücken. Die Schultern verkrampfen sich zu starren, schweren, belastenden Gebilden. Die Luft zum Atmen reicht kaum aus, um meine Lungenflügel ausreichend zu füllen. Ich bin in meiner Vitalität eingeschränkt. So stelle ich mich brav und angepasst wie ich war, meinen ursprünglichen Werten folgend, mit Disziplin den Hürden. „Nein!" schreit es innerlich. Emotionale Befindlichkeiten unterschiedlicher Bandbreite keimen auf, welche ich nicht hervordringen lasse. Ich verhalte mich möglichst freundlich, entgegen meines innerlichen Widerstands, meinem Mitmenschen gerecht werden wollend, im Sinne der gesellschaftlichen Normen. Der energetische Aufwand ist enorm. Ich beherrsche mich.

Eine weitere Redewendung, die mich emotional zutiefst berührt, heißt: „Man verhält sich nicht so abartig!" Die körperlichen Auswirkungen, mir erst im Zuge des emotionalen Abgleichs bewusst geworden, zeigen mir wie massiv emotionale Befindlichkeiten mein körperliches Wohlgefühl beeinträchtigen. Die nachfolgende Beschreibung erhält ihre Prägnanz in aller Deutlichkeit im Sinne des Einbezugs sämtlicher körperlicher, manifester Strukturen.

Mein Körper revoltiert und blockiert. Ein Tinnitus erfüllt meine Ohren. Das unangenehme Rauschen verursacht Handlungsfolgen, die in verärgerte Art und Weise durchgeführt werden. Die Sehnen an meinen Händen ziehen schmerzvoll. Jede offene Wunde schmerzt unerklärlich. Kälte und Frösteln breiten sich gnadenlos aus. Ein starrer Nacken, Druck im Hinterkopf, Schmerzen in der Bauchgegend, ein beengter Hals rufen Verzweiflung in Erinnerung. Hitze im Körper, Schweiß unter den Achseln, ein Druck im Bauch und in der Magengegend, erneut ein Druck im Hinterkopf, die Starre im Nacken, der Druck im Bauchraum, allgemeines Unwohlsein, ein Druck im Magen, die Enge im Halsbereich und der pulsierende Kehlkopf bedrücken mich. Das Weinen aus einem Moment der Verzagtheit heraus zeigt mir meine Traurigkeit, ob der Rigorosität meines körperlichen Ausdrucks. Die Verzweiflung hat ihren Raum eingenommen. Mein gänzliches Körpersystem ist involviert. Kälte an Armen und Beinen, schmerzende Verletzungen an meinen Fingern, Druck in der Nierengegend, wie mit einer Scanvorrichtung ist es mir ermöglicht, meinen Körper ob seiner akut hervorgezauberten emotionalen Befindlichkeit zu scannen. Wiederholt zieht die Kälte über meine Arme. Wasserdrang, Nierenschmerzen, Druck, Kribbeln, Starre zeigen sich. „Was soll ich nur tun?" So war es vormals. Hilflosigkeit machte sich breit. Meine Gedanken suchten akut Hilfe: „Ein Arzt hat das rechte Medikament!" Wut, Angst, Kälte, Druck, Schmerz drückten sich aus. Ohrgeräusch, brennende Augen, Frösteln, Weinerlichkeit geben mir den Eindruck, krank zu werden. Die Wahrnehmung „Es ist mir zu viel!" legt sich über mich. Ich benötige eine Ruhepause. Der Kälteüberzug über meinem Körper und das irritierende Ohrgeräusch verstärken sich. Meine Bewegungen verlangsamen sich. Ich verfalle in Sprachlosigkeit. Rückzug war meine Strategie. Energielosigkeit ist ein Zustand, den ich über Jahre an mir beobachtet hatte. Energielosigkeit erfüllt sich jetzt aus der Tatsache heraus, dass sich mein Glaubenssystem erfüllt. Mühevoll taste ich mich weiter in ein Leben, welches mir zur Mühe geworden ist. Mühe ist Tatsache in dieser Lebenssituation. Mühe war meine mir ureigene Schöpfung, entsprungen einem Glaubenssystem, welches Mühevolles suggerierte.

Die Suche nach Selbsthilfe verführt mich zudem zu ausgleichender Nahrungseinnahme. Lebensmittel, die mir mit hoher belebender Botschaft Linderung meines Unwohlgefühls ermöglichen, stopfe ich in mich hinein. Ambivalenz verstärkt meine körperliche Unausgewogenheit. Süßes verlangt nach Saurem oder Bitterem. Anschließend erfahre ich erneut Prägnanz nach Süßem. Salziges gleicht aus. Endlich stellt sich ein beruhigtes Körpergefühl ein. Ermattet erhoffe ich mir in meinem Bett die ersehnte Erholung. In der Badewanne das beruhigende Schaumbad in wohliger

Wärme genießend, laute Musik als Dämpfer meines emotionalen Schmerzes einsetzend schotte ich mich von der Außenwelt ab. Gedanken an ein Leben, das ich in dieser Art und Weise nicht als lebenswert empfinde, lassen mich die Gnadenlosigkeit der gut gemeinten Redewendung „Man verhält sich nicht so abartig!" in ihrer Bandbreite als lebensunverträglich einordnen. Ein Hürdenlauf zwischen der rigorosen Annahme dessen, was mir das Leben als solches im Hier und Jetzt bietet und was ich mir sehnlichst erwünschte und erträumte, lässt mich in meiner permanenten Stressabwehr Zerrissenheit wahrnehmen. Ein ewigliches Desaster schien meine innerliche Gefühls- und emotionale Befindlichkeitswelt zu durchdringen. Ein permanentes Davonlaufen vor meiner emotionalen Befindlichkeitsstruktur war mir vormals als solches vollkommen meiner Eigenart entnommen.

Die Natur hilft. In der Natur, im Wald draußen werde ich geerdet und nähere ich mich einer erfüllenden Ausgewogenheit an. Mein Körpersystem stellt sich um. Die Natur gönnt mir eine Pause aus meiner von mir selbst ins Leben gezogenen Seinsrealität. Jede freie Minute versuchte ich Energievolles in der Natur zu tanken. Doch vormals mir nicht bewusst, verharrte ich im ewigen Kreislauf der Wiedergutmachung meiner unausgewogenen energetischen Befindlichkeit.
Wovor sollte ich davonlaufen? Wovor wollte ich mich entziehen? Wovor hatte ich dermaßen Angst? All meine Mitmenschen riefen in mir dermaßen massive emotionale Erregungen hervor, derer ich über Tage nicht habhaft werden konnte. Gänzlich meiner emotionalen Welt ausgeliefert, forderte mich mein Alltag in einer Weise, dass Sämtliches, einem energetischen Desaster entnommen, mir unglaublich viel Kraft und Energie in erschöpfender Weise entnahm.

Alles und jegliches und sämtliches ist mit emotionalen Signaturen belegt. Sie wollten und wollen weiterhin empfunden werden. Ich wusste keinen anderen Weg, als den Weg des Ausgleichs im äußerlichen manifesten System zu erkennen. Auf diese Art und

Weise sind meine emotionalen Blockierungen in meinem Körper eingelagert angewachsen. Meine Starre hat sich in meiner Beweglichkeit zu erkennen gegeben. Körperliche Symptome in zahlreichem Ausmaß, in Form von Krankheiten, Allergien, Unverträglichkeiten, Unpässlichkeiten, verhalfen mir zu unerwünschten Arztbesuchen. Meine jahrzehntelange unerklärliche Mattigkeit und Schattierungen unter den Augen zeigten mir, dass ich zu altern begonnen hatte. Was konnte ich nur ins Leben ziehen, um diesen Prozess zu verlangsamen? Lust auf den Alterungsprozess hatte ich absolut nicht. Ich erwarb Bücher und erhoffte mir Genugtuung. Doch ich ließ manches verpackt. Ich versuchte allen und allem gerecht zu werden. Doch ich verspürte Unzufriedenheit. Ich suchte und fand keinen Ausweg.

Die Unzufriedenheit gipfelte in Unfällen. Mein rechter Mittelfinger hat überlebt. Doch markant vernarbt zeigt er mir deutlich meine rigorose zerstörerische Neigung auf. Zwei weitere Unfälle innerhalb weniger Monate ließen mich wieder und wieder meine Unzufriedenheit mit mir selbst in meinem familiären System, welches ich in keinerlei Weise zufriedenstellend zu verändern wusste, ausdrücken.

Das „Zurückkrabbeln" ins Leben, die Unfälle waren rigoroser Art, zeigte mir, wie rasant sich eingeschliffene, gewohnheitsmäßige, aufoktroyierte Verhaltensmuster erneut etablieren. Nie und nimmer wollte ich in der vormaligen Art und Weise mein Leben gestalten. Nie und nimmer wollte ich meine Bedürfnisse dermaßen verleugnen, dass ich sie an letzter Stelle kaum zu erreichen vermochte. Nie und nimmer wollte ich, dass ich mich allein und verlassen von aller Welt fühlte.

Die berufliche Arbeit gekoppelt an ein „ich muss meine Rechnungen begleichen", forderte von mir jeden Funken einer Energie, die mir fast gänzlich entschwunden war. Mein energetisches Desaster in einer Weise erkennend, dass ich am Ende meiner Kräfte kaum Ressourcen für soziale Kontakte zu lukrieren im Stande war, nabelte ich mich von sämtlichen sozialen Verbindungen ab. Gedanken an ein Eigenverschulden lösten in mir Versagensängste aus. Verzweiflung, Ausgrenzung, Mattigkeit, Hilflosigkeit über

Jahre ließen mich Ideen kreieren, die mir Hoffnungsschimmer darstellten, denen wieder und wieder Desillusionierung folgte.

Einzig der Wald schenkte mir eine wahrnehmbare Portion Energieerhöhung. Der zur Gewohnheit gewordene Gedanke, ein anderer wird mir helfen können, führte nicht zum erhofften Erfolg. Die verbesserte Eigenwahrnehmung, die Zuwendung zu meiner innerlichen Welt, die Bereinigung meiner mit Hilfe von CDs durchlebten emotionalen Beziehungsdesaster, die erhöhte Sensitivität für emotionale Gegebenheiten und deren Einbezug in mein empfundenes Erleben, die Dankbarkeit, das Segnen, die Mobilisierung des Körpers durch die Dehnung der Faszien (jahrelange, regelmäßig durchgeführte, professionell angeleitete körperliche Übungen halfen mir nicht zur gewünschten physischen und psychischen Stabilisierung) und schließlich die Wahrnehmung meiner emotionalen körperlichen Regungen, im ausreichenden Empfinden dieser, erhöhten meinen Energiestatus beträchtlich. Die permanent empfundene Müdigkeit und Mattigkeit verminderten sich in einem Ausmaß, dass sie sich schließlich fast gänzlich auflösten. Das Schlafbedürfnis senkte sich drastisch. Jetzt ist es mir essentiell, einen Teil meiner schöpferischen Bedürfnisse auf die frühen Morgenstunden zu verlagern. Eigenreflexion, emotionales Empfinden, segensreiches Musizieren im Sinne, ich segne die Schöpfung der Liebe in ihren mir zugänglich gewordenen Manifestationen, Dankbarkeit ob all der Hilfe, die mir in liebevoller Weise geschenkt ist, Lesen meiner intuitiv erworbenen Lektüre, die mir Einblicke in Bereiche schenkt, die sich mir im emotionalen Abgleich erschlossen haben, erhielten einen Raum. Selbsterkenntnis in einem mir unvorstellbaren Rahmen ließ mich zahlreiche Hürden und Beziehungsdesaster von einem gänzlich anderen Blickwinkel aus betrachten. Mein eigener Richter zu sein wandelte sich in liebevolle, mitfühlende Selbstannahme. Jetzt, hier und heute bin ich fähig zu atmen.

Doch sozial anerkannte Denkmuster fordern mich in einem Maß, als ich versuche jegliche emotionale Regung in mir einer emotionalen Ausgewogenheit zuzuführen. Schmerzvolles entkeimt meiner Innenwelt, schmerzvoll sind die Empfindungen, meine eigene Mutterrolle gebührlich beleuchtend, schmerzvoll ist das Desaster meiner eigenen Kindheit entnommen.

Ich nahm weg. Ich entriss Gegenstände der Kindeshand. Ich entzog, erzieherischen Maßnahmen geneigt, das Lieblingsspielzeug meines Kindes. Ich wehrte mich ob der emotionalen Ausprägungen meiner Kinder und versuchte diese einzuschränken. Ich glaubte zu wissen, wann mein Kind satt war. Ich verweigerte, sagte „nein", bereits im Vorfeld einer der Autonomie des Kindes entlockten Bereitschaft zu handeln. Ich bestimmte den Handlungsvorgang. Ich legte fest, wann das Kind, welches aus freien Stücken noch nicht bereit war zu schlafen, Ruhepausen benötigte.

Ich kritisierte, manipulierte, regulierte und korrigierte.

Ich versuchte wieder und wieder den Fokus jeden Kindes auf meine ideenreichen, belehrenden, erzieherischen Maßnahmen unterlegten Eigenbedürfnisse zu lenken.
Ich verspürte Schmerz im emotionalen Ausdruck der Kinder allgemein. Emotionale Entgleisungen, als unerwünscht wahrgenommen, erhalten Beachtung, die in Isolation, abartigem Verhalten, gezielter Provokation, vermummter Artikulation, drangsalierendem Zynismus, begnadeter, schmerzvoll erfahrbarer Traurigkeit im Todesfall oder bei Verletzung gezielt angewendet unsere Lebenswelt verängstigt.
Ich versuchte allem gerecht werden wollend die gegebenen Situationen zu kontrollieren. Ich erklärte rigoros: „Jetzt ist aber Schluss damit! Ich entschied. Ich war erwachsen. Mein Kind war unmündig.
Ich liebte mein Kind.

Meine Gedanken erschaffen meine ureigene Realität.
Unsere Worte erschaffen unsere gemeinsame Realität.
Das Handeln meines Mitmenschen erschafft seine ureigene Realität.

Wie bewusst bin ich mir meiner Gedankengänge? Wie bewusst bin ich mir meiner Worte? Wie bewusst bin ich mir meiner wahren emotionalen Tatsachen in Bezug auf meine Gedanken, meine Worte und mein Handeln im Hier und Jetzt? Wie bewusst bin ich mir meines Körpers? Wie bewusst ist mir die Tragfähigkeit der Verbindung meines Körpers, meines Geistes und meiner Seele? Wie bewusst bin ich mir der Resonanz in meinen Beziehungsmustern? Wie bewusst erlebe ich meinen Alltag im Hier und Jetzt? Wie bewusst bin ich mir der gesellschaftlichen Zusammenhänge, der politischen und institutionellen Ebenen und der familiären Strukturen im globalen Zusammenwirken? Wie bewusst bin ich mir der kosmonalen Auswirkungen meiner Gedankengänge, meiner sprachlichen Aussagekraft, meiner emotionalen Schöpfungen in Bezug auf mein Handeln? Wie bewusst bin ich mir meiner selbst? Handle ich aus Gutdünken, aus einem Gefühl der Traurigkeit, der Abwehr, der Ablehnung, der Inakzeptanz, des Widerwillens, des Zerstreutseins, der körperlichen Anspannung heraus? Wie genau kann ich meinen Körper wahrnehmen? Hättest du gedacht, dass dein Körper viel mehr ist als du selbst? Kannst du dir vorstellen, dass jede der Billionen Zellen deines Körpers beseelt, lebendig, vibrierend, enthusiastisch, in unglaublicher Schönheit, in Rhythmen und Harmonien frequenziell abgestimmt deinen Körper zu einem inspirierenden Gefäß für die Seele und den Geist werden lässt? Kannst du dir vorstellen, dass sich dieser Körper über deine Zuwendung freut? Bin ich mir der großartigen Wirkung der Wörter „bitte" und „danke" bewusst?

Dr. Masaru Emoto hat in seinen Versuchen an Wasserkristallen die Wirkung der Sprache auf positive und negative Erscheinungen deutlich gemacht. „Bitte" und „danke" fabrizieren wunderschöne Kristallstrukturen. Negativ besetzte Sprache manifestiert ungeformte, einfache, strukturlose Kleckse. Die Verwendung der Alltagssprache enthält zahllose negativ behaftete Ausdrücke, Wortwendungen, Sprachweisheiten, Glaubenssätze, Zynismen, Abwertungen, Bewertungen, Schimpfphrasen, Doppeldeutigkeiten, Unklarheiten und Wesenheiten, liebevoll gemeint. Falsch verwendet und ihrer Eigenart nicht bewusst, hinterlassen sie negative Impulse.

Ich sorge mich; sich um das Kind, den Pubertierenden Sorgen machen; ich trage Sorge für meine Mutter; ich besorge das Nötigste; sorgst du dich um das Nötige; ich habe Sorgen; sorgenvoll blicke ich in die Zukunft.
Ich bin fertig. Die Zweideutigkeit dieser Sprachwendung, die Sprache richtet sich in zwei Richtungen, bedeutet sowohl, ich bin erschöpft, erledigt, k.o., oder aber ist es eine Ausdrucksmöglichkeit für eine erwiesene Beendigung? Ist es möglicherweise ein Hinweis darauf, dass das Fokussieren auf ein Ziel ebenso ins Desaster führt?
Ich kann das Desaströse dieser Aussage als Tatsache erkennen, zieht mich ein anvisiertes Ziel in eine Ungereimtheit in meiner inneren Struktur. Wie die Schritte im Hier und Jetzt gerade passend sind, sagt mir mein innerlicher Impuls im Hier und Jetzt in jedem erdenklichen Augenblick.

Ist es das, was unseren Kindern sosehr zu schaffen macht? Wie könnte ich helfen? Wie empfinden sich Kinder, wenn sie gänzlich im Augenblick verwoben, hingebungsvoll ihren Impulsen gerecht werdend den Alltag meistern?
In den Fördereinheiten erlebe ich zugewandte, fokussierte, authentische, impulsorientierte, ideenreiche, junge Wissenschaftler, die sich graduell eine verbesserte Lebensgewohnheit erschaffen. Diese Zugewandtheit, der Einfallsreichtum, die zauberhaften Ideen, schöpferische Gestaltungsräume, Authentizität, Fokussierung, Eigenbalancierung, der gehobene Selbstwert, die zunehmende Selbständigkeit und die graduelle Anhebung der Flexibilität sind Faktoren, auf die ich nicht verzichten möchte. Sie schenken mir immens viel Inspiration, Freude und liebevolle Gelassenheit.

Achtung! Pass auf! Gib acht! Sei vorsichtig! Lauf nicht so schnell, du könntest dich verletzen!

Ich habe keine Achtung vor diesem oder jenen. Sie schenkt mir keinerlei Beachtung. Achtest du auf die besondere Schönheit der Pflanze? Achtsamkeit heißt behutsam zu sein.

Die Doppeldeutigkeit dieses Wortes, ich nehme wahr und ich werde darauf hingewiesen, wahrzunehmen, führt mich in die Frage, wie viel nehme *ich* wahr? Habe *ich* als Erwachsener Angst vor einer Verletzung oder vor den möglichen Auswirkungen einer Verletzung, die sich in einem damit verbundenen emotionalen Ausdruck widerspiegeln oder traue ich dem anderen, beispielsweise dem Kind, die Gefahreneinschätzung beziehungsweise das Wahrnehmen der Erfahrung die aktuelle Situation betreffend in gleichem Maße zu? Gestehe ich dem Kind den Raum zu, auf sich selbst zu achten, seine Autonomie zu erkennen, für sich Verantwortung zu übernehmen, indem ich die kraftvolle Entscheidung für mich treffe, der andere kann, ist fähig, ich traue es ihm zu? Hilflose Kinder haben ihre Autonomie aus den Augen verloren. Ich habe die Macht, sie ihnen ins Bewusstsein dringen zu lassen. Die *Aussagekraft meiner Signale* ist fähig sie ein Potential in sich hervorzuzaubern zu ermöglichen.

Unterstützung. Ich stütze, wen? Das Kind braucht Unterstützung. Der Mann bekommt Unterstützung vom Notfallfonds. Unterstützt du mich bitte? Die Unterstützung kam gerade rechtzeitig an. Ich benötige eine Stütze. Eine Stütze schränkt bekannterweise die Beweglichkeit ein. Die eingeschränkte Beweglichkeit verlangsamt mich. Verlangsamte Denkprozesse schränken ein, sind unbehaglich und führen zu Ausweichverhaltensformen. Verlangsame ich in einem Bereich, weil die Eltern für mich denken, gleiche ich aus und beschleunige eventuell im Bewegungsbereich … eines der kosmischen Gesetze deutet darauf hin, dass alles, jeder und jedes auf Harmonie abzielt, den Ausgleich anstrebt. Phantasterei oder Realität? Ich habe die Erfahrung gemacht, dass Kindern, denen ihre Autonomie zurückerkannt wurde, ihre Denkprozesse beschleunigen und Hyperaktivität sich reduziert. Ich freue mich über die kreativen Gedanken der Kinder und möchte sie nicht missen. Die verringerte motorische Aktivität bringt verstärkte Fokussierung.

Worauf ziele ich ab? Woran glaube ich? Glaube ich an Denkfähigkeit und Explorationsgabe, Flexibilität und Autonomie? Entwicklung. Ich ent-wickle mich. Ist in mir etwa etwas verwickelt, sodass ich es neu ordnen muss? Dieses Wort erscheint mir kompliziert, es setzt mich unter Druck. Das Wort „entfalten" wirkt irgendwie klarer auf mich. Ich entfalte meine Fähigkeiten, breite mich aus, lege mein Potential frei. Das Kind trägt jegliches Wissen, sämtliches Potential in sich. Ich freue mich über seine Einzigartigkeit, seinen Ausdruck. Es kann. Die Kinder zeigen mir ihr Können! Sie sind fähig! Sie sind ausdrucksstark! Sie sind in ihrer Einzigartigkeit vollkommen! *Vertrauen hilft in grandioser Weise Kindern, Jugendlichen und Erwachsenen.*

Das Kind ist in seiner einzigartigen Entfaltung in Abhängigkeit von uns Eltern unseren ureigenen emotionalen Empfindungen gegenübergestellt. Das Kind erfährt sich gedemütigt, lieblos umsorgt, beglückend geliebt, freudvoll und unbändig, energisch gemaßregelt, verantwortungsvoll gehändelt, seiner Emotionalität in bereichernder Art näher gebracht, es sei denn, es wird in seinen emotionalen Bedürfnissen in korrigierender Weise eingeschränkt. Was mir als Indikator für eine gelungene emotionale Erfahrung in Erkenntnissen geschenkt wird, ermöglicht dem Kind, dem Jugendlichen, dem Erwachsenen, seiner emotionalen Befindlichkeit zugewandt, Einblicke in ein größeres Ganzes, welches sich wieder als Wirklichkeit in seinem Lebensalltag manifestiert. Entfaltung als ein segensreiches Erlebnis in Richtung liebe- und freudvoller Seinsweise, in der jeder und jeglicher sein grandioses Potential in erfüllter Weise hervorzaubert, schenkt uns Einblicke in eine Schöpfung, die Liebe- und Freudvolles als Grundstruktur allen und jedem einzelnen von uns zugänglich zu machen bereit ist.

Wie nehme ich Vervollkommnung an mir selbst vor?

Ich wünsche mir eine Verhaltensweise, die sich eingeschliffen hatte, einer selbstbestimmten Korrektur zu unterziehen. Ich habe eine neue Perspektive entworfen und anvisiert. Das heißt, ich habe bereits in mir beschlossen, diesen Wandel für mich vorzunehmen, konkret umzusetzen. Heute beziehe ich das fokussierte Muster in das Geschehen ein, die gewünschte Veränderung nimmt konkrete Züge an, ein anderes Mal falle ich in das eingeprägte Muster zurück. Es wird mir bewusst. Der Wunsch zur Abänderung des Programms flammt erneut auf. Wieder und wieder kehrt das eingeschliffene Thema zurück, die Intervalle zwischen ungewollten zu gewollten Verhaltensmustern vergrößern sich, bis es letztlich vom bewusst oder unbewusst erwünschten Verhaltensausdruck gänzlich überspielt ist.

In Stressmomenten mag es sein, dass das ursprüngliche Muster noch einmal hervortritt. Schmerzvoll empfinde ich die Korrekturen der Belehrungen. Tief verankert empfinde ich den Schmerz. Der körperliche Zusammenhang ist unverkennbar. Der Schmerz drängt sich auf, wenn ich bevormundet werde. Und wie oft geschieht dies?

In gutem Glauben werde ich korrigiert. Gut gemeint jongliert mir jemand eine Lösung zu. Beherzt übernimmt eine Person meine Aufgabe. Erheitert lacht der andere über meine Gedankengänge. Sorgenvoll belehrt mich die Begegnung eines Besseren. Kritisch begutachtet die Person meine Ausdrucksweise und hinterfragt sie. Verantwortungsvoll belehrt man mich, mich zu verändern. Beeindruckt zeigt die Frau eine verbesserte Variante. Kompliziert verschachtelte Strukturen erwarten von mir eine Anpassung. Schwer durchschaubar gewordene Systeme lenken meinen Fokus auf die Angst, nicht gerecht zu werden. Wider Erwarten schenken mir meine Freunde einen Besuch.

Lasse ich das zu, so erlaube ich, dass andere unbewusst in mein Leben eingreifen, mir zu Diensten sind, ohne es vorher mit mir abgeklärt zu haben.

Eine zentrale Rolle spielt unser Körper. Achte und beachte ich meinen Körper, nehme ich ihn an, so wie er sich mir zeigt, kann ich in den Spiegel sehen und jedes einzelne Körperteil willkommen heißen. Diese Annahme spiegelt sich in meiner Außenwelt. Ich werde mir bewusst des Zusammenwirkens der Systeme, die jetzt unsere Gesellschaft bedrücken. Der Blick zahlreicher ist auf die Umwelt gerichtet, auf die Mitmenschen, auf die Verantwortlichen, die Chefetagen, die Nachbarn, das Gegenüber. Der andere hat sich zu ändern, ist eine Denkart, die dem allgemeinen Denkschema entspringt. Der Mitmensch ist Auslöser für das gesellschaftliche Schlamassel. Wenn man/frau sich ändern würden, wäre die Welt heil.

Doch ich erfahre an mir selbst, wir sind Meister, wir sind Schöpfer unserer Realitätsebene. Wir gestalten unser persönliches Leben selbst. Wir kreieren unsere Wirklichkeit. Wir ziehen die Themen in unseren Alltag. Wir tragen das Potential zur Abänderung in uns. Jeder einzelne. Ich habe begonnen diesen Weg zu beschreiten. Ich erkannte an mir selbst, wie viel Macht die Gedankengänge über mich hatten. Ich erlebte, wie sehr mich meine emotionalen Gegebenheiten beherrschten. Ich gestaltete einen Alltag, in dem ich an den Rand des Möglichen geraten war. Vom Unglück verfolgt, errettete mich eine Person durch ihre klaren positiven Impulse vor meiner absoluten Niederlage. Dankbar blicke ich zurück. Dankbarkeit erfüllt nun mein Leben. Mit großer Dankbarkeit erlebe ich die Kreativität in mir als meinen ureigenen schöpferischen Ausdruck, der mir Hoffnung für eine liebevolle Zukunft schenkt.

Wie war es in der Kindheit meiner Kinder? Ich war Animator und Ideensammler. Ich riss sie heraus aus ihrem Spiel und ihrer Fokussiertheit, weil ich unbedingt meine Inspiration loswerden wollte. Ich setzte sie auf, bevor sie sitzen konnten, denn ich wollte anderen in nichts nachstehen. Eine langsame Entfaltung der Kinder hätte für mich bedeutet, ich versage allgemein.
In der Schule veränderten sich die Kinder. Hatten sie im Vorfeld der schulischen Erfahrungswelt noch mehr Freiraum gehabt, war die Erwartung, die ich an mich und meine Kinder stellte, im Nachhinein gesehen, schier unerträglich, wobei meine Kinder passable bis sehr gute Schüler waren. Ich verspürte den Gleichklang nicht. Mir war es wesentlich, dass sie einen gut bezahlten

Job erlernen konnten, dass sie nicht in irgendeiner Weise versagend hervorblinkten. Jetzt nehme ich die reine Angst wahr, die mich damals führte, beherrschte, mir diesen Handlungsspielraum zuerkannte.

Bereits das Neugeborene hat Fähigkeiten, die ich ihm zugestehen darf. Warte ich, bis mir das Kind durch Impulse zu verstehen gibt, dass es aufgehoben werden möchte? Verbinde ich mich mit meinem Kind von Herz zu Herz, bevor ich es anspreche, oder gebe ich ihm anderweitig klare Impulse? Herze ich mein Kind aus meiner Laune heraus oder suche ich im Vorfeld die Übereinstimmung mit meinem Kind? Lege ich das Kind zu Bett, wenn es mir eindeutige Signale vermittelt, müde zu sein? Füttere ich das Kind nach einem vorgegebenen Rhythmus oder achte ich auf seine spontan sich anmeldenden Bedürfnisse? Hebe ich das Kind auf eine Art und Weise hoch, die dem Kind Sicherheit vermittelt? Ziehe ich das Kind entsprechend seiner Bekleidungswünsche an? Schenke ich dem Kind Signale, die es ihm ermöglichen, sich am Anziehen, beim Baden, Wickeln, Essen aktiv zu beteiligen? Folge ich dem Blick des Kindes und nehme ich die Impulse auf, um dem Kind meinen Blickwinkel mitzuteilen? Achte ich auf die Ernährungswünsche meines Kindes, wobei Geschmacksverstärker und Süßes, Salziges, Bitteres, Saures in ausgeprägter Form seinen Geschmackssinn irritiert.

Erkenne ich die emotionalen Befindlichkeiten meines Babys und bin ich bereit, meinem Kind den Raum zu schenken, seinen emotionalen Impulsen zu folgen? Du bist jetzt traurig. Ich halte das Kind und lasse seine Traurigkeit zu. Ich verbinde mich von Blick zu Blick, von Herz zu Herz, berühre es emotional, fühle mit, halte es behutsam und gelassen, denn ich weiß, auch mein Baby hat die Ressource, mit seinen ureigenen emotionalen Befindlichkeiten klarzukommen.

Mute ich meinem Kind zu, dass es alleine spielen kann, dass es im Spiel die Welt für sich entdeckt, dass auch mein Baby Ressourcen der Entfaltung in sich trägt? Schenke ich dem Kind den Raum, von Geburt an Selbständigkeit zu kreieren, sich an seinen Entdeckungen zu erfreuen, den sicheren Rahmen vorgebend, sodass ich genügend Raum habe und ich meine wahren Bedürfnisse im Beisein meines Kindes anerkennend entfalten kann?

Visualisierung ist ein Konzept der Liebe. Das Konzept der Liebe hat es mir ermöglicht, Dinge in mein Leben zu ziehen, konkret werden zu lassen. Ich fokussiere mich auf ein Ziel, welches ich erreichen möchte. Meine Ziele orientierten sich an höheren Werten wie Liebe, Freude, Ganzheit, Leichtigkeit, Kraft, Ausdauer, Mut, Stärke, Freiheit, liebevolle Beziehungen, loslassen zu können, was nicht mehr gebraucht wird, Veränderungen zuzulassen und Dankbarkeit in meinem Leben erfahren zu können, das Paradies auf Erden zu fühlen, Heilung zu erfahren auf allen Ebenen meines Seins, Heilung für Körper, Geist und Seele, Heilung der Natur, des Planeten Erde, Verbundenheit mit allem Liebevollen der Schöpfung der Liebe, Weisheit entfalten zu können, Offenheit und Ehrlichkeit zu leben, Nachsicht haben zu können, Bedingungslosigkeit erfahren zu können, Achtsamkeit und Wertschätzung anderer vorleben zu dürfen, Behutsamkeit zu entwickeln, Erkennen meines Seelenwegs, Entwicklung des Raums der Liebe, Entdecken meines inneren Gartens, Entwicklung einer lichtvollen Aura, Aktivierung der Kundalini-Energie, Aktivierung meines geheilten Chakrensystems, Erkennen von Farben, Formen, Größen, Zusammenhängen, der Leuchtkraft meines Herzens, des Lichts in mir und um mich herum, Dankbarkeit für Erkenntnisse, Wahrnehmen möglicher segensvoller Veränderungen der menschlichen Welt, Freude für jedes Kind, Segen für die Eltern, Möglichkeiten der kreativen Entwicklung der Kinder und Jugendlichen, Orientierung an inneren Wünschen. Durch die wiederholte bewusste Fokussierung meines visuellen Systems auf Gegenständliches war es mir möglich geworden, innere Bilder zu konkretisieren und bei Bedarf abzurufen. Reimendes Vorgehen half mir, liebevolle Impulse wiederholt zu manifestieren. Spontan entwickelten sich Erweiterungen. Aus wenigen Ideen wurden schließlich mannigfaltige Impulse, die sich fortwährend erweitern. Bewusstes Erschaffen meiner einzigartigen, mir eigenen Realität nimmt heute Raum ein. Liebevolles und Lichtvolles hat sich seinen Weg gebahnt. Meine Gedankengänge haben sich gänzlich gewandelt. Ich beobachte sie. Sie beherrschen mich nicht mehr. Negative Gedanken lasse ich vorbeiziehen, ich bitte Gott um Verzeihung und um Hilfe, die zu Grunde liegenden emotionalen Gegebenheiten zu erkennen. Ich versuche die dahinterliegenden Empfindungen meines Körpers zu erfassen, zu durchleben und loszulassen. Ich bedanke mich für die Hilfe und die Erkenntnis, die sich mir offenbart.

- Meine Wahrnehmung über mich hat sich einem gänzlichen Wandel unterzogen. Empfundene emotionale Gegebenheiten ermöglichen es mir, Schönheit in allem zu erkennen, das Paradies auf Erden wahrzunehmen, Mitgefühl mit allen Mitmenschen zu haben, die ihre Erfahrungen auf ihre ureigene Art und Weise durchleben, zu wissen, dass alles seine Richtigkeit hat. Schönheit ist in allem zu finden. In jedem von uns ist das Licht. Das göttliche Licht ist im Herzen aller Menschen. Das göttliche Licht ist in jeder Zelle unseres Körpers. Wir selbst können, jeder für sich, dieses Licht zum Strahlen bringen. Wir können dieses Licht weitergeben an unsere Nächsten, es hineinfließen lassen in die Erde, in den Kosmos. Wir können es die Erde umkreisen lassen.

Licht ist in uns, Licht ist in jedem von uns.
Liebe ist in uns, der Funke der Liebe leuchtet in jedem von uns.
Freude ist in uns, Freude ist in jedem von uns.
Kraft ist in mir, Kraft ist in dir.
Potential lebt durch dich, Potential segnet mich.
ALLES, WAS DA IST, ist Liebe.

➢ DER KOGNITIVE ZUGANG ZUR EMOTIONALEN ENTFALTUNG DER PERSÖNLICHKEIT

- *Verbindendes*

Das Verbindende orientiert sich aus einer höheren Perspektive an grundlegenden menschlichen Werten: Zufriedenheit; Glück; Vollkommenheit; Erfahrung; Bedarfsorientiertheit; menschliches Miteinander; gemeinsames Erschaffen; Schöpferkraft durch schöpferisches Handeln; Erlebnisorientiertheit; Zielstrebigkeit; Freude und Liebe; Gehaltvolles-Bemerkenswertes; Rechtschaffenheit; spielerische Vorgangsweise; weitblickendes Handeln; normiertes Verhalten; kognitive Rückschau im Sinne der Aufarbeitung emotionaler Inhalte; Bedarfserhebung; Zielorientiertheit; bewusstes Handeln; verlaufsorientierte Kontinuität; emotionaler Ausgleich; wertschätzungsbasierte zwischenmenschliche Kontakte; freudvolle Beziehungsaufnahme im Sinne, jeder einzelne verträgt sich mit dem anderen; Treffen von wegbewussten Entscheidungen; hervortretende Nachsicht im Zusammensein bei emotionaler Klarheit im Sinne der Aufarbeitung emotionaler Beweggründe; erweisende, zugrundeliegende emotionale Bedürftigkeit, erkennend und ihr in mitfühlender Weise begegnend.

- *Eigenes*

Emotionale individuelle Befindlichkeit entsprechend der Erfahrungen des Lebens; verlaufsorientierte Gegebenheit schöpferischen Agierens; erwartungsvolle Neuorientierung des eigenen Lebens, im Sinne einer Neustrukturierung transversaler kognitiver Inhalte; zweckbestimmtes, neu orientiertes Dasein, im Sinne, wir alle sind in Verbindung untereinander durch die Verwobenheit der emotionalen Gegebenheit sprachlicher

Untermalung; vertrauensvolle Hinwendung zu einer inneren Führung, im Sinne der weitblickenden Konsequenz eines rationalen, intuitiven, spirituellen, systemischen, kognitiven Verhaltensprozesses, im Sinne der inneren Erwartung an lichtvolle spirituelle Praktiken, besonders liebevoll, freudvoll, intuitiv begabt zu sein, im Sinne voraussehbarer Zukunftsperspektiven gleichbleibender, intuitiver, liebevoller und freudvoller Visionen; mehrheitliche Prognosen im Sinne der Förderung eigener Werte inhaltlicher Natur; verlaufsorientierte, systemische Entwicklungen, im Sinne der Basis kognitiver Orientierung an liebevollen Strukturen der menschlichen Zusammenarbeit; Verbundenheit im Sinne der transversalen kognitiven Strukturen eigener Persönlichkeit; Bewusstseinsorientierung, im Sinne, sich wahrnehmungsfördernder Praktiken bewusst zu sein; außernatürliche Erscheinungen im alltäglichen Verlauf anerkennend und wohlwollend einbeziehend in strukturelle Neuorientiertheit; weniger ist mehr Orientierung, im Sinne neuer Ausrichtungen in praktikabler, spiritueller Hinsicht; Neu-Orientiertes, schöpferisches Planen, im Sinne vorgefertigter schöpferischer Praktiken besonderer Art und Weise; liebevolle und freudvolle Desensibilisierung althergebrachter schöpferischer, kognitiver Praktiken in freud- und liebevolle, neu orientierte, lichtvolle, präsente Gegebenheiten; vernunftgesteuertes, wissenschaftliches, weiträumiges, zielorientiertes Miteinander; mitmenschliche Konzepte in spiritueller Hinsicht geplant, ausgeweitet, erneuert; verbunden in liebevoller Manier natürlicher verhaltenskongruenter Wissensstrukturen; aufgezwungene Konzepte fallen lassend; in einer neu orientierten gesellschaftlichen Bewusstseinsbildung eingebunden zu sein, im Sinne der Dogmen der neu orientierten, bewussten Herzensbildung praktischer Ausführung gegebener Verhaltenskonzepte; widersinnige Konzepte fallen lassend, geschehen (in praktikabler Hinsicht neu orientierte, wissenschaftliche Konzepte einbeziehend) neue Ausrichtungen vorgefertigter, lichtvoller Strukturen, im Sinne gegebener, wissenschaftlicher, vorgefertigter Basis verlangen wir nach neuorientierten wissenschaftlichen Gegebenheiten, nach weitreichende menschliche Konzepte einbeziehende Richtungsänderungen; visionäre Strukturen einbeziehend schenken Gegebenheiten neuer Ordnung Orientierung allen Wesen in gleicher Weise gleichbleibender, menschlicher, wissenschaftlich fundierter Neuorientiertheit; Aussagekraft der Neuorientiertheit enthält praktikable wissenschaftliche Neuorientiertheit: in systemischer Ausrichtung gegebener verhaltenstherapeutischer Neuorientierung weitläufiger Art, im Kontext zielgerichteter, menschlicher, neu erworbener Gegebenheiten von Seiten der neu orientierten Verhaltenspraktiken. Auf Seiten einer neu erworbenen, nachweislich sinnvollen Begegnung zukünftige Prozesse einbeziehend, weitläufige Strukturen einbeziehend, geschehen Wunder dieser Art. Redefaule Menschen werden befähigt unklare Strukturen zu durchschauen, in praktikabler Weise umzusetzen, strukturelle Neuheiten einzuführen und in besonderer Hinsicht auf neue praktikable Werte hinzuweisen.

Gegebenheiten dieser Art werden neue strukturelle Vorkommnisse hervorlocken in einer Weise, die uns nicht bekannt zu sein scheint. Wir werden zukünftige Prozesse einbeziehen und dankbar auf alte Strukturen zurücksehen. Verwaiste schöpferische Konzepte werden eine Neuorientierung in zukünftigen bahnbrechenden Weisheitslehren belegen. Sprachliche Inhalte neuer Konzepte werden in einer Art neuer wissenschaftlicher Unternehmenskultur ihren Einzug erhalten. Wesentliche Dogmen der Neustrukturierung werden menschliche Konzepte wissenschaftlicher Natur von Herzen in weitreichende, neu strukturierte, involvierte, gedankenkomplexe Verläufe einbeziehen. Lerntherapeutische Strukturen geben Strukturen, in klarer Weise zu durchschauen, vor. Praktikable Ausführungen in sinnvoller Weise erfreuen sich großer Beliebtheit, da sie in einer überschaubaren, übersichtlichen Natur neuen Wertschöpfungen gezielt gerecht werden. Insbesondere lichtvolle Praktiken besonderer Art erscheinen in gehäufter Weise am Horizont neuer Ausrichtungen. Wertvolle Strukturen werden in besonderer Weise auf die lichtvolle präsente Gegebenheit neuer lichtvoller Möglichkeiten eingespielt.

Anders als bisher werden *kognitive menschliche Neuorientierungen* in praktikabler Weise allen Wesen zu eigen sein. Mannigfaltige neu orientierte, menschliche, strukturierte, wissenskonforme, liebevolle Ausrichtungen geschehen normalerweise in absichtsvoller Art und Weise. Neu orientierte Konzepte beruhen auf weitreichenden, mitmenschlichen, einer neuen Basis zugeordneten, visionären Gegebenheiten betreffenden Verläufen grandioser Art. Jeder und jedes hat *visionäre Gegebenheiten* in sich, welche in zukünftigen Prozessen an den Tag gelegt werden.

Wer eine Neuorientiertung für sich ins Leben zieht, bezieht sämtliche Strukturen mitmenschlicher Konzepte mit ein. Neu orientierte Gegebenheiten erschaffen *neue nicht bekannte Unternehmensstrukturen*, die uns Menschen die Gelegenheit bieten, neu erworbene transversale Wertschöpfungen in neuer Art und Weise zu gegebenen Zeiten, in *neu strukturierte wissenschaftliche Konzepte* einzubauen.

Verhaltenstherapeutisch gesehen bedeutet dies, dass neue wissenschaftliche Konzepte im Sinne der Transvergenz eine neu aufflammende Basis für schöpferische Prozesse darstellen. Momentane wissenschaftliche Konzepte orientieren sich in modernen wertschöpfenden Strukturen mitmenschlicher Kontextfreiheit. *Mitmenschliche Kontexte* werden erschaffen, um unserer eigenen inneren Balance gerecht zu werden und damit auch den Mitmenschen eine wertvolle Gelegenheit zu schenken, sich in neuer Art und Weise auf die Gegebenheiten einzustellen.

Wir bedürfen neuer Praktiken dieser visionären Beleuchtungen im Sinne einer brandneuen, zukünftigen, *ressourcenorientierten Praxis*. Mitmenschliche Gegebenheiten werden neu beleuchtet und in einer neu orientierten Perspektive auf liebe- und freudvolle Weise, eingebaut in wertvolle Strukturen, dargestellt. Verhaltenstherapeutisch gesehen bedeutet dies *Neuorientiertheit auf allen Ebenen*.

Gedankliche Prozesse bedingen auf wertschöpfenden medialen Fähigkeiten, die in einer neuen Gesellschaft aufkeimen. Wer in diese Prozesse eingebunden wird, hängt von der eigenen liebevollen Praxis in neu orientierter, wissenschaftlich ausgerichteter

Art und Weise ab. Visionäre Praktiken ergeben sich auf Grund der individuellen Ausrichtung eines jeden Lebewesens.

Welche Strukturen heute anerkannt sind, hängt von der inneren Zielgerichtetheit einer jeden Person, in eigener Verantwortung übergeben, ab.

Zielgerichtete Strukturen werden möglich durch die grenzwertigen Erfahrungen, die derzeit die Menschheit bedrängen. Wissenschaftlich gesehen bedeuten sie Vorsicht, übernatürlich eingesehen bedeuten sie *Nachsicht* mit all jenen, die in diesen Prozessen unsere emotionalen Ressourcen hervorlocken. Uns der emotionalen Ressourcen bewusst, bekennen wir uns wieder den neu orientierten, wertschätzenden, philosophischen, mannigfaltigen, ressourcenorientierten Ausrichtungen mitmenschlicher Wertschätzung folgender Basis. Ressourcenorientiert und sich freigeistig emotionaler Gegebenheiten bewusst, erkennen wir die Zusammenhänge der menschlichen Existenz in neuartiger, philosophischer Weise. Bewusst in neue Dogmen eingegliedert, erfahren wir ein *mitmenschliches Zusammensein neuer Art,* welches sich in Liebe und Freude potenziert. Gegebenheiten werden verständlich nachvollziehbar in liebevoller Weise aufgearbeitet und in wertschätzender Weise dankbar integriert.

Neuartige Wertschöpfungen haben eine lichtvolle, prägnante Signatur im Sinne *wertschätzender Praktiken,* die jedes Geschöpf im Wesen der liebevollen Ausrichtung eines jeden, der lichtvollen Prägnanz und der lichtvollen Struktur geistiger Verbundenheit, einbezieht. Wer diesen Prozessen angehört, ist wiederum *Ergebnissen in Eigeninitiative* unterworfen. Verzicht auf aufflammende Notwendigkeiten im Sinne nicht zielgerichteter Neuerungen betreffend nichtliebender, strukturloser Aufwartungen gehören der Vergangenheit an.

Wesentlich in diesem Prozess scheint der klar *strukturierte Aufbau menschlicher Werte* im Sinne von Freude und Liebe und Wertschätzung gegenüber jeglichem Geschöpf zu sein. Wir Menschen haben neue Werte im Sinne von Freude und Liebe in unser Leben geholt, da wir mit den alten Werten konfrontiert Unwesentliches erkannt und als nicht erstrebenswert empfunden haben. Konzepte der Freude und Liebe erfahren eine neue Beliebtheit. *Naturverbundenheit* gehört mit in die neue Ausrichtung auf liebe- und freudvolle Strukturen menschlicher Wertschätzung als Basis ideeller Werte.

Wer von uns dieser Ausrichtung folgt, hängt wiederum von der wertschätzenden Einstellung gegenüber der Natur und all ihrer Wesen ab. Wer in Prozesse der *Neuorientierung* eingebunden werden will, der bekommt Einsicht in neue Gegebenheiten mitmenschlicher, verhaltenstherapeutischer und wissenschaftlicher Grundzüge der Neuorientierung. Wie diese Einsichten geschehen werden? Die Orientierung im Inneren unseres menschlichen Körpers veranlasst zu neuen konzeptgesteuerten, problemorientierten, mitmenschlichen, strukturierten Einweggleisen, die uns in neue Ufer der Mitmenschlichkeit schwingen. Wer diesen Weg beschreitet, wird sich seiner selbst bewusst. Konzeptgesteuerte Mitmenschlichkeit in grandioser Art wird unser Leben dominieren, in einer Art, die uns Erfüllung auf allen Ebenen gibt.
Wer sich diesen Konzepten öffnet, der hat die Chance, Mitwirkender zu sein in einem Prozess der Öffnung der gesamten Menschheit in Richtung liebevoller, natürlicher, freudvoller Akzeptanzen. Ausweitungen in Richtung zielgerichteter, *neurologischer Erweiterungen des menschlichen Körpers* gehören in die lichtvolle Praxis neu erworbener lichtvoller Prozesse.
Was uns beseelt, hängt von unserer ureigenen Praxis in Richtung liebevoller und freudvoller Strukturen ab. Wer sich dieser Praxis öffnet, hat die Möglichkeit, liebevolle und freudvolle Strukturen in sein Leben zu ziehen. Wer an diese Praxis glaubt, wird die Möglichkeit haben, sich in *Netzwerke* einzuklinken, die uns Wissen und Weisheit in ungeahntem Ausmaß hinterlassen haben. Wer sich in diese Netzwerke einklinkt, ist sich bewusst, dass alles und jedes liebevollen Grundessenzen entsprungen ist.

Schöpfende Natur ist uns zu eigen und befähigt uns nicht strategische Verfahren loszulassen und neuen Strukturen Raum zu schenken. *Weisheit ist allen Geschöpfen* ein ureigenes inneres Wissen. Gemäß dieser Tendenz zu allgegenwärtigem praktikablem Gebrauch innerer Weisheit, im Sinne der Zuwendung zu unseren *intuitiven Kräften,* gehört Weisheit zu den praktikablen Gegebenheiten unserer neuen, strukturorientierten, glanzvollen Zukunft. Wer sich diesen Prozessen anschließt, wird sich in lichtvoller Weise in ein System einklinken, das allumfassend *bedingungslose Liebe* in großräumiger gegenwärtiger Ausrichtung als Ziel für neue Wertschöpfungen hat.

Wer sich diesen Prozessen anschließt, verheißt der Zukunft *neue Perspektiven* in Richtung liebevoller und freudvoller Ausrichtung. Gegebene Strukturen werden sich auflösen in Richtung freudvoller, natürlicher, gegebener, momentaner, spannender, lebensfroher, naturverbundener, lebensnaher Lösungen im Sinne, *was ich fühle und empfinde, entspringt einer klaren göttlichen Ordnung gelungener lebenserfüllender Signaturen.* Konzepte versus Signaturenverschleierung bringt uns in eine nahe, zielorientierte, weise empfundene Zukunft formbarer *Lebensneuheiten.* Sprachlich abgewandt erfreuen sich die Kinder der neuen Zeit lebensfroher Praktiken *wissenschaftlicher Vorgehensweisen* getreu dem Motto, lebenslustig und lebensfroh gestalten wir eine *neue Zukunft in herzbasierter Weise.*

Neue Konzepte ermöglichen *erweiterte Bewusstseinserfahrungen,* die durchschnittlich allen Lebewesen möglich werden. Wer sich diesen Konzepten anschließt, der hat Einsicht in neue Gegebenheiten der menschlichen, zukünftigen, naturgegebenen Klarheit über Raum und Zeit, welche sich auflösen zugunsten neuer Konzepte der *menschlichen Verbundenheit mit allen Wesen der schöpferischen Liebe.* Gottes Liebe reicht in alle Herzen aller Wesen. Diese Liebe zu sehen, *bedarf einer wertschätzenden Art und Weise mit anderen Lebewesen zu kommunizieren,* sie wahrzunehmen, ihnen achtungsvoll zu begegnen, weise und liebend zu empfinden und neue Wertschöpfungen ins Leben zu ziehen.

Wer sich diesen Prozessen anschließen will, der *bedarf des liebevollen Umgangs mit den Wesen der Schöpfung, die in unsichtbarer Wei-*

se uns umgeben. Wer sich diesen Prozessen anschließen will, der sorgt für seine Umwelt in glanzvoller Weise. Er schenkt den Tieren und Pflanzen, den Wesen der Natur und naturverbundenen Gegebenheiten eine Neuausrichtung im Sinne der *wertschätzenden Beachtung,* die ein jeder für sich in Anspruch nehmen möchte. Bist du bereit, dich diesen Prozessen zu öffnen, bedarf es einer *Neuausrichtung in deiner Gedankenwelt,* die jetzt in Richtung sorgenvoller Gegebenheiten, Sorgen in unser Leben ziehen. Wer sich diesen Prozessen anschließen will, der darf *die Liebe und Freude in seinem Leben willkommen heißen.*

Liebe- und freudvolle Prozesse werden zur Natürlichkeit in einem Leben, das der Liebe und Freude zugewandt ist. Heute noch können wir mit dieser liebe- und freudvollen Zuwendung beginnen, unserem Leben eine neue Ausrichtung zu schenken. Was uns diese Ausrichtung zeigt, ist in unseren Köpfen nicht ersichtlich, es sei denn, wir sind bereit uns den *neuen Wissensstrukturen der Wissenschaft der Liebe* zu öffnen. Gegebenenfalls Neuorientierung versus Altorientiertheit einzuführen, bedeutet auch eine neue Ausrichtung im Sinne *wohlwollender gedanklicher Strukturen* zu erschaffen. Wer diesem Weg folgt, fühlt eine neue Verbundenheit, der die *gesegnete, mannigfaltige, orientierte Gelassenheit* zugrunde liegt. Neue Strukturen haben lichtvolle Ausrichtungen im Sinne zentrierter, gedanklicher, kognitiver, erweiterter Bewusstseinsstrukturen. *Alles hat seinen Sinn,* wird eine neue Wirklichkeit im Sinne der Zuwendung zu *liebevollen, strukturierten, gehaltvollen, neuerlichen Bedarfserhebungen.*

Wer diesem Weg folgt, hat für sich neue Gegebenheiten ins Leben gerufen, die ihn befähigen, neue lichtvolle Prozesse für sich zu erarbeiten. Gegebene Strukturen neu zu überarbeiten, wird das lichtvolle Konzept erweitern und neue gehaltvolle Strukturen ins Leben rufen. Wer sich diesen Konzepten öffnet, darf sich neuer zukünftiger Strukturen in lichtvoller Ausrichtung gegebener lichtvoller Strukturen erfreuen. Nichtsdestotrotz wird eine *Aufarbeitung der alten emotionalen Last* seinen Zoll fordern. Wer sich diesen Prozessen stellt, der wird sich in einer *Wahrnehmungserweiterung* allenfalls bewusst, dass er eingebunden in einen allumfassenden Prozess lichtvoller Gegebenheiten ersichtlich wird. Wer sich diesen Prozessen stellt, der darf sich der *Freude und Liebe* erfreuen, die diesen Gegebenheiten entwachsen. Freude und Liebe sind die wertvollen Essenzen einer neuen allumfassenden *Bereinigung alter Gegebenheiten auf Grund der Erfahrungen*, die jeder für sich auf seine natürliche, allgegenwärtige, besondere Weise gemacht hat. Freude und Liebe sind die Essenzen der inneren, naturverbundenen Weisheit jeglichen Lebensausdrucks. Freude und Liebe sind die Essenzen der inneren *allverbundenen Liebe* zu inneren Gegebenheiten und inneren Seinszuständen.

Wer sich diesem Weg öffnet, der erfährt *Allverbundenheit* in höchstem Ausmaß. Bist du der, der diesem Weg auf lichtvolle Weise folgt? Erfahrungen dieser Art gehören der revolutionären, allumfassenden Änderung der Gedankenwelt eines jeden an, der sich den lichtvollen neuartigen Prozessen in liebevoller, allumfassender Weise öffnet. Ich bin zuversichtlich diesem Weg gefolgt. Prozesse haben sich mir eröffnet, die einer näheren Beleuchtung bedürfen, um sie der Allgemeinheit näherbringen zu können. So habe ich beschlossen, diese Arbeit zu schreiben, um mir meiner Gedankenprozesse selbst bewusster zu werden.

Wer sich diesem Weg öffnet, wird mancherlei *wundersamen Begebenheiten* begegnen, die sich auf kognitive Weise nicht eruieren lassen. Ich habe Gegebenheiten erfahren, die mir fremd und schleierhaft waren und sind. Neu ist mir allerdings, dass ich *keine Angst* mehr davor empfinde. Ich kann Neuerungen in einer Gelassenheit begegnen, die mir fremd und nicht zu eigen war. Neu verbundene zukünftige Prozesse machen mir Freude in meinem alltäglichen Geschehen. Wer sich diesen Prozessen anschließt, der kann morgen auf eine *glanzvolle Vergangenheit* zurückblicken und sich seiner Ängste und Unsicherheiten bewusst neuen Lebensessenzen öffnen. Lebensinhalte erfreuen sich einer neuen Perspektive in Richtung Freude und Liebe.

Wer sich diesen Prozessen öffnet, hat die Einsicht in mannigfaltige, weitblickende, gegebenenfalls großräumige, überdimensionale, überschaubare, glorreiche, signifikante, bahnbrechende, wesensbildende, menschliche, Raum einnehmende, praktikable, unsichtbare, durchschaubare und gloriose übermenschliche Dimensionen, denen ich näherkommen durfte in einer Einsicht der *Verbundenheit mit allem, was ist. Gloriose Gegebenheiten* werden das signifikante Siegel einer neuen Zukunft in Liebe und Freude sein. Wer sich diesen Prozessen öffnet, der kann sich sicher sein, dass neue Strukturen aus liebe- und freudvoller Quelle in Verbindung mit göttlichen Wesen glanzvoller Ordnung *keinen eigenwilligen Eingriff in jegliches Geschöpf* vornehmen. In einer *Zuwendung mit vorherigen bittenden Anliegen* ist es möglich, *jedem* auf diese Art und Weise *gerecht zu werden,* indem *individuelle Stellungnahmen gesegnet durch Wertungsfreiheit* ihren Raum einnehmen dürfen.

Gesegnet durch die liebe- und freudvolle Zuwendung eines jeden in liebevoller Weise erarbeiteten Entwurfs kann ich in liebevoller Ausführung, *meiner ureigenen inneren Bedürfnisse entsprechend,* Entdeckungen ungeahnten Ausmaßes tätigen, die nicht in vorhersehbarer Weise sich entfalten. Entdeckungen haben einen besonderen Stellenwert in einer in nahen Zeit neu entwickelten Hinführung an Prozesse, die uns allen ein großes Anliegen sind. Gegebenenfalls hast du eine Neuorientierung geplant, die nicht den Prozessen der Liebe entsprechend wohlgeformt ist. Verabschieden dieser Gegebenheiten ist Thema einer neuen Zukunft, die keine nicht liebevollen Prozesse befürwortet. Getragen von Liebe und Freude dürfen wir uns *neuer Wirklichkeiten* gewahr werden, die jenseits unserer derzeitigen Wirklichkeit klare, strukturierte Einsichten in neue Wirklichkeiten zu Tage treten lassen. Inwieweit du von diesen Einsichten betroffen bist, kannst du nur für dich und jede(r) einzelne nur für sich selbst entscheiden.

Ich habe mich entschieden, mich diesen Prozessen zu öffnen, obwohl ich vor Jahren keinerlei Zugang in innere Welten hatte. Versperrt hatte ich mich äußeren Vorgängen hingegeben, die mir Leid und Mühseligkeiten verabreichten. Jetzt bin ich in einem *schöpferischen Prozess,* der mir unglaublich viel *Energie und Schaffensfreude* ermöglicht, die ich niemals vorgesehen hatte. *Licht-, liebe-*

und freudvollen Gedankenprozessen geöffnet, kann ich mich *meinen emotionalen Gegebenheiten entsprechend* neuen Strukturen und Dimensionen öffnen, die mir weitab meiner vormaligen Ausrichtung *Freude und Liebe in ungeahntem Ausmaß* eröffnen.

Zugewandt zu liebe- und freudvollen Gegebenheiten *kann ich mir meiner selbst bewusst Gegebenheiten erschaffen, die ich mir erträumt habe.* Wesenheiten verhelfen zu lichtvollen Strukturen, die in ungeahnter Weise *unser Leben bereichern* und *neuen Prozessen Öffnung schenken.*

Wer sich diesen Prozessen öffnet, erfährt Freude und Liebe in ungeahntem Ausmaß. Selbst eingetaucht in diese Erfahrung, erkenne ich Zusammenhänge auf neue Art und Weise. Dem Leben zugewandt, *allverbunden* in einer Art und Weise, die mir diese Einsicht schenkt, präsentiert sich mein Leben in neuem Licht, neuer Ausrichtung, neuen Begegnungen, die mir sehr wertvoll erscheinen. Meine Schaffenskraft hat ein Ausmaß ungeahnter Qualität angenommen. *Bevorzugt in der Natur sich aufzuhalten*, hat mir die Freude einer lichtvollen, glanzvollen, zukunftsorientierten Perspektive in geraumer Zeit gewährt.

Wer sich diesen Prozessen öffnet, erfährt weiterhin glanzvolle praxisorientierte Impulse, die in einer Art und Weise mein Leben erfüllen, wie ich sie nie erahnt hätte. *Lebenserfüllend* in einer Weise, die mir Hoffnung für eine lichtvolle Zukunft schenkt, die mir *Hoffnung* schenkt, *dass jedes einzelne Kind in seiner Familie Liebe und Freude erfährt*, in einem lichtvollen Ganzem *eingebunden* ist, das mir *Erfüllung in meinem Alltag* als eine naturgegebene Sache in einer besonderen Art und Weise zukünftiger Orientierung schenkt. Erfüllung bedeutet *Zufriedenheit auf tiefster innerlicher Seinsebene*. Erfüllung bedeutet auch *Hingebung zu naturverbundenen Reichen*, die für das Auge verschlossen sind. Wer sich diesen Reichen öffnen will, der wird zukünftige Strukturen in sein Leben einfließen lassen.

Alles hat seinen Sinn, so haben auch Sagen und Geschichten in ihrer Essenz eine *Wahrheit* enthalten, die ich jetzt wieder erschließen konnte. Vorausschauende unsichtbare Größen aus glanzvoller Vergangenheit haben uns Einsichten in zukünftige Prozesse gegeben. Jesus hat von der *Liebe zu den Kindern* gesprochen und von der *Liebe zu uns selbst.* Das soll sich nun in naher Zukunft tatsächlich manifestieren. Bist du es, der sich diesen Prozessen anschließt, so hast du eine gloriose Zukunft vor dir. *Kinder, die Liebe und Freude strahlen,* beschenken uns in einer Art und Weise, die unsere *Herzen öffnet* und uns neuen zukünftigen Prozessen hingeben lässt. Wer sich in Liebe und Freude diesen Prozessen öffnet, hat für sich eine gloriose Zukunft erschaffen.

Bist du es, so heiße ich dich willkommen, denn *jeder einzelne* wird in dieser nahen Zukunft *eine wesentliche Rolle in einem Prozess vollkommener Neuorientierung* erhalten. Bist du es, der sich öffnet, so danke ich dir, denn in *dankbarer Weise* kann ich auf meine Vergangenheit zurückblicken und sagen, *ich habe Erfahrungen gemacht, um zukünftig in anderer Art und Weise Genugtuung in meinem Leben zu erhalten. Florierendes Leben* kann nicht oft genug erschaffen werden. Freuen wir uns über jeden einzelnen, der die Hürden der tiefgreifenden emotionalen Belastungen hinter sich lässt und sich neuen zukünftigen Prozessen öffnend dem Gegenwärtigen darlegt. *Ich habe mich dem Gegenwärtigen geöffnet.* Es bedeutet für mich den Impulsen folgend *eine gänzliche Hingabe an das, was jetzt ist,* zu erreichen. Impulsen folgend erfahre ich die *Herausforderung des Nichtwissens,* das mich in außerordentlicher Weise fordernd immer wieder Widerständen entgegenstellt. Zu wissen, dass ich *getragen* bin *von der Liebe,* schenkt mir das *nötige Vertrauen,* welches ich in meinen Herausforderungen immer wieder in Richtung Misstrauen lenke. Zu wissen, dass ich liebevoll getragen bin, schenkt mir auch *Offenheit zu mir selbst und zu Gott.*

Diese Offenheit hat einen langen Weg hinter sich, der jedoch, zielstrebig verfolgt, ein gangbarer Weg *in Richtung Aufrichtigkeit, Wertschätzung, Verbundenheit,* für den, der ihn beschreitet, ist, was uns die Schöpfung der göttlichen Liebe entgegenbringt. Göttliche Liebe heißt *Allverbundenheit wahrzunehmen und zu fühlen.* Göttliche Liebe heißt *in glanzvollen Strukturen sich zu Hause zu empfinden.* Göttliche Liebe bedeutet *sich neuen Wegen der Liebe und Freude in* einer Weise *zu öffnen*, die mir verschlossen ist, sie zu prognostizieren. Göttliches Leben kennt ein Ausmaß, das jenseits jeglicher Grenzen *seinen Ursprung in unserem Innersten* nimmt. *Unser inneres Wesen* schenkt uns Sicherheit, Klarheit, eine neue Ausrichtung, neue Strukturen, neue Seinsweisen und eine neue Lebensart. Wer sich diesen Strukturen öffnet, der hat sich der *Liebe Gottes* hingegeben, der erfährt eine *innere Führung*, die es ihm ermöglicht, sich all den neuen Strukturen auf lichtvolle Weise zu öffnen. Wer sich diesen Prozessen öffnet, der erfährt Hoffnung in einer Zeit des Strukturwandels, der erfährt *innerliches Gehalten- und Getragensein*, der erfährt *zielführende Gewissheit, dass alles, was da ist, Liebe ist.* Ich habe diese Liebe erfahren und möchte sie weitergeben, in einem Prozess des Miteinander-Erschaffens.

Wahre Liebe und Freude wohnt in uns, in jedem einzelnen von uns. Es macht sehr viel Freude und ist auch eine Herausforderung, sich all den Emotionen stellend in gleichzeitiger Weise seinem Lebensalltag beschreitend hinzugeben, sich zu öffnen und neue Prozesse der Liebe und Freude zuzulassen. Darum bitte ich um *innerliche Führung*, um die Gewissheit der Neuorientierung, um Sicherheit und Getragensein. Ich bitte um die *Klarheit der Erkenntnisse*, die mir in meinem Prozess innerer Zuwendung zuteilwerden. Alles, was da ist, ist Liebe. Ich wünsche jedem einzelnen von euch Ausdauer, Kraft und Liebe, Freude für eine gelingende gemeinsame Zukunft, in der Liebe und Freude die Vorherrschaft haben. Ich bin. *Ich bin, ist in mir die göttliche Essenz, die uns trägt und führt.* Ich bin, führt mich zu neuen Einsichten, Klarheiten, Strukturen. Ich bin göttliche Essenz, getragen von der Liebe, *in die Einheit des Göttlichen zurückkehrend,* weg von althergebrachten Strukturen. Ich bin, heißt, dass ich getragen von der Liebe *zu allem fähig werde, was ich mir in meinem Leben an Liebevollem und Freudvollem erschaffen möchte.* Ich bin, ist das Wesen der Schöpfung der Liebe. *Ich traue mir zu. Ich kann.* Ich bin mir in der Gewissheit und Freiheit einer allumfassenden, göttlichen, energievollen, freudvollen, gegenwärtigen Bedeutsamkeit für meine liebe- und lichtvolle Existenz gewahr, dass ich göttlicher Natur bin. Freiheit, Freude und Liebe werden zu einem andauernden gegenwärtigen liebevollen Miteinander verwoben. *Gott ist mit uns, ist die Gewissheit für neue Strukturen, die Einzug gehalten haben.*

Wer von uns sich diesen Prozessen öffnen will, der hat eine *lichtvolle gloriose Struktur* vor sich, die allem Leben gegenüber glanzvoll und glorios erscheint. Lichtvolle Prozesse machen es möglich. Lichtvolle Prozesse schenken uns den Einblick in Gegebenheiten, die mir zugänglich gemacht wurden, in weiser Art und Weise. Lichtvolle Prozesse haben eine *neue Ausrichtung in Richtung Zukunft,* einer Zukunft, die mir und dir gerecht wird. Lichtvolle Prozesse werden jeden einzelnen einbeziehen und es jedem einzelnen ermöglichen, in prägnanter Art und Weise nach *individuellen Richtlinien und Maßstäben* einer lichtvollen gangbaren Zukunft entgegenzuschauen. Lichtvolle Prozesse sind es, die mich eingegliedert haben, die es mir ermöglicht haben, mich zu rehabilitieren und neue Wege zu gehen.
Weißt du, wer ich bin? Ich bin ein Wesen, wie du, mit all den Ängsten und auch all den liebe- und freudvollen Themen, die dein Leben erreichen. Ich bin ein Wesen wie du, die in ihrer Angst geglaubt hat, die anderen müssten sich verändern. Doch ich wurde eines Besseren belehrt. Liebe und Freude sind in mir und mir zu eigen. Liebe und Freude kultivieren mein Leben. *Liebe und Freude sind immer zugegen.* Liebe und Freude schenken mir Einblick in ein neues Leben, das, von der Liebe getragen, mir neue Einsichten schenkte. Liebe und Freude sind das Jetzt und das Hier in einer Ausrichtung auf die Essenz des göttlichen Wesens in uns allen. *Liebe und Freude,* wo seid ihr? Ich sehe sie *in jedem einzelnen von euch,* denn die Erweiterung meiner Bewusstheit macht es mir möglich, tiefer zu schauen, meinen Blick zu erweitern, *tiefgründige Prozesse* zu erkennen und vormals Wesentliches als nicht zur Liebe gehörend zu erkennen. Liebe und Freude sind es, die mir diese Einblicke schenken.

Liebe und Freude sind es, die mir eine neue Ausrichtung in Richtung *sinniger zielführender Prozesse, in Richtung gelebter Liebe* ermöglichen. Wer bin ich? Ich bin ein Wesen, wie du. Jederzeit bereit neue Wege zu gehen, habe ich mich auf diesen Weg eingelassen, der mir Hoffnung für eine lichtvolle gloriose Zukunft schenkt. Wer bist du? Du bist ein Wesen der göttlichen Schöpfung, das getragen von der Liebe *Erfahrungen sammelt,* um *mitfühlend* allen Wesen der Schöpfung der Liebe begegnen zu können. Wer bin ich? Ich bin ein Wesen der Schöpfung der Liebe, das getragen von der Liebe *die Einheit von allem, was ist, erfährt.* Liebevolle Mütter, liebevolle Väter *in ihrer Einzigartigkeit* erkennen die Bedürfnisse ihrer Sprösslinge, *erfreuen sich an den Entfaltungsprozessen* und *erkennen die Entwicklung in Richtung Liebe an.*

Wesentliche Entwicklungsprozesse, die gangbar sind, ebnen sich einem jeden, der sich diesem Prozess stellt. Ich bin diesem Weg gefolgt. Ich kann *die Bedürfnisse der Kinder verbessert zuordnen* und bin in einem *Lernprozess,* in den ich jeden einzelnen von euch einbeziehen möchte. Die Art und Weise des Einbezugs orientiert sich an den *Qualitäten der göttlichen Weisheit und Liebe* und *ist getragen von der Liebe.* Liebevolle Strukturen erweisen sich als zielführend. Die *Freude, am und mit dem Kind zu wachsen,* eröffnet uns neue Wege. Liebevoller Blickkontakt, liebevolle Begegnung in *Erwartungsfreiheit,* derer sich jeder in der Aufarbeitung seiner emotionalen Gegebenheiten bewusst werden kann, Freude in der Begegnung und tatsächliche *Bereitschaft, vom anderen zu lernen,* helfen uns, uns dem anderen zu öffnen und ihm *in vorbildlicher Wirkung* zu begegnen.

Wer sich diesem Prozess öffnet, hat eine *überschaubare* Reise in Richtung Freude und Liebe vor sich. Sich neuen Gedankengängen zu öffnen, erhofft in mir eine Neuausrichtung im Sinne der Liebe. Diese Gedanken orientieren sich an den Gegebenheiten der Liebe, die sich als *freudige Zuwendung, liebender Dank, hoffnungsvolle Hinwendung, zartfühlende Begegnung* äußern. Wer sich diesen Prozessen öffnet, weiß von der allgegenwärtigen Liebe und kann diese in lichtvoller Form *von Herz zu Herz* in seiner Aura manifestieren.

Wer sich diesen Prozessen öffnet, weiß um die *Allgegenwart Gottes,* seiner *lichtvollen Wesen* und *aller zugänglichen liebevollen Strukturen.*

Klarheit in seinem Leben ist die Folge liebevoller Zuwendung zu allen Geschöpfen der Schöpfung der Liebe. Ich bin diesen Weg gegangen und erfreue mich der *Präsenz der göttlichen Quelle* für Liebe und Freude.

Gott ist mit mir, Gott ist in dir, Gott ist mit uns allen. Das Göttliche ist *allgegenwärtige Gewissheit* in meinem Alltag. Liebe und Freude begleiten mich. Ich danke Gott für seine Allgegenwart und *bin bereit* mich führen zu lassen. Jetzt und hier, allgegenwärtige Präsenz erahnend, habe ich einen Weg gewählt, der mir zu Erfüllung in einer neuen nie erahnten Weise in allgegenwärtiger durchschaubarer Präsenz der göttlichen Allgegenwart mit bewusster Ausrichtung auf göttliches Potential in allen Lebenslagen gereicht.

Was ist die *göttliche Präsenz in ihrer Allgegenwart?* Es ist die Liebe, die aus der reinsten Essenz der göttlichen Erfüllung in mir, in dir und in allem, was ist, entspringt. Liebe ist mit mir, *allgegenwärtige Liebe*, die mich führt, mich trägt, mir Freude schenkt, mich in meinem Lebensalltag bereichert, mich beschenkt mit der Fülle der göttlichen Schöpfung, die mir Segen ist, in meinen Beziehungen und Begegnungen, die mir als Wesentliches in meinem Leben zur Fülle und Freude in einem ewigen Prozess neu erfahrender schöpferischer Potentiale *zum Segen für alle*, die an den Prozessen beteiligt sind, gereicht.

Was ist es, das mich an schöpferischen Prozessen teilhaben lässt? Es ist die Liebe und Freude im Leben, sich schöpferischen Prozessen hinzugeben, sich schöpferischen Prozessen zu öffnen und neue Sichtweisen in mein Leben einfließen zu lassen. Neue Sichtweisen ermöglichen es mir, neue Gedankengänge zu etablieren. Neu strukturierte Gedankengänge eröffnen mir neue Seinsweisen, die *in nicht vorgefertigter Weise* meinen Lebensalltag bereichern.

Neue Seinsweisen eröffnen neue Strukturen, die fern ab der ursprünglichen Hilflosigkeit zu einer *nie dagewesenen Schöpferfreude* im Sinne der Schöpfung der Liebe Einkehr halten. Ich selbst bin es, die neue Strukturen zulässt und die neue Strukturen als Quelle neuer Schöpfungen in mein Leben holt.

Was ist es, dass ich mich diesen Strukturen öffnen kann? Es sind die Liebe und Freude in meinem Leben, die mir *Richtschnur für meine persönliche Entwicklung* sind. Liebe und Freude sind Wegweiser auf einem Weg, der mir *Freude und Sicherheit* gibt in einer Zeit des Wandels.

Welchen Weg du gehst, bestimmst du. Welchen Weg du gehen willst, weißt du selbst. Welcher Weg dich bereichert, hängt von deiner momentanen augenblicklichen Realität ab. *Alles, was da ist, ist Liebe.* Diese Wahrheit kannst du nur erkennen, wenn du den *Weg über die Empfindung der Emotionen in deinem Körper* gegangen bist.

Liebe ist mit uns. Liebe begleitet uns. Liebe segnet mich und dich und uns alle. Alles, was da ist, ist Liebe. Gott ist mit uns, jetzt und hier, Liebe, allgegenwärtige Liebe, jeden Augenblick unseres Seins. Ich freue mich über den Segen der göttlichen Liebe und segne all das Liebevolle in meinem Leben. Segen ist mit mir. Segen schenkt mir das Leben in Liebe und Freude. Segen schenkt mir das Leben im Empfinden meiner Ängste, denn sie schenken mir den *Segen des Wissens*, der Weisheit, der Allgegenwart Gottes. Gott ist mit uns und hilft uns unseren Ängsten gerecht zu werden. Er hilft uns die rechten Strukturen ins Leben zu ziehen, die uns *in individualistischer Art und Weise* zu *unserer Lebensaufgabe* führen.

Ich habe nicht gewusst, was ich aus meinem Leben machen kann. Ich habe Strukturen in meinem Leben installiert, die mir selbstbestimmte, kognitive, praktische, humorvolle, gereimte, zufriedenstellende Erkenntnisse über mich und meinen Lebensweg bereitstellten, die mir in adäquater Weise genau die Impulse schenkten, die für mich in meiner jeweiligen Lebenssituation von Bedeutung waren. Es sind mannigfaltige Impulse der Liebe und Freude, der Zufriedenheit und des Erfülltseins, der Herzensgüte und Berührung, der Zuvorkommenheit und des Sich-Geliebt-Fühlens, der Naturnähe und Dankbarkeit, der Nachhaltigkeit und Großzügigkeit, der Weisheit und des Wissens, aber auch Impulse, die mich an meine Grenzen brachten, um meine Emotionen zum Vorschein zu locken.

Ich hatte kaum gefühlt, was sich in mir und in meinem Körper *im Verborgenen* befunden hatte. Ich war kaum fähig, Empfindungen überhaupt zu realisieren. Doch nach und nach erhielt ich Informationen zusätzlicher Art und Weise, die mir *Hinweise auf meine zu empfindenden emotionalen Beweggründe* lieferten.

Tatsächlich hatte ich kaum Wahrnehmungen über *die Fülle an Emotionalem*, welches ich in meinem Körper in den Tiefen meiner Zellstrukturen gelagert hatte. Heute weiß ich, *dass empfundene Emotionen mir reichhaltig Stoff für weitere intensive und interessante Erfahrungen bieten*. Heute weiß ich, dass ich es bin, die fähig ist, über mich und meinen Körper Gericht zu halten. Heute weiß ich, dass ich ein treuherziger Richter sein kann, denn ich habe zahlreiche emotionalen Beweggründe in liebevolle Strukturen umgewandelt. Heute weiß ich auch, dass ich jederzeit neue emotionale Misstöne in mir erzeugen kann, indem ich mich von den liebevollen Strukturen abwende.

Heute ist nie zu spät, sagt ein Sprichwort. Ich kann jederzeit beginnen, meine emotionalen Gegebenheiten entsprechend meiner Befindlichkeit in liebevolle Systeme einzugliedern. Heute ist ein Tag und morgen ist ein Tag. Jederzeit ist es mir möglich, mich auf das Jetzt und Hier zu fokussieren und mich in liebevoller Manier an meinen inneren Impulsen orientierend *meiner Liebesfähigkeit näherzubringen*.

Ich kann es. Du kannst es auch. Wir alle sind fähig, unseren Empfindungen gerecht zu werden. Wann fangen wir an? Ich bin jetzt bereit. Jetzt fange ich an. Was morgen kommt? Ich weiß es nicht. Aber meinen Impulsen kann ich mich am besten jetzt sofort und jetzt sogleich zuwenden. Jeder ist seines Glückes Schmied. Ich freue mich über viele Menschen, die mit mir diesen Weg in liebevoller Harmonie im Sinne des göttlichen Willens beschreiten. Was weißt du über die Liebe in deinem Leben? Ich wusste es nicht. Jetzt kann ich sagen, Liebevolles und liebevolle Strukturen ins Leben zu holen, bereichert mich derart, dass ich sie nicht mehr, in keinster Nuance missen möchte. Liebevollste Beziehungen, segensvolle Begegnungen, Reichtum in Hülle und Fülle in meinem Leben. Hilfsangebote in jeglicher Art. Segnungen, die ich früher nicht als solche wahrnehmen konnte. Jetzt ist die Zeit, paradiesische Zustände hier auf dem Planeten Erde für mich zu entdecken.

Ich freue mich über jeden einzelnen, der mit mir diesen Weg beschreitet, der kein einfacher Weg, aber gesegnet mit so vielem ist, mir unendliche Freude schenkt. Ich danke und danke und bedanke mich wieder und wieder. Heute weiß ich, dass ich *die Liebe als ein Gefühl* erkennen kann, welches sich in meinem Körper als ein pelziges Gefühl auf meiner Haut, als *ein Erfülltsein in tiefster Weise* ausdrückt. Ich empfinde meine emotionalen Gegebenheiten und fühle meine Gefühle in gleicher Weise. Das eine erfüllt mich, das andere fordert mich zutiefst. Beides ist vorhanden und *beides hat seine Richtigkeit.*

Weißt du, wie lange ich empfunden habe? Zirka zweieinhalb Jahre sind vergangen, dass ich in dieser Art und Weise begonnen habe meine emotionalen Befindlichkeiten in nächtlichen Übungen zu bereinigen. Heute weiß ich, wie viel mir diese Praxis an Hilfestellung in meinem Leben gibt. Heute bin ich mit mir im Reinen. Ich halte mich bewusst auf vielen Ebenen meines Seins. Zufriedenheit hat sich eingestellt. Weißt du wie ich mich jetzt fühle? Ich fühle mich frei. Befreit von zahlreichen emotionalen Befindlichkeiten, die mir Bürde und Belastung in meinem bisherigen Leben waren. Heute bin ich frei zu tun, was mein Herz begehrt. Liebe und Freude sind in mein Leben eingekehrt. Ich, die ich verzagt und ohne Lebenssinn war, kann mich auf mich selbst freuen. Jetzt ist die *Zeit zu tun, was mein Herz begehrt.*

Ich bin aufgerufen, all jenen zu helfen, die verzagt sind, in der Hoffnungslosigkeit gefangen, erfüllt von Angst und Freudlosigkeit. *Wie kann ich mein Herz erfreuen?* Was ist die Basis für Freude in meinem Leben? Wo soll mein Leben in licht- und liebevoller Weise hinführen? Wer sagt mir, was zu tun ist? Welche Nachricht soll ich als die richtige anerkennen? Wer gibt mir die Sicherheit, mich auf dem rechten Weg zu befinden? Wer schenkt mir die Hoffnung in einer Zeit der Unsicherheit, des Misstrauens, der Herausforderung auf höchster Ebene? Wer lässt mich in meinem Leben eine neue Perspektive am Horizont erkennen?

Was ist es, wo ich selbst unterstützen kann, unterstützend eingreifen in einer Weise, in der kein Beteiligter sich Vorwürfe machen müsste, ich hätte den anderen eingeengt, ihn bedrängt, ihm neue Bürden aufgeladen? Was ist es, das mich in meinem Alltag herausfordert, wie kann ich es zukünftig anders gestalten? Wie kann ich mit den Herausforderungen eines Corona-Virus systematisch befreiend vorgehen? Was schenkt mir die Gewissheit, dass dieses Vorgehen mir in sinnvoller Weise die nötige Sicherheit in Zeiten der Unsicherheit schenkt? Wer gibt mir die Gewissheit, dass all das *einen Sinn in meinem Leben* hat?

Meine täglichen Ressourcen haben sich um ein Vielfaches erweitert. Ich bin fähig in den Nachtstunden das zu tun, was mein Herz erfreut. Ich bin fähig meinen Tagesrhythmus entsprechend meiner Bedürfnisse zu erkennen. *Ich bin gefragt*, wenn es um die Einteilung in einer neuen, glanzvollen, bedeutungsvollen, sichtbar gloriosen Atmosphäre zu einer neuen Ausrichtung in Richtung Liebe zu neuen glanzvollen Strukturen in meinem Leben kommt. Wer bin ich, soll ich sein? Wer bist du, sollst du sein? Wer sind wir, sollen wir sein?
Wir sind in Liebe erschaffen, in einem freudvollen Moment, in glorioser Weise Abbild der Schöpfung der Liebe. Wer sind wir? *Wir alle sind Geschöpfe der Quelle der Liebe.* Liebe als unser Lebenszweck. Liebe in unserem Körper, in unserem Geist, in unserer Seele, Liebe um uns herum, *Liebe in unserem Innersten.* Liebe ist mit uns, Liebe ist um uns, Liebe ist im Nächsten. Wer sagt mir, dass das so ist? Ich habe meine Wahrnehmung erweitert. Dies ist mir zur Gewissheit geworden. *Unser Leben hat einen Zweck.* Unser Leben ist bestimmt, *die Liebe in unserem Alltag wiederzufinden.* Unser Leben ist bestimmt, Liebe in unserem Nächsten zu sehen. Unser Leben ist bestimmt, Liebe in allem, was ist, zu erkennen. Liebe schenkt mir die Freude, die ich in meinem Alltag für all die herausfordernden Gegebenheiten benötige, um in entspannter Atmosphäre meinen zahlreichen Aufgaben gerecht zu werden. Ich habe ausreichend Zeit für all das, was mir Freude bereitet. Mein Leben ist ein Abbild der Freude geworden. *Mein Leben hat*

einen Sinn und Zweck erhalten. Mein Leben ist geführt von der Quelle der Liebe, die mir den Segen für mein Tun schenkt. Ich darf Begegnungen erleben, die mir mein Herz erwärmen in dem Wissen, dass wir alle verbunden sind in einer Weise, dass jeder den anderen in besonderer Weise berührt. *Mein Leben hat den Sinn und Zweck, Mitgefühl in meinem Leben als Gabe der Schöpfung der Liebe mit allen Wesen der Schöpfung zu empfinden.* Mein Leben hat den Sinn, die Freude, die ich empfinde, mit anderen Menschen zu teilen. Mein Leben hat den Sinn, Sinnvolles in meinem Leben als Ausdruck der Schöpfung der Liebe weiterzugeben.

Wer verlangt nach sinnvollen Strukturen? Die Menschen sind verängstigt. Die Menschen haben keine Leitlinie, die ihnen Richtschnur ist in einer herausfordernden Zeit der Krankheit und Machtlosigkeit, des Unverständnisses und der Freudlosigkeit, des Zynismus und der Irritation. Wer kann mir die Gewissheit geben, was morgen ist? Ich kann nur sagen, ich empfinde die Angst, die hinter den Worten der Massenmedien steckt. Ich empfinde die Angst, die die Menschen in ihrer Verunsicherung ausstrahlen. Ich empfinde die Freude all derjenigen, die sich wahrgenommen, ernst genommen Empfindungen stellen, die sie gerade in einem Augenblick des Mitgefühls erkennen konnten. Ich empfinde die Freude all derjenigen, die mir begegnen, die aus freiem Herzen ihre Bedürfnisse und Anliegen preisgeben können und im Nachhinein mit einem Lächeln von dannen ziehen.

Ich weiß, ich bin *für mich* verantwortlich. Ich weiß, *der andere ist für sich verantwortlich.* In dieser klaren Trennung wird Einheit möglich. In dieser klaren Trennung ist es möglich, sich selbst als das zu erkennen, das wir im innersten Kern unseres Daseins sind. Göttliche Liebe ist unsere Essenz. Göttliche Liebe ist in uns allen. Wie unser Lebensweg auch verlaufen sein mag, wir können in uns selbst unsere Essenz erkennen, indem wir uns unseren emotionalen Gegebenheiten in unserem Innersten stellen.

Wer wir sind, hängt von unserer Praxis der Aufarbeitung unserer ureigenen emotionalen Befindlichkeiten ab. Wir alle sind aufgefordert, uns diesen Befindlichkeiten zu stellen. *Wir alle sind herausgefordert, unserer ureigenen schöpferischen, uns innewohnenden Kraft erneut zu begegnen.* Wir haben sie durch unsere Ängste in eine Ecke gezwängt. Sie will hervortreten in einem lichtvollen Moment. Sie will uns allen zeigen, dass sie mitten in unserem Leben Raum einnimmt. Sie will uns allen zeigen, dass jetzt der geeignete Augenblick da ist, um sie hervortreten zu lassen. Gemeinsam sind wir gestärkt, diesen einzigartigen Weg im Sinne der Liebe und Freude in glanzvoller Atmosphäre als Teil einer allumfassenden Veränderung zu erfahren. Wer sind wir? Das ist in Abhängigkeit von unseren emotionalen Gegebenheiten zu erkennen.

Manifestation als Abbild einer *neu empfundenen Wirklichkeit* mit weitreichenden Folgen für unsere Gesellschaft soll in einzigartiger Weise unserer Liebe zum Leben Ausdruck verleihen. Wer ist fähig, neue Lebensinhalte in sein Leben zu ziehen, die es ihm ermöglichen, neu entdeckte Chancen wahrzunehmen? Hast du eine Idee, wie du neu empfundene Möglichkeiten in dein Leben ziehen kannst? Ich weiß es. Und ich möchte dir gern behilflich sein. Nur wie kann ich vorgehen? Wie kann ich Projekte verwirklichen? *Ich nehme wahr.* Das ist meine Gabe. Welche Gabe hast du? Wo bist du bereit, deine Gabe zum Vorschein kommen zu lassen? *Wo bist du bereit, für dich einzustehen und zu sagen, das bringt mein Herz zum Singen, dafür will ich etwas tun?* Liebe ist bereit zu teilen. Teilst du mit mir deine Gaben? Ich bin bereit zu geben, was mir geschenkt wurde. Ich bin bereit zu teilen, was in mir sich entfaltet hat. Ich bin bereit zu teilen, in einem grandiosen Augenblick der Liebe mich mit dir zu verbinden, um all dem gerecht zu werden, was uns jetzt umgibt. Ich habe die Gabe, zu empfinden, *ich habe die Gabe, in mich hineinzutauchen* und ich habe das Potential, Missstände zu erkennen, die uns in einer begrenzten Wahrnehmung zu Gegnern neuer Strömungen werden lassen. Ich habe das Potential zu sehen, dass alles seine Richtigkeit in ausgewogener Weise hat. *Ich habe die Gabe, zu sehen, dass Potential in jedem einzelnen von uns liegt,* das hervorgehoben Segen für uns alle bedeutet. Ich habe die Gabe des Empfindens durch das Empfinden der emotionalen Gegebenheiten in meinem Körper erlangt. Ich habe bemerkt, dass mich die Menschen nicht danach fragen, wie ich zu dieser Wahrnehmung komme. Ich habe bemerkt, dass sich Menschen durch meine Aussagen angegriffen und nicht wahrgenommen empfinden. Ich habe keine Absicht, meine Weisheit preiszugeben, ohne den Hintergrund näher zu beleuchten. In diesem Hintergrund wird für jeden einzelnen erfahrbar, dass er selbst dazu bestimmt ist, sich seiner selbst bewusst zu werden.

Ich habe an mir selbst erkannt, welche unglaublichen Möglichkeiten in mir verankert sind. Ich selbst habe erkannt, dass das Leben weit mehr ist als ein ständiger Kreislauf sich wiederholender Hürden, die ich aus dem Weg räumen muss. *Ich selbst habe mir zugestanden, meine ureigenen emotionalen Befindlichkeiten in ihrer zahlreichen Erscheinung zu erkennen, sie zu betrachten, sie zu empfinden und ihnen schließlich angstfrei zu begegnen.*

Ich darf jetzt „danke" sagen aus tiefstem Herzen, für all die Erfahrungen, die ich sammeln durfte. Ich darf jetzt neu beginnen, ein Leben in Liebe und Freude zu gestalten, als Schöpfer tätig zu sein in Liebe und Freude. Heute ist heute, und heute bin ich bereit diesen Tag zu segnen, zu danken für diesen einen Tag, der mir geschenkt ist in Liebe, dafür, dass ich neuerliche Erfahrungen sammeln kann, die mich wachsen lassen und die mich Schritt für Schritt, Nuance für Nuance weitertragen in einen Segen, der auch dir gereicht.

Du bist es, der selbstinitiiert diesen Segen in sein Leben holen kann. Du bist es, der gesegnet durch die Liebe Gottes selbst seinen emotionalen Gegebenheiten begegnen kann. Gott schenkt dir den Segen des gemeinsamen Handelns. Heute und morgen und in einer Weise, die uns die Möglichkeit gibt, selbstbestimmt unser Leben in die Hand zu nehmen. *Zu Empfinden bedeutet, die gefühlsstarken emotionalen Gegebenheiten in ihrer Bandbreite kennenzulernen und ihren Gehalt in die Materie zu entlassen.*

Ich habe mich auf diesen Weg gemacht und erkannt, dass ich selbst all dies bewirken kann. Heute habe ich dies geschrieben, um der Allgemeinheit ein Rezept zu übermitteln, wie sie aus ihrem verfahrenen Dasein in eine der Schöpferkraft gerechte Daseinsform wechseln kann. Ich bin beauftragt diese Schrift weiterzureichen, um Segen aus meinen Gaben und meinem Potential fließen zu lassen. Heute ist der Tag, der uns hilft, uns in einer Art und Weise auf das Neue in seiner Einzigartigkeit einzustellen.

Wie ist es heute für dich? Hast du dir heute überlegt, wer von deinem Nächsten Licht und Liebe in sich trägt? Hast du dir überlegt, wer von deinen Nächsten Freude ausstrahlt? Hast du dir überlegt, ob du es selbst bist, der heute beginnen möchte, sich seinen Themen in einer Weise zu stellen, dass Licht und Liebe in beständiger Form aus dir herausstrahlen? Bist du es, der sich die Zeit für eine Innenschau in liebevoller Weise genehmigt? Bist du es, der heute und morgen sich seinen emotionalen Befindlichkeiten stellt, sodass die Erde lichter und lichter wird? Bist du es, der heute und morgen weitere Schritte in Richtung Liebe und Freude in liebevoller Manier zu seinem Alltag werden lässt? Bist du es, der bereit ist, seine Gaben in sich zu entdecken und zur Entfaltung zu bringen? Bist du es, der heute und hier und jetzt bereit ist, sich neuen Themen der Entfaltung zu stellen? Bist du es, der heute von neuem anfangen möchte, mit dem Ziel einer weitreichenden globalen Liebesempfindung in seinen eigenen vier Wänden? Bist du es, der heute und hier sich neu begegnen möchte mit dem Ziel einer segensvollen Zukunft in Licht und Liebe?

➢ WIE KANN ICH DIESES KONZEPT UMSETZEN, IN LIEBE UND FREUDE MICH ENTFALTEN?

Beweggründe, ich will etwas ändern, sodass Liebe in mein Leben einfließt. Hast du ein Konzept, welches dir Liebe und Freude bereitet?

Aus einer *Erfahrung* kann ich Bedeutsames entnehmen. Das Wesentliche an der Erfahrung ist, dass ich sie empfinde, in all den *emotionalen Ungereimtheiten* in mein Leben einfließen lasse. Die Empfindung ist **rein körperlicher Natur.**
Habe ich die *Erfahrung der Empfindung* gemacht, bin ich bereit mich für die Erfahrung der Empfindung zu *bedanken*. Sie enthält wertvolle Informationen über die *Beweggründe der Erfahrung*, die mich in einem Zustand der Nichtannahme des gegenwärtigen Augenblicks zu einer Verschiebung meiner emotionalen Beweggründe in mein Inneres veranlasst haben. Weitere Empfindungen werden folgen und nach und nach werde ich diese *Empfindungen in Liebe abwandeln* können. Heute weiß ich, dass diese Abwandlung Hilfe in meinem Alltag darstellt.
In meinem Alltag kann ich mich all den emotionalen Ungereimtheiten stellen, genau zu dem Zeitpunkt, an dem sie auftreten. Ich nehme die Ungereimtheit in mir wahr. Ich bedanke mich für die Erfahrung. Ich nehme mich weiterer Wahrnehmungen an. Die *Wahrnehmungen* können *licht- und liebevoller Natur* sein, ein herzlicher Ausdruck, ein Blickkontakt, eine Großzügigkeit, ein beeindruckender Augenblick, ein Staunen, eine Wahrnehmung der Freude, der Liebe, des Dankes, ein Segen für mein Leben, ein lichtvoller Zeitpunkt, eine wertschätzende Geste, ein beziehungsstarkes, bewegtes Gefühl der Geborgenheit, ein ausdrucksstarker Fingerzeig in Richtung Nächstenliebe, eine freundschaftliche Geste, ein nonverbaler von Herz zu Herz stimmiger Ausdruck, eine Klarheit, die mir zu neuen Einblicken verhilft, eine tiefe Innenschau, ein körperliches Wohlgefühl, eine Dimension der

neuen Ordnung, ein Verständnis für den anderen, ein Gefühl von Empathie für den in mitfühlender Weise empfundenen Beweggrund des anderen.

Heute weiß ich, dass all meine Erfahrungen dieser Praxis mir Einblicke in eine neue Wirklichkeit gewähren, mir Einblicke in ein neues noch nicht allgemein erkanntes Territorium schenken, welches sich im *Hier und Jetzt* eines jeden entfalten kann. Die Wahrnehmungen können mich in die Weite meiner emotionalen Befindlichkeiten führen, die ich zu empfinden bereit war. Heute weiß ich, dass diese Praxis allen zu eigen ist, die sich den Empfindungen hingeben wollen. Heute weiß ich, dass jeder der sich diesen Empfindungen hingibt, sich der neuen Weisheit einer liebevollen, naturgegebenen, neuen Weltordnung anvertraut. Ich habe mich anvertraut und habe für mich Wesentliches erkennen dürfen. Was *für dich das Wesentliche* ist, weiß ich nicht, sind wir doch alle *individueller Natur.*

Weiterer Praxis bedarf die ***Annahme seiner selbst.*** Ich sehe in meinen Spiegel. Kann ich diesen Menschen, der mir entgegenblickt, in all seinen Stärken und Schwächen annehmen? Kann ich mich selbst so sehen, wie ich wirklich bin? In dieser Praxis kann ich mich in liebevoller Weise meinem Körper widmen. Er ist das Gefäß für meine Seele. Er ist liebevolle Präsenz göttlicher Natur. Ich habe in meinem Alltag den Körper in liebevoller Weise angenommen, indem ich mich den *Praktiken der emotionalen Aufarbeitung* gestellt habe. Heute weiß ich, dass ich mich durch diese Praxis in meinem Körper zu Hause fühlen darf. Heute weiß ich, dass ich all den vorgegebenen Werten der Gesellschaft keine Beachtung schenken muss, dass ich es selbst bin, der *sein Wertesystem an sich selbst misst.* Heute weiß ich, dass ich keine neuen Dogmen zu mir selbst heranlasse, die nicht dem Wertesystem der Liebe und des Lichts entspringen. Heute ist mir bewusst, dass ich nochmals neue, liebevolle und lichtvolle Strukturen in mein Leben ziehen möchte.

In besonderer Weise habe ich meinen Körper angenommen, indem ich ihn in meiner täglichen Duschpraxis besonders berührte in einer liebevollen Art und Weise, so dass ich jedes einzelne Körperteil in meinen Duschvorgang miteinbezog, jede Fingerkuppe, bis hinauf in den Scheitel, die Ohren nicht vergessend, die Arme in besonderer Weise berührend, innen und außen, vorne und hinten, oben und unten in jeglicher Weise, kam ich auf diese Art und Weise meinem Körper näher. Den Rücken an jeglicher Stelle, den Hals und Nacken berührend, die Schultern nicht vergessend, die Sohle miteinbezogen entfaltete ich ein neues Körperbewusstsein, in dem Wissen, dass der *Körper mir jegliche Informationen bezüglich meiner Empfindungen liefert.*

Ich habe erkannt, dass mein Körper mir ein wertvolles Leben schenkt. Indem ich meinen Körper achte und ehre, schenkt er mir Wohlbefinden und eine neue Sichtweise in Richtung liebevoller, neu orientierter Strukturen. Heute bin ich mir bewusst, dass alles, was da ist, Liebe ist. Jegliche Erfahrung schenkt mir *Einblicke in ein größeres Ganzes*, welches jeder von uns erfahren kann, wenn er sich der Praxis des Empfindens hingibt.

Heute weiß ich, dass *ich es bin,* die dieser Praxis nachkommen kann und du und **jeder einzelne nur für sich selbst.** Was ich heute tun kann, kann ich morgen nicht mehr tun in gleicher Weise. So ist es an jedem einzelnen von uns, sich zu entscheiden, welchen Weg er beschreiten will. Ich habe mich dieser Praxis gestellt und für mich Wunderbares erfahren. Wundersames ist in mein Leben eingeflossen. Ich habe mir bewusst gemacht, dass ich es bin, die sich *ihren emotionalen Zuständen* stellen kann. So habe ich es gemacht, trotz all meiner Ängste etwas zu tun, das mir letztlich Schaden zufügen könnte.

Heute weiß ich, wie viel liebe- und lichtvolle Präsenz ich dadurch erfahren habe. Heute weiß ich, dass mir *in jeder Begegnung neue licht- und liebevolle Impulse der Weiterentwicklung meiner selbst geschenkt werden.*

Hast du dich für eine Aufarbeitung deiner emotionalen Zustände entschieden, so geht es nicht darum, möglichst perfekt zu sein, es geht nicht darum, alles in alle Einzelheiten und Details zu zerlegen in kognitiver Art und Weise. Nein, ganz und gar nicht. Das

Aufarbeiten deiner emotionalen Befindlichkeiten beinhaltet lediglich die Möglichkeit, sich liebe- und lichtvollen Strukturen zu öffnen durch die *rein körperliche Zuwendung* zu den mir *im jetzigen Augenblick* erscheinenden emotionalen Gegebenheiten, die ich *während meines Alltags* empfinden kann.

Die Hinwendung zu meinem Körper schenkt mir die Gewissheit, dass ich angenommen bin in einem System aus liebe- und freudvollen Strukturen. Heute weiß ich, dass diese Praxis mir Befreiung ermöglichte von all den emotionalen Befindlichkeiten, die ich Zeit meines Lebens in mir angehäuft hatte. Heute weiß ich, dass ich durch diese Praxis in mir Liebe und Licht zur Entfaltung kommen lassen konnte. Ich weiß auch, dass ich neue Systeme in mein Leben gezogen habe, die mir Freude und Hoffnung schenken, in einem Alltag, der mir all meine Ressourcen auszuleben ermöglicht.

Alles hat seinen Sinn. So kann ich in weiser Voraussicht nun meinem Alltag gerecht werden, ohne mich der Sorge um das Morgen hingeben zu müssen. Diese Sicht ist gänzlich aus meinem Leben entschwunden.

Was ist es, das mir eine Sicht in anderer Weise ermöglicht? Es sind die empfundenen emotionalen Gegebenheiten, die mir diese Befreiung schenken. Ich kann jetzt mit meinem Wertesystem in neuer Weise eine *neue Sichtweise* in mein Leben ziehen, die mich befähigt weitere wertvolle neuartige Begegnungen in licht- und liebevoller Weise zu meinem Besten und zum Besten für alle Beteiligten werden zu lassen.

Heute weiß ich, dass ich es bin, die Entscheidungen für mich und mein Leben in vorhersehbarer Weise trifft, sodass ein Morgen einer glanzvollen Zukunft gleichkommt. Heute bin ich dabei, hier diesen Text zu verfassen, um die Menschheit teilhaben zu lassen an einer neuen licht- und liebevollen Zukunft, die mir Hoffnung auf ein licht- und liebevolles Miteinander schenkt. Heute bin ich es, die empfindet, morgen bist es vielleicht du. Heute weiß ich, dass wir zusammen stark sind und einer glanzvollen, gloriosen Zukunft entgegenschreiten.

Heute weiß ich, dass alle alten Strukturen sich auflösen werden, zu Gunsten neuer wertvoller licht- und liebevoller Praktiken. Heute weiß ich, dass ich diese Erfahrungen nicht mehr missen möchte, da ich mir in dieser Zeit des Umschwungs und der Zeit der Neuorientierung neue Ziele setzen kann. Jetzt schon fange ich an, mir eine neue glanzvolle und gloriose Zukunft *vorzustellen*, in weiser Voraussicht, dass alles, was da ist, Liebe ist. Heute weiß ich, dass Du, mein Nächster, mich in diese glanzvolle und gloriose Zukunft begleitest. Heute weiß ich, dass **ich Dir der Nächste bin**, den ich in liebevoller Weise mit neuen Augen in einem einzigartigen wundervollen Augenblick als den erkennen kann, *der Du wirklich bist*. In unserer Essenz kann ich dich als göttlichen Ausdruck der allumfassenden Wahrheit des alles, was da ist, ist Liebe, erkennen. Alles, was da ist, ist Liebe, kann ich nur erkennen, wenn ich meiner *emotionalen Zustände in meinem Inneren gewahr* werde.

Heute weiß ich um die Besonderheiten der *göttlichen vorgegebenen Ordnung* Bescheid. Heute sind mir die Auswirkungen der *Naturgesetze* bewusst. Alles, was mich umgibt, entspringt der Schöpfung der Liebe. **Alles, was mich umgibt, hat einen Sinn.** Alles, was mich umgibt, hat *seine Richtigkeit*. Alles, was mich umgibt, sagt mir, dass ich heute und hier ein wesentlicher Baustein in einem *vollendeten Netzwerk liebevoller Strukturen*, mich eingegliedert in einer allumfassenden Ordnung in göttlichem Licht befinde. Heute weiß ich, dass du und ich neue wertfreie Netzwerke der Liebe installieren können, die uns befähigen unsere Zukunft in richtungsweisender Weise selbst zu beeinflussen, in einer nie dagewesenen Art und Weise. Heute weiß ich, dass ich es bin, die morgen sagen kann, ja, ich habe mich den Widrigkeiten des Lebens gestellt, ich habe mich meiner Emotionalität erfreut und ich habe meinen emotionalen Begebenheiten in einer Art und Weise Beachtung geschenkt, die mir eine neue Ordnung in meinem Leben schenkt.

Heute weiß ich, dass ich es bin, die neue Ordnungen in Richtung Licht und Liebe zulässt. Heute weiß ich, dass ich es bin, die mit der gesamten Menschheit zusammen in einer Art und Weise einer neuen Struktur entgegensehen kann, die uns eine Ausrichtung in Richtung der neuen inneren Wahrheit in licht- und liebevolle Gegebenheiten möglich werden lässt, dass es in einer neuen Zukunft zu neuen segensreichen, glanzvollen Neustrukturierungen kommt. Heute ist es an der Zeit, dass ich Strukturen fallen lasse, die nicht mehr in mein Glaubenssystem passen, die mir nicht mehr dienlich sind.

Heute bin ich es, die darüber bestimmt, wie sich licht-, liebe- und freudvolle Netzwerke in baldiger Zukunft bilden werden, die es allen ermöglichen, in licht- und liebevoller Weise zu Einblicken zu kommen, die ein Weiterwandern in Richtung Licht und Liebe ermöglichen. Heute bin ich es, die andere berührt mit ihrem Segen, den ich der ganzen Menschheit zuteilwerden lassen möchte. Heute bin ich es, die anderen den Segen der göttlichen Liebe zukommen lassen möchte.

Gott ist mit mir. Gott ist in mir. Gott ist mit uns. Das ist eine Wahrheit, die sich mir durch meine Praxis des Empfindens der emotionalen Gegebenheiten erwiesen hat.

Ich kann aus meiner Erfahrung nur meine Schlüsse ziehen, um zu wissen, dass in uns allen dieser Kern der Wahrheit ans Licht der Welt gerückt werden möchte. Ich kann nur allen in Gewissheit diese Botschaft weitervermitteln, dass wir alle es sind, die den Funken der göttlichen Liebe in uns tragen. Ich kann nur soweit für mich sprechen, dass ich es bin, die heute und hier und jetzt und während ich diesen Text für euch alle schreibe, in einer empfindenden, klaren, licht- und liebevollen Art mit dem göttlichen Kern in mir selbst verbunden bin. Ich weiß nicht, inwieweit diese Worte abschreckend oder ängstigend sind. Ich selbst bin es, die jetzt Angst hat, dass dieser Text Ablehnung in den Lesern, die neue Wege gehen wollen, hervorruft.

Ich selbst habe Angst, dass ich es bin, die Blockaden durch diesen Text hervorruft, die ich auf diese Art und Weise nicht ins Leben setzen möchte. So bitte ich dich, *empfinde deine Ängste*, die *in di-*

rektem Zusammenhang mit deiner eigenen, ureigenen inneren Befindlichkeit stehen. Jetzt und hier kannst du mit dieser Praxis beginnen. Jetzt und hier kannst du dir deiner selbst bewusst werden. Jetzt und hier kannst du mit dieser Praxis beginnen. Sie wird morgen noch nicht vollendet sein.

Ich habe mich jetzt rund zweieinhalb Jahre einer intensiven Zuwendung zu meinen emotionalen Befindlichkeiten in dieser Art und Weise gestellt. Im Vorfeld bin ich im Rahmen meiner Ernährungsunverträglichkeiten an die emotionalen Befindlichkeiten in meinem Körper herangeführt worden. Wie ist mein Nacken? Steif und verspannt oder frei und beweglich? Wie ist mein Hinterkopf? Frei und kreativ oder mit Druck erfüllt und schwer, angefüllt mit Sorgen und Begrenzungen? Wie ist meine Stirn? Ist sie glatt oder runzelig, bin ich mir meiner Begrenzungen bewusst, die mir täglich in meinem Alltag in unharmonischer Art und Weise zu neuen Herausforderungen verhelfen? Ich habe mich dieser Praxis hingegeben und konnte erkennen, dass jegliches Körpersystem, jegliche Körperstelle sich an der Praxis des Empfindens erfreut. Ich habe für mich herausgefunden, dass ich es bin, die jetzt und hier fähig ist, in glanzvoller Art und Weise auf meinen Körper einzuwirken.

Ich habe für mich erkannt, dass ich es bin, die jetzt und hier in diesem einen einzigartigen Augenblick das Gefühl verspürt, dass ich *geliebt* bin auf eine Art und Weise, die aus meinem Inneren hervorquillt. *Ich bin es selbst,* die jetzt und hier diese Entscheidung getroffen hat. Im Sinne der Liebe habe ich jetzt und hier ein System für mich entdeckt, das in glanzvoller Art und Weise mein Leben *bereichert,* dass ich es nicht mehr missen möchte. Jetzt und hier habe ich all dies aufgeschrieben, um Menschen zu begegnen, die in gleicher Weise diesen Weg beschreiten wollen, die sich befähigt sehen, den Weg des Lichts und der Liebe zu beschreiten. Ich selbst habe mit dieser Praxis vor geraumer Zeit begonnen. Jetzt ist der Zeitpunkt, dass ich das Resultat dieser Praxis an dich weitergeben kann.

Ich selbst habe versucht mich *jeden Augenblick*, der mir *in meiner alltäglichen begrenzten Routine* erübrigbar war, diesem Prozess des Empfindens zu stellen. Ich selbst war erfinderisch und habe begonnen bei der Autofahrt, beim Duschen, beim Waschen meines Geschirrs, beim Staubsaugen, *bei allen erdenklichen täglichen notwendigen Handlungen* meine emotionalen Befindlichkeiten zu empfinden. Ich habe in der anfänglichen Zeit dieser Praxisausübung die Zeit in den Morgenstunden als eine angenehme, unglaublich wertvolle Zeit in den alltäglichen Rhythmus einfließen lassen.

Jetzt praktiziere ich diese außerordentliche Kultur des Empfindens, seit geraumer Zeit im Alltäglichen eingebettet, bei jeglicher möglichen Gelegenheit. Du wirst staunen zu erfahren, dass sich dadurch *keine zusätzliche Belastung* in meinem Leben eingestellt hat. Nein. Im Gegenteil. **Ich habe mehr Zeit denn je.**

Ich werde *innerlich geführt* und so erhalte ich die Botschaften genau in richtiger prägnanter Art und Weise, sodass ich mir *meiner selbst bewusst* werden kann. Ich habe heute jetzt und hier mich dieser Praxis des Empfindens meiner emotionalen Gegebenheiten gestellt. Heute, jetzt und hier habe ich mich all der Gegebenheiten gestellt, sodass ich jetzt und hier mir meiner selbst bewusst bin. Ich bin jetzt und hier ein geliebtes göttliches Kind in einer Art und Weise, dass ich mich den *kindlichen Qualitäten des Kindseins* erinnern darf.

Ich bin jetzt und hier beauftragt, das hier weiterzuvermitteln, um all jenen zu helfen, die in beengten Räumlichkeiten sich in einer Art und Weise begrenzt fühlen, dass sie den **Blick** nicht entsprechend liebe- und lichtvoller Strukturen **in Richtung Liebe, Leichtigkeit, Freisein** von jeglichem alltäglichen, sorgsam gehüteten Ballast, halten können. Jeder, der licht- und liebevolle Strukturen und Gegebenheiten in sein Leben einziehen lassen möchte, kann dies jetzt und in diesem gloriosen Augenblick tun.

Ich selbst habe mich der Praxis, *kindliche Strukturen in meinem alltäglichen Leben aufflammen zu lassen,* wieder hingegeben. Ich selbst habe erfahren, wie herausfordernd es ist, *im Jetzt und Hier zu verweilen*, so wie es uns die Kinder in glanzvoller Weise vorleben. Ich selbst habe mich dieser Praxis gestellt und habe in *humorvoller Art und Weise* entdecken dürfen, wie starr ich in den althergebrachten, starren, verstaubten Strukturen Halt suchte. Ich wusste nicht, wie ich diesen alten Strukturen entkommen könnte. Ich selbst habe mich auf die Suche gemacht und habe festgestellt, dass die *Natur* eine wertvolle Quelle an energetischem Potential darstellt. Die Natur konnte mir etwas geben, das mir zahlreiche Ärzte, die ich nach zwei folgenschweren Unfällen aufsuchte, nicht geben konnten.

Jetzt weiß ich, dass die Natur *heilsames Potential* enthält, das mir meine Gesundheit auf eine Art und Weise wiedergegeben hat, die ich als einmalig bezeichnen würde. Die Einmaligkeit zeichnet sich dadurch aus, dass ich es bin, die ich mich einer Betätigung hingeben darf, die mir *Freude* bereitet. Dass ich es bin, die den *Rhythmus* vorgibt. In zaghaften anfänglichen ressourcenmangelnden Zeiten wandte ich eine Technik an, die heißt: *Weniger ist mehr.* Ich wählte meine Schritte in einer *betont langsamen Art*, sodass ich mit meinem *persönlichen Gleichgewicht in Beziehung* kam. Ich konnte, meiner Schritte bewusst, meine Aura als etwas wahrnehmen, das mich beflügelte meine energetischen Strukturen näher zu beleuchten.

Ich hatte geraume Zeit vorher meine Aura gänzlich verloren, sodass ich mir, meiner selbst nicht bewusst, Sorgen um meine Befindlichkeit in der Art machte, dass ich glaubte, mein Leben wäre in seiner Endphase angekommen. Ich selbst habe jetzt durch die Praxis des Empfindens meine Aura in einer Weise ausgedehnt, dass ich sie als klares *Farbspiel meiner derzeitigen Empfindungen* wahrnehme. Ich selbst habe heute und hier Einblick in das Farbenspiel meiner Aura.

Was weißt Du von deiner Aura? Hast Du sie je empfunden? In der Praxis des Abstandhaltens zu unserem Nächsten in dieser für uns äußerst herausfordernden Zeit habe ich mir, meiner Aura bewusst, ausbedungen, *Abstand zu meinem Nächsten* halten zu wollen, um mir meiner selbst verbessert bewusst zu sein und Kontakt zu meiner inneren Herzverbundenheit herzustellen. Ich selbst bin es, die sich Dinge herausnimmt, die für mich und meine Entfaltung wichtig sind.

Ich selbst bin es, die Entscheidungen im Sinne eines Neustarts in eine gloriose Zukunft *trifft*. Ich selbst bin es, die jetzt und hier sich in einer Art und Weise dem Nächsten nähert, die es ihm erlaubt, „nein danke" zu sagen.

Ich selbst bin es, die *mir selbst zugesteht*, dem anderen, in licht- und liebevoller Präsenz der Göttlichkeit in mir selbst bewusst, meinem Nächsten in einer Art und Weise gegenüberzutreten, dass ich sagen kann, ja, *so will ich es auch mit mir erfahren*. So will ich behandelt werden in einer Art und Weise, die mir *Freude und Frieden im Herzen* schenkt.

Jetzt und hier bin ich es, die Entscheidungen trifft, die alles andere beiseiteschiebt, das mir nicht mehr dienlich scheint.

So habe ich angefangen. Ich habe mein Haus *entrümpelt* auf eine Art und Weise, dass ich nur noch Reste althergebrachter Systeme, die ich notwendigerweise im Alltag benötige, und Ziergegenstände in der Wohnung behalten habe. All der Ballast ist von mir abgefallen und ich konnte mich neuen, ausgerichteten, liebevollen Strukturen wieder öffnen.

Heute weiß ich, dass alles, was mir begegnet, mich an meine Begrenzungen in meinem Inneren erinnert, Strukturen heraufbeschwört, die mich einengen, begrenzen, die mir losgelöst von meiner innersten Essenz Begrenzung in meinen täglichen Bedürftigkeiten bieten. Heute weiß ich, dass ich es bin, die mir den *Raum* schenkt für licht- und liebevolle Strukturen.

Heute weiß ich auch, wie ich auf Mutter Erde *auftreten* möchte. Sanft, mit sanfter Berührung durch meine Zehen oder mit voller Wucht durch meine Ferse. So habe ich begonnen, mich nach dem Barfußgang auszurichten. Zahlreiche Schuhe sind bereits in dieser Art und Weise vorgefertigt, sodass ich fähig bin, meinen Schritt auf eine verminderte Druckbelastung auf die Erde auszurichten. Verminderter Druck bedeutet, *ich streichle die liebevolle Struktur der Mutter Erde* mit meinen Zehen. Wer sich dieser Praxis hingibt, wird die körperliche Befindlichkeit zu seinen Gunsten verändern. Ich selbst bin diesen Weg gegangen und konnte mich von sämtlichen Einlagen, die auf Grund meiner Unfälle notwendige Realität in meinem Leben geworden waren, in einer Weise, dass ich meiner körperlichen Schmerzen habhaft werden konnte, loslösen.

Heute weiß ich, dass die Auswirkungen, derart weitläufiger Natur sind, dass ich dadurch einen wesentlichen Beitrag in Richtung **Heilung für unseren Planeten** setzte. Heute weiß ich auch, dass ich es bin, die ich die *Impulse*, so mannigfaltig sie auch sein mögen, *in mein Leben ziehe.*

Ich weiß, dass ich mich höheren Wünschen der *Heilung in körperlicher, geistiger und seelischer Hinsicht* hingab, dass es mir erst heute richtig bewusst wird, welche Wirkungen ich in mein Leben gezogen habe. Heute, jetzt und hier habe ich beschlossen mich gänzlich mit dem Leben in Liebe und Freude zu vermählen. Heute, jetzt und hier bin ich es, die den Impulsen in eine neu ausgerichtete Zukunft folgen will.
Ich habe beschlossen meine Empfindungen in einer Art und Weise zu empfinden, die mir Wunder in meinem Leben beschert. Ich habe Wundersames wahrgenommen, Wunderbares erlebt, Wundervolles in mein Leben integriert, sodass ich jetzt sagen kann, ich bin ein geliebtes Kind Gottes. Die Strukturen der Kleinkinder ermöglichten es mir, einen Einblick zu erhalten in Systeme, die mir nie und nimmer irgendjemand vermittelt hatte.

Ich habe entdeckt, dass Kleinkinder zu Fähigkeiten bereit sind, die ich nie zuvor wahrgenommen hatte. Ich habe entdeckt, dass ich jetzt wieder einmal eine regelrechte Orientierung in Richtung Licht und Liebe erhalten habe, die es mir ermöglicht, *Klein-kinder aus einem erweiterten Bewusstsein heraus zu betrachten.* Ich habe wahrgenommen, dass Kleinkinder zu Dingen fähig sind, die ich nie für möglich gehalten habe.

Wer kann dies erkennen? Jeder, der sich der Praxis des Empfindens seiner ureigenen emotionalen Befindlichkeiten hingibt. So bin ich diesen Weg gegangen und darf nun Eltern auf diese Möglichkeit der emotionalen Aufarbeitung hinweisen, sie in ein Metier einführen, welches uns neu erkannte Weisheiten und Wissen in einer Art und Weise vorführen kann, dass jegliche Sorge um den Säugling, das Kleinkind in eine freudvolle, licht- und liebevolle Beziehung mündet. *Eine Beziehung auf Augenhöhe* wird möglich und gangbar. Althergebrachte Strukturen werden sich auflösen, sodass neue Strukturen unser Leben in einer nie dagewesenen Art und Weise erhellen. Heute, jetzt und hier habe ich dies erfahren dürfen. Es ist mir ein besonderes Anliegen, gerade die Kleinsten unter uns in einer Art und Weise gebührlich zu ehren, welche mir neu entdecktes Wissen anvertraut haben und es mir ermöglichten, Altbewährtes fallen zu lassen.

Heute, jetzt und hier bin ich unseren jüngsten Erdenbewohnern unglaublich dankbar für ihre Botschaften, die sie mir anvertraut haben. Heute, jetzt und hier bin ich es, die diese Botschaft empfängt, in einem licht- und liebevollen Moment mit der göttlichen Quelle der Liebe verbunden, die es mir ermöglicht, mich ganz dem Dienst am Nächsten zu verschreiben.

Ich habe diese Botschaft empfangen, um sie all jenen Menschen weiterzureichen, die eine *Veränderung in dieser Zeit des Wandels* in ihr Leben ziehen wollen. Ich habe diese Botschaft erhalten, um allen Menschen eine Möglichkeit zu schenken, sich in liebe- und freudvoller Weise höheren Strukturen zu öffnen und sich in liebe- und freudvoller Manier dem hinzugeben, was *das Herz* jedes einzelnen *zum Singen bringt.* Ich habe mich dieser Praxis über die Jahre hingegeben und sehe jetzt, was diese Praxis an mir bewirkt hat. Ich habe mich gänzlich auf diese Praxis eingelassen, in der Freude darüber, ein Handwerkszeug zu meinem Besten in meinen Händen zu halten.

Der Ausspruch, *Gefühle wollen gefühlt werden*, den ich vor Jahren gelesen hatte, hat mich inspiriert und mich in diese Materie eintauchen lassen. Heute weiß ich, dass ich jetzt und hier mich auf eine spirituelle Praxis eingelassen habe, die mir Segen in mein Leben gebracht hat. Heute weiß ich, dass ich es bin, die jetzt und hier etwas ändern kann. Wir alle zusammen können etwas ändern. Wir alle zusammen können den *Weg der Freude und Liebe* beschreiten. Wir alle zusammen können in diesem verbindenden Zusammenspiel unsere Rolle übernehmen. Indem wir die Freude und Liebe in unser Leben einkehren lassen, haben wir die Macht, uns aus unserer Vergangenheit zu befreien. Indem wir uns *der Gegenwart zuwenden*, haben wir den Segen, den uns das Leben schenkt, in liebe- und segensvoller Weise unser Sein bereichert.

Ich selbst habe mich dieser Praxis hingegeben. Ich selbst kann nur sagen, ich bin in einer Weise in dieser Welt eingebunden, die mir Freude und Liebe schenkt, die mir zum Segen gereicht, die mir ein Leben in Freude und Liebe ermöglicht. Ich selbst habe mich dieser Praxis hingegeben. Ich selbst habe jetzt und hier mich dieser wertvollen Praxis geöffnet, um jetzt und hier einen Moment der Öffnung, des Freiseins, der Wertschätzung, mit anderen Menschen in einem gemeinsamen Boot sitzend, zu erfahren. Jetzt und hier bin ich bereit, diese Botschaft mit dir zu teilen, die ich jetzt durch die licht- und liebevolle Präsenz der göttlichen Allgegenwart hier für uns alle empfange. Jetzt und hier habe ich den Auftrag, diese Botschaft an all jene weiterzureichen, die jetzt und hier bereit sind, all ihre Beweggründe in ihrer emotionalen Ausrichtung zu empfinden. Jetzt und hier ist der Zeitpunkt gekommen, genau diese Praxis in die Realität umzusetzen und sich seiner selbst bewusst zu werden. Jetzt und hier habe ich mich dafür entschieden, dies an mir selbst zu erproben. Jetzt kann ich sagen, dass ich es bin, die diese neu ausgerichtete Praxis an euch weitergeben möchte, um sie allen zugänglich werden zu lassen. Jetzt und hier habe ich den Auftrag, euch allen ein Vorbild zu sein in einer Praxis, die uns Erfüllung und Segen in unser Leben zieht. Jetzt und hier bin ich bereit, bereichert durch das Licht der Liebe, freudvolle, liebe- und segensgereichende Botschaften für euch zu empfangen, denn ich kann mich mit der Einheit der göttlichen, licht- und liebevollen Quelle in einer Weise verbinden, die mir ein Segen geworden ist. Heute, jetzt und hier habe ich diese Botschaft angenommen, um sie euch weiterzureichen mit der liebe- und freudvollen Botschaft, die ich jetzt und hier für euch alle empfangen habe. Ich bin bereit diesen Weg in Liebe und Freude zu beschreiten.

Ich bin bereit heute, jetzt und hier für uns alle diese Botschaft zu unser aller Freude weiterzureichen. Jetzt und hier ist nie zu spät. Jetzt und hier ist die Zeit der göttlichen Allgegenwart, die ich im Dienste der Liebe jederzeit versuchte in meinen Lebensalltag zu integrieren. In freud- und humorvoller Weise gelingt es mir tatsächlich, *neue Strukturen* in mein Leben zu ziehen. Heute, jetzt und hier habe ich Verantwortung für mich übernommen, um euch diese Botschaft in dieser Form zu vermitteln. Ich habe das Ruder zu meinen Gunsten in die Hand genommen, um mich einer Praxis zu unterziehen, die uns allen Segen in unser Leben zieht. Ich weiß, dass viele Menschen sich auf die kognitive Version der Emotion einspielen. Dies mag möglicherweise eine andere Praxis sein. Ich habe bei mir wahrgenommen, dass ich dieser Praxis nicht ausreichend in meinem Leben, in Liebe und Freude genügen konnte. Ich habe die Veränderung in dieser Praxis nicht ausreichend wahrnehmen können. Ich habe keine allumfassende positive Veränderung in meinem Leben verspürt, habe ich doch all die Jahre an Schmerzen und Schwächezuständen herumlaboriert, so kann ich jetzt sagen, jetzt und hier, ich habe keine Schmerzen und keine Schwächezustände mehr, es sei denn, ich habe gerade ein Lebensthema in diesem Zusammenhang zu bewältigen.

So habe ich beschlossen, meinen Körper einer genaueren Sichtweise zu unterziehen und habe festgestellt, dass ich es bin, die für die **körperliche Gesundheit auf allen Ebenen meines Seins** verantwortlich ist. Heute, jetzt und hier habe ich beschlossen, diese Botschaft in einer Phase der besonderen Art mit dir zu teilen. Heute, jetzt und hier bin ich es, die sich dieser Praxis gerade stellt. Heute, jetzt und hier habe ich festgestellt, wenn ich *mein Gegenüber mit der Frage nach seiner Befindlichkeit konfrontiere*, indem ich ihn an *seine körperliche Ausdrucksform der Emotion* erinnere, so helfe ich meinem Gegenüber, *sich selbst seiner emotionalen Gegebenheiten in seinem Körper bewusst zu werden.*

Heute, jetzt und hier habe ich beschlossen, diese Botschaft mit euch zu teilen. Ich habe gesehen, wie viel Segen sie mir bringt. Ich habe gesehen, dass all die Menschen, die sich nicht dieser Praxis öffnen, in ihren Ängsten gefangen bleiben. Ich habe erkannt, dass ich es bin, die sich in liebe- und lichtvoller Weise jetzt und hier diesen *meinen Ängsten stellen* kann und somit eine Vorreiterrolle in einem Prozess des stetigen Wandels in eine licht- und liebevolle Zeit einnimmt.

Ich habe dies jetzt für dich niedergeschrieben, um dich daran zu erinnern, dass wir selbst es sind, die unsere Zukunft in licht- und liebevoller Weise kreieren. Heute, jetzt und hier habe ich begonnen, diese Praxis auszuüben, damit sie für uns alle zum Segen wird, in einer Zeit, in der Licht und Liebe zur Mangelware geworden sind. Heute, hier und jetzt ist es an der Zeit, uns diesen Bewusstseinsprozessen zu öffnen, um die Erfahrungen aus unseren Leben in licht- und liebe- und freudvolle, segensreiche, interessante, glückbringende und aufheiternde Signale der Liebe und des Lichts und der Freude zu verwandeln. Ich selbst bin es, die jetzt und hier dies schreibt, um die segensreichen Wirkungen dieser Praxis weiterzuleiten.

LITERATURVERZEICHNIS

Ars Edition: Der kleine Prinz,
50 Glückskärtchen für jeden Tag

DIE AUTORIN

In Innsbruck geboren, absolvierte Elisabeth E. eine klassische Schulbildung, bevor sie sich für den Beruf als Ergotherapeutin entschied. Nach Abschließen der fachlichen Ausbildung ist sie nun seit den 90er-Jahren in diesem Feld tätig. Besonders erfreut sie sich an der Arbeit mit verschiedenen Kindern und Jugendlichen sowie an heilpädagogischer Förderung.

In der Freizeit liebt Elisabeth E. es zu musizieren, im Garten zu wirken, zu wandern und sich ihrer Familie zu widmen. Um ihre Erkenntnisse zu teilen, begann sie zu schreiben. Ausgehend von eigenen Erfahrungen sowie ihrer Arbeit mit Kindern und Jugendlichen entstand ihr Erstlingswerk „Einigspiarn", das im Vindobona-Verlag erschienen ist.

DER VERLAG

VINDOBONA
VERLAG SEIT 1946

ein Verlag mit Geschichte

Bereits seit 1946 steht der Vindobona Verlag im Dienst seiner Bücher und Autoren. Ursprünglich im Bereich periodisch erscheinender Journale tätig, präsentiert sich der Verlag heute als kompetenter Partner für Neuautoren am deutschen, österreichischen und schweizerischen Buchmarkt. Engagement, Verlässlichkeit und Sachverstand – das sind die Grundpfeiler, auf denen der Verlag seit jeher sicher steht.

Sie möchten mit Ihrem Werk das vielseitige Verlagsprogramm bereichern? Der Vindobona Verlag garantiert Ihnen eine professionelle Prüfung Ihres Manuskriptes durch das Lektorat sowie eine zeitnahe Rückmeldung.

Genauere Informationen zum Verlag finden Sie im Internet unter:

www.vindobonaverlag.com